グリム兄弟
Sprachwissenschaftliche Schriften von Jacob und Wilhelm Grimm
言語論集

言葉の泉

ヤーコプ・グリム
ヴィルヘルム・グリム
著

千石　喬
高田博行
編

千石　喬
木村直司
福本義憲
岩井方男
重藤　実
岡本順治
高田博行
荻野蔵平
佐藤　恵
訳

ひつじ書房

まえがき

グリム兄弟が書き残した言語論についてわが国で知られている情報は久しく乏しい。

言語学者としてのグリム兄弟というと、「グリムの法則」の名で知られる音韻法則が想起されるであろう。これは、ゲルマン語が他のインド・ヨーロッパ諸語から分化したとき、そしてまたドイツ語が他のゲルマン語から分化したときの子音変化に見られる法則性を兄のヤーコプが定式化したものである。思索に陥らず、言語資料を冷静に比較することによって言語に関わる法則性を見出したヤーコプ・グリムは、ラスクとボップと並ぶ歴史比較言語学の創始者として19世紀における言語学の理論的発展に大きく寄与した。

言語学史におけるこのような一般的な評価を踏まえた上でさらに先へ進んで、グリム兄弟の言語論の内実に関して評価を提示しようとするならば、二次文献に頼るのではなく、原典にあたって理解する必要がある。しかし、言語論に関するグリム兄弟の業績自体の日本語訳は現在まで、ほとんど出されて来なかった。邦訳がない理由の一つとして、グリム兄弟が言語を論じる文章が手ごわいことを挙げることができる。グリム兄弟の言語論は、歴史比較言語学とドイツ語史に関する知識のほか、19世紀という時代の思想史的文脈に関する理解がなければ、解釈が難しい。グリム兄弟の言語思想がロマン主義の思潮に連なっていて、言語を歴史学や考古学への門戸と考えて、究極的には人間精神を追求する普遍的・総合的なものであったことはあまり知られていない。また言語を論じるときのグリム兄弟のドイツ語は幾重にも複合的で、文構造を把握するだけでも大きな負担を強いられる。

本書は、このような一筋縄でいかないグリム兄弟の言語論を日本語で読むことができるようにしたいという訳者たちの強い思いから生まれたものである。本書に収めた訳文がグリム兄弟の言語論にアクセスする門戸を大きく開き、わが国における言語研究・言語学史研究はもちろんのこと、ゲルマニスティック、思想史、歴史学にも貢献できれば幸いである。

本書で訳出したのは、ドイツの国民的業績とされる『ドイツ語辞典』の序文、『ドイツ語文法』の序文をはじめ、子音推移、ウムラウトと母音混和、語源論、五指の名称に関する論考、ペダンティックな国語浄化主義に関する論考、そして言語起源論であり、これらは(「言語起源論」を除いて)すべて本邦初訳である。

なお、本書刊行費の一部は「平成28年度学習院大学研究成果刊行助成」の助成金によっていることを記し、学習院大学、そしてご推薦をいただいた鷲尾龍一氏(学習院大学文学部教授)をはじめ関係各位に、心から感謝するものである。

2017年2月

編者　千石喬・高田博行

目　次

III　音韻論

IV　語源論、その他

訳出法について

1．［　］のなかの説明は、訳者による注釈・補足である。

2．訳文における用例の正書法は、原則としてグリム兄弟の正書法に従った。そのため、ヤーコプ・グリムの著述の訳文では、普通名詞の最初の文字は大文字書きではなく小文字書きとなっている（ただし、『ドイツ語文法』第1版ではヤーコプ自身もまだ大文字書きをしているので、『ドイツ語文法』第1版の訳文では大文字書きである。）

3．訳文中で人名は、原則として片仮名で示し、巻末の「人名索引」に挙がっていない人名については、（　）内に原語表記を添えた。（例）ツァーン（Zahn）。なお、人名の正書法については、グリム自身の正書法よりも、今日一般に普及している表記を採用した。（例）Leibnitz ではなく Leibniz。

4．ヤーコプ・グリムが『ドイツ語辞典』序文、『ドイツ語文法』序文、そして『ドイツ語史』第17章において、それぞれ同一著書中のページ（または段）を参照先として挙げている場合、訳文においてはそのページ（または段）数の左肩にアステリクスを付け、訳文のページと区別した。
（例）『ドイツ語文法』第1巻第1版序文の訳文で「*58頁」と書いてある場合、訳文の58頁ではなく原書の『ドイツ語文法』第1巻第1版の58頁のことを指す。

言語名略記号(例示)

記号	言語名	ドイツ語表記	記号	言語名	ドイツ語表記
アイル	アイルランド語	Isländisch	ノルド	ノルド語	Nordisch
アルバ	アルバニア語	Albanisch	ハンガ	ハンガリー語	Ungarisch
アングロ	アングロサクソン語	Angelsächsisch	フィン	フィンランド語	Finnisch
イタ	イタリア語	Italienisch	フラ	フランス語	Französisch
エスト	エストニア語	Estnisch	フリジ	フリジア語	Friesisch
オラ	オランダ語	Niederländisch	プロ	プロイセン語	Preußisch
ギリ	ギリシア語	Griechisch	ペルシ	ペルシア語	Persisch
ゴート	ゴート語	Gotisch	ポ	ポーランド語	Polnisch
ザクセ	ザクセン語	Sächsisch	ボヘ	ボヘミア語	Böhmisch
古ザクセ	古ザクセン語	Altsächsisch	ポルト	ポルトガル語	Portugiesisch
サンスク	サンスクリット	Sanskrit	ラ	ラテン語	Lateinisch
スウエ	スウェーデン語	Schwedisch	ラトヴ	ラトヴィア語	Lettisch
スペ	スペイン語	Spanisch	リトア	リトアニア語	Litauisch
スラブ	スラブ語	Slawisch	ロシ	ロシア語	Russisch
デンマ	デンマーク語	Dänisch			

I

辞書

『ドイツ語辞典』

ヤーコプ・グリム　ヴィルヘルム・グリム

第1巻　序文（1854年）　ヤーコプ・グリム（千石喬訳）
第2巻　序文（1860年）　ヤーコプ・グリム（千石喬訳）

Deutsches Wörterbuch

Von Jacob Grimm und Wilhelm Grimm
Leipzig: Verlag von S. Hirzel

Bd. 1 1854 Vorrede (Jacob Grimm)
Bd. 2 1860 Vorrede (Jacob Grimm)
(In: Jacob Grimm, *Kleinere Schriften*, Bd. 8, 1890)

『ドイツ語辞典』

第1巻　序文

ヤーコプ・グリム

千石喬 訳

学術的企ては、根を深く下ろし広がりも大きなものでなければならないのだが、その発端となるとこれまた外的なきっかけに左右されるものである。周知のように、ハノーファーのアウグスト王(Ernst August)が、代々ひき継がれ、国内で正当なものとして遵法されていた憲法を廃棄した上で、憲法に対する誓約を守り続けようとした私たち兄弟を初めとする幾人かを1837年にその職から追放したのであった。誓約とは守るためのものであろうに。不当な仕打ちを受けたわれわれに世論が味方してくれたので、苦しみと同時に励ましも経験したこの時期にヴァイトマン書店から申し出があり、この不本意な余暇をドイツ語大辞典の編纂に利用してはどうかということになった。これが自発的な企画だったら、ただでさえ処理しきれない仕事をかかえこんでいるのに、今さらそれを多量に増やすことなど、はなから問題にしなかったろう。この案は、私たちが以前から温めはぐくんできた仕事をわが巣から突き落とし、激しい羽ばたきを見せるなじみのない新しい仕事、多少の類似性はあるものの従来の仕事とは相いれないものを、新たにわが巣に迎え入れることを意味した。私たちのそれまでの努力は、あげてドイツ語の古い姿に向けられていたのであって、計り知れない数のドイツ語の語彙自体を採集しようなどという考えは思いもよらなかった。面倒な準備態勢を考えてみただけでも、根気仕事に耐える意欲が試されている思いであった。しかしこの提案には抗しがたい魅力もあり、つい引きずられて、行く手に垣間見えてはいるものの、仕事の開始までは、その正体が明らかではないため、予想もつかないありとある困難に早々と立ち向かうはめになったのである。私たちは考えに考えたものの、見通しのきかない何びともまだ構想ましてや実現をしたことのないこの事業は、すべてがはるか遠くに見えているだけで、かすかな見通ししか立たなかった。私たちが頭に描いているような欲張った辞書は、ドイツ語でも他の近代語でもまだ存在していない。この実現のためには、今までにまして誠実な力を振りしぼり、全力投球で対応するほかはないのである。この重圧を二人そろって肩に引き受けることにした。これで肩はいささかでも楽になり痛みがへるものの、頭のほうもこれまた二つになるので必要欠くべからざる統一が、計画段階ではまだしも、実行段階で保てなくなる恐れがあった。しかしこの危惧は、私たちの不断の協力関係を前にして消え去った。私たちのこの関係は、幼児期以来の体験であり、今回もまた二人の運命を左右し確定する力を失っていなかった。兄と弟は左右の手と同じで互いに助けあうという古い諺を思い出し、逡巡することなく積極的に勇断を下し、諸般の事情も受け入れに有利に働いたこともあって、提示された仕事を引き受けることにしたのである。二人の分担の仕方は今後の動向にまかせることにしてある。

プロイセン王の計らいで私たちが当地ベルリンで研究の保護と自由を手に入れて、仕事に手が染められる段階に達するまでにすでに数年がたった。あの政治事件も、その後のさらに衝撃的な諸事件のいわば前奏曲としてすっかり影が薄れてしまった。今ここにその第１巻を愛する祖国の祭壇に捧げようとしているこの著作が、いつか完結の日を迎えた暁には、より大きな信頼が寄せられて、後世の人々にも忘れ去られずに存在し続けることをここに祈りたいと思う。そうなれば私達の苦労のいっさいが報われたことになるのだ。

この文章はほんとうは主語を双数の形にして書かねばならないのだが、ドイツ語ははるか昔に双数を失ってしまったし、複数で書きつづけるのも煩わしい。そこで手っとり早く私の名前で、言うべきこと、心揺さぶられている思いのたけを述べようと思う。ヴィルヘルムは後からそう苦労もせずに必要に応じて発言し、もっと穏やかな書きぶりで私の主張の裏付けと補強をしてくれるだろう。知れば知るほど楽しさのますこの仕事に今では絶え間なく没頭しているのだから、今さら隠さずに言っても良いと思うが、もしゲッティンゲンでの地位を失うようなことがなかったら、けっしてこの仕事を引き受けなかったろう。かなりの年輩になって心にあるのは、すでに手を染めて持ち歩いている著述と私を結ぶ糸が、今はまだなんとか手中にあるにせよ、いずれ辞書の仕事のため切れてしまうだろうという恐れである。数日にわたって大空から舞い降りてきた雪であたり一面がおおわれた状態になるのとちょうど同じように、四方八方のすみずみから押し寄せてくる単語の山に私は埋もれているのだ。時々立ち上がっていっさいを振り払いたい心境に陥ることがある。それでもなんとか堪えているのは、大きな収穫を目の前にしながら手をこまねいて、より大きな称賛の声をみすみす見送るのは愚かなことだ考えるからである。

私の能力に隠されている、というよりむしろ今手がけている仕事自体に隠されているプラス面がいつか実を結ぶのであれば、道しるべもないまま独り足を踏みいれようとしている前人未踏の小道を見捨てさるのは愚かなことであろう。道しるべはあるにこしたことはないがなくても何とかなる。これは私の前々からの考えだが、人間の言語機能の土台、つまり言語に関して人間に生まれながらに与えられている諸条件は、神秘的法則の支配下にあり、これはすでに自然科学において、恒常的に不変なものとして示されている法則である。しかし言語には同時にもっと暖かみのある変動的な要素も働いており、この要素が人類における言語の発見・習得・伝承・完成を歴史の手にゆだね、歴史の懐から多様な文学作品が産み出されているのだ。言葉と音声の幾段階にわたる対応関係は、もっぱら文法によって、潮の干満のような時々の言語の現象はとりわけ辞書によって、それぞれ記述されねばならないのであって、歴史にとっての古文書と同様、辞書には大量の言語資料が不可欠である。

このような壮大な辞書の成就のためには、吉兆の星が天高く現れねばならない。私がそれを見てとったのは、ふだんは互いに離れているのに、今は同じ内的動因から近づきあった二つの星座の合流、つまりドイツ文献学の飛躍的進展と母語に対する民族的自覚の二つのことである。両者とも、一段と高まった祖国愛と祖国の揺るぎない統一に対する抑えがたい欲求に動かされたものだ。そもそも言葉と文学ほど民族を結びつけるものがほかにあるであろうか。

ひとたび言語の古い姿に研究の目を向け、古い言語が今日の言語より優れている点に気づいた者は、最初は知らぬ間に古代の資料のすべてに魅了され、現代の資料から離れてしまうものだ。高みへとよじ登ってさかのぼるにつれて、言語の姿そのものがますます美しい完璧なものに思えてくる。言語の現代の姿に近づけば近づくほど、形態の持つ力強さと明確さが今や衰退と崩壊に瀕している様に心をいためるものだ。言語の外的状態のこのような純粋さ完璧さが保たれている場合には、そこに盛られる内容から得られるものもまた増大する。なぜなら透明度の高いほうが、すでに濁りぼやけているものより生み出すものも多いからである。16・17 世紀の書物に目を通すと、その言語は当時の粗野・粗暴さにもかかわらず、多くの特徴において、現代の言語と較べて羨ましい点、優れている点が多いと私に思われたのであった。ところが、中高ドイツ語の詩作品にふれると、そこで示される高貴で自由な天性は、これとはなんという大きなへだたりがあることか。これらの詩作品に心からの努力を捧げるとたぐい稀な報いが生み出されるのである。しかしながら文法上の重要な発見のすべてが引きだされねばならないのは、おそらくこの豊富な中高ドイツ語からではなく、乏しい流れで涸れかかっている古高ドイツ語とゴート語の水源からなのである。この水源こそが、われわれの言語の最古にして柔軟な規則を示してくれる。かつて一時期、ウルフィラの聖書の失われた部分を手に入れるためなら、13 世紀の最盛期の詩作のすべてを喜んで手放してもよいのにと思った時が私にはあった。最古の言語の輝くばかりの法則の跡を追い求めて、現代語の色あせた法則のことなどはここ長らく手を触れずにいたのだ。

しかしながら、現代語といえども、おのれの権利を主張し、隠された魅力でわれわれに迫ることを忘れはしない。現代語の新しい大地は、古代語の大地が狭苦しく不安定であるのと較べると、はるかに広々と安定しており、だからこそしっかりと踏みしめることができるだけにとどまらない。現代語には外的形態面の損失がある一方、それを補う、より進んだ内的精神面の成長と練成が認められるのである。古代語に欠落しているものに、思考の明晰さと平明さがふつう指摘される。この点では現代語のほうがはるかに進んでいて、時のたつにつれて、表現の生気ある感性をも古代語を凌駕せずにはおかない。かくてより大きな、それ自体で相互に関連し調整の取れた豊かさが表現され、この豊かさは、重大な損失をも忘れさせる。一方、古代の言語の長所となると、全体としてではなく個々の箇所で、しかも脈絡を欠いた形でのみ働いているにすぎないのだ。古代語と現代語の間には、時代を経てもたらされた相違にもかかわらず、全体としては、見逃しがたい共通性が支配している。この共通性を紆余曲折の中でうかがい見ることは、思いがけない喜びを与えてくれる。われわれの現代のあちこちに、過去から差し込んで来る光が見てとれるとすれば、それとは逆に古代語の暗がりのここかしこの頂きを、現代語の光が照らすことも時には認められるのだ。古代で目立つものの多くは、それ自体に安息していて、柵外から追求しようがない。現代語ではこれと比較にならない多量の語彙が溢れるばかりの用例によって解明されるのだ。文法にとっては古代語のほうが役立つが、語義の理解は明らかに現代語のほうが重要である。ゴート語の形態論は、触れることは僅かなのに、新高ドイツ語の形態論よりも10倍も実りがある。しかし語彙集の大きさを比較すると、中高ドイツ語の前ではゴート語、さらには古高ドイツ語さえも貧弱に見える。辞書の点では中高ドイツ語は新高ドイツ語と太刀打ちできようもない。

ここまで考えて来ると、態勢は新高ドイツ語辞書に有利に働いて、史的言語研究で切り開いてきた土台の上で、ドイツ語全語彙の収集を、既存のものよりはるかに豊かで生気ある形で実現しようという気持ちに向かったのであった。今までのドイツ語辞書が失敗したのは、研究者と一般人の双方をともに満足させようと二股をかけたせいであった。

15・16世紀における古典文学の再燃によって、学術語としては未発達な自国語とギリシア・ラテン両語との格差が明白になり、両者間の溝がいっそう際立ちはじめた。私たちの母語ドイツ語は、古典語が死語となったとき、ヨーロッパ諸語に先立ってまず最初に動きを起こして生命力を示したものの、程なくして価値を失い、単なる橋渡しの存在になった。つまり自国の未開な泥沼から抜け出て、ギリシア・ラテンの古典語と、それと並べて神聖視したと推定されるヘブライ語の3個の完全言語の岸辺へ渡るための橋と見なされる存在に堕ちてしまった。ドイツ語という、純粋に人間的で身近にある素晴らしい賜り物がどんなものか考えてみようと思いつく者はいなかった。言語に秘められている法則、事の性質上微妙で奥深い法則を実際に見つけ出すのには、誰もがまだ不慣れでその準備もなかった。きわめて表面的な実用のために、言語自体には何の役にも立たず逆に害をもたらすような、貧弱で空疎な手引き書を作ることに汲々としていたのだ。古典語は学術と専門ギルドの言語となったのだが、ドイツ語は学術に取り入れられず、どの専門ギルドに入ることも許されなかった。

忘れてならないのは、古代ドイツ語の資料の保存と出版の意図を実現した人びと、ゴルダスト、シルター、シェルツ(Scherz)、ボードマーの名前であり、またドイツ語の単語収集を目指した人びと、ダシポディウス、マーラー、ヘーニッシュ、フリッシュの名前である。目が向けられたのは例外なくいずれも南ドイツであった。南ドイツこそ、昔から高地ドイツ語と詩が育ち、大部分の写本が保存され、生きた方言にいまだに他のどこよりも古代の面影を残し、古代を理解したいと思わずにはいられない地域なのである。とは言え、この人たちの努力によっては、既成の文法書から得られる既存の知識を、自分の手ででぢかに確認できる段階には至らなかった。まだ不十分にしか知られていない原典への道が始まったばかりで、文法書の記述しか、過去の言語に対する現代語の関係を確認するすべがなかったのである。そろって北ドイツ出身のライプニッツ、レッシング、クロップシュトック、アーデルング、フォスたちが、それぞれ異なった意味にせよ、ドイツ語のために計画・実現したことは記憶されているだろうが、古典語学者にドイツ語も一人前の言語であることを認識させるには至らなかった。ドイツ語に対する評価を改めさせる試みは空しく終わった。古典語に劣らぬことを学校教育に理解させるには一段と説得的なやり方が必要で、縁遠そうでもそこに通じる道は一つとして見残されはしなかった。ドイツ語古代全体の中、原始の深淵の中で大岩のように聳え立っており、以後の構築のいっさいがこれを土台に行われねばならなかった主要諸作品は、信じがたいことだが、オランダ人、イギリス人、スウェーデン人に任されていて、19世紀以前には一度もドイツで印刷されて入手できる状態になかったのである。クニッテル(Knittel)の発見によってウルフィラを知ったレッシングの念頭にあったのは、わずかに神学上の利益だけで、大きな言語上の利益には考え及ばなかった。この明晰にして鋭敏な精神の持ち主は、寓話と金言を偏愛するあまり、古代ドイツの二流、三流の少数の詩人にしか目が向かなかった。彼が最上の詩人たちを読んだとしたらどうであったろう。きっとしかるべき方法をみつけて、これらの詩人の評価を高めたであろう。古代ドイツ語に接しドイツ語の素晴らしさに魅せられて、ドイツ語文法の独自性を鋭敏に感じとり、もしコペンハーゲンに行っていたなら、容易に北欧の純粋な原典に近づいただろうと考えられる。クロップシュトックは、美しい音調のオットフリートやさらにミンネ歌人(宮廷恋愛歌人)に親しめたらよかったろうに。さらに残念だったのは、ヒッケス(Hickes)から得た文書からクロップシュトックは古ザクセン語について素人的な知識しか引き出せず、しかもそれを発表したことである。レッシングに心酔し、詩作においては程なく彼を越える力を示したフォスもまた、レッシングよりは知識の点では上ではあるが、時代考証についての著書その他で、不完全な見解を古代ドイツの言語と文学について発表している。この点でこの両人に劣らないのが、ふつうはつねに両人とは対立するアーデルングである。彼にとって、気に入るのはハーゲドルン、ゲラート、ヴァイセの詩だけで、それ以前ではせいぜいのところオーピッツとその一派の詩に半権威を認めるにとどまっていて、同時代の年下の詩人を認めていなかった。アーデルングはこれらすべての詩に対して誠実に感謝し、ボードマーの収集から選び出された引用やフリッシュとシルターから得たものに接することでほぼ満足していたのである。おそらくアーデルングにとっては、古い時代については、文学を評価するよりも、むしろ言語の規則のほうを——まだよくは知らないまま——これこそが自分の辞書の数多くの誤謬を除去してくれるものと評価していたのだ。意図したわけではなかったが、古代ドイツ文学の否定に終結をもたらしたのは、近代文学が華々しく王座を確立した現実であった。ゲーテとシラーのドイツ語に対する功績があまりにも輝かしかったので、この両人が中世のいくつかの詩作品に対して時に示した毛嫌いぶりは——内容の点では重く見る必要はなく——強調されてはならない。

このふたりの大詩人たちがますます成功をおさめて、ドイツ語の力がどんなものであるかを全国民の前で実証し、今世紀初頭の暗い時期、敵国に征服されたことによって、ドイツ語という宝石をもっと誇りを懐いて堅持しようする意志が万人の心に刻みつけられて以来、ドイツ語といえども、言語を支配する基本法則をすべて昔から備えていたのだと自覚することは、難しいことではなくなり、ごく簡単なやり方で一挙に実現できたのである。とは言え幸いなことに、すんなりと受け入れられたこの認識と、サンスクリットを契機とする比較言語学の展開とがたまたま時を同じくしたのである。比較言語学では多少とも縁のある言語特徴は一つとして見逃されず、とくに土着語の特徴にも進んで正当な権利が認められた。そこではいくつもの弦が音をかなで、一つとなってかの尊い母なる言語の豊かな調べとなったのである。かくて、幸運と不運の曲折をへながら、ドイツ語学文学がしだいに、かつてない規模で形成され、その独自の諸成果は数々の実りをもたらし、独自の価値を主張し、人々の継続的な参加を求めるようになったのである。以前は苦労して印刷出版されたドイツ古代の資料のいっさいは、2・3 冊の二つ・四つ折り版でまとめて入手できたのだが、今では図書館に行くと、本棚が幾仕切も古代ドイツ語の書物で埋められており、しかもこの文献を出版者たちが目にしても臆するようなこともなくなり、道は遠くともすべての隙間を埋め、不完全な版を駆逐してより良い版を世に出そうと張り切るのであった。ドイツ語の源泉が埋もれたままでいるはずがなく、いずれ河や川をたどり水源にまでさかのぼることができるのだ。一方、今後はこれらの研究やそこから出て来る要請に応じないようなドイツ語の文法書も辞書も問題にされず、意味を持たなくなる。

今日では、真摯な世論も底の浅い仕事からそっぽを向き始めている。理性を頼り単純な手段を正確に用いて、きわめて有効な結果をもたらす自然科学の活動に目を奪われて、民衆はさなきだに無益で質の劣るものにはうんざりしているのである。膨大な言語財宝と古来の遺産に頼りながら作り出す抄本や手引き書の類を今さら世に出しても何の意味があろうか。そんなものは、興味を引き出すどころか気を逸らさせるのが落ちである。じかに面と向かう邪魔となり、まるで自分の目で見るのに妨げとなるばかりで、民衆の溢れる力にとっては気の抜けた煎じ汁にしかならず、なんの滋養も満足も得られはしない。[ナポレオン支配からの] 解放戦争このかた、ドイツ人を一つにまとめ分裂を防ぐ力を持つこのドイツ語という財宝を求める憧れが、民族の高貴な心の人びとのすべての中に湧きあがった。これこそがドイツ人の心に豊かな独自性を刻みつけ、その維持を可能にする唯一のものなのだ。これに続く 30 年間の展開を眼前に体験した同時代人の多数にとって忘れがたいのは、皆の期待がどれほど高まり、思いがどれほどの誇り高く純粋であったかという記憶である。1848 年の嵐の後の反動が長い期間にわたって重苦しくあたりを支配したとすれば、一方では、言語と歴史が揺るぎなき鎮静力を見事に発揮したのである。はかりしれない自然のもつ諸々の力の源を探ることは、これまた気持ちを鎮静したり高めたりしてくれるものなのだ。人間自体こそ自然の産み出したもっとも高貴なものであり、人間の精神の精華こそが最大の目標なのではないのか。民族は、現代だけでなく過去の存在も含めて、自分たちの詩人と著述家を、以前にも増して自分のものにして享受できることを望んでいるのだ。古代の満々たる水が、再び開けられた堰を通って、現代にまで押し寄せるというのは正しい成り行きである。消息を絶った古い言語の研究を使命と感じる学者の数は少ないが、大衆の心の中には、私たちの生きた言語の、分解・解体ではない全体像とそれに備わっている手立てのいっさいを知りたいという欲求や好奇心が沸き立っている。文法はその性質上、研究者向けのものである。これから開発しようとしている辞書はすべての人に役立つもので、目標と使命は学問と思想に土台を置いてはいるが、高い意味において実用的でもあらねばならない。

このドイツ語辞典の出版の道が開け、かつ確実なものになったのは、もっぱら国民の温かい関与のおかげである。したがってこの点が他の言語の辞書と際立った対照をなす。他言語の辞書の場合は、例えばフランス、スペイン、デンマークの例のように、学者仲間に端を発して公的資金によって世に出たのである。現在もストックホルムでウィッテルヘット・アカデミーがスウェーデン語辞典を編纂している。これらの編纂組織の評価は国ごとに違いがある。フランス語のように、社会生活が洗練されて、言語があらゆる場で確定した形となっている国では、言語はもっぱらこの方法によって上品な言葉遣いを見いだし定着させた。このアカデミー辞典は、少なくとも数種族の言語を支配する役割を果たしているが、将来いつかこの耐えがたい束縛は排除されるだろう。こんなやり方は真の辞書概念とは最初から相いれないからである。他方、社会的機関による編纂のプラス面は、その後生じる大きな障害と欠陥に出あって帳消しになる。勤勉と協力から、怠惰と争いの口実が生まれかねない。最初のうちこそ仕事の本来の重荷が、一人または少数の使命感に溢れた人の手に委ねられるが、時を経るうちにその仲間とは別の、熱意を欠いた人びとの手に引き継がれかねない。経費の全部または一部を賄えるのは社会的機関だけであり、この形で学者グループの手に辞書編纂が委ねられるのは、彼らの指導的位置が確保されるので望ましいことだ。ところがドイツでは、すでにふれたように自国語があまり尊敬されない。そのためわが国のアカデミーは、もっぱら古典語とオリエント語、自然科学、歴史研究を育成するが、新たなドイツ語辞典の計画や、進行中の辞典の援助を考えた例は皆無である。ダシポディウスとピクトリウスに始まってアーデルングとカンペにいたるまで、ドイツ語辞典の出版はすべて、公的な側のなんらの奨励や資金補助を受けずに行われたのであり、恥ずかしいことであるが、自国の言語資料の編纂は、少数の称賛に値する例外を別にすると、大部分が乏しい資金と渋りがちな出版社によって実現したものであり、編纂者の報酬はほとんどない有様であった。これらをまとめて本格的に保護し、国民にも周知させたとしたら、どんなにか祖国に役立ったであろうか。わが国では事が外国の古代文化や言語となると大変な援助が与えられて来たことは、国民の周知するところだ。

私のもう一つの意図は、悪評高く、言語の見た目を無様にしているドイツ語正書法のごちゃまぜの混乱を一掃したいということであった。その絶好の機会が到来していると考えたのが、辞書を引き受けた主要な理由の一つであった。辞書の秩序は、ほとんどどこを取っても、伝統的な正書法によって阻害され、見通しのきかないものとなることが目に見えていた。自分の言葉を正しく書くということは、些細な事ではない。重要であり、多くの事で役立つ事なのだ。しかしながらドイツ国民は、困ったことに頑なにこの乱れた正書法に固執していて、現に生きて役立っているものをみすみす見逃し、不適切な文字使用のほとんどを手離そうとしない。新しく世に出る辞書が与える最初の印象と、徐々に発揮する影響力との二つを、とっくに機が熟している改正(というよりむしろ昔の単純さへの復帰)に連動させるのがもっとも有効なやり方だと思われた。この復帰、つまり以前の数世紀にはまだ存在しなかったのに、最近の世紀になって現れた乱脈ぶりの排除は、時代の動向に紛れてあまり注目されず、気づかぬうちに大衆の賛成ないし同調を得られたかも知れないのである。しかし社会のあらゆる部門に見られる、やっと脱出できたばかりの軌道への逆戻りという一般的時流の中にあって、本来のあるべき軌道に戻そうとするのは今さら無理だということを悟らされた。実現できたことと言えば、もっとも目立つ弊害を除去ないし弱体化することだけであった。その時々どの選択をし、どの方策をとるのが賢明かということについては、当然のことだが見解があちこち揺れて、そのために辞書が最後の数年で大幅に遅延する結果となった。従来の書記法との不一致点は、どうにも避けられずに終わったもので、誰の目にも明らかであるが、その弁明は後に回したい。

以上のことを前置きにして、次に個々に問題点の観察に入ることをお許しいただきたい。

1　辞書とは個別言語の語彙のアルファベット順による記録である。辞書をこう捉えることが、新旧の時代の間に、辞書について本質的で全面的な相違を生んだ原因である。

辞書 wörterbuch という表現は 17 世紀にはまだなかった。シュティーラーにはこの語はまったく見られず、私見ではこの語を知っていたのはクラマーであって、1719 年に低地ドイツ語辞書で woordenboek という名称を用いている。この語を一般的にしたのはシュタインバッハとフリッシュであった。この語はドイツからスウェーデンとデンマークに伝わった。ordbok, ordbog がそれである。アイスランド語の orđabôk には、wörterbuch と同様に複数属格が含まれている。wörter（「語」の複数形）の本であって wort（「語」の単数形）の本ではない。もっとよいのは、スラブ語の表現で、単一語の slovar, slovnik、南スラブ人の rjetschnik で、それぞれ slovo「語」、rjetsch「語」に由来する。なぜ古高ドイツ語で wortâri、中高ドイツ語で wortære と言わなかったのだろうか。（似た概念を表す ehirâri, eherære, spicarium という言い方がラテン語にあるのに。）ギリシア語の表現がもし ῥηματικόν（すなわち βιβλίον「書物」）だったら、今日の意味に対応するところだが、古代にはその意味では使われなかった。

ギリシア人とローマ人は「語の本」という観念を持っていなかった。後になって用いられた名称 lexicon, glossarium, dictionarium, vocabularium は意味が違う。λέξις「言葉づかい」から作られた λεξικόν（βιβλίον）と dictio「言い方」から作られた dictionarium は、ともに慣用句と言い回しをまとめたものである。γλωσσάριον は意味がわかりにくい古語を意味し、glossen「難語」を含んでいる。vocabular「語彙集」は、学校教育などのために集められた少数の語彙を示すだけのものに過ぎない。それぞれが自著の名称に、デュ・カンジュ（Ducange）とオーベリン（Oberlin）が glossare を、フランスアカデミーが dictionnaire を用いているのは当を得た選択である。しかしながら、個別作家の刊行物に添えられた索引を辞書と呼ぶべきではない。フランス人が、将来自国語の完全な辞書を作った暁には、おそらく dictionnaire や lexique とは別の名称をつけることだろう。シソーラス（分類語彙集 thesaurus, tesoro, trésor, sprachschatz）という名称を選んだり、形容詞を添えることで、完璧という意味が加えられた（例：totius latinitatis lexicon）ものも少なくない。

自国語のまして野蛮な近隣の言語すべての語彙を集めようという考えは、古代人自身の思いつくところではなかった。彼らが興味を抱いたのは、単に文や語の集まりを観察し、その構成に見られるある種の文法法則を求めたり、意味が曖昧になったり忘れ去られた表現を解明するだけであった。彼らの語源解釈は有意義で学問的な場合もあるものの、大部分は規則性と学問性を欠いている。ギリシア語はただでさえ無限に表現をつくり出せるのにそのすべてを採録することなどは最大の記憶力でも無理だったろうし、かりに数人の協力で実現したとしても、何らかの目的達成も読者獲得の成果もなく終わったろう。困難で費用を要する写本によってしか流通できない語の山がなんの役に立つのだろうか。ギリシア人もローマ人も、比較言語研究という学問はまったく知らず、またそんなことにまるで興味を抱かなかった。もしそうでなかったら、この領域でどんなにか素晴らしい発見ができたことであろう。

印刷術という大発明があって初めて、すべての学術が姿を一変し、事情がすっかり変わった。印刷術の影響の大きさは、蒸気機関の場合と同様、今日でもはかり知れない。まず古代の文字の発明が、人間に手を精神的な事のために用いて、自己の考えを遠くまで送り、後世に伝える力を授けたのだが、今度は印刷による文字のコピーがこの力を 10 倍にもしたのだ。かりにこの発見がなかったとしたら、この直後の古典文学の再発見も宗教改革も実現しなかったろうし、もし始まったとしてもまともなものにはならなかっただろう。文書が印刷されてあらゆる場所で読まれるようになって以来、辞書が作られ学術の新しい道が開かれた。一気にではなく一歩一歩と、最初は偶発的についで自覚的に前進をしたのである。このようにしてようやく個別言語の全般的記述がどんな意義を持ち、どんな働きをしうるかに気づくに至った。今日の宣教師が文献学的関心を持ち、彼らの収集がきちんとした形で入手できるようになった結果、言語研究はいずれ一段と力を得て、歴史的資料の欠けた部分を、推理の豊かさと鋭さで補えるようになるであろう。それはぼんやりとではあるが、私たちがすでに体験していることである。ちなみにこの新しい文献学では、辞書ですべての単語が洩れなくかつ同等の扱いで採録されるのと同様に、地球のすべての言語が同じ権利を持ち、軽視される言語はひとつもあってはならない。したがって、広範囲な収集処理の努力こそ、辞書の第一要請であり、辞書が多方面で用いられるかどうかもこれできまる。というのは、印刷が世に送るものは、万人向けを意図しており、万人に役立つはずのことは何ひとつ除外されたり軽視されてはならないのである。これに劣らず辞書に不可欠なのが、アルファベット順の配列である。漏れのない採録と執筆が可能となり、検索が確実に素早くできるようになったのもこのおかげである。豊富な記事を後から挿入しようとする者は、その箇所がわかっていなければならないのであって、ある語が収録済みか欠落しているかを調べるために、あちこち探し回るのでは困る。蜂は蜜を運びこむ蜜房の位置を正確に知っているものだ。求める語の収められている場所がわからなければ、語彙検索の仕事は中途で停止か麻痺状態になってしまうであろう。すでに古典古代の人でさえ、乏しい語彙収集をふつうアルファベット順で行っていた。今日これによらず廃止したり乱したりする者がいれば、文献学を冒涜することになる。

とは言え、アルファベットと言ってもいろいろあり、すべてが同一配列というわけではない。かつそれを変えるのは難しい。サンスクリットは豊富さと純粋さに由来する自然な順序に従い文字を並べるが、それを不完全な発達のしかたの言語には適用できず、ヨーロッパ諸語の辞書に明快さよりむしろ混乱をもたらした。3言語とも同じ大地から出たにもかかわらずギリシア語とヘブライ語のアルファベットがラテン語と異なることは、私たちが子供のころから周知の事実である。ルーネ文字やゴート文字のアルファベットの特異な点までも覚えて記憶し、絶えず思い出す必要はない。先頭だけでなく中間の音声までこれに従った配列によるとしたら、時間を浪費するか、急いで頁をめくって間違いや見逃しをする危険をおかすはめになる。スラブ語の辞書では、いくつかの異なる表記の存在がアルファベット順の配列をどんなに難しくしているか、スカンディナヴィア語ではå ä öの文字の配列や文末指示のゆれがどんなに面倒なものかはよく知られている。ネッセルマン(Nesselmann)とエトミュラー(Ettmüller)はリトアニア語とアングロサクソン語の辞書で、自分はなれていても他の人に不便な文法的視点に基づく配列を採用した結果、辞書の利用がひどく困難になってしまった。ドイツ語は正書法の整理が実現するまでは、満足できる辞書配列は不可能で、この欠陥がまだ除去できないでいることは、本辞書の欠点として残るほかはない。

しかし辞書の目的と意図にもっとも反する結果となる配列は、語根を基準にし、その直後に派生語と合成語を置くという方式である。小語彙集や語彙リストを企画する際でさえ、すぐにも組織的記述に手を出し、先取りをして文法に属することも扱おうという誘惑に抗しきれないものだ。語源研究を辞書でも行うというのは、自然なことであり避けがたい。しかし語源研究はたえず進歩し、語根の知識はいたるところで拡大したり抑えられたりしているので、そのために語の配列に混乱が持ちこまれてはならない。語源知識の土台に変遷が生じて、その結果どの語も辞書中の位置が安定しないことになるからである。ベネッケの中高ドイツ語辞書のような歓迎すべき有用な著書も、この点では失敗と言える。このやり方でないとドイツ語の品位と両立しないとベネッケは考えた。そこで［誤りも多い］語源を優先するために、検索者の目には求める表現が見つけにくくなっている。ネッセルマンとエトミュラーは不完全な音配列の上にさらに、語根によって個々の語の位置に変更を加えている。将来、別に語源辞書が存在するようになった暁には、語根アルファベット順の別個の辞書として出版すれば有効に機能することだろう。ミクロシッチが語根（radix）と語彙目録（lexicon）を別々の本としてくれているのや、ローゼン（Rosen）がサンスクリットの語根を別個にまとめているのがその例となろう。個々の語の独立性と中立性をさしあたり確保できるのは、アルファベット順だけだと言えるだろう。独立性と中立性を犠牲にしてまで、本来は辞書の中途ではなく、辞書の外で行うべき研究が持ちこまれてはならない。

2 辞書たるものの目指すのは何か。広範な一般的利用を目指す以上は大規模で広範囲な目標しか考えられない。辞書は言語の収まるべき聖域を準備して、財宝の全てを保存し、何人にも近づけるようにせねばならない。収められた財宝はちょうど蜂の巣のように絶えず大きくなり、民族の過去と現在が結びつけられる崇高な記念物となるのである。

言語はすべての人にとって、既知にしてかつ神秘なものである。言語は研究者を強く引きつけるとともに、大衆に自然な好奇心を植えつけてきた。「もうはっきりとは思い出せないのだが、あの語は何という語だったろうか」「この男は奇妙な語を口にしている、何を言おうとしているのだろうか」「この表現にはもっと良い実例があったはずだ。辞書で調べて見よう」

このような好奇心があれば、もう半分はわかったも同然である。辞書は完全な明晰さを求めようとあがく必要はなく、学問にとって道具として不可欠な通常の道具立てのすべてを利用してかまわない。読者はそれを使いこなす能力を持ちあわせていない場合でも、苦もなく身につけるものだ。靴職人やパン職人に何か質問をしてみるがよい。自分たちの表現で答えてくれるだろう。しかも、どういう意味かの説明はほとんどまたまったく不要である。そしてまたすべての人にすべてのことが理解でき、誰にもどの語も説明ずみであるという必要もない。わからない語をそのままに通り過ぎても、次の機会には理解することもある。簡単に理解できて、しかも難しい背景をもたないような良書が、もしあったら言って欲しいものだ。辞書というものは、最大の知識をもつ研究者でも何も言えなかったり、確かな知識をまだもっていないような難しい素材を扱っているのだ。能力を越えたことや自分の視野にないこと、さらに気に沿わないことはそのままに読み過ごす読者が、いろんな段階で存在してもかまわないのである。どんな身分やどんな年齢の読者も、いずれ程なく蜜蜂のように自分の好みに導かれて、好きな草や花だけに引き寄せられることになるものだ。

妙な思いつきの表題で世に売り出し、多様な知識の色鮮やかで生はんかなごた交ぜを売り歩くような本は山のように存在する。もし自国語という単純な料理が大衆に受け入れられれば、辞書は家庭用にもなり、皆が自ら求め信じて読むようになるかもしれない。父親が2、3の語を取り上げて、その語を息子たちと辞書で検討し、わが子の言語能力を試すと同時に自分の知識を新たにするということがあってもよいのではないか。母親も喜んでそれに耳を傾ける。女性たちが、母親の健全な才気を備えて諺を記憶し、まがうかたなき言語感覚を発揮してみたいと、中に収められた巻紙から次々語が溢れ出てくるような木箱を手元に置きたいと本気で望むことも少なくないのだ。一つの語一つの詩句が、次々とあらたな語句を呼び寄せ、それらがまたもや新たな領域の蓋を開けるものだ。余音溢れる豊穣の角笛とも呼ばれる辞書の、人を引きつけて離さない力と辞書の果たす役割は、貧弱な中型百科辞典のそれと比較するようなことがあってはならない。そんな書物はせいぜい年に1・2度だけ戸棚の埃の中から引っ張り出されて、二つのあやふやな表記のどちらがましかに決着をつけたり、ある外来の単語の堅苦しい定訳を見つけ出すために利用されるにすぎない。

外国語を鼻にかけている人びとに、自国語の価値、しばしば優位性の意識を辞書がより強く実感させ、具体的な実例の提示によって——参考用例という本来の目的とはまったく無関係に——自国の文学への愛情を呼び覚ますという形で、辞書がどれほど有益な働きをするかは誰も予想できない。古代盛期には韻文詩の暗唱が記憶を助け、同時に言語を維持する役割をした。文学をまったくもたないか、僅かしか生み出せなかった民族とは、反復の欠如のため言語形式や語彙や表現形式が忘却された民族なのである。かつて立派な言語であったものが没落して見すぼらしい方言に成り果てたということは、上述のように活発な修練が行われなくなった事実から見て取れる。古代諸言語の栄光を高め、維持したのは文学の著作および精神の著作である。辞書こそが、近代諸語の確実な持続に本質的な影響を与えると考えられる。このことが、辞書を他の仕事より優先させた理由の一つである。辞書はたとえ語彙のすべてではないとしても、大多数を維持できるのである。辞書の利用者の中で、個々の事項で辞書に多大な恩恵をこうむっていることを否定する者は少ないだろう。もっとも生き生きとした伝承は、いうまでもなく口づてに行われる。地域によって活発さと能弁さの気質の差があるものだ。しかし種が播かれることで荒野がふたたび沃野に戻れるのである。

文学遺産に綿密な注意を向けることによって言語研究が促進され、無限の領域に進む。それどころか言語研究が必要とする手段を自身で準備し調達すればするほど、それだけいっそう言語研究は独自なものになるようである。しかし比類ないほど大きな助力を言語研究にもたらすのは、辞書である。辞書には、すべての語が正確にきめられた箇所で、行き届いた秩序で示されて、全体を展望できる。このような秩序はどれほど根気強くても、不器用な勤勉さでは到底実現できるものではない。辞書は武装した果敢な大軍勢に匹敵する。奇跡的な力を発揮し、えり抜きの軍隊でも個々には何の手出しもできないような軍勢である。私はこのことを、自身が辞書の助力なしに古代ゲルマン語の文法を構築しようと試みた時に身にしみて体験し、今ここで完全でアルファベット順の現代語辞典の原稿を前にして、確固たる足取りと規則的な前進によってのみ——そうでなければ目的地に行き損ねてしまう——この上なく遠い場所にまで行きつけるのだと確信している。辞書は時計と同じように、庶民の使用のためであっても、天文学者が求めるのと同じ正確さを備えて、はじめて正しく整えられるのだ。辞書を有用なものにするには学術的な辞書を目指すしかない。

3　これまでは辞書というものの概念と意味をひろく一般的に考察してきた。したがって、その結果はすべての言語に適用できると思う。ここからはドイツ語辞書に問題をしぼって述べたいと思う。

ドイツ語辞書の扱う領域と量は、「ドイツ」という名称の範囲をどれくらい広くとるかによって左右される。この名称を使えば、同系統言語のすべて、つまりþiuda（deutsch の古形で語義は「民衆の」）にとっての同系言語すべてを指すことができ、外来の名称「ゲルマン」よりもしっくりするはずだったのである。（だからインドゲルマンという表現もこれまた不適切だと思う。）にもかかわらず、「ドイツ」概念は狭めて使う傾向があり、まず除外されたのが、古ゴート語ついでノルド語／スカンディナヴィア語であった。したがってフリジア語、オランダ語、古ザクセン語、アングロサクソン語（古英語）はまだドイツ語に含められていて、事実またフリジア人、オランダ人そしてイギリス人までもが今日にいたるまでドイツ人を構成していることを自認している。政治的統一体であるドイツ人に限定するのは、もっとも狭義の使い方なのである。これはオランダやイギリスは含めないアレマンというフランスの単語と同じである。ローマ人が使いはじめた高地ゲルマニアと低地ゲルマニアの区別にある程度対応しているのが、高地ドイツと低地ドイツの区分であり、誇り高き「ドイツ」という名称がここでは「ゲルマン」と同等の権利が認められているわけである。

高地と低地のドイツ語間の主要な差異を産み出したのは子音推移であって、低地でだけ、廃れた音が引き続き保持され、高地のほうでは、これらの音のいっさいを捨てたのである。かつてゴート人、スカンディナヴィア人、フリジア人、ザクセン人がはるか遠くであるが同系の諸言語と対立して、一連の黙音（stumm）の子音を推移させたのとちょうど同じように、今度は他のドイツ人と対立して高地ドイツ人だけが子音を推移させるのである。他の点では高地ドイツ語にきわめて近い低地ドイツの諸方言は、この子音推移によってはっきりと距離を置き、忠実に古くからの軌道を守ったのである。高地ドイツ語のほうが、この軌道から外れたのにはそれなりの理由がある。なぜなら第2次推移は第1次推移と酷似しており、これによって初めて深く言語に根ざした欲求が充足されたのである。いくつもの原因が重なって、第2次推移のこの特徴すなわち高地ドイツ語〔高独語〕の特徴がわれわれの文書や文芸の支配的・指導的なものとなったため、ドイツという名称は一義的には高地ドイツ語のものとなり、今日フランス語、イタリア語、英語との対比でドイツ語という場合は、もはや低地ドイツ語方言はその中に含められなくなった。

われわれの文法にとって決定的な今では周知の事情から、低地ドイツ語語彙を見出し語としてドイツ語辞典に入れるわけにはいかないことは誰にもわかることである。低地ドイツ語語彙が収められる辞書はむしろオランダ語、英語、それどころかデンマーク語の辞書のほうがふさわしいだろう。ドイツ語辞書に低独 deep という語を tief と、以下同様に dal を thal と、dag を tag と、to を zu と、tunge を zunge と並べて見出し語にするわけには行かない。語頭音は一致するものの、語中音、語末音が異なっているものに次の語がある。低独 gripen を greifen と、以下同様に maken を machen と、meten を messen と、up を auf と、slaap を schlaf と、ik を ich、rik を reich と、dat を das と、bet を bis と、kort を kurz と並べて見出し語にするわけには行かない。黙音の語頭音が低独・高独で一致する語の場合、同様に語中・語末のいずれかの箇所では一致しないことがある。例えば、deef, dieb の低独 deef の d は(英語の thief からわかるように)th に由来し、他方 breit, breed の高独 breit の b は p に由来したのである。母音に関してもこれに劣らぬ差異が見られる。低独語を高独語に並べて記述したり、別の位置で二重に記述することはとうてい実行できない。そんなことをすれば高独語の基盤は破壊され混乱を来すであろう。高独語と無関係な低独語方言独自の表現には対応しようがない。だからと言って低独語およびその音韻を軽視することがあってはならない。この音韻のほうが高独語よりもむしろ純粋で伝統にふさわしいことも稀ではないのである。低地ドイツ語は方言作家にとっては貴重な存在であることは、たとえばグロート(Groth)の『青春の泉』(quikborn)を見ればわかる。低地ドイツ語は独自の辞書を必要としており、その準備はすでに低地ドイツ語方言の優秀な専門家であるグライフスヴァルトのコーゼガルテン(Kosegarten)が予告し手をつけており、ミュンスターのケーネ(Köne)やイーザローンのヴェステ(Woeste)が重要な貢献をすることができるであろう。

しかしながらこの言語全体の状態が方言的であり、高地ドイツ語が低地ドイツ語地域に浸透し、低地ドイツ語民衆の現在の教養と分かち難く結びついてしまったので、生きた文章語としての通用は今さら求めようもない。かりに低地ドイツ語が隣接するオランダ語ともっと深く結びついていたなら、おそらく違った方向に向かったにちがいないし、オランダ語にも有利な展開が生じたことであろう。このように、北海から全オランダに広がり、ライン川下流、ヴェーザー河、エルベ河を支配し、バルト海沿いにリヴォニアに達して、しかもほとんど同一の言語になったとしたら、この低地ドイツ語は高地ドイツ語と平衡を保つ存在として無視できない文学を担う土台となっていたことだろう。文学は現在では、オランダだけでまことに洗練された形で実現しているのである。ドイツ語辞書が地域外の諸言語の中でまずなによりもオランダ語に目を向けずにいられなかったのは、自明のことと言える。オランダ語はすでに中世においてドイツ語と並ぶ位置を占め、今日に至るまでドイツ語より有利な点もあり、個々の音韻とくに母音で他の低地ドイツ語とは一線をかくしてドイツ語に近づいている。

したがって、ドイツ語とは取りも直さず高地ドイツ語のことであり、ずっと前から、アレマン人の間で高地ドイツ語が抜きん出た位置を占めていた。アレマンという名称がフランス語で私たちの一般名称となった理由と正当性がこれでわかるのだが、それに加えてバイエルン人、テューリンゲン人、ヘッセン人ならびにライン右岸のフランケン人の間で、この高地ドイツ語がライン左岸のフランケン人に寄り添ったのであり、総じて第2次子音推移の特徴を備えている。高地ドイツ語（hochdeutsch）という名称自体について、最初の用例および「高級な話し方・書き方」というイメージの連想については、なお後に触れたいと思う。古高ドイツ語と中高ドイツ語の文学と言語の全体は、本質的にはアレマン（この場合シュヴァーベンと等しい）、バイエルン、フランケンと呼べるものである。この3地域はローマ帝国の中で優位を占め、屈服の時期が遅れたザクセン人はしぶしぶ仲間に迎え入れたという経緯があり、これはザクセン諸王隆盛期にさえも後を引いたのである。低地ドイツ語では、ザクセン、ウェストファリア、イギリスの諸方言および多くのそれ以外の方言の区別が必要であるのと同様に、高地ドイツ語でもシュヴァーベン語がバイエルン・オーストリア、ラインフランケン、ヘッセン・テューリンゲンの諸語とは著しい対照をなしている。もっとも後者の文献はシュヴァーベン・バイエルンと較べると数が乏しく、13世紀以降にやっと見られるようになった。ただし依然として高地ドイツ語ではあるものの、隣接するザクセン語への移行の諸兆候を示しているこの方言に中部ドイツ語という名称を適用することは控えねばならない。なぜならこの名称は中高ドイツ語とまぎらわしいし、それに上部ドイツ、南部ドイツ、西部ドイツとか中部ドイツと詳細な地域名をつける必要はまったくないからである。ヘッセンとテューリンゲンから明らかにされている限りで言えば、マイセン、シュレージエン、ラウズィッツをへて、バルト海(プロイセンまで)沿岸の文章語に至るこの方言のもっとも重要な特徴が現れるのは、ライン高地ドイツ語二重母音の不都合な狭めであり、これは低地ドイツ語の音韻組織に近づくものである。ドイツ語の知的運用で巨大な影響力を持ったルターは、テューリンゲン生まれであり、宗教改革以降ドイツ語形成の力を、オーストリア、バイエルンから離してドイツの中部および北部に移したので、このことから低地ドイツ語方言が知的文章語となる可能性がなくなっただけでなく、バイエルン・オーストリア語が洗練さを欠く民衆方言へ転落し、他方シュヴァーベン・スイス語の性格がはるかに長く文学作品に残ったことも説明できる。テューリンゲン方言のあの柔らかな感じも、この方言にライン高地ドイツ語二重母音が欠如していることも、ルタードイツ語の大部分の特徴と明らかに一致する。だからこそ、北部ドイツにも容易にこの言語が広まったのである。一歩話を進めると、さらに次のことが認められる。つまり高地ドイツ語の洗練化の多くは、上部ザクセンが宗教改革の揺籃・本拠の地であったという事実と関連があるということである。アーデルングにマイセン語の地位を高める理由があるとすれば、それはこのことに求めねばならないだろう。注目すべきことに、ゲスナーがピクトリウスの序言を書いた中に次の評価がある。ルターが著述を行った土地であるライプツィヒ近辺こそ、洗練された言葉の優位の地域だとの評価である。17世紀の一般的な粗野さが、全ドイツにおいて、すぐれた言語特徴を完全に消し去り排除してしまった。当時もっとましな影響を及ぼしたのはシュレジアの詩人とフレミングだけであり、最後にヴァイゼが加わり、すぐ次の世紀にゲラートとラーベナー(Rabener)がこれに加わった。さらに深く大きな幸いが、その後レッシングとクロップシュトック、ついでヴィーラント、シラー、ゲーテの手によって、上部ザクセンの音の完全な復活とともにもたらされた。この2世紀間にオーストリアとバイエルンには、1名として重要な作家は出ていない。というのは誰がバルデ(Balde)(加えてエルザス生まれの誰か)やメゲルレ(Megerle)の名をあげようとするだろうか。

ドイツ語辞書にとっては、すべての高地ドイツ語民衆方言の情報が当然高い価値を持つ。ここですぐにバイエルン人を讃えてつけ加えねばならない。われわれの種族の中に、シュメラーの辞書に匹敵するような辞書を提示できる種族はほかにいない。この辞書では、言語自体と言語と習俗の関連が模範的に記述されている。にもかかわらず、出版者が全巻を丸ごと出版することに危惧をいだいたため、最終巻は遺憾ながら短縮して出版されたのである。辞書の第2版のためのこの上なく豊富な素材も用意されているのであるから、著者の書き残したものが今度はすべて利用されることを期待したい。シュタルダーのスイス語辞典が立派な仕事とされなかったのは、そのすぐ後にシュメラーの仕事が続いたためである。シュメラーの学識と言語能力は、シュタルダーの太刀打ちできるものではなかった。それはちょうど、豊富さと内容の点でバイエルンの民衆語にスイス語が太刀打ちできなかったのと同様である。たしかにスイス方言はただの方言ではない。民衆のもつ独立性からすぐ理解できるように、スイス民衆語は独立して(多くの地域のドイツ語が競いあっている)ドイツ文章語の先陣争いに加わる権利を決して諦めなかった。スイスのコトバの飾り部分の魅力が薄れた作品もあるものの、優れた書物が幾つも生まれている。その中で際立っている現存の作家はゴットヘルフまたの名をビツィウス(Bitzius)で、言語の力、読書界の影響力の点で肩を並べる者はほとんどいない。辞書の続巻ではこの作家が今以上に引用され、力強い表現が広く影響を及ぼす様を目にできることを期待したい。エルザス、アレマンや、とくにヘーベル(Hebel)によって示されたシュヴァーベンの民衆語は、好もしく快い魅力を豊富に残している。しかしながら、これらのすべての方言は、そのまま借りて来ることはできない。音のせいで優雅さが減ずることのないように調整する必要がある。

4　ドイツ語辞書という場合に空間的にどこまでを含むかをこれまで見て来たが、次に問題となるのは、時代的広がりをどう設定すべきかということである。

高地ドイツ語は時代的に3区分される。ほぼ7世紀から11世紀の最古の文書を古高ドイツ語に、12 世紀から 15 世紀半ばまでの文書を中高ドイツ語に含める。この両者相互の区分けおよび新高ドイツ語との区分けが必要である。なぜなら古高ドイツ語の形態は中高ドイツ語よりも豊かで血筋正しく、一方中高ドイツ語は純粋さの点で現代語よりはるかに優れているからである。ただ古高ドイツ語から中高ドイツ語への移行には紆余曲折があり問題も多い。シャーデ（Schade）の発見によって私たちは今では、中には 12 世紀をこえて 11 世紀にさかのぼるかもしれない詩作品を大量に知っている。いずれにせよ、今まで 11 世紀にあった空白がしだいに埋められている。これは、他の理由からも明らかになってきたことである。1450 年の印刷術発明の後ほどなく学術の新しい世界が開けたことは詳述するまでもないが、新高ドイツ語の始まりを 1500 年にずらしたり、もっと遅くルターの登場時に設定することは許容できない。そんなことをすると、すでに新高ドイツ語の色合いをすべて備えているシュタインヘーヴェル、アルブレヒト・フォン・アイプ、ニクラス・フォン・ヴィーレ、さらにはカイザースベルク、パウリ、ブラントなどの作家が、新高ドイツ語時代に属さないことになる。ルター以後は、文学書の流布が豊富で自由になっただけのことにすぎない。

ある表現の最古の完全な姿を知るためには、辞書で古高ドイツ語さらにはゴート語にまでさかのぼることが必要であるが、中高ドイツ語の用例のほうにスペースがさかれることが多い。大部分は中高ドイツ語の成句が生き生きとしているためであるが、読者の中には多すぎると思う人も少なくないだろう。もしもすでに中高ドイツ語辞書が広く流布していたら、引用箇所はもっと少なくてすんだことだろう。中高ドイツ語辞書が半分もできていない現在では、見つけた用例が適切かどうかに確信が持てないまま、それを加えるやり方を選んだ。この辞書の今後の編纂では、中高ドイツ語の引用が増えるより減ることを望みたい。ベネッケの辞書の配列による場合には、最初から順番に目を通して、語幹に出会うまで待たねばならない語が多く、参照もはるか先送りがやたらにある。アルファベット最後部分の見出し語を担当する人は、さぞ苦労することだろう。中高ドイツ語用例の扱いが難しいことはすでにアーデルングが時に気づいたところであり、彼の場合は古高ドイツ語の引用はまれであり、ゴート語はまったく引用していない。

しかし肝心なのは新高ドイツ語の期間をできるだけ広く取ることであり、それによって個々の表現の意味理解が楽になるだけでなく、忘れ去られた現代の作家への関心を再燃させることができるからである。もっともまずいのは、ドイツ語辞書というものを現代の短いスパンに限定し、古い時代には目を向けさせず、古めかしい語を加えなくても、それだけである一時代が理解できるかのように思うことである。ゲーテでさえ若い頃と晩年の表現を区別して理解する必要があることも稀ではなく、長い豊かな人生で、少しずつ異なった表現や語を用いている。例えば本辞典 *1297 段の begonnte と begann を参照していただきたい。しかし確証するためには絶えず目を光らせている必要がある。同 *5 段を見るとルターの adeler からすぐにゲーテも adler という語だけを使ったのだと誤解してしまう。私は『ファウスト』の後半に次の語句

sie dünkt sich wol sie sei ein aar. 41,40.訳者注 1
（彼女は自分が鷲だと思っているらしい）

があることを一瞬見逃してしまったのだ。なぜこの aar という語が新しい詩ではあまり見かけないのだろうか。aar のほうがより美しくより古く、adler は合成語でもある。しかし今日の用法では adler が単純で自然に聞こえ、aar は気取った学者風に聞こえる。大多数の読者は通常の語かそうでないかという区別に気づかないだろう。ゲーテよりもヴィーラントのほうに、若手の作家がほとんどまたはまったく用いない語が多く見られるのである。シュレジアの詩人やフィッシャルトの用いた語のほうが、ずっと多く今日では消えてしまっているのだ。

いずれの言語にせよ、言語は直接取り囲む狭い円の枠の中に位置しているだけではない。その外側のより遠く、果てしなく広がる円の囲みの中で、そこから受ける影響を逃れようがないし、もっとも遠くの事物が突如記憶に甦るように、意識の遠くにぼんやりとかすかに見えるものも、完全に忘れ去ることはできないのである。時代をさかのぼって、古いがゆえに荘厳で意味深い語にたどりつくという権利を、言語能力から奪い取ろうとするなら、それは耐えがたい抑圧となるであろう。流通中の現金以外にも、取って置きの蓄えや珍しい貨幣を提示して見せることができないような言語があったら、それは貧弱な言語であろう。これらの宝を引き出すのが辞書の役割である。

中世文学が再び私たちのものになり、その背後には古高ドイツ語の詩が控

えているのを知って以来、同時に突如として、それに続く世紀が前よりも素晴らしく見えてきた。なぜなら古い時代の知識が正確であれば、後の時代にも空白がなくなるからである。カニッツとギュンターを抜きにしてはゲラートとハーゲドルンを理解できず、オーピッツとフレミングを抜きにしてはカニッツとギュンターを理解することができない。16 世紀のもつ見逃せない力が私たちの視野から消えていいはずがない。今日なお聖書に生き続けているルターの言葉も、もしその属する時代から切り離すならば不完全にしか理解できない。ドイツ語辞典というのならば、フィッシャルト、ルター、ハンス・ザックス、カイザースベルクを抜かすことはできない。したがって、これらの人の同時代人も辞書に採用される。もしこの要請に答えられないならば、辞書は無味乾燥なものにとどまることであろう。

5 われわれの試みの先駆者とその業績

すでに示したように、ドイツ語辞典と言えるほどのものはまだ存在していない。一連の古高ドイツ語の語彙記述は、ラテン語写本の中の書き込み、つまり行間または別個にまとめた形で示されるだけで、目標はもっぱらラテン語でありドイツ語ではなかった。小語彙集・単語集・術語集の域をでず、多くは不完全なラテン語のアルファベット順によっており、中には例えばヴァッカーナーゲルの手で有名になった「14 世紀の最良の語彙集」(vocabularius optimus) のように、語の表す事物の分類によって並べられたものもある。古高ドイツ語や中高ドイツ語の語彙であれば、言語研究者には大なり小なり価値があるだろうが、これはわれわれの辞書が直接扱う対象外である。15 世紀後半さらには 16 世紀の初期のもので、印刷術によって頒布が容易になったものもいくつかは存在する。しかしこれらは当然のことながら時たまにしか利用できず、全面的に利用するわけにはいかなかった。いずれの書物も例外的で稀にしか存在せず、大規模な蔵書の中にまぎれこみ、しかも出来が悪く使いにくい。アルファベット配列では、ラテン語の不統一な表記のため検索が難しい。中身を知るためには冒頭から末尾まで目を通すことから取りかからねばならないのだが、圧倒的にありふれた単語ばかりで、しかもその語の方言形や用法を知るには綿密に読む必要がある。とはいえ、個々には得られるものがあることを否定するわけではない。これらの書物の 1 冊をディーフェンバッハ (Lorenz Diefenbach) が 1470 年の手稿本によってすでに世に出しており、さらに残り全部を研究・整理して完全な形で公刊するという貢献を目指している。今のところ目にできるのはこれらの刊行物の不完全な目録だけであって、それはクリグネット(Clignett)の序言のLXXXVII–LXXXIX頁とエーベルト(Ebert)では語彙集の分類に収められている。

ドイツ語辞書の口火を切ったと言えるのは、これらの語彙集から足を一歩を踏み出して、ラテン語に加えてドイツ語についてもアルファベット配列を思いついた人物であった。誰がその人物であったかは、いずれディーフェンバッハの手で明らかにされるだろうが、印刷予定のない手稿本の中にはほとんど見あたらず、最初のうちはラテン・ドイツ語彙集の付録のドイツ・ラテン語索引にすぎなかったようである。パンツァー(Panzer)が彼の年報の補遺で111, 112, 113の番号で3度にわたって年度表示を欠いたまま『初歩ドイツ・ラテン語彙集』(vocabularius incipiens teutonicum ante latinum)をあげている。1487年にハーゲナウで、1冊のドイツ・ラテン語彙集が出版された。しかしこれに先立ってすでに1475年にケルンで、ゲルト・ファン・デア・シューレン『低地ライン・クレーヴェ方言によるドイツ語彙集』(teutonista oder duitschlender in niederrheinischclevischer mundart)が刊行されている。これは語数も多く優れたドイツ語彙集で、今日なお役立つところが大きく、ドイツ語のアルファベット配列の確立もこれによって実現した。

高地ドイツ語の名の通った辞書の最初のものは、シュトラースブルク市民ではあるが元来はスイスの出である医師ダシポディウスの手になるもので、『ラテン・ゲルマン語辞典』(dictionarium latinogermanicum)という書名を持つ。私の手もとにあるのは第3版(Argentorati per Wendelinum Rihelium 1537年)で八つ折り判489枚である。この版はその後も版を重ねている。最初の2版(1535年と1536年)はすぐに絶版になったと見られる。「ドイツ・ラテン語辞書、ドイツ青少年用に最大の入念さで編集」(dictionarium germanicolatinum, in usum et gratiam germanicae pubis summa diligentia concinnatum)は295枚目でやっと始まるのであるが、先行するラテン語部分よりも狭い行間で印刷されている。稿本により差異があるのでつねに両版をあわせて手もとに置くとよい。両方とも末尾にきわめて使いやすい事項索引が、これまたアルファベット順に昔ながらの事項語彙(vocab. rerum)の方式でそえられている。第4版ではこれに法律用語のリストも加わっている。全体の出来は教科書風であるが、エルザス方言が直接に採用されていて、この点は上記のファン・デア・シューレンのドイツ語彙集が低地ライン方言を採用しているのに似ている。ドイツ・ラテン語辞書の部分を見るとアルファベット順のドイツ語彙集の必要性が具体的に納得できる。ダシポディウスに踵を接して現れたものにセラヌス（Johannes Serranus）のラテン・ドイツ語辞書（ニュルンベルク 1539 年）があるが、これはダシポディウスをそのまま引き写した貧弱なもので、独訳の部分もそのままである。

チューリヒ市民フリジウスが、ロベルトゥス・ステファヌス（Stephanus）のラテン・ギリシア語辞書に範をとり、ラテン・ドイツ語辞書を編纂し、チューリヒで 1541 年と 1556 年に 2 度とも二つ折り判で世に出した。ドイツ語索引を欠いているのでドイツ語辞書の一つに数えるわけにはいかない。この種のドイツ語辞書の必要性が強く感じられたので、マーラーまたの名をピクトリウス（Josua Maaler oder Pictorius）が、ゲスナー（Conrad Gesner）の助言を得て、この書物の焼き直しであるドイツ語版を世に出した。『ドイツ標準語のすべての語、固有名、慣用句。アルファベット配列、独自に純正ラテン語に正確に翻訳した前例のない試み』（die teütsch spraach. alle wörter, namen und arten zů reden in hochteütscher spraach, dem ABC nach ordenlich gestellt und mit gůtem latein ganz fleiszig und eigenlich vertolmetscht, dergleichen biszhär nie gesähen）（チューリヒ 1561 年）は、八つ折り判 536 枚で生きたスイス語を基礎に置いて豪華に仕立てた単語と慣用句の語彙集であり、事実上の最初の本格的なドイツ語辞典である。ファン・デア・シューレンおよびダシポディウスの語彙集のもつ無味乾燥さを脱し、各地域でのドイツ語の採録法の模範を示している。残念なのは以後の版が出ずに終わったことである。

ヘーニッシュ『ドイツの言語と知性』（teutsche sprach und weisheit, thesaurus linguae et sapientiae germanicae）（アウクスブルク 1616 年）は、二つ折り判 1875 頁で G の項まで完了、したがってさらに 2 巻の続巻が必要であったのに発行が妨げられたのは、疑いなく三十年戦争の勃発のためであった。この丹念で啓発的な労作は卓抜な意欲的構想でつくられ、付録のアルファベット全文字におよぶ索引のおかげで、用例と言い回しの海の中をただよう単語を見つけだすのに苦労しない。この貴重な労作からはドイツ人の仕事の能力の高さが否応なく読みとれる。

ショッテーリウス『基準ドイツ語詳説』（ausführliche arbeit von der teutschen hauptsprache）（ブラウンシュヴァイク 1663 年）には、1277–1450 頁

にドイツ語基本語彙の便利なリストが掲載されている。

『ドイツ語の系統樹と枝分かれまたはドイツ語の語彙、シュパーテの多年にわたるたゆまぬ努力の収集』(der deutschen sprache stammbau und fortwachs oder teutscher sprachschatz durch unermüdeten fleisz in vielen jahren gesamlet von dem Spaten)（ニュルンベルク1691年）は、四つ折り判2672段、さらにページ数が打たれていない874段の索引つき。シュパーテまたの名をセロティヌス(Spate oder Serotinus)というのはエアフルト生まれのカスパー・フォン・シュティーラーのことである。この労作は多くの欠陥のためあまり役に立たない。アルファベット順ではあるものの、語幹を基準にしながらもまったく別語である類義語を並べてそえている。例えば alt の次に ur と natur を並べ、的外れの語源関係をやみくもに想定し、いくつかの派生や合成の造語欲求を――生きた実例の根拠も示さないまま――乱用している。この辞書について、自作の語や「実りを結ぶ会」の文書に見られる新造語や奇妙な語を多量に採用していると非難しているのが『ライヒャルトのドイツ語文法史』(Reichards hist. der deutschen sprachkunst)（ハンブルク1747年）は、306頁であるが、この非難もまた根拠がないようである。私たちが入手した典拠を詳しく調べると、一見疑わしく見える問題の語が正当なものであることがわかる。この辞書は用例が十分でなく無味乾燥であり、意味の追求が不足している。とはいえ綿密で祖国愛に裏付けられた仕事は尊重に値する。厳密にアルファベット順の完全なリストは他に例のないほどの見やすさで6万語を提供してくれ、さらにテューリンゲン方言の扱い方の点で特別な重要性をもつ。

『シュタインバッハの完全版ドイツ語辞書またはドイツ・ラテン語辞書』(Christoph Ernst Steinbachs vollständiges deutsches wörterbuch vel lexicon germanicolatinum)（ブレスラウ1734年）、八つ折り判2巻（1086＋1134頁）には、褒めるべき点や役立つ点が多々ある。シュレジア方言からではあるが用例が豊富であり、作家ではオーピッツやローエンシュタイン(Lohenstein)よりもギュンターやホーフマンスヴァルダウが多く採用されている。配列は語幹を基準にしたアルファベット配列である。

フリッシュ（バイエルン・ズルツバッハ生）『ドイツ・ラテン語辞典、ラテン語彙索引つき』(teutschlateinisches wörterbuch, nebst einem register der lateinischen wörter)（ベルリン1741年）は、四つ折り判2巻（狭い行間の680

＋489頁）は、ドイツ・ラテン語辞書となり、以前とは関係が逆転していて最初の学術的ドイツ語辞典と呼べる。なぜなら、それまでのものとは違って、一定地域の方言からの収集を書き写すのではなく、はるか昔の文書・年代記・文学作品を参考にして、広い視野で吟味した派生関係を提示しているからである。過去に配慮が行き届き、後生の人がここからしか得られないような、真の宝というべき情報がこの辞書には収められている。だからこそいまだに古くなく、資料の量ではこの辞書を凌駕する後の辞書よりもむしろ度々利用する必要がある。

『高地ドイツ語方言の完全なる文法的・批判的辞典の試み―上部ドイツ語方言ともたえず比較して―』(versuch eines vollständigen grammatischkritischen wörterbuches der hochdeutschen mundart mit beständiger vergleichung der oberdeutschen)（第1部ライプツィヒ1774年、第2部1775年、第3部1777年、第4部1780年、第5部1786年）には著者アーデルングの名は表題にさえなく、前書きの末尾に初めて現れる。第2版の表題はこうだ。『J. Ch. アーデルングによる高地ドイツ語方言の文法的・批判的辞書』(grammatisch kritisches wörterbuch der hochdeutschen sprache u.s.w. von Johann Christoph Adelung)（第1－4部ライプツィヒ1793–1801年、第5部（補巻第1分冊）ベルリン1818年）となっており、著者の死後は継続されず、プラハで1821年に著者名抜きで出版された補遺は価値が認められない。

ゴットシェートは死の直前にすでに、浩瀚なドイツ語辞典の試し刷りを不完全ながら開始していたのだが、その死（1766年）の後にアーデルングがこの仕事のために招かれてこの時期たゆまぬ努力を傾けた。70年代の全期間アーデルングは全力を投じたと考えられるが、次の90年代に出版された第2版になるとそれほど入念ではない。第2版のほうがかえって初版より劣っている。原因は新たな付録のために犠牲にされた部分が多いからである。言語研究の点ではなんの進歩もなく、停滞それどころかほとんど退歩が見てとれる。控えめで、献身的努力を心に秘めていたアーデルングは、初版を「試み」と名づけている。ドイツ語について徹底した検討の上で粘り強く実現に移されたこれほどの仕事は、前例がなかったので歓迎されることが見込まれた。この仕事の強みは、まず第一に抑制はしているものの、大規模な枠組みで豊富に採録された、すべての先行辞書を凌駕する語彙量であり、ついで広範囲にわたるにもかかわらず平静さと思慮深さを備え、見事な用例を整えた語義展開である。随所に見られるのは、怯むことのなく一貫した仕事ぶりであり、たちまち高みの極限に達しながらも空想に溺れることもなかった。

厳密なアルファベット配列は、シュティーラーの索引だけに見られ、シュタインバッハとフリッシュによって見捨てられていた方法だが、それがアーデルングの辞書では活用されて力を発揮している。だがすべての語や言い回しを、公平に認めるという辞書の肝心な第一要請が、ドイツ文章語の特性についてのアーデルングの誤った見解のために無視されてしまった。つまり彼の見解によると、著名な作家でもっとも純粋なゲラートさえ、マイセン方言から抜けきれておらず、学識者仲間の言わば宮廷語として指導的位置を占めることができる文章語と言えば、これといった古典作家を持たない上部ザクセンの洗練された高地ドイツ語を置いて他にはないというのである。言葉というものは雅びやかなものから上品なものへ、上品なものから親しみやすいものへ向かうが、ついで下品で下層民的なものへと下降し、とどのつまり、下層民的言葉は、滑稽にふさわしいという評価しかしない言語学者の視野では、ずっと下の位置に置かれるのだ。辞書執筆の最初の時期の興奮では下層民的な表現の採用が多すぎた。それにまた辞書は注釈語彙集ではないのだから古語の採用は控え目でなければならない。オーピッツやローガウの用例は警告の意図で加えたもので、ルターの聖書訳の言語は、上部ドイツ語特有の激しさをしだいに脱皮できたとは言えライン高地ドイツ語訳よりは劣っている、と言うのである。

このようなアーデルングの基本姿勢と、辞書の最初の巻にそえられたフルダの手になる賛辞の内容の隔たりはなんと大きいことか。フルダはドイツ語の構造や歴史に対して常に新鮮な目を持ち続け、下層民は古い言葉の資料庫だと考える人なのだ。彼が十分に体験したドイツ文学の飛躍ぶりに対してアーデルングの無感動ぶりは、文学的感性の人々にとっては耐えられないものであったにちがいない。そこで望まれたのは、アーデルングの手で、新たに感動的な文学作品が資料に加えられて、感動を呼んだ初版を拡充した第2版を世に出すことであったのに、それが期待に終わったのである。長く控えていた非難の言葉をついに口にしたのがフォスで、その言葉は痛烈であるものの正当とは言えない。というのは、アーデルングが自らしつらえた狭い囲いの中で、皆に役立つ収穫を育て上げたことに対する賞賛の言葉がフォスには欠けているからだ。16・17世紀の文学の知識はフォスのほうがアーデルングより上であるが、それ以前の言語に関する両者の知識はきわめて不十分なものである。したがって非難には無理があり、非難をしている者に対してかえってそれを上まわる非難が呼び起こされかねない。知識不足の一例をあげると、アーデルングは新高ドイツ語の e には中高ドイツ語の ë と e に由来する区別が、新高ドイツ語の ei には中高ドイツ語の î と ei に由来する区別があることを知らず、動詞について、bescheren i)「刈りとる」ii)「贈り物をする」や schwellen i) 強変化「ふくらむ」ii) 弱変化「ふくらます」、また schleifen i)(←中高独 schlîfen)「研ぐ」ii)(中高独 schleifen)「引きずる」や bescheinen「照らす」などの記述で、由来にはまったく目を向けようとしない。この欠陥はこの辞書全体にわたっている。ここにあげたのは一つの欠陥にすぎないが、これに類するひどい欠陥がしばしば見られる。いずれ吹き倒されるまで幾度も非難の突風にさらされるかもしれないが、今後もなお長く存続して研究者に利用されることだろう。

アーデルングの第 2 版の完成の直後に、長年の準備をへたカンペの『ドイツ語辞典』(ブラウンシュヴァイク 1807–1811 年)が世に出た。この四つ折り判 5 巻は手に持ちにくく、先行のアーデルングの辞書より出来が劣るが、アーデルングの辞書には欠けていた語彙を追加し、見つけやすいアルファベット順で配置し、外来語を理解しがたい国語純化主義の立場から排除するという強い欲求によって実現したものである。アーデルングの辞書の場合は 1 名の手で熟慮ぶかく行われたものが、ここではカンペ自身のほかに性格・能力を異にする 2 名の協力者が加わり、手早く増補を試みている。語源一切が無用な屑として捨てさられ、言語というものは刻々と陣痛・出産を続け、そのため常に収集者の勤勉さや静かな粘り強さよりも仕事の早さのほうが尊重されたため、この辞書には学術性が欠けている。計数の結果、アーデルングの増補第 2 版の見出しが 55,181 個であるのに対しカンペの新著では 141,277 個に達することが第 5 巻末尾に示され、しかもさらに見通しもたたない数の増補が予想されていた。なぜなら見積り(第 1 巻の序言、IX 頁)によると「復活祭見本市が開かれる度に、最大の辞典にもない新語 2・3 千が展示書籍から採録されている」というのである。増補が実現しなかったのは幸いであった。本巻だけでも洪水状況なのだ。

このように増加した分は何かという問いには、せいぜい次のように答えねばならない。アーデルングで洩れていた語の多くが拾われ、多方面から集められた瓦礫の中には個々に貴重なものが隠されているかもしれず、アルファベット配列で示されているのもありがたい。とは言え、古い文献も最新の文献も採録が規則正しく正確というわけではなく、度々見られる誤植のため多数の引用例は意味不明なものになっている。とくに目立つ一連の語は合成語に他ならず、それも大多数は臨時的合成であって、ドイツ語の語形成では無数に作り出せる類の合成語である。語に前接している不変化小辞(partikel)や属格名詞が——古い統語論に従って——独立させて実際の位置にとどめられたならば、辞書では単一語の中の用例として扱われ、合成語とは見なされなかったろう。つまり合成語と言っても、頻度が高く固定した用例の一つに過ぎない。herzens や leibes などどの属格でも無数の名詞や形容詞の前に置くことができ、それが合成語と扱われているのであり、一方ラテン語では属格の cordis や corporis はけっして後の語にくっ付けて書かれることはない。このような合成語の辞書収容数を数えてもそれによって示されるのはドイツ語の豊かさではなく、むしろドイツ語統語論の不自由さである。不変化小辞の場合は事情が異なり、どの語も例外なく単一語の前に現れる可能性があるのだから、そのどれを一語として採用するかどうかはまったく恣意的であることを否定できず、言語はあらゆる方向に枝と葉を伸ばした奇妙な樹木に似た形になる。類推という法則は言語研究に与えられていて、その働きは広範囲に及ぶ。しかし例外および法則からの逸脱の中にもそれなりの法則が隠されているもので、それ相応の対処を必要とする。たとえば不変化小辞 auf を純粋な音響動詞に前接させて「睡眠からの覚醒」を表すことができる。aufbellen「ほえて起こす」、aufbimmeln「鈴で起こす」、aufblasen「ラッパで起こす」、aufdonnern「雷で起こす」、aufgeigen「バイオリンで起こす」、aufläuten「鐘で起こす」、aufposaunen「トロンボーンで起こす」、aufschreien「叫んで起こす」、aufsingen「歌って起こす」、auftrommeln「太鼓で起こす」、auftrompeten「トランペットで起こす」、auftuten「角笛で起こす」等々。これらを詳細に示すことは諦め、いくつかの手近な用例で示すだけで十分であろう。ここでも、同一の不変化小辞が本来の意味とは違う意味で使われている例は、避けるほうが賢明だからである。aufgeigen は通常は hergeigen(ヴァイオリンをひきおえる)ということを表す。したがって「ヴァイオリンをひいて目を覚まさせる」という意味で使えるのは一定の前後関係に限られる。同様に「欠如」を表す aus も本辞典 *821 段でコメントを加えたように、乱用されてはならない。この注意は他のすべての不変化小辞に対しても向けねばならない。私はカンペの辞書の編者達が考えうる限りの不変化小辞合成を残らず並べようとしたと言っているわけではない。そんなことは実行不可能であるし無益の極みであったろう。その多くは、純然たる類推で理解できる合成語か、または合成の由来が明確とはいえない実例を1個加えることで糊塗していることが多い。abnäseln, abnecken, abnicken などを、場所を取るだけであまり役に立たない例を並べ立てていることでこの辞書を褒める人などいるまい。すべての語が許容できないというわけではないが、裏付けが不十分で、疑わしいものがかなり多いのは問題である。ドイツ語の持つ派生と合成の欲求を、カンペが病的なまでに増幅・誇張させていることに加え、度をこえた国語純化主義を信奉していること（これについてはすぐ後で説明するつもりである）、それにドイツ文学の手近な資料で簡単に見つかるのに、アーデルングの辞書には欠けているものを補うことを怠ったことも考慮に加えると、この辞書を評して実際に役立ちドイツ語の育成に有効だと判断することは難しい。語の前に添えられている記号は実際の役に立たず、ただでさえ明らかな欠点であるこの辞書の生気の乏しさを増大させるばかりで、範とするに値しない。

アーデルングの時代以降ドイツ語について刊行されたフォークテル（Voigtel）、ヘインジウス（Heinsius）、ハイゼ（Heyse）、カルトシュミット（Kaltschmidt）たちの辞書、小型辞書、総合辞書（gesamtwörterbuch）等々について詳しく言及する必要はあるまい。それぞれ性格や構成に違いがあり、一部には優れた意図に基づいて、編纂が巧みなものもある。しかしこれらのどれか一つでも、言語それ自体に対して真実で永続的な貢献をしたものがあるだろうかと危惧せざるをえない。いずれも従来の成果の土台の上にさらに一段積み重ねるのではなく、適当に書き直し・抜粋・短縮を目論んだものにすぎない。せっかく縦坑の入り口を前にしながらそれに気づかずにむしろそれを砂で埋めてしまったのである。偉大な語彙畑はしばしのあいだ休閑にして置いたほうが、農夫のいない間にはしゃぎ回る多数の足で表面を踏み固められるよりはましだったろうに。

6 外来語

言語はすべて、健全であるかぎり、外来の物を遠ざける本能をもつ。ひとたび外国語彙が侵入すると、それを排除するか、少なくとも自国語で言い換えようとする。人間音声の可能な形すべてを備えている言語は存在せず、自国にはない音声は耳障りなので避けて通ろうとする。高地ドイツ語にとっては laub「木の葉」や liebe「愛」の代わりに loof や leeve を耳にすると煩わしく、逆に低地ドイツ語は前者に対して同じ感じを懐くものである。音声についてさえ言えることは、語彙についてはなおさら当てはまる。

言葉の泉に偶然、外国の単語が一個ぽとりと落ちると、しばらく泉の中を流れ動いたあげく、その言語の色に染まってしまい、よそから来たことが見た目にはわからなくなる。それはとくに、一連の地名に見られるが、それ以外の語にも見られる。abenteuer「冒険」、armbrust「石弓」、eichhorn「リス」は完全にドイツ語に聞こえるが abend theuer（晩＋貴重な）、arm brust（腕＋胸）、eiche horn（樫＋つの）などではドイツ語の表す意味とはまったく関係がない。語の意味自体は誰にもわかっているのであって、これによりドイツ語の音声が乱されることもなくすむのである。生粋のドイツ語であるが意味が不明確になってきた表現も、似たやり方で――なぜそういう意味が生じるのか不明のまま――意味づけが試みられるのである。例えば moltwurf（堆積＋投げ）から maul wurf（口＋投げ）→ maulwurf「もぐら」が作られた。

キリスト教、学者ラテン語、近隣との交流の3要因で、外来語が大量に侵入してきた。taufe「洗礼」、sünde「罪」、hölle「地獄」、ostern「復活祭」のように、適切かつ大胆にドイツ語化されたものもあるが、はるかに多くの語が engel「天使」、teufel「悪魔」、priester「司祭」、altar「祭壇」、pfeiler「柱」、kreuz「十字架」、natur「自然」、körper「肉体」、fenster「窓」のようにそのまま、あるいはまた刈り込みの手を加えて、pyrethrum から bertram「カミツレ」、peregrinus から pilgrim または pilgram「巡礼者」、podagra から podagram「痛風患者」のように元の形が残された。同化が最高に達した例としてあげられるのは、schreiben「書く」、preisen「称える」という外来語動詞に対してドイツ語特有の屈折語尾変化が適用され、母音交替による過去形 schrieb, pries が作られたことである。

古代に外来語受容が進んだ理由には、まずその外来語は教会や学校の伝統と緊密な結びつきがあり、しかももともとドイツ語と同系の言語であることが明白であることに加えて、格好の良さ、また当座の便ということや、さらには不精して対応するドイツ語を考えなかったことも加わっている。

外来の音に対する抵抗感はしだいに薄れてきて、外来語の音声の忠実な維持にやたらに気を配るペダンティックな傾向に変わり始めた。この立場では、自国語の自覚はさらに低下し、外来語にとっては進入が苦もないものになった。今や自国語の表現を捨てて、外来の語を用いることを得意にさえ思い始めたのである。

外来語の度をこえた不当な侵入に抵抗し、言語種族関係が遠い2言語間の場合には外来語であることを——境界がぼやけている場合があるにせよ——明確にしようとすることが言語研究とくにドイツ語辞書の義務である。ずっと以前にドイツ語の大地に根を下ろし、新たな芽を出したもののすべてを排除しようとすることは不可能であろう。これらの語は派生や合成という語形成によって、もはやドイツ人の言語生活と密接に結びつき、不可欠のものとなっているのである。これに属する語の例の一つに外国から持ちこまれた動物や植物の名称がある。ドイツ語には対応する語が存在しないのであるから、rose, röschen「バラ」や viole, veilchen「スミレ」という語を使わずにすませる人はいないだろう。千年も前にドイツ語になっている fenster「窓」、kammer「室」、tempel「神殿」、pforte「門」、schule「学校」、kaiser「皇帝」、meister「親方」、arzt「医者」のような語もこれにはいるのであって、ドイツ名称が存在した場合でもその後消滅してしまったり、外来語のほうがより詳細な意味の表現に用いられるようになっているものもある。例外はあるがふつうその言語に受け入れられ市民権を得た指標とされるのは、名詞では縮小形が作られ、接尾辞 -lich（-isch のほうが少ない）による形容詞派生が実現していることである。例えば appetit「食欲」およびそれから巧みに作りだされた appetitlich（フラappétissant うまそうな）は欠くわけにはいかない。——古高独lustlîh が廃れたので—— appetitlich に正確に対応するドイツ語は存在せず、この語はすでにミュンスター（Münster）やフィッシャルトによっても無造作に用いられ、アーデルングの辞書にも採用されている。ただし（まだ lüstlich を残している）カンペの辞書には appetitlich が洩れている。

これに反してわれわれの辞典では、ギリシア語・ラテン語・フランス語などから借用され、早々と力を得るか許容されている語でも、移住者としての地位を認められてはいない語は多数採用を控えた。これらの語はたしかに住みかを求めて空き巣を見つけるか、在来の語を巣から追い出そうとしたものの、真の定住には成功していない語である。これらの語は多くの場合いわば一時的にドイツ語に加わったすぎず、本来の語が元の位置を回復するや否や忘れ去られてしまう。この種の外来の表現は、他にも適当な表現がすでに存在したり、その語に含まれる概念を表す語をとくに必要としない場合には、人々が日々口にするとしても、ドイツ語とは関係のない存在である。たとえば庭園や温室の中の多数の外国の花の名前を何のためにドイツ語で表す必要があろうか。ラテン語造語のまま使われているのである。もちろんこの他にしだいに身近になる外来語もある。学術の世界で、学校で、そして戦時にも平和時にも、庶民の交際でもしきりに用いられるので、もはや外来語ぬきでは情報伝達が困難になり、外来語を使わないと誤解が生じるほどになった。しかし、まだまどろみがちであった自国語に対する誇りがはっきりと自覚され、自国語自身が与えてくれる表現手段のすべてに馴染むようになって、より特徴的でより私たちにふさわしい表現を手にいれるにつれて、外来語使用はしだいに後退し限定されるようになった。

そこで -ieren に終わる動詞は、フランス語動詞のすべての不定詞をすぐにドイツ語化できるという理由で前世紀にはドイツ人の談話で目に余る存在であったものが、今でははるかに数が減少した。しかしこの形の動詞がすべて消えてなくなるということは、これまた願わしいことではない。忘れてはならないのは、そもそも外来語をなだれ込ませたのは民衆自身ではない。民衆に外来語をもたらしたのは、むしろ外国崇拝の宮廷および役所・官庁・裁判の堅苦しい非ドイツ的な文体であり、さらにまたすべての学問が専門語に関しては外国語をそのまま採用するか、自国語より優先させようと努めたためである。

われわれの辞書はこのような外国崇拝や言語混用を助長するのではなく、むしろ精いっぱいこれを阻止し、素人に過ぎない国語純化主義者の誘いに乗って、脇道に迷い込むことは断固として避けるつもりである。この忌まわしい純化主義は、自国語の素晴らしさや豊かさに対する真の喜びとはまったく無縁で、ただもう外来語を目の仇にして追い回し、見つけしだいすぐさま排除にかかるのである。ぶきっちょな鍛冶屋は腕をふるって、役立たずの武具をでっちあげるものだ。ドイツ語に対応する表現がすでに前から存在しているのにそれに気づかず、たいていは造語の必要はまだまったくないのに、外来語を裏返しに独訳した新造語に無理強いする様は、裏返しの服に無理やりに腕を通させるようなものだ。木を見て森を見ないとはこのことであろう。無価値でお祓いもまだ済ましていない合成語をさしたる苦労もなく溶接して作りあげるが、単純で無理のない原語の半分の内容しか表すことができないのに、文字や音節の数は倍増する始末である。カンペは apostel「使徒」に lehrbote（教え＋使者）を、agraffe「留め金」に spangenhaken（留め金＋フック）という合成語を当てているが、まるで、単一語の bote や spange では足りないかのようである。maskerade「仮面舞踏会」をわざわざドイツ語化しようとして、larventanz（仮面＋舞踏）としているが、larve はそれ自体が外国語であり、tanz というのは、外国語から奪い取って自国語化した形なのである。最もひどいのは——どう見てもそうとしか見えないのだが——maschera や maske の中にもこれまたドイツ語が隠れているなどとしていることである。oper「オペラ」の代わりに singeschauspiel（歌＋芝居）を、façade「正面」の代わりに——これまた単一語 stirne の方が自然なのに——antlitzseite（顔＋側）を推奨するのを耳にするが、これは響きはドイツ語でもドイツ語とは言えない。

7 固有名詞

この辞書がドイツの固有名詞を扱っていないことを咎めだてして非難している人がいるが、これほど事情を知らない非難はあるまい。いざ手をつけてみると、地名は人名とは区別して扱う必要がわかった。州、都市、土地、村、宮廷、大河、川、小川、山、谷、窪地、丘、野原、森の名称は大量に存在する。現存の地名辞典よりも一歩進んだ収集が必要となったとしたら、資料が膨大なものになってしまうことだろう。これらの地名の語彙を知ることは、特殊なケースは別にしてドイツ語全般にとってもきわめて価値があることは疑いない。これらの地名の起源はそれぞれ時代に差があり、中にはドイツ民族が現在の地域に移動した時期よりもさらにさかのぼるものも少なくない。ドイツ地域に残るケルトやローマの痕跡はなによりも先ず土地の名称の中に求められよう。さらに、多くのドイツの地域では時代ごとに部族の交代が見られるが、退却し追い出された部族は個々の村の名に自分たちの方言の特徴を残している。したがって、個々の地名は新高ドイツ語よりも中高ドイツ語や古高ドイツ語の辞書に回すほうが成果が大きいだろう。これらの地名は、いろいろと新しい形をとっているものの、新高ドイツ語の語彙の中ではどうしても異質なものに見えるであろう。将来いつか精密な地名研究が進み独立した書物として出版されるようになれば、新高ドイツ語辞書は、現在すでに個々のケースで得ているよりもはるかに大きな利益をそこから引き出せるであろう。

vorname（名、呼び名、洗礼名）と現在呼ばれているものの中で新高ドイツ語の占める割合はきわめて乏しい。古代に豊富に存在した名前のごく一部の残滓にすぎない50個か100個のドイツ語を記載してもなんの役に立とうか。それにこれとほぼ同数に達する外国の、多くは聖書に由来する呼び名は締め出されてしまうことになる。人名にも地名について述べたことが当てはまる。人名もまた種々の部族から由来するものが広まったのである。たとえば、ジークフリート（Siegfried）はグスタフ（Gustav）とは異なる場所で、コンラート（Conrad）はフェルディナント（Ferdinand）とは異なる場所で、それぞれできた名である。この検証は新高ドイツ語辞書の狭い範囲の外に属する。大地そのものに結びつく地名よりは新しいにせよ、人名の由来もこれまたはるか前の時代にさかのぼる。古代ではその数は百の単位ではなく数千個に達し、単なる収集だけでも、異形を含めれば優に1巻を必要とし、完全な形をとって初めて生きたものになるであろう。独立した収集となって、ドイツの各地域と各時代に思いがけない光が当てられることだろう。辞書に採用されている呼び名（vorname）は、ベンツ（Benz）、クンツ（Kunz）、ハインツ（Heinz）、ゲッツ（Götz）などの若干の愛称だけであって、これらはさらに後の現代語の特徴をおびた形である。これ以外のものは採用を控えた。

最後に「名字、家族名、姓」（zuname, geschlechtsname）を取り上げよう。成立はvornameよりも後なのだが、（古語は別として）名詞や形容詞がそのまま当てられているケースは、取り上げてもあまり得るところがない。しかし地名を含む家族名も数多く、出身地を示すvonが省略されたものもある。例えば、フォーゲルヴァイデ（Vogelweide）、カイザースベルク、ヴェルダー（Werder）、ディーフェンバハ（Diefenbach）は、本来それぞれ von der Vogelweide, vom Keisersberg, von dem Werder, vom Diefenbach であったのである。最後の例の Diefenbach をとりあげて（高地のTと低地のDの違いを見ると）、新高ドイツ語辞書にどの形を記載するか難しさが理解できよう。辞書に適合するのは Tiefenbach という形だけで、低地ドイツ語形の Depenbeke はまずい。しかし Diefenbach という形はオットフリートの用語とは一致する。彼は diaf ないし diof と書いているが聖者伝説集（passional）では tief「深い」となっている。要するに、固有名詞はきわめて多様な形で現れるので、慎重な扱いが必要となるということである。

8　牧人・狩人・鳥刺し・漁師などの言葉

私はこれまで、民族最古の語彙を求め続けてきた。それが民族の言語と習俗の歴史にとって、最大の収穫をもたらすにちがいないという正当な確信からである。昔の牧人の生活ぶりの大部分は、スイスやチロルやシュタインマルクの高原牧草地で見つけられるにちがいない。シュタルダーとシュメラーから得られる情報は貴重なものであるが十分とは言えない。もっと別の情報を寄せてくれる人がいたら、心から感謝せずにはいられない。狩人や鷹匠や鳥刺しの言葉遣いは生き生きとして自然で魅力的である。anfallen「降下して木にとまる」、anfliegen「飛来する」、antreten「おとり場の木にとまる」、auftreiben「牧草地に放つ」、bestätigen「存在確認をする」など。さらに古代にさかのぼる例も綿密に検討する必要がある。neu für schnee「新雪」など。漁師の言葉はそれと較べるとずっと貧弱である。自分たちが追い求める魚の無口が伝染したのであろう。それと対照的に活発であったのだろうと思われるのが水夫の言葉である。新高ドイツ語の方言が提供してくれるのは、この仲間が用いた言葉の中の僅かなものにすぎない。その後はしだいに水夫の語彙のほとんどすべてがオランダ語から借用されるようになった。以前にはこれとは別の自国語の語彙があったにちがいないのだが、他の低地ドイツ語の表現と同様に、水夫の用語も大部分がこの辞書には採用されていない。ボーブリク (Bobrik) には理解できるだろうが、彼の航海術辞書やネームニッヒ (Nemnich) の手になる語彙集もほとんど役に立たなかった。コーゼガルテンの仕事のほうが、材料として便利である。ブドウ栽培者の言語はできたら詳しく調べたかった対象だが、手元にある参考文献はあまり役に立たず、この対象のための苦労が軽減されることはなかった。鉱山労働者の言葉には、アグリコラやマテジウス (Mathesius) 以来、豊富な資料が存在するが、まだ十分とは言えず、必要な学問的な注釈も加えず集められているのは残念である。これより行き届いているのは、養蜂と園芸や農耕一般の独特な語彙であって、これらはそれほど特別扱いされず、一般の語に組み入れられている。これは職人の言葉についても言えることで、すでにアーデルングが熱心に注意を払っている。料理本や医学書は、昔から多数存在し、中には言語研究にとって内容豊かで役立つものもある。いろいろなものが混在しているが、ドイツ語も少なからず含まれている悪党仲間の言葉つまり乞食・盗賊・詐欺師の言葉は、とくに近代では時とともに収集が進んでいる。古い軍事用語はできたら別個の研究が期待されるが、軍事用語は多くの点で昔の騎士階級にも猟師にも関連する。

われわれ知識階級自体には、今日ではもはやドイツ語の独特な修練・教育が地歩をしめる余地はない。聖職者の雄弁術は、言語というものの一般的進歩の法則に従って、教訓詩や宗教歌の場合でさえ、昔の力をおおかた失ってしまった。しかしプロテスタントとカトリック両教会の聖職者間には、民衆語を尊重し収集するという褒むべき傾向が引き続き存在している。法律家の間では、昔の豊富な法律語が15・16世紀まで生き残り、最後には定式やレトリックの表現に定着していた伝統の痕跡も、今ではすべて除去されてしまった。現今の法律語は健全さが欠け活気がなく、ローマ法の専門語であふれている。

病名や薬剤のドイツ語名、さらに前には薬草名や動物名の必要から、医師たちほど長年にわたってドイツ語の構築に強いかかわりをもった職業はない。印刷術の発明このかた主として医師が外国語の書物の独訳にたずさわってきたことも、目立つ事実として歓迎すべきことである。ゲスナーはドイツ語に固執し、パラケルススはドイツ語を自家薬籠中のものにしていた。最古のドイツ語辞書の編者は医師または自然科学者であった。ダシポディウス、ヘーニッシュ、シュタインバッハ、フリッシュたちである。アウクスブルクの医師エトナー（Ettner）は、分厚い書物をいくつも著して、17世紀のやや硬直で味わいを欠いた言葉ではあるが、昔ながらのドイツ語彙を使いこなしている様子をこの上なく忠実に示してくれる。いつの時代もそうだが今日も医者は、あらゆる種類の人びととの生のつき合いを通して、もっとも自然な事物を表す言葉を耳にでき、言葉の広い領域の正確な知識を備えていて、ヒポクラテスの単純明快な記述を模範にして、病気を語るのに技術面だけにとどまらず同時に人生に役立つように書くことができる立場にある。しかし、百年このかた医者の中から言語研究者が出た例を私は知らない。医者たちは、ギリシア・ラテンの専門造語が普及し過ぎて、自国語の原野で行動する能力と喜びを失っているのだ。化学者だけはラテン語とドイツ語をごちゃまぜにした理解しにくい言葉を使っている。だがリービヒ（Justus von Liebig）

の化学記事は見事な言語駆使を見せてくれる。哲学者たちは、観念と語彙の緊密な関係を自覚しており、言葉の神秘にせまるのはごく自然なことである。しかしこの能力はむしろ彼ら自身の中から育ち、哲学の特性と固く結びついているので、伝統的な言語慣用を熟知していて、うっかり違反を重ねるようなことはありえない。ドイツ語の言語慣用に最も注意を払っているのはカントだと思う。したがってカントの生き生きした表現はドイツ語の領域に属するかぎりは怠りなくこの辞書に採用してある。

9　下品な語彙

言葉を区別して、雅び、上品、日常、下品、下層民的に区分することは役に立たない。したがってアーデルングが多くの語に下した評価は誤っている。「これらの語はたいへん下賤なので引用に値しない」というような発言をくり返して、上記の区分をごちゃ混ぜにしているのは、とうてい言語研究者とは言えない。liebchen という語の定義はこうである。「下品な言葉だけで用いられる語で、婚外で愛する恋人を表す。」これでは妻を liebchen と呼んではならないことになる。
農民歌曲（bauernlied）にあるハーゲドルンの語句、

mein liebchen gieng mit mir ins feld（私の恋人は私と野に出る）

がアーデルングの耳には残っていないのだろうか。

ich wollt ich wär treu,（私は望んだ、誠実たらんと）
mein liebchen stets neu（恋人はつねに新しいことを）

というゲーテの語句もほとんど耳に届いていないのだ。アーデルングは magd より下に位置づけた mädchen という語を日常語と呼び、mägdlein を上品な語というのであるが、どの日常語を俗語、どの俗語を下品と彼が見ているのかさっぱりわからない。とすると、mensch や mannsbild のような上品な語も今日では下品な語ということになるのだろうか。

古代ドイツ法から読み取れる身分階級をそのまま言語に適用したものとして、私が学んだのは単純な 3 区分である。自由人が真中に位置し、そこを基点に、身を起こした高貴な身分と、身を落とした隷属的身分に分かれる。これと同様に言語でも、自然の発話である大量の自由な言葉を中心に、上下に分かれていずれも少量の高貴と隷属の言葉がそれぞれ並ぶ3区分がある。高貴（edel）は高尚（erhaben）、上品（fein）とも呼ばれ、奴隷的（unfrei）は下層（niedrig）、いなかじみた（platt）、下品（gemein）、百姓的（bäurisch）、粗野（grob）、野卑（derb）とも呼ばれる。自然言語は、上品と粗野の両素質をともに備えている。高貴なことばとは粗野な要素が、粗野なことばとは高貴な要素が、それぞれ取り除かれたものである。粗野や野卑なものは、得てして不潔で醜い（ラsordidum, turpe）ものに、上品なものは、わざとらしく気取った（ラornatum, molle）ないしいかがわしい（ラlubricum）ものに見えるようだ。われわれが観察したところ、合成語では bauer「百姓」や bastart「私生児」という語はいろいろなバリエーションで、悪い意味で用いられている。百姓的（bäurisch）という意味で pöbelhaft（ラplebejus）という語を用いるのは避けるべきである。volk（ラpopulus　民衆）や volksmäszig「民衆的」という語は今ではむしろ自由人を表わすからである。生殖と排泄の営みを他人の目から隠し、それを行う肉体部分を隠そうとするのは人間に与えられた本能である。この心のしつけ・はにかみの心情を傷つけるのは、ラobscoenum「みだら」とされる。この語はおそらくラcoenum つまり inquinatum, spurcum「不潔物」に由来する。人目をはばかる事柄は、耳にも入れないように口にしないのであろう。しかしこの禁制は絶対的なものではない。かの営み自体が自然なというよりむしろ不可欠なものであり、自然であってみにくいものではない（ラnaturalia non sunt turpia）がため、秘密裡に名指される必要があるにとどまらず、場合によっては公然と口に出すことも許されるのである。（原注：この種の事物は「失礼御免」と名づけ、シラミは「名なし虫」と名づける。frauend 340,9.）

ここで、上品な言葉と下品な言葉の違いが出てくる。下品な言葉では、得てしてわいせつな事柄を口にすることを辞さないで使うことが多く、歯に衣をきせないところがある。上品な言葉は、わいせつな事柄やそれと多少とも関係あることをいっさい避け、遠まわしに匂わせることですまそうとする。この場合、諸民族の習俗とその歩みをすべての経過と到達点にわたって見なければならない。ギリシアの言葉と文学の自由な性格は、下品な事柄にも大胆に手を出すことを物ともしないのに、下ってローマ時代にはそれよりも窮屈であった。キケロの書簡を読むとそれがわかる(famil.9.22)。16世紀全般のドイツ文学に見られる、明け透けでうぶとも言える粗野ぶりは、フランス語の猥褻さとも、今のドイツの上品な世界とも何とへだたりがあることか。腹下し(durchfall または durchlauf)という語を口にしかねて、まったく同じ意味のギリシア語の diarrhöe という語を覚える始末である。長年にわたって、reculer「あとずさりする」、culbuter「でんぐり返る」、culotte「キュロット」などのフランス語の表現を用いるうちに、土台に隠れたどぎつさまで忘れ去られている例もある。古くからのれっきとした表現 hose「ズボン」を(フラchausse)口に出せないのは馬鹿げたことである。(原注:「グレーのズボンをはいて」を「下半身はグレーのいでたちで」と言いかえる始末である。)

辞書にいかがわしい語を採用すべきか排除すべきか。言語の切れ端だけを集める参考書の類であれば、迷うことなくこれらの語の排除を決断できるだろうし、またそうすべきであろう。そうすれば書物自体が優れたものと見られるかもしれないのだから。多くの本が避けている語をもし採用すれば、わざわざその語を目立たせたという責任を問われるはめになるだろう。

辞書がその名に値するものでありたいなら、語の存在を隠すのではなく、語を人々の目の前に出すべきである。辞書は望ましくない語でもヴェールで隠すわけにはいかない。言語で実際に使われている語、まして古代から存続し、人間のさがに根ざし、いやおうなく表現されねばならない一連の名称を隠すことはない。これ以外にも同様に、困惑の種となるような自然の事柄を排除できないのと同じように、これらの語を排除することはできない。

ギリシア語やラテン語の語彙全体を網羅する辞書からこれらの語を取り除こうと考える人はいないだろう。ハインリッヒ・ステファヌスの辞書にもフォルチェリーニ(Forcellini)の辞書にも、資料に存在したものであれば、きわどい意味の語でもすべて採用されている。その他の言語領域と同様に、下品な語彙の領域においても、言語系統関係がもっとも決定的に明らかになるものだ。下品な語彙も同系統の主要諸民族の共同財産だからである。(本辞典*1560段および サンスクmih, ラmejere, mingere, アングロmîgan「小便する」、さらに ゴートmaihstus, 新高独mist, アングロmeox, 英mixen「糞尿」を参照。)比較言語研究一般にとっても、ドイツ語諸方言の系統関係をさらに明らかにするためにも、この種の語彙を制限すると失われるものが大きい。学術的に扱えば、いかがわしさの印象は弱まるのである。苦情を言う読者も対応するラテン語やギリシア語が添えてあるのを見さえすれば、すなおに受け入れられるものだ。根源にさかのぼれば悪い語義が後に引っ込み、高貴な語義がより古い語義として前面に出てくることもまれではない。この種の語彙すべてを逃さず収録することがドイツ語辞典ではなおさら不可欠である。なぜなら、これらはドイツ語の古来の泉からくみ取られ、現代人より図太い神経をまだ保持して、強い表現を目指して思いきり卑猥な言葉もあえて辞さない男たちに使われたものだからである。たしかに彼らの時代全体を支配していた奔放で粗野な飾り気のない言葉は、現代の感覚では汚らしいものに鈍感なところがある。しかしカイザースベルクやルター、そしてとくにギリシアの血が流れているフィッシャルトは、よくも過度にわたらないように自制できたものである。しかし機を得たとなれば遠慮することはなかった。ゲーテでさえも、しかるべき時にはぶしつけな語をなしではすませないと感じていたようだ。言語に存在する以上どんな語でも、他の語でかえられない場面があるものだ。どんな語でもそれ自体では純粋で汚れのないものだ。その語を口にする当人がすが目をして、事をねじ曲げて初めていかがわしさが生じるのである。また嘲り、冗談、怒り、侮蔑、叱責、呪いで口を突いて出てしまう思いきった表現は、別の言葉では表現することができないことが多い。そしてまた滑稽さのもつ力も、自由に手を伸ばして表現を選べるのでなければ、その豊かさと多様な色合いを大きく失ってしまうだろう。アリストパネスがそう行動し、用いた語彙がそのまま辞書に収録されているのである。

辞書というものは道徳書などではない。あらゆる目的に対応できる学術的な試みである。上品な社交界ではタブーとされるような言葉は、聖書にさえいくらでもある。裸体の立像や何ひとつ見逃さない解剖学のプレパラートに立腹するような人は、この広間でも気にそまない語彙のそばではそっと通り過ぎ、圧倒的多数のふつうの語彙に目を向ければよい。

10　資料源の大きさ

この辞典で扱おうとしているのは、15 世紀から今日までの高地ドイツ語文章語全般であって、固有名詞と――当然のことであるが――外来語の大部分を除くことはすでに述べた。しかしこの 4 世紀間に書かれ印刷された書物の量は莫大であり、せいぜい言えることは、いかなる書物も意識的には排除しないことを原則にしたということだけである。というのは言うまでもなく、編纂開始以後の出版物すべてないし大部分を実際に提示することはとうていできない。これらの全著作の記録はどこにも存在しないし、どれほど博識な人でもすべてを知っているわけではなく、まして現物の全収集はどこに行っても見つからない。15・16 世紀だけでなくその後の世紀の物で所蔵豊富な図書館でも出会えないものが多数ある。したがって、乏しいながら私たち自身が集めた物が、大きな影響を持つ結果となった。この収集の中の長年なじんできた版が優先され、よそでなら入手できたかもしれないもっとよい版がないがしろにされがちとなった。結果として、私たちが利用できたのは広範囲なドイツ文学のごく一部だけで、それも不完全な版にとどまった。

利用した全作品は、整理して一覧表で添えてある。絶えず新規の追加が必要となるが、要望が強いことがわかったので、これ以上掲載を遅らせるわけには行かなかった。以後の巻で追加分をその都度示すか、それとも全巻完結後に広範な目録に収録するかは、目下のところ未定である。現在提供できたものでとりあえずは間に合うだろうが、辞典の評価にはマイナスに働く。なぜなら数こそ多いが欠落部分も目立つからである。これは止むをえないことであった。

利用した作品でも僅かの部分しか採用できなかったものも多く、中には 1・2 箇所に終わったものもある。用例の見つけ方が偶然だったり、意図的だったりした結果である。おびただしい数の登録作品に完全に目を通し、用例を選びだし辞書に採用する組織的やり方など実現しようがない。そんなことをすれば、大幅に量がふえたことであろう。見込みもない試みは最初からあきらめて、それとはまったく違った意味での完全さを目指して努力すべきであろう。この完全さは引用箇所を煩わしく数えあげることではなく、すべての語を一つ一つ完璧に調べあげることでこそ実現できる。各語にそえる証拠が溢れている場合には適度の数にしぼって選りすぐりのものだけを示し、ましなものが得られない場合は不十分なままよしとする他なかった。豊かさと支配力を備えた語に光を当てるが、陰が薄く、貧しく忘れ去られた語もないがしろにしてはいない。

大切なのは世紀ごとに最大最上の著述家を見つけだし、少なくともその代表作だけは辞書に取り入れることである。しかしカイザースベルク、ルター、ハンス・ザックス、フィッシャルト、ゲーテがある程度でも引用されている辞書はこれまで一冊としてなく、豊富な引用などほど遠かった。今もすべて汲み尽くされているとは言えないが、道が開かれ行く手は示されている。稀にしか引用されない著作も数多く、それもいろいろの人の手で編集されて扱い方が一定しないためで、今後を待たねばならない部分が多い。ルター聖書は、すべての典拠中でもっとも手にしやすいものだ。まだ未完結だが、刊行されたばかりのビントザイル（Bindseil）版がテキスト検証に便利である。しかし、1545年以前の版についての言語面の異文指示が不十分である。聖書以外のルターの著作は、これまでの辞書ではまったく無視されていた。ハンス・ザックスはこれまで参照が不十分であり、なお当たって見る必要がある。フィッシャルトの言語的才能にとってもっとも重要な『ガルガンチュア』と『蜜蜂の巣箱』（bienenkorb）の2編は念入りに利用されている。彼は詩作では精神に足かせがかけられているが、散文ではのびのびとした羽ばたきを示している。ゲーテの著作の利用が十分にできたのは、幸運にも綿密きわまりない配慮の成果である。ゲーテから少し削るくらいなら、他の作家から大量に削ったほうがましであろう。

いずれの言語でも、詩句こそが最大の力を発揮するものである。この力のほどを、辞書は目立つように示さねばならない。どの頁を開いても詩句がすぐに目に入るように配慮することは、つまらないことではなく極めて重要なのである。これによって辞書の利用者が増えるのだ。というのは、雲の中から出てくる月のようにあたりを照らしながら、詩句が散文を中断して姿を見せるやり方はまがうかたなき長所となる。前に一度この辞書で目にした箇所をまた読もうとするとき、どんなに楽か想像以上のものがある。すでにアーデルングやカンペはこの方式の必要性にぬかりなく気づいていたが、詩句の引用がやや乏しい。リンデ（Linde）とユングマン（Jungmann）は模範的勤勉さと内容の豊富さを備えたポーランド語辞典とボヘミア語辞典で、詩句を散文と区別せずに印刷した結果、詩句が見つけにくくなっている。スペースが余分にかかった分は、見やすさによって10倍も埋め合わせがつくものである。

仕事の冒頭ですぐに頭に浮かんだのは、出典を分かりやすくするために、引用調整専門の応援を求めることであった。出版社の側で、万全の手を打ってくれ、多額の出費もすでに手配ずみであった。この方法によって貴重で不可欠な引用が実現できたのだが、綿密な計画と土台作りにもかかわらず、各書き手の資質と抜粋担当者の能力や傾向に違いがあるため、成果にも違いが生じ、申し分のないものもあれば、多少の手入れを必要とするものも出た。

仕事が著しく遅延する者も出て、中にはまったく滞る場合もあった。辞書の広範で複雑な仕事にたずさわった経験のある人ならば、このような場合に埋め合わせをして、引きちぎれた糸を結び直すことがどれほど困難か説明を要しないと思う。

11 用例

語は用例を必要とし、用例は身元保証を必要とする。保証を欠いた用例は効力を失ってしまうだろう。場所を教えるのに地名抜きでは何の意味もない。作者名だけではまだ足りない。実際に頁をめくって引用箇所を見ることができねばならない。その箇所がすぐ見つかることがたいへんな魅力となる。というのは、どれほど慎重に選び出した用例でも、読者が前後関係をぜひすべて確かめたいと感じることはよくあるものだ。調べを進めて行くと、引用箇所のすぐ横で別のことが見つかり、それによって理解が完全なものになることがある。古典文献学においても、出典に言及するのが伝統である。出典の示されていない引用は単なる寄せ集め、保証と宣誓を欠いた証言者となってしまう。

言うまでもなく、どれほど努力してもすべての典拠をあげることはできず、保証を欠いた引用も若干は混入してくるものだ。用例の収集者が引用文を示すのを怠ったか、紛失したかまたはその時たまたま手元になかった版に用例を求めるほかなかったかのいずれかである。

特殊な事情のため引用がしにくい書物が相当量ある。とくに16世紀の書物の大部分がそれに入る。これほど利用しにくい例は他に見られない。この時期の出版物は著者名を秘したり偽名を使うことが多く、引用しにくい長い表題を選び、多くの作品に他人が手を加えて縮めたり引き伸ばしたりしても釈明の必要はいっさい気にかけなかった。このような気ままで当てにならない状況と軌を一にするのが、印刷本の箇所を指示するのに、ときに枚数をときに頁数を示すかと思うとまったく数字をあげずにすますこともあることである。この場合、止むをえず全紙(規格判)の数を頼ることになる。枚数や頁数で数えると誤記や印刷ミスが出やすいので、全紙の下部に印刷されているアルファベット文字を使うが、面倒な上に、26文字が幾度も巡回する量の作品では不明確な表示になってしまう。これに劣らず読者にとって障害となるのは、昔の作品では入手の困難さ、近代の作品では版数の多さであった。

引用に際して、古典作家は編(buch)と章により、詩人は詩句の番号によるのが常であった。これ以外の書物とくに聖書のためには伝統的数え方があり、それによって引用が明確なものになっている。近代の作品で引用しやすいのは『メシア』のようにかなり長編で番号の付された詩だけで、『ヘルマンとドロテーア』となるとそうは行かず、戯曲の幕・場によるやり方では、短い引用を必要とする辞書にとって、また数多くの場からなる長編の場合には検索が不便で不確実になるため、やむを得ず元に戻って巻数と頁数で示すことになる。全著作が例えばシラーの場合のように1巻にまとめられるとこれにより辞書への記載は簡単になるが、印刷面が窮屈で読者にとってはその箇所が見つけにくくなる。だからゲーテの場合3巻本は避けて、どの版よりも流布している60巻本を用いるのが得策と考えた。初期のドイツの作品となるといずれ全集を出す時には、先行の少なくとも主要な版との対応を、欄外注または付録の索引で明らかにする配慮が必要であろう。

引用の量が、それもルターとゲーテに偏り過ぎていると思われることが時にはあるかも知れない。しかし、ドイツ語に及ぼしたルターの影響とゲーテの支配力はたっぷりと目に見える形で示さねばならない。成句が繰り返し取り上げられる場合でも、語句の展開は独自の魅力がある。ahnungsvoll, bethätigen そのほかの見出し語では、ゲーテお気に入りの語の成長と定着の過程をしっかり示す事を重視したのである。お誂え向きの用例を使いもせず脇にどけて、もっとも印象的な箇所、まず最初に検索するだろうと思われる箇所から除いてしまう理由があろうか。全体としてはしかし用例が過剰という印象を与える語は少数にすぎず、同じ用例が繰り返し示されている場合がかなりあるが、慎重な判断の結果であって、その表現の流布ぶりを納得させるためである。逆に用例が稀な場合はその表現の不人気の結果であり、かつ今後の予兆と理解してよいのである。というのは用例選択の基準は、それ自体の内容的魅力ではなく、その見出し語語義すべての襞にわけ入って、展望を与えその語の歴史全体像を提示することにあるからである。ハーン(Hahn)の帝国史、ヴェルダー(Werder)のぎこちないアリオスト(Ariost)独訳のような堅苦しい書物からさえも引用を控えるわけには行かなかった。ドイツ語の文体が17世紀から18世紀初頭にわたって、ぎこちなく衒学的(ペダンティック)なものになりはてた有様を目の当たりにできる例は、外にはほとんどないからである。

蛇足ながら、すべての用例の表す内容はもっぱら原著者の見解であり、とりわけ宗教改革時代に由来する信仰問題に関する大量の用例は教義の肩を持つ意図などはなく、すべて歴史的説明である。その際プロテスタントの色合いが濃厚になったのは、文学でも言語的教養の点でも当時プロテスタントが支配的であった結果である。入手可能なかぎりのカトリックの著作からも情報を得る努力をどの箇所でも怠ってはいない。ルターの著書からとった免罪符販売についての発言が不快感を与えるとしても、それはいわれのないことである。なぜなら、免罪符販売という悪行のもたらした忌まわしさはカトリック教会自身が認めるところである。

12 言語学専門術語

ラテン語の術語は言語学者の間ではとっくの昔に取り入れられて定着しており、省略した形でも誰からも理解されている。今さらこれを変更するとマイナス面が大きい。ゲルマン語やスラブ語の辞書でそれを自国語の表現で置き換えるのは、意味のあることだろうか。そんなことをすれば自国の人にとってわかりにくくなるばかりでなく、その辞書の外国での普及の妨げになるのが落ちであろう。デンマークのラスクはその著述でその種のぎこちない文法術語を大量に持ち込み、アイスランドの学者の幾人かがそれをまねたが、各個ばらばらの域をでなかった。非アルファベット的音声表記について以前述べたことがそのまま、この件についても当てはまる。誰の記憶にも残らず、書物の中だけに亡霊のようにちらりと姿を見せるだけの、空しい変革がその書物自体にマイナスに働くことになる。国語純化主義の人々はいつでも術語のドイツ語訳に飛びつくが、かた苦しい合成語ではなんともならず元の木阿弥で伝統的術語に逆戻りするのが毎回の例であった。あのカンペさえ、伝統的術語をほとんどすべてそのまま用いる他なかった。

m. f. n. の文字で三つの文法性を表記するのがもっとも簡単であり、冠詞をそえるより優れている。冠詞を前にそえると名詞の先頭の文字が目立ちにくくなるし、後にそえたり括弧でくくったりすると堅苦しい感じになる。冠詞で男性女性の区別が示せないオランダやスウェーデンの人はそもそもこの方式は使えないし、せっかくの文法慣用の統一が早々と失われてしまうからである。それに m. f. n. の三文字はそれだけで名詞という表示も兼ねることができる。形容詞語彙は、語自体に性別がないので性表記がないからである。語形変化の差異を一々辞書で表示する必要はあるまい。例外的変化形で重要なものは、その形を示すなり用例によるなり、いずれにせよわかるようにしてある。

動詞であることは、ドイツ語では -en という語尾でおのずとわかる。時として名詞でこの語尾を持つものもあるが、その場合も m. f. n. の表示が役立つ。能動、受動、中動の表示はドイツ語には後の二つが存在しないので、示す必要がないというより区別が成り立たない。能動的意味と中立的意味よりも、綿密に区別されるのは他動と自動の意味の対立であろう。大部分の動詞はこの両方に使えるので、両者を区別して論ずることが重要である。他動詞を zielend（目指す対象を持つ）、自動詞を ziellos（目指す対象を持たない）と呼ぶのは適切ではない。オランダ語では前者を「働きかける」（bedrijvend）と呼ぶのに対して、後者を「中立的」（onzijdig）と呼ぶが、これでは名詞の中性と同じ意味で自動の意味はまったく表わされない。岐路を前にして人は、右にも左にも行けるが必ずいずれか一方を選んで進むのである。オランダ語を範にして、いわゆる規則動詞を「均一変化」gleichflieszend オラgelijkvloeijend）、不規則動詞を「不均一変化」（ungleichflieszend オラongelijkvloeijend）と呼ぶ試みをした人が幾人か現れたが、動詞の母音交替こそまさに均一的変化の最古の規則である以上、この呼び方は最悪の選択と言えよう。私は母音交替の重要性を尊重して、変化形を独立させてアルファベット配列の位置で示して見つけやすくした。それ以外の変化形は用例で示すようにした。

弱変化男性名詞の単数主格が母音で終わるのは、ドイツ語の組織の中で自然なことであり、なお可能なかぎりは、保持されるのが望ましいところだった。新高ドイツ語のへまな行為と言うべきは、多くの語、例えば heide「荒野」、rabe「カラス」、waffe「武器」、wolke「雲」で語末の -n を削除しながら、男性弱変化名詞単数主格にはいわれのない -n を加えていることである。その結果、三つの性別の間および名詞と形容詞の間に保たれるべき均一性が破壊されたことである。誤った主格 balken「梁」、bogen「湾曲」、daumen「親指」などの形が今では最良の作家にも広まっている一方で、体系にそった主格 name「名前」、haufe「堆積」、same「種子」のほうがまだ支配的なケースもある。他方また、弱変化の属格 namens, haufens, samens という言い方があるので——ないしはあるのに—— balkens, bogens, daumens の形が決定的なものにはなっていない。現在でも主格 bote、属格 boten の形が通用し、形容詞で der gute, des guten と変化するのと均一的に、中高ドイツ語の主格 name と属格 namen が維持されたほうがましであろう。これ以上の詳細は文法に属する。本辞典は、敬意を払って古い形を示す以上のことはできなかった。

13 語義の記述

言語記述にはラテン語の術語が欠かせないという事実の大きな後押しが、ラテン語には認められる。しかし一方で、よいことは他方でもよいという理由で、語義記述にラテン語をそえることを弁護するのはそう簡単ではない。そういうやり方はシュティーラー、シュタインバッハ、フリッシュの時代の慣習への逆戻りという目で見られてしまうからである。この慣習はおそらくすでにゴットシェートも捨てさり、アーデルングおよびそれ以後の人々が断念した慣習である。現在出版される個別言語の辞書では、ほとんどがラテン語で語義を示すことが避けられているが、ボアスト（Boiste）は、フランス語と並べてラテン語を示すことが多い。どの言語も学校ラテン語の束縛からはもはや解放されたと感じており、自国語だけで語義を説明することにある種のプライドを感じている。クルスカ学会［crusca イタリアの国語純化協会］の辞書編者たちは母語尊重の感情が強かったに違いないのに、イタリア語の単語にラテン語を裏付けとしてそえている。われわれもゴート語や古高ドイツ語の単語を新高ドイツ語を用いて説明しているわけで、語義の説明に他言語の単語を利用するのはごくあたり前のことである。

すべての言語の中で知名度も安定度も最大のラテン語の助けを拒むことによって得られることが、何かあるのだろうか。代償として、この上なく面倒で役に立たない説明を長々とするはめになる。

私は tisch「机」という語にラテン語の mensa をそえて示したが、まずはこれで十分で、それ以上のことは後に続く記述で示されている。単語のラテン語訳を使わずに文で定義するとこうなる。「高い位置に置かれた板で、その前に立つか座っていろいろな仕事をするための物」、または「脚部で持ち上げ（脚部にのせ）られている円板で、その前またはそばで諸種の事柄を処理するための物」。mensa でなくギリシア語の τράπεζα にすると、言うまでもなくこれには「四本脚」という概念しかなく、椅子など四本脚の道具すべてが含まれてしまう。

nase「鼻」の定義はこうなる。「人間ないし動物の顔の一部分で、口のすぐ上で隆起して突き出たもの。臭覚の所在箇所ないし器官」。hand「手」の定義「人間の四肢の一つで、ものを握ったり支えたりするためのもの」は簡明であるが、もっと長くすると「人間の胴体につく腕の最先端部分で尺骨の末尾から指の先まで（指を含む）」。このような説明は生理学の世界のもので、それはユリの説明で「つり鐘状の花をもつ植物で、花糸六本、花粉道一本の科に属する」というのが植物学界の表現を借りてきたものであるのと同類である。アーデルング以来、ドイツの辞書全般に見られた、ずるずると長ったらしい定義はラテン語の単語を利用したフリッシュやシュティーラーにはまったく無縁なことであった。だからといって、このような説明に含まれる事柄の個々について、いかなる場合にも言語学者は言及しなくてよいなどと主張しているわけではない。記述対象自体の持つ諸特徴は、語義の展開に関連があると思われる場合に触れればよいのだ。ラテン語の単語によって意味が一挙にわかる場合にまで一律に諸特徴を数えたてるのは、余計なことであろう。

見出し語のドイツ語に対応するラテン語の単語を後にそえたからといって、そのラテン語が語のもつ語義のあらゆる面に対応するというつもりでは毛頭ない。互いに外国語である以上、そんなことはありえない。ラテン語は語義の中心部分、主要意味を示すためのもので、そこから出発してあらゆる方向に向かう展開に囚われることなく目を向ける必要があるのである。事柄による定義が本質的特徴と偶然的特徴のすべてを明らかにできるわけではないのと同様に、ラテン語も語義を説明しつくすつもりのものではない。その後に続くドイツ語による補足があって初めて、もっとも有効なものとなるのである。

用いられたラテン語の表現のすべてを辞書の読者の誰もが理解できると考えているわけではない。その知識のない人々は気にせずそれを無視して先に進み、内容に興味のない語に出会った場合にはそのまま通りすぎても何の支障もない。頭のよい女性なら、辞書のここそこでラテン語に遭遇しても、障害にも邪魔にもならないと私は考えている。それは新聞を読む際に、そこに出てくる法律や軍事や外交の用語があるためその箇所を飛ばすのと同じことである。辞書の利用者は、多量の知識をあらかじめ備えていて、それが語の理解を容易にするのである。読者にべったり付きそうことは、高い目標をもつ学術的著作の意図すべきことではない。辞書を利用する能力は、辞書を使うことでおのずと高まるものだ。さる利発なフランス女性は、達者な言語能力に向けられた文法上の咎めだてに対して「でも私自身が文法です」と切り返したということである。それと同じで、自然な言語能力と豊かな知力を備え持っている人は、ラテン新造語に惑わされることなく、本書からそれなりの情報を得るだろう。

軽視できないことだが、外国語を用いる利点の一つには、猥褻な語彙が隠蔽され、一般の人にはわかりにくくなることがある。

14 造語欲求［合成・派生など］

どの言語をとっても同じだが、可能性のある音韻のすべてを実現しているものも、ひとたび実現した音韻をそのまま維持し続けているものもない。形態についても同じで、すべての形を備えてなどはおらず、かつてあった形の多くが時代とともに失われてしまっている。太古に大きな群をなしていた一つの言語共同体からいくつもの方言が分離して行くことによって、いくつかの個別言語が再び集まって、それまでの言語の特徴を失った新たな群が作られる。一つの源に発したものの多様性は、このように説明できる。どの言語も一度失った均一性を形を変えて回復する。ある言語が歴史事実として獲得して来た――豊かにせよ貧しいにせよ――語彙財産のあり様は、造語手段という可能性に基づく非現実的な拡張語彙と較べると、きわめて対照的であり、前者では変化の気配と衝動がすべて自然で無理がないのに反し、後者では無理な拡張で関節が外れたりもするのである。

ドイツ語にありもしない二重母音をさらにもう1個つけ加えようと試みる者がいただろうか。強変化動詞を新たに1個でっち上げようとする者がいただろうか。その例も稀にはあるが、いずれも民衆の用法に引きずられたもので、意識的、意図的に持ち込まれたものではない。これと較べるとよく見られる派生方法をまねたり、新たな語と語の結合を試みるほうが容易であろうが、神慮ならぬ人間の手で必然性を欠いて行われると、ここでも言語の抵抗にあうことになる。可能というだけでは適切で通用するという証拠にはならない。

すべての動詞から -er に終わる男性名詞が「男」を表す語として作られ、それから -erin に終わる「女」を表す女性名詞が造語できるが、この派生形をすべての語で示す必要はあるまい。この形がまったく使われないことも間々あるからである。とくに単一語からの派生ではそうである。これに反し合成語からの派生はずっと容易である。動詞 fallen「落ちる」、lassen「させる」、heiszen「命ずる」に由来する faller, lasser, heiszer の形は用いられないが、erblasser「遺産放棄者」、verheiszer「約束者」は作られるであろう。halter「保有者」と haushalter「執事／戸主」、stabhalter「高位高官者」、falter「蝶」、nachtfalter「蛾」、thuer「気取りや」、verthuer「浪費者」などでは、いずれの形も用いられる。verwalten「管理する」に由来する verwalter「管理者」と並ぶ単純な形 walter は使われないとしても、詩人の祝詞の中では、神を walter und herscher（管理者にして統治者）と呼ぶのを妨げるわけにはいくまい。同様に rather という語はふつう用いられないが、berathen「助言する」から作られた berather「顧問」、verrathen「裏切る」から作られた verräther「裏切り者」は、誰もが知っている。単一動詞と較べるとあきらかに複合動詞のほうが感覚性が乏しく、-er による派生は前者の方が後者の場合より難しいようである。言語では単語の一律な扱いがあまり重視されないことは、これらの名詞でウムラウトの扱いに揺れと戸惑いがあることからもわかる。一方では、fänger「捕らえる男」、gänger「歩行者」、schläfer「睡眠者」、gräber「墓掘り男」、bläser「吹奏者」、schläger「打者」、jäger「狩人」、kläger「提訴人」、wärter「監視人」、wäscher「洗濯屋」、mörder「殺人者」、käufer「買い手」なのに、他方 hasser「敵対者」、prasser「道楽者」、laufer「走者」、maurer「左官」、rufer「叫ぶ男」、antworter「返答者」では変音しない。揺れのある語も少なくない。aderlässer と aderlasser（瀉血施術者）の二つの形、verräther と並んで berather、haushälter と並んで haushalter が見られる。ここではウムラウトがより古い造語、ウムラウトしない形がより新しい造語であることを示していると言えよう。bauer「農夫／鳥かご」には二つの語形成が潜んでいる。すなわち古高ドイツ語の bûr「住居」と bûari「住居者／農夫」である。

すでに前にカンペの辞書に言及した際に述べたように、ドイツ語は合成能力がきわめて高いので、実際行われている例、まして可能性のある例のすべてをあげることはできない。合成語の第1要素についても第2要素についても、次々と類推が可能であり、辞書でそのすべてを示すのは余計なことであろう。衣服というものの多様性は、badekleid（水着）[訳者注2]、feiertagskleid

(よそ行き)、hochzeitkleid(結婚衣装)、hofkleid(宮廷衣装)、morgenkleid(モーニングガウン)、nachtkleid(寝間着)、sommerkleid(夏服)、sonntagskleid(晴れ着)、trauerkleid(喪服)、werkeltagskleid(普段着)という合成語によって表現されているが、これですべてではあるまい。ここで用いられている第1要素の語のすべてを、anzug「スーツ」や tracht「服装」や gewand「衣服」、また rock「上着」、kittel「上っ張り」などの語と結びついた形でも記載する必要があるだろうか。強・弱変化にかかわりなく数多くの動詞過去分詞形は、名詞としてはすでに消滅した接尾辞 heit と結合できる。gelegenheit「機会」、abgelegenheit「へんぴ」、überlegenheit「優越」、verlegenheit「当惑」、verstiegenheit「極端」、verschlossenheit「無愛想」、abgeschlossenheit「完結」、gedrungenheit「ずんぐり」、gedunsenheit「腫れぼったさ」、aufgedunsenheit「むくみ」、belebtheit「活気」、beliebtheit「人気」など数えきれない。本来は合成語とはいえない語、とくに続け書きされたにすぎない属格の形となるとほとんどきりがない。adlersauge(鷲の目)、adlersfeder(鷲の羽)、adlersfusz(鷲の足)と私が言えるのと同様に falkenauge(鷹の目)、falkenfeder(鷹の羽)などが作れるし、この結合はさらに他の鳥の名前に拡大できる。ドイツ語は本来、ラテン語、ギリシア語と同様にこの種の合成をまったく断念して、以前のように adlers auge, adlers feder と書くべきであった。3個以上の語の合成の場合(『ドイツ語文法』第2巻, 924ff. 頁)となると考えられる合成はきりがない。一般に使われている例に obstbaumzucht(果樹栽培)、haselnuszkern(ハシバミの中身)、bierwirtschaft(ビアホール)、nordostwind(北東風)、spottwolfeil(二束三文の)があり、書き言葉だけに見られる例には vollblutabstammung(純血血統)、wiesenlandniederung(草地低地)、backsteineinförmigkeit nordamericanischer städte(北米諸都市の煉瓦建築の単調さ)がある。これらの合成語は、控えめに用いれば有効で強い効果をもつが、度を越すと耐えがたい感じになるだろう。

辞書の取るべき唯一正しい処理方法は、一般に通用し親しまれており、それ自体としても当を得て適切な造語だけを迎え入れ、それ以外の乱暴粗雑な造語は相手にしないことだ。実際の言語運用では必要とされていないような語形成の造語はすべて無視してかまわない。一般的にいうと、追い求めねばならないのは、合成語よりも派生語、派生語よりも単一語のほうである。ドイツ語の辞典が、一見では裕福そうだが、内実は貧しい原因は、この原則の軽視のせいである。単純語1個の内容の重さは派生語の50個、派生語1個の重さは合成語10個に当たるのである。

15　不変化小辞(partikel)

不変化小辞が他の語の直前に位置する場合については、独自の考慮が必要である。語というものは、すべて本来の内的意味がしだいに拡大・希薄化するものだが、不変化小辞に見られる意味の希薄化はその最たるものである。あらゆる単一語の中でもっとも意味の抽象化が進んだ語であり、したがってもっとも後で成立したものと考えられる。語根に動詞を設定してみようとすると、そこからの展開がまず分詞、分詞から形容詞、形容詞から名詞へと進む。ところが不変化小辞には、これまた圧倒的に名詞的資格が容認できる。とは言え、不変化小詞の性格が決定的に現れるのは、副詞と前置詞の場合であろう。前置詞は冷却して生気を失うと格支配力も失う。こうして言語構成要素のもっとも生気を失った形として後に残るのが、副詞としての不変化小辞である。これがきわめて規則的な経過ではあるが、これが唯一の経過であるとは言えない。なぜなら、動詞が一切の迂回をせずに、一挙に名詞または副詞の形成に進むのを目にしたり、単純な副詞となったものがまた格支配力を回復する、つまり前置詞に格上げされることがあるからである。証拠をあげてこのことを詳論するのは、この場はふさわしくない。ここで明らかにしたいのは前置詞と副詞不変化小辞との関係だからである。

前置詞的不変化小辞のほうが意味が豊かで、副詞的不変化小辞のほうが意味が貧しいということは、後者では種々な短縮形があることからも明白である。bei と vor はまだ重みを失なっておらず、be や ver よりもいくらか源に近い。しかし、bei と vor もまた単純な副詞として他の語と結びつくことができる。スウェーデン語で接続詞 att と区別される前置詞 åt が合成語に現れるのとまさに同じことである。

ドイツ語の動詞と副詞不変化小辞が結合した表現では、その土台には副詞でなく前置詞があることが多く、その前置詞の後に名詞か代名詞が省略されていることを私は示そうと努めた。absteigen「降りる」はもっと生き生きとした ab dem rosse (ab dem wagen) steigen (馬・車から降りる) から、anbeiszen「かじる」は an das brot (an den apfel) beiszen (パン・リンゴをかじる) から生じたようである。同じように ausschliefen は aus dem ei schliefen (卵からはいだす)、auskriechen は aus der schale kriechen（殻からはい出る）を、übersehn は über einen hinaus sehn（人を見落とす）を、zutreten は zu einem hintreten（歩み寄る）を意味している。オーピッツの言(1,161)に、

> schawt dann den pfawen zu, siht wie die stolzen hanen
> die hüner ubergehn
> （ついで孔雀に目を向けよ、誇り高き雄鳥が雌鳥の上にのる様を見よ）

とある。die hüner ubergehn とはすなわち über die hüner gehen（雌鳥の上にのる）であり、つがうことである。現代語の einen anfechten（人を論難する）は 中高ドイツ語では an einen vehten と表現されることが多い：der wurm an in vaht.（大蛇が彼に襲いかかる。krone 13490)。注目すべきことに、不変化小辞の副詞としての用法と前置詞としての用法があい前後して現れることがある。an の例：greif die von Limpurg an und sie wider an in.（Limb.chron.9）。前置詞表現のほうがより完全な形であるというまさにこの点に着目すれば、直後に名詞(代名詞)をつけ加えねばならない副詞表現よりも、前置詞表現の形のほうが古いと考えられる。言うまでもなく、名詞(代名詞)が表現されないことで、動詞との合成がより自由で多面的になり、名詞すべてが適合するようになった。

ドイツ語の配語法に認められる特徴のひとつに、動詞と結びつく不変化小辞の多くが、構文の違いによって、分離して文末に位置するという語順の相違がある[訳者注3]。不変化小辞の位置は、i）動詞が不定形(不定詞・分詞)という一般形の場合および従属文(副文)では、動詞の直前で、ii）動詞が定形で独立文の場合には、動詞から離れた後方となる。このような不変化小辞の後方移動は、前置詞本来の力が、分離した不変化小辞のほうにより後まで残ることを示しているのではなかろうか。steig ab!（降りろ）という命令文や ich steige ab.（私は降りる）というときには、補うべき名詞が容易に推定できるが absteigen のような合成名詞ではそうは行かない。中高ドイツ語や古高ドイツ語ですでに見られる、このような自由な語順、移動する語順こそが、現在の状態に至る経過の証人の役を果たしている。ラテン語では不変化小詞がすべての種類の文で位置が同じなので、この認識はできない。これまた不変化小辞の位置が固定しているゴート語やアングロサクソン語でも、事情はほぼ

同じである。しかしいくつかのゴート語の例外が、『ドイツ語文法』第2巻(899頁)に挙げてある。inn, iup, ut の場合は間違いなく副詞である。そしてアングロサクソン語の onlædan, utfindan は、現代では語順が逆になり、英語では lead on, find out である。現代の言い回し、lege mir das kleid an, gürte mir das schwert an では、人を表す与格が前置詞的な an と関連づけるのを妨げているが、二重対格の昔の表現は lege mich das kleid an(私に服を着せよ)、gürte mich das schwert an(私に剣を帯びさせよ)であった。これなら容易に lege das kleid an mich, gürte das schwert an mich という形に戻して考えることができる。

不変化小辞と合成してできた動詞が、かならずしも他動詞というわけでもなく、自動詞のままのこともある。例えば anbeiszen は単純形の beiszen と同様に、自動詞と他動詞の両方の意味が表せる。しかしながら、よくあることだが、他動詞の意味の場合には、単一形の自動詞と並んで現れ前置詞に支配されていた名詞が、今度は他動詞の目的語になる。その点では、不変化小辞との合成は、他動詞化の機能を果たす場合が多いと言える。(本辞典 *518 段を参照。)表面的に見ると an den apfel beiszen と den apfel anbeiszen(リンゴを噛る)、an einen stoszen と einen anstoszen(人に突き当たる)は同じことを言っているように思われるが、他動詞の表現のほうが単純であり、意味の点でも二つの表現には差異が認められる。これと同じ状況にあると思われるのに、ラテン語の movere e cardine と emovere cardine(蝶番を外す)がある。ただしここでは、両動詞とも他動詞とされている。

不変化小辞合成語のすべてが前置詞から由来すると説明できるわけではまったくない。とくに auf と aus による合成語がそうである。auf と aus は本来の前置詞ではなく、合成語でも純粋副詞としての意味をはっきり現している。先に本辞典「序文」*XXV 段［本訳書では 33 頁］でふれた aufdonnern と aufschreien には「眠りから飛びあがらせる」という意味がはっきり現れている。den wein austrinken は、aus dem glase trinken(グラスから飲む)という意味ではなく、「飲みつくす」という意味であり das glas austrinken とも言える。反対語は antrinken, anessen であり、「飲み / 食べ始める」という意味である。

ギリシア語と同じようにドイツ語でも不変化小辞合成の自由度は計り知れず、ここほど大きな類推の活動余地があるケースは他にはない。andonnern, anregnen, anschneien（雷鳴 / 降雨 / 降雪が始まる）と言えるのなら anblitzen, anleuchten, anglänzen（稲光 / 光 / 輝きが始まる）などと言えないわけがあろうか。このような造語もまず十分な用例収集が原則である。しかし見逃しも多く、補充が必要とされよう。auszittern の用例がゴットヘルフにある(erz.1,199)：eh die teller ausgezittert（皿の震動が止まる前に)、彼にはまた(bilder und sagen 5,27)：austobacken（タバコを吸い終わる）という例もある。

16 語義の解明

すべての抽象的な意味の背後には、具象的・感覚的な意味がその土台にある。これこそが語ができたときの最初で基本的な意味であった。まず具象的構成要素があって、それに心的な要素がかぶさり、拡張・希薄化して今に至っていることが多い。語義説明が実りあるものであるためには、この構成要素をまず見つけ出し、それが展開して行く過程を示さねばならない。

これを見つけ出すべき場所はどこかと言えば、何よりも単一動詞、それもここでもまず強変化動詞の中である。弱変化動詞はいうまでもなく派生語であり、派生というものは原意義に変化をもたらす。強変化が維持される場合でも、あらたに加わった形態は、意味の点でもあらたなものをつけ加える。強変化動詞は同時に自動詞的意味の本拠地である。自動詞 liegen ラjacere「横たわっている」に対する他動詞 legen ラponere「横たえる」があり、sitzen ラsedere「座っている」に対する他動詞 setzen ラcollocare「据える」がある。ところが essen − trinken ラedere − bibere「食べる − 飲む」は自動詞と他動詞の両方の意味をもっている。つまり ätzen には「食べさせる」tränken は「飲ませる」という他動詞がある。greifen「つかむ」と treten「踏む」はそれぞれ手および足のもっとも単純で自然な動きを表し、自動詞にも他動詞にもなる。essen と trinken はともに飲食物の摂取を意味するが「口」という意味は必ずしも含意されていない。die erde trinkt den regen（大地が雨を吸い込む)、der gram iszt das herz（心痛が心をさいなむ）という言い方がある。ätzen は意味にずれが生じて beiszen「噛む」からできた beizen「腐食する」という意味になる。greifen と treten はそれぞれ手と足を抜きにしては考えられない。zum letzten mittel greifen（最後の手段に訴える)、zur ehe greifen（結婚する）はそれぞれ「助けを求めて手をのばす」こと「新婦に手をのばす」ことである。ans licht treten は「歩み出て皆に姿をみせる」ことである。

これと較べると動詞の源にあった具象的意味は、不変化小辞が前置されると、強力にかつ素早く変容するさまは目を見張るものがある。例えば上記の動詞それぞれに be, an, aus がそえられて、besitzen「所有する」、betreten「踏む」、antreten「位置につく」、belegen「敷きつめる」、begreifen「把握する」、anlegen「当てがう」、anliegen「まだ未解決である」、auslegen「展示する」という意味となる。語は使われているうちに、本来の具象的意味から倫理的・精神的な関係や観念が生じ、抽象的な意味がたっぷりそこから引き出される。具象的意味を表す語の方が後から生じてきたとは思えない。

この具象的意味をまず先頭で提示することを辞書全体で目指してきたのだが、これを一貫させることは不可能であった。というのは、具象的意味がもはや明瞭でなくなり、いろいろな意味を取り込んだ単一語で強変化でもある動詞が多数存在するからである。それにまた、動詞の形が欠落していて、さらに研究を進めて、初めて発見できる語がかなり存在するからである。たとえば sein や wesen「存在する」という動詞は、基礎にある具象的意味はかすかにも見えてこない。geben と finden の場合にも、意味内容を明確に述べることは難しい。geben は「手渡す」だったのか、それともひょっとして「容器にそそぎいれる」だったのか。finden は「何かを見て取る」、または「何かの到来に気づく」だったのだろうか。lesen はむしろ「拾い集める」、または「えり分ける」だったのか。kind「子供」や sohn「むすこ」、tochter「むすめ」という名詞の土台にはどんな動詞、どんな意味が見つかるのだろうか。誰もが知っているのは、もともとの概念に新たに加わった抽象的意味の部分でしかない。さらに困難なのは sünde「罪」や glaube「信仰」や frei「自由な」や dumm「おろかな」など無数の語の根源にはどんな概念が隠されているのか。闇に隠れてもっとも見えにくいのは、不変化小辞の場合である。この場合は、語義説明がさかのぼれるのはいずれも長い道程のごく一部分だけで、奥底に達することはできない。しかしたとえどんなものにせよ、辞書に語義解明は、欠かせない。前にふれたように、この辞書で頼りにしたのは、事物に即した定義はごくまれで、多くはラテン語によって語義を一気に示そうとした。とは言えこれは、茎を地面のところで切り取った最初の収穫にすぎず、研究はもっと奥深く根っこも引き抜く段階まで達しなくてはならない。

語義の分類を番号で整理するやり方は、仕事の当初の段階では、形式ばってスペースを取るものに見え、しかもそれによって語義の関連が隠されてしまう危惧もあった。しかし程なく、大きな語ではそれが不可欠であり、小さめな語でも利点のほうが大きいことがわかった。したがって、それ以降はこの点で前より統一性が保たれているが、最初の分冊では不統一が目立つことであろう。

17 語の由来・出自の研究

語源研究（etymologie）は、辞書にとっては味付けのための塩ないし薬味であり、それなくしては料理は味気のないものとなってしまう。その一方、むしろ塩味も加えないそのままの料理を味わいたいと思うこともあるものだ。

語源研究の評価は、今のところあまりかんばしいものではない[訳者注4]。この研究の試みはすでに早い時代に始まり、適用の仕方を明らかに誤ったという事情も加わったからである。研究法の規則に関する知識が、まだ明確に自覚されていなかった時期が長く続いた。これからも絶えず新たな規則が発見されていくことであろう。ある語の意味の理解は、その語自体およびそれに直接つながる語からも可能であるが、近い類縁や系列の語彙もこれに加えることができ、いくつもの言語の関連がわかるようになるやいなや、比較言語研究というものが生まれ、それまで未知であった法則や成果がもたらされ、先に述べたように、印刷術と辞書によって初めてこれに学問的な根拠が与えられたのである。

ドイツ語はヨーロッパのほとんどの言語とつながっており、この連鎖はさらにアジアにさかのぼり、一直線にサンスクリット、アヴェスタ語、ペルシア語に達する。ここから種々の事象が生じるが、それらは互いに一致するものもあれば、個々の言語に独自な事象として扱う必要があるものもある。さらに、この連鎖部分のかなりのものが抜け落ちて失われているという事情も加わる。そのため、相互の推移がとびとびにしか実現していないことが多い。どの言語も自然の治癒力をうちに備えていて、他の言語から孤立したために生じた傷口はかさぶたで徐々にふさがるが、その際調停や仲立ちの動きが生じないはずがない。それが後に、その言語の特異性の一つになることもあった。どこまでが特異性で、どこからが類縁関係の諸言語に共通する法則の支配に由来するのかという境界を見きわめることが肝要である。

古典文学の財宝をわれわれが直接目にできるのは、ラテン語とギリシア語のお陰であり、この両語からドイツ語にも部分的に適用できる各種の文法規則をくみ取ることができるのだが、高圧的にこれを押し立て、自国語の自然な展開を妨げる動きも生じた。サンスクリット研究から育った文献学が、一目を置かれる存在として、他言語のすべてを同じように扱う傾向が見られる。にもかかわらずサンスクリット資料の純粋さと古さのせいで、自ずと当然な権威が認められ、この言語が、音声や語根をめぐる判断の調定役に打ってつけと見なされている。しかしながら、裁き役がそのもつれを解きほぐして見せるまでは、係争とその原因が力を奮うのを抑えるのは難しい。言語研究者が瞠目して待つサンスクリットの展望がどれほど大きく、すでに得られ、今後得られる多量の語源情報がどれほど的確なものであるにせよ、共通の祖先をもつ諸言語がそれぞれの内部だけで明らかにできる点もあり、それが評価されることもあるにちがいない。意味面の関連のほうが血が通っているので、その成果のほうが、音韻面の関連（多くの接頭辞や接尾辞との密接な結合や広範囲にわたる子音交替や子音脱落）に基づいた鋭利な明察よりも優れていると思うことも少なくない。LをRに、RをSに、DをLに置き換え、BとGおよびPとKの間に交替を認め、語頭音のKの脱落を認めると語の外観は一変するからである。ドイツ語彙の場合、ドイツ語の領域内だけでも語源解明の可能性を追求する必要があろう。この領域内なら狭いとはいえ、当然のこととして確実な歩みを進められるからである。

語根の多くが、今日にいたるまで依然未解明のままである以上、さしあたりドイツ・ゲルマン語内の資料によって、不明確・曖昧であるにせよ語根の解明の試みができないことはあるまい。クモを spinne というのは spinnen「糸を紡ぐ」からであり、ハエを fliege というのは絶えず目の前を umfliegen「飛び回る」からである。nachtigall（夜鳴き鳥）は nacht「夜」に鳴くことから、バッタを heuschrecke というのは heu「干し草」の上で跳ねる（schrecken の原義）からである。band「リボン」や binde「包帯」は動詞 binden「結ぶ」に由来し、boge「湾曲」は biegen「曲がる」、bote「使者」は bieten「差し出す」に由来する。scholle「地塊」は地面に落下して音を発する（schallen）に由来し、stiege「階段」と steg「橋」は動詞 steigen「のぼる」から、brunne「泉」、brand「火事」、brunst「発情」は動詞 brinnen［sic!］「燃える」から、trieb「衝動」、trift「放牧地」は動詞 treiben「駆り立てる」からできたのである。このように、ドイツ・ゲルマン語自体の内部でまだ生きている語根に出会える語がほかにも多数ある。現代語では完全消滅または単一形が消滅していても、古い高地ドイツ語で確認できるものもある。gebären「産む」、geburt「誕生」、bahre「担架」、barm「膝 / ふところ」、gebärde「身振り」、bürde「重荷」などの由来を動詞 bëran「運ぶ」という古形に求めることには何の疑いもない。以前はさらに barn「子供」、biril「背負い籠」、berian ラferire「打つ」、ゴートbaris ラfar「麦」、ゴートbêrusis ラparens「両親」も同一語根に帰属する。古高独 pero = bär「熊」をこの語根に振り向けていけないわけがあろうか。その可能性はすでに認められているが、その証明は熊の外国の名称からの類推しかない。熊を表す ṛikša, ursus, ἄρκτος, lokis などの語はドイツ語の bär と結びつかないので、土台にあるのは別の意味にちがいない。

bëran は、ドイツ語が他の同系民族の言語と共通に持っている語根の一つである。これらの言語の単語には――どの言語にも語根が残っていないままに――ドイツ語に対応するものが多数ある。その一例がゲルマン諸語に共通する fisch「魚」という語である。ラpiscis, ロマンpysg, アラムpesk, アイルiasg（属格 eisg）アルバpeskou, piskou, ギリἰχθύς, 古プロsucks, ラトヴsiws, リトアźuwis, スラブr"iba, ryba（多分 = źyba）がそれである。しかしこれらと離れているのがフィンkala, エストkalla, ラップqwele, ハンガhal である。このような語が借用語であることは考えにくく、すべてもとから存在した語にちがいない。語根につながるのはリトアźwyna（= schuppe 鱗）であり、中高独schuope 古高独scuopa という語自体がラsquama にもある頭音 sc と関連がある。鱗は魚の顕著な特徴である。アテネーウス（Athenaeus 308 頁）にも「魚、鱗を持つもの」とある。ラpiscis は iscis「鱗」であり、これに近いのが iasg という形であろう。

もう一つ別の動物名「狼」を取りあげよう。この名称は諸言語間の一致が大きいのだが、ほかならぬドイツ語の形から語根がわかる。wolf「狼」ゴートvulfs, 古ノルドulfr に対応するのがラlupus = ulpus, λύκος = ὕλκος であり、これに代わるのがアッティカ語では ὕλκος、リトアニア語では wilkas、スラブ語では vl"k" であろう。狼は略奪・捕食の動物であり、ゴートvilvan と valv は「奪う」を意味する。マタイ 7,15 のゴート語訳では vulfôs vilvandas が λύκοι ἅρπαγες（強欲な狼）であり、ゴートvilva ラraptor「強脱者」、ゴートvulva ラrapina「強脱誘拐」、ゴートfravulvans ラabreptus「強奪する」が挙げられる。ただし上記のゴートvilvan が代表している語として、vilfan または vilban に加えて、ゴートvalvjan（= ラvolvere 転がす）が挙げられるが、この語は語形から見ると vilvan に近いが、意味から見るとそこから「奪う」を導き出すのは難しい。これらに見られるＶはＦが軟化したものだが、これはゴートfraiv「種子」が硬化して古ノルドfriofとなる逆の事情に似ている。サンスクリットではvṛka、アヴェスタ語ではvehrkô、ペルシア語ではgurkとＲを含むが、このＲがＬに交替しているのがリトアwilkas, スラブvlkであり、さらにサビニア語のirpusやhirpusにはＲが残されているが、この語がulpusに対応することはvrkaがvlkに対応するのと同じである。さらに似ているのはハンガfarkas「狼」であって、このゲルマン語の古い形と見られるものがまだ生きているのは注目すべきことである。というのは古ノルドvargr, スウェvargはまさにlupusのことであり、古高独warac latro（ラdamnatus 極悪人）、ゴートgavargjan（ラdamnare）は「悪人であると宣告する」である。見逃してならないのはvargsとvulfsは子音推移の段階が別であり、このＧにはギリシア語のＸ＝ＣＨが対応し、vargsは母音の違いでわかるように、すでに早い時期にvulfsと分離したにちがいない。同様にスラブ諸語は「敵・悪魔」の意味で同じvragを持っている。したがってvṛkaからそれぞれ、ゴート語ではvargsとvulfs、スラブ語ではvragとvlkの両方が生じたのである。

wolf「狼」と幾重にも接触しあう語にfuchs「狐」がある。私はこれまでラvulpesもulpes「狐」と同一の語と見なしていたが、ビュルヌフはこの語をアヴェスタurup, ペルシrubat「犬」と比較しており、ここでも語根lup＝rup「奪う」から説明している。この語根にはさらに明確にフィンrepo、古ノルドrefr, スウェräf, スペraposoも帰属している。したがって狼と狐の両語の親縁関係はまた別の道からも説明が可能である。ἀλώπηξ「狐」はλώπηξ＝サンスクlôpâśâ, lômaśâ ラpilosa「毛深い者」と理解され、もしこれがfahs pilusやサンスクpakśmanと関連があるとすれば、fuchs「狐」とfohe ラfauhô「雌狐」の意味に近づき、vulpes「狐」はvolupex, Fαλώπηξにつながることになる。これはまだ不確実なことであるが、ゲルマン語の多産性をあらためて示すことになる。

語源研究は、私の考えでは、研究の進展にともない語源の数の増大よりむしろ減少を招く傾向に向かい、その結果、語根相互間の移行の橋渡しが容易になり、両者の間に共同体が実現できる手段と方法が発見されることだろう。こうして、それぞれの言語において個々の語根が表わす意味内容の広がりと豊かさがきわめて大きなものとなるにちがいない。

ドイツ語のこのような語根の一つが語根bauenであると思うので、この語根から今までよりも多数の語の派生を説明してみたい。bauen－sein（きずく－ある）、thun－werden（する－なる）、wohnen－warten（住んでいる－待っている）、それぞれの2語の関連を検討してみると否定しがたく、この大胆な推定は当を得ていると思われる。baun「建てる」とbaum「木」は2個の水滴のように似ていて、ラfacere「する」とゴートbagms「木」の2語がともに声門音が先頭に立つ点が決定的である。biene「蜂」とbiber「ビーバー」についての考察の末に私が気づいたのは、この両概念には共通する具象化が存在することである。この二つに代わる適切な例は私には思いつけない。求めるものが目の前にあるのにわざわざ遠回りをすることがあろうか。言いそえれば、bibaru, bibrus, 古ノルドbiorという形はciconia「コウノトリ」、cicada「せみ（蟬）」、fifaltra「が（蛾）」と同じように、頭音反復と見なせるものであろう。これはbauan bioがbauan baibôから、facere feciがfefacから（オスク語ではfafacust＝fecerit）生じたのとまったく同じであろう。古高独bîaとbiene「蜂」自体にもこの説明が適用できるであろう。

前置詞には難しい謎がひそんでいるが、鋭い勘の持ち主は名詞的概念や身体を表す名詞に行き着くであろう。bei「そばで」が、サンスクabhi, bhi, ἀμφί, 古高独umpi, piであるとわかっていても、この語の本来の意味内容はまだ未解明のままなのである。私が出会ったのはbei「そば」＝bau「建物」ということであり、近代語からはまずラcasa「小屋」と古ノルドhiâ「ここ」であった。inが表そうとしているのもinn hausであって、逆方向にinn hausの意味をinから解釈してはならない。nachはnahe「近くで」に、and, entはandi, endi（ラfrons 前面）に所属する。pah（ラtergum 背中）、アングロbäc, 古ノルドbakは、まずサンスクpaśtscha, paśća, ラa tergo「後で」、古ノルドâ bak, 古ザクセte baka, ラretro「後方に」、アングロon bäcに至る手がかりとなり、次にラpost、リトアpakala、ラtergum「背後」、paskuy（ラpost）, pasturas（ラpostremus 最後）、ラposterior「より後」、ラposticus「後方」に至る手がかりとなる。しかしさらに別の注目すべき意味が同じpahという語から出てくる。

今日にいたる全ゲルマン語を通して見られ、言うまでもなく目立たない役割を表す語にandbahts, ampaht「従者」があるが、この語はbak「背中」という語に由来する。bahtsの形がbakからできるのは、sahtsがsaka, sakanから、sauhtsがsiuksから、vaurhtsがvaurkjanからできるのと同じである。bakのような具象的意味の古くからの語は、多くの派生語を生み出したにちがいない。andbahts は、「背後または脇に控える従僕ないし同僚」を意味している。この同じ概念は、beistand, rückenhalter, 古高独nôtigistallo, アングロeaxlgestealla「後見人」などの具象的意味の中にも含まれている。bestehn「存在する」、angehören「身内である」は bei ihm stehn（付きそう）、um ihn stehn（周りに立つ）、auf ihn hören, ihm gehorchen（耳を貸す）ということである。

ハンス・ザックス II.2,252[d] につぎの詩句がある。

gott geb euch auf die reis gelück
und halt euch euer engel rück!
（神が汝らに旅の幸運を恵み与え、
守護神が汝らの後ろだてになるように）

古ノルドbakiarl　ラpedisequus は絶えず背後から離れない男、つまり従者と追跡者（ラhostis a tergo infestans; bakdyr fores posticae）の意味がある。baka bât は「小船が背後で押しやる」という意味合いである。すでに有史以前から従者（ラambactus）というものはゲルマン人と交渉のあったガリアでは普及しており、ガリア人を通してローマ人にも知られていたのである。ツオイス（Zeusz）は何をやっているのだろうか？　ラambactus に対して、ゲルマン語の andbaht「従者」をあげずに、不明確な植物名 exacon とラテン語の agere「運ぶ」、exigere「歩き回る」を当て、これによって「従者・下僕」を意味する ambactus, circumactus の観念を無理に表わそうとしている。むしろ（Livius 5, 34 から）Ambigatus を、（Livius 7.75 頁で）不変化小辞 amb のためにあげている Ambiorix を、持ち出すほうがましだったろう。ケルト諸語のいずれにも ambactus が残っていないのに、ゲルマン語族のほうはすでに定着して意味も明確な andbaht という語をごく初期の段階ですでに取り入れたというのか。サンスクリットの語根 bhadsch（ラdividere 分ける，petere 追求する，colere 求める，facere する）は andbaht に関わりがある。この語はラcoquere「焼く」という意味を持ち、backen にあたるので、andbahts は召使や仲間というよりむしろコックやパン屋を表しただろう。bak「背中」をサンスクリット語根 bhadsch と関係づけるのにはあのサンスクpaštscha が妨げとなる。

ラテン語 nomen「名前」はサンスクリットの語根 dschnâ（ラnoscere 認識）に由来するとされるが、人間の識別には名前が使われるのだから、間違いはないようだ。nomen は gnomen「特徴・目印」を意味する。このことを支持する例として agnomen「別名」、cognomen「家名」、agnosco「識別する」、cognosco「理解する」、gnarus「心得のある」が挙げられる。これらの語の中の G の音の位置に先頭母音が現れているのが、ὄνομα, アルバemeni, アイルainim であると考えられよう。サンスクリットで dschnâ から nâman を、ギリシア語で γνῶναι から ὄνομα を、スラブ語で znati から imia を、ゲルマン語で chnâhan から namô, namo を、それぞれ導き出すのはかなり無理がある。なぜなら最後にあげた 2 語には、語根 niman と imjati（ラcapere つかむ、accipere 受けとる、prehendere 掴みとる、habere 持つ）の後盾があり、namo は「受け取られたもの」を意味し、niman は νέμειν「つかむ」を意味するからである。niman も dschniman から生じたとするか、それともむしろ nâman のために、語根 dschnâ から——サンスクリットでは「傾ける」を表す——語根 nam への移行が主張されるかのいずれかになろう。形と意味のこのような交替は他にも例に事欠かない。

ドイツ語の habicht「オオタカ」、古高独hapuh, アングロhafoc, 古ノルドhaukr はいずれも、ロマンス語の hebog、アイルランド語の seabhag のことであるが、後者には語根が欠けている。だが habicht という形は haben「持つ」や heben「つかむ」とつながるようである。この猛禽がつかみかかる様は、ラaccipiter ab accipiendis hoc est capiendis avibus（accipiter という語は、捕獲される鳥、つまりの捕鳥に由来する。）と合致し、中期ラテン語の acceptor と capus がそれに当たる。accipitare（＝lacerare 引きちぎる）は、ゲリウス（Gellius 19,7）にも見られる。しかしもっとましな解釈は、accipiter という形の前半をサンスクâŝu, ὠκύ から説明することである。後半の piter という形には patra, patatra, πτερόν, ala「翼」が見て取れ、ἴρηξ と ὠκύπτερος とが結びつくのと同じである。鳥の素早く輪をえがく飛翔から κίρκος と ἱέραξ も生じたのであり、aquila「鷲」の中にも acui-ala「とがった翼」が含まれているようだ。（acupedius はフェストス（Festus）では ὀξύπους とされているのと同じである。）ミクロシッチとなると、スラブjastreb", ポjastrzab, ボヘgestřab という語は、失われた jast＝âŝu と rjab perdix との結合とするもので、音声的に、âŝu ないし ὠκύ はゴートêhu, ôhu となり、サンスクaŝva「家畜」、ラequus「速い馬」が aihvu 古ザクセehu になり、サンスクpaŝu, ラpecu（＝wieh 家畜）が faihu, 古高独fihu となる。——また別の比較となるが——サンスクリットの形が ap でなかったら、ラaqua, ゴートahva,

古高独aha「水」を「早く流れるもの」と説明できただろう。hapuh と habicht の中には語頭音の H が、あの消失した êhu, ôhu から残っているのだろうか。そうとすると、語の残りの部分は不明確なままで、haben や heben から由来するという説は疑わしくなるだろう。

このように波立つ言葉の海原で、単語が次々と浮かび上がり、また沈み去る。語源は膨れあがり崩れ散って行く。しばしば一つの形が規則的な交換をへながらあらゆる列を順次通り抜けて進展する。

> nam ex uno puteo similior nunquam potis
> aqua aquai sumi, quam haec est atque ista vox,
> (というのは、二つとして同じ単語は存在しないのと同様に、
> 同じ泉から汲んでも、前と同じ水ではないのだ。)

そうかと思うと、次には際立った相違、見せかけ、奈落の淵が行く手に立ちはだかり、それまで確かに比較できると思っていたものがまた手から滑り抜けて行ってしまう。ドイツ語の辞書と名乗る以上、ドイツ語自体から得られる手段と手掛かりを逃さずすべて利用するのが義務であろう。こう考えることは、語源に大した期待を抱かず、記述のすべてを納得する気などない読者からも期待されていることであろう。誠実に行われた仕事であればその欠陥さえもが刺激と原動力となって、研究の進捗とともにまた違った成果が得られるきっかけになるものだ。

18　風習と慣習

太古や古代の人々の生活ぶりや物の考え方について知識がないと、単語を並べ立て、説明を加えることもできないことが少なくない。他方、この生活ぶりや考え方についての正確な情報を求める側にも、言語研究に頼る面が多い。だからこそ、シュメラーが熱意と繊細な理解力で編纂した語彙集は、現在およびそれに先立つ数世紀の歴史と風習についての価値ある貢献となっているのである。

民族の慣習や考え方の説明ともなる、数ある語のほんの一部にすぎないが、選んだものを示してみよう。

abc-schütz「一年坊主」、abendbrot「夕食」、abenteuer「冒険」、ablasz「値引

き、免罪」、adebar「コウノトリ」、agen schütten「成果を生む、モミをこぼす」、alfanz「茶番」、allmende「共用地」、alp「妖精」、alraun「小妖精」、altfränkisch「旧弊な」、altreise「古物商」、angster「アングスター杯」、ankenbraut「バターつきパン」、anlaster「告発者」、anrichte「戸棚つき配膳台」、aschenbrödel「灰かぶり姫」、ausbund「典型、極致」、babe「ナップクーヘン」、bachant「酔いどれ」、bachmatt「タタール馬」、backenstreich「平手打ち」、backfisch「おてんば」、bad「水浴」、badehre「バスタオル」、badschild「湯船」、bank「ベンチ」、bankhart, bankriese「私生児」、banse「穀物置場」、baretteller「平たいビレッタ帽」、bärenhäuter「のらくら者」、barlaufen「陣取り」、barn「まぐさ桶」、bart「髭」、base「おばさん」、bastart「あいの子」、batz「バッツェン銀貨」、bauernschritt「相当な差異」、bausch「一束」、becher「酒杯」、bechten「ベヒテル祭の行列」、beckelhaube「革兜」、begabeln「妖術をかける」、begine「頭巾」、behaupten「言い張る」、beicht「懺悔」、beifrau「めかけ」、beilen「斧で切る」、benne「手押し車」、bergens spielen「隠しっこ」、bergrind「巨人」、bergwurzel「生え抜きの坑夫」、berichten「報告する」、bescheid「知らせ、事情」、bescheidessen「お裾分け料理」、beschütten「振り注ぐ」、besen「箒」、bestechen「買収する」、bestricken「籠絡する」、betteln「物ごいする」、bettelmann「乞食」、bettelstab「乞食の杖」、bettelmantel「乞食マント」、bettlertanz「殴り合い」、betzel「頭巾」、beunde「囲い地」、beuten「蜂を巣に誘導する」、bickel「くるぶし」、bienenwolf「ジガバチ」、bier「ビール」。

この辞書の仕事がいつの日か完了した後のこととなるが、デュ・カンジュの辞書ですでに実現しているように、各種の一覧や索引をそえて、個々の慣習および個々の身分階級の独特な語彙や表現を、綿密に分類した形で概観できるようにしてはどうであろうか。

19　文字表記と印刷

この辞書では不格好で醜い文字を採用するわけにはいかなかった。これは当然と言えることで、この文字を採用しているために、他のすべての文化的民族の書物と並べてみるとドイツ語の書物の大部分が野蛮な外観を呈し、世に広まっている高貴な文字の使用の仲間外れになっているのである。

残念ながらこの下品で不趣味な文字は、ドイツ文字とさえ呼ばれている。

わが国で幅をきかせているこの文字の乱用に、ドイツ本来というお墨付きを与えているかのような有様である。これほどの勘違いはない。識者の誰もが知っているように、中世にはヨーロッパ全土でたった一種の文字、つまりラテン文字がすべての言語に適用されていた。13・14世紀以降になって、書記たちの手で文字の角の丸みが尖ったものに変えられ、見出しと段落の頭にほぼ限定されていた大文字に飾り模様がそえられたのである。

ところが印刷術の発明者が活字の鋳造に際して、写本の慣行をそのまま取り入れたので、15世紀の最初の印刷ではラテン語、ドイツ語、フランス語のいずれの書物でも、この角ばったごつごつして尖った文字がそのまま残ってしまった。ついでさらにデンマーク、スウェーデン、ボヘミア、ポーランドの書物もすべてこの文字で印刷された。にもかかわらず、古典作家の美しい古写本を目にしていたイタリアでは、書記たちが丸みのある文字を見捨てず、15世紀にはすでに多くの印刷所で、より純粋で審美眼も歪曲されていない文字が古典ラテン語とイタリア民衆語のために取り戻されたのである。イタリアの例にならうかどうかは、それぞれの国の選択に委ねられていた。ラテン語の文書の場合は、選択の余地がなかった。16世紀にはフランスとドイツで印刷された古典語作品にも、この高貴な文字の使用が行きわたった。学者たちの間ではこれが尊重されたが、民衆向けの印刷には、すでになれ親しんでしまった好ましくない文字のほうが存続された。この状況はフランスでは一時的なものに止まったが、ドイツでは決定的かつ徹底的なものとなった。その結果として、ラテン文字と民衆文字の使いわけという望ましくない区別が確立して、これは印刷のみならず学校教育でも採用された。だからと言って、この民衆文字をドイツ文字と呼ぶことは許されない。ドイツ以外でもイギリス、オランダ、スカンディナヴィア諸国で、またローマ正教のスラブ人の間ではこの文字が支配的であったからである。イギリス人とオランダ人はしだいにこの文字の全面的放棄に踏みきり、ポーランド人もこれまたこの文字とは縁を切り、ボヘミアとスウェーデンの人々も今では大部分がそうなっている。この文字が現在も存続している地域は、ドイツの外ではボヘミアとスウェーデンの新聞、デンマーク、リヴォニア、リトアニア、エストニア、フィンランドである。しかしこの地域でも作家は揃って純粋なラテン文字への移行を開始ないし完了している。

民衆文字への固執がもたらす大きな不都合を、次に列挙して見よう。

a）とくに大文字が不格好で目ざわりである。A B D に対して 𝔄 𝔅 𝔇 を用いるとすべての単純だった線に飾り模様や瘤がつくため、結びつきが途切れてしまう。この文字は見た目がよいという逆立ちした主張があるが、それは悪しき怠惰な慣習から出たものにすぎない。

b）後ほど述べるように、この文字がきっかけとなって、すべての名詞の頭文字に大文字を当てるという馬鹿げた用法が生じたのである。

c）この文字のために、学校で学ぶアルファベットの数が倍増する。すべての児童は一つの記号のために 8 個の文字を学ばさられる。例えば E e ℰ ℯ 𝔈 𝔢 ℰ ℯ であるが、これは半分の 4 個にまでは減らせる。というのは、静止的・非連続的な文字は印刷用に必要で、流動的・連続的な文字は手書きに用いられるからである。

d）イタリアやフランスなどでは、ラテン語も自国民衆語も同一文字で印刷が行われるのに、ドイツではすべての印刷所でラテンとドイツの両活字の備え付けが必須となる。

e）大文字の I と J の区別が表せず、共に 𝔍 を用いざるをえない。それにまた、アクセント記号類も示せない。

f）ß という結合文字のために、ſs と ss という誤った戻し方が誘発され、単純に同音であるものが、ドイツ式とラテン式のいずれで書く（印刷する）かによって異なった書記法になる。この点については、後でなお論じる必要があろう。

g）この文字はドイツ語の書物の外国への普及を阻害し、諸外国の人々に面倒な思いをさせている。

文字の初期には小文字は存在せず、すべて大文字で石に刻まれていた。パピュロスや羊皮紙に素早く手書きするようになって、文字を続けて小さく書く必要が生じたのである。この結果、写本では小文字の筆の線に大なり小なりの変化が生じた。写本で筆によって書きいれられた頭文字から、大文字のねじ曲げられた姿が生まれたのだが、最古の印刷でもまだ植字ではなくインクで書かれていた。ラテン語の書物では、目立たせて読みやすくする意図で、固有名詞にかぎり、文頭以外でも頭文字に大文字が残され、これが現在にいたっているのである。16世紀が経過するうちに、この特別扱いをありとある名詞のすべてに拡大する乱用が、当初は揺れがあったが最後には決定的に定着した。その結果、名詞の大群に隠れて、固有名詞が目立たなくなってしまい、上記のせっかくの大文字の効果が失われてしまった。大文字は小文字とくらべると２倍３倍の場所をとるため、そもそも文字そのものも、どっしりと物々しい外観になった。これに加えて、同一文字重ね［ss, nn など］および不必要な長音記号［h など］の挿入を好む傾向、さらに［単一文字の欠落を補う］ch, sch, sz などの結合文字の頻用を併せ考えると、ドイツ語の音声表記の物々しさがよく納得できる。このことは、詩句の場合や他言語と並べた場合に、もっとも顕著にわかる。文字のこのような長々しさと仰々しさを前にすると、ドイツ語全体の長所とまでは言えないとしても、ドイツ語の表現に認められる簡潔さという長所も、影が薄れざるをえない。私には疑いようがないのだが、文字の不恰好さと大文字の無意味な乱用の間には、本質的な関連がある。大文字に渦巻き装飾を施したのも、大文字を増加させたのも、ともに見栄えが良くなると勘違いをして自己満足に陥ったせいである。少なくとも言えることは、高貴なラテン文字をはぐくみ育てている民族は、名詞だけに表記の特別扱いをするなど思いもよらなかったということだ。

　この辞典の読者に、ラテン文字と名詞小文字書きの２点に腹を立て、そう簡単に承服できないという人はほとんどいないだろうし、一方こだわりをもたない人は一人残らず、その結果生まれたすっきりした美しさとスペースの節約ぶりに満足するにちがいない。新たな正書法がもし１世代の間だけでも受け入れられたら、その次の世代では、もはや旧正書法を気にかける人は誰もいないことだろう。この種の事柄の実行・不実行に対しては、一般の関心が薄いもので、ほうって置いても、民族の不変の特性はいや栄えると思うような楽観的な人は、無関心のままでよく、言語の改悪を目にしても、改善と思ってしまうことだろう。しかし言語に関しては、差し当たりはまだ些細で大事に至るまいという楽観も、品位を欠くとしても、本来の良き流儀はそんなには損なわれまいという楽観も許されないだろう。われわれは、家々の軒から余計な破風つまり突き出た垂木を、毛髪からは余計なパウダーを取り除こうではないか。

20　正書法

ラテン文字はすでに早い時期に外から持ちこまれ、問題を残した状態でドイツ語の音声に適用された。まずかったのは、十分な調整を経ないままのいい加減で誤った文字使用のために、当初は存在しなかった混乱がしだいに姿を現したことである。この3世紀間、ドイツ語書記法は、他の言語に例がないような揺れと不統一に苦しんできた。この状態を正すことは、例のないほど困難なことであった。この状態は皆が子供の時から慣れ親しんでいるので、これに異を唱えることはひどく人騒がせなこととみなされた。せいぜいのところ小さな抵抗をして見せて皆の苦笑か腹立ちを招くだけで、根本的変革を目指した人は、まちがいなく、ありとある無関心と無知に遭遇した。著述家たちにとって改革は何の意味もなかった。自分の考えていることを滞りなくすんなり文字で表することが肝要で、とっくの昔に覚えこんだ書き方を今さら問題視するのは面倒だと感ぜずにはいられないものだ。ただ心ひそかに、魚の目が靴の中で痛む思いをする程度のことであった。それは時として自分が順法している不正確で不当な表記法に気づく時である。大部分の人は学校や社会生活でなじんできた通りに書き、そのあとは植字工が随意に手を加える。つまり皆の慣習に従うにまかせられていた。だから、次々と版を重ねたフィッシャルトの『ガルガンチュア』の版の大部分は、細かな点で不統一である。フィッシャルト自身の書記法は、いったいどの版によって知ればよいのだろうか。ゲーテも、自著の復刻版が個々の点で違った文字表記になっていることをあまり気にしていない。一例をあげると、1790年の『ファウスト』初版でjuristerey「法学」、gescheidter「利口者」、bey「傍らで」とあるのに、後の版の植字ではjuristerei, gescheiter, beiとしながら、それと並んでseyn「～である／彼の」をそのままにしている。それよりも大きな違いは、ゲーテの筆ではahndungsvollとあったものをahnungsvoll「予感のする」としてしまっていることである。レッシングの作品中にも見られるこの表記法の不統一は、ラッハマンが明らかにしているところだが、これまたおそらく植字工のせいであろう。

メリッスス(Melissus)、ヴェッカーリン(Weckherlin)、ツェーゼンのような一昔前の著述家で、表記法をなんとかしようとした個々人の動きには、いくつかの優れた提案がないわけではないが、知識の裏付けが乏しくあまり役立ちそうにないものだった。それより時代が下ったクロップシュトック、フォス、シュレーツァー（Schlözer）たちの案は多くの点でまったく正当なのだが、同じ理由で挫折した。その中でもっとも中庸であったフォスの手によって、いちばん多くのことが成された。二重母音 ei の表記に散見する y を廃止するなどのいくつかの正しいことが、公然たる反対にもめげず最後には実現して普及した。全面的な転換のためには中高ドイツ語の書記法への復帰が――もちろん例外を認めた上で――図られる必要があるのだが、それは、文法的根拠が明確にされ、辞書によって混乱を乗り切る道が確保された時に初めて実現できることである。本辞典がなしえたのは、ここそこで道を開き変革の下準備をしたことにとどまる。

欠陥が目立つのは、根拠も規則性も欠いたまま母音字も子音字も共に重ね書きされる点であり、このためドイツ語の文書は間のび・硬直・冗漫な印象を与える。

母音の問題としては、単一子音字の前で中高ドイツ語の長音と短音の両方に生じた長音化である。4通りの扱い方がある。

a）なんの表示もほどこさないやり方。組織的（構造的）（organisch）長音の例：da, qual, spat, that, rath, abend, athem, klar, waren, lasen, kamen, hören, brot, noth, roth, tod, krone, thun, mut, ruhe. 組織的短音の例：thal, schmal, rad, mag, gab, habe, scham, kam, schwan, war, wagen, nabel, gabel, jagen, sagen, schämen, bär, gebären, geweb, eben, geben, streben, bewegen, hin, dir, mir, biber, lob, oben, bote, boge, zogen, trogen, schwöre, mögen, flug, zug, tugend, jugend.

b）母音字を重ねるやり方。組織的長音の例：aal, haar, klee, see schnee, schoosz. 組織的短音の例：saal, aar, baar, heer, meer, beere.

c）I の後に E を挿入するやり方。言うまでもなく組織的短音に限られる。kiel, ziel, viel, spiel, ziemen, nieder, liegen, wiege, riegel schriebe, triebe, geschrieben, getrieben.

d）Hを挿入するやり方。組織的長音の例：pfahl, stahl, jahr, bahre, wahr, bewähren, wahn, wähnen, ehre, mehr, lohn, ohne, bohne, ohr, fuhr, fühlen, führen, ruhm, huhn. 組織的・本来的な短音の例：fahl, kahl, wahl, zahl, lahm, nahm, hahn, nahrung, fahren, zählen, wählen, währen, nähren, hehlen, stehlen, nehmen, wehren, ihn, ihr, sohn, wohnen, sohle, bohre, bühne.

一貫性を欠いたやり方は耐えがたい。nahm, lahm, zahmと書くのなら、なぜkahmとしないのだろうか。また逆にkam, scham, nameでよいなら、なぜnam, lam, zamではいけないのか。wahl, zahl, ihn, hahn, zahn, bühneと綴る人ならthahl, schmahl, vihl, schwahn, thuhnと書かねばならないのではないのか。あるいはなぜschmalやschwanと同じ方式によってwahlやhahnの冗漫なhから解放されないのか。われわれはgrün, schönと書くのになぜkünでなくてkühnなのか。klarやwarenがよいのに、何がjahrやbahreを強制するのか。schereなのになぜbeere, wehreなのか。16・17世紀にはkahm, ahn, juhgend, vihl, zihlと書く人も個々にはいたが、これは後の時代の用法が認めていない書き方である。

同一語や同一語根に見られる形の不安定さ、まったく似たケースなのに不統一である点がもっとも耐えがたい。代名詞ihrという表記が、類似した人称代名詞wir, mir, dirと違うのは言語自体の中に何の理由もない。教育のない人たちの書き方にはwihr, mihr, dihrまたはwier, mier, dierもあるのは首尾一貫している。なぜihm, ihn, ihnenと書かれるのに、他方ではer, es, der, dem, denenなのか。16・17世紀にはehr, ehs, dehr, dehnという形も見かけるが（ベーメの場合、urの代わりにuhr、sameの代わりにsahmeと書かれている）、今日ではこれでは違和感を感じるだろう。表記の違いのために、zahm「おとなしい」やzähmen「手なづける」が動詞ziemen「ふさわしい」から由来することが、またgeziemen「相応する」やgezam「おとなしい」がziemlich「相当な」やzunft「同業組合」と類縁関係にあることが見えなくなっている。同じことが当てはまるのにはzehrenとzerren「食べつくす」、begehrenとbegier「欲求」がある。われわれはnehmen「手に取る」と書く一方でnimmst, nimmtと書くが、後者は子音字を重ねることで組織的短音をなんとか表している。やや古い時代の著述家にはnehmenやtretenにnemmenやtrettenを当てている者もいる。もし推定通り名詞name「名前」

が動詞 nehmen からの派生だとすると、この関係もこれまたすっきりしない。同様にまずい表記法が連関語を切り離してしまうのが以下の例である。hahn「雄鶏」、huhn「鶏」に対する henne「雌鳥」、lehren「教える」に対する lernen「習う」、an「に接して」に対する ähnlich「似た」、fahren, fahrt「走行」に対する fertig「走行準備を調えた」、zwar（＝中高独ze wâre なるほど）に対する wahr「真実の」。

このような矛盾や不正確さに対する多くの弁解に持ち出される言い分は、よくわかっている。別語であることをはっきりさせるためだというのである。前置詞 in と違う形にするために代名詞は ihn と、所有代名詞 sein と違う形にするために動詞は seyn と書くという説明であるが、それがこの表記の動機とは言えないことは間違いない。ihr, bey, frey はどの語との一致を避けたというのか。一律に in, sîn と書かれることによって理解が困難になったという例が中高ドイツ語文献に1頁でもあるだろうか。というのは、どの言語でも、とくに近代語では、意味は違うが外見が一致する語が多数ある。例えばラテン語では、canis という形が「歌う」（二人称単数現在形）と「犬」、suis という形が「豚」と「彼の」、bellum という形が「戦争」と「その美しき男を」、frons という形が「額」と「茂み」、edit は「食べる」と「出す」という2個の別の語を表す。uti の形は、u が長音の場合は「のように」、短音の場合は「用いる」の2語である。フランス語では、son という形が「大声で」と「ぬか」と「彼の」の3語、ton という形が「大声で」、「お前の」、en という形が「中で」と「そこから」（＝ラinde）など、無数に例があるが、表記で区別しようと思う者がいるだろうか。実際の発話では、前後関係によってすべて理解できる。中高ドイツ語写本ではこの3語ともまったく同じ表記なので、区別は文法知識によって初めて可能なのだが、同じ her の形が中高ドイツ語の her（ラexercitus 軍勢）、hër（ラhuc ここへ）、hêr（ラclarus 明るい）のいずれを意味しているのかも前後関係で判断できよう。「しかし」の aber と「他方また」の aber を区別しないのに、「反対」の wider と「他方また」の wieder は区別するのにどういう意味があるのか。通常の表記法は微妙な発音の差異のすべてを処理できるものではない。ë や ê また â を書き分けることはできない。厳密な書き手の場合にだけ、アクサンやシルコンフレックス（曲折アクセント符号）を使用したり、個々の ë と ê との違いを ä と ee とによって表わそうと努力する例があるにとどまる。ラテン語の文書も母音の音質を表わしていないし、ギリシア語の文書は若干は表わしているがすべてではない。中高独gebôt「命令した」とgebot「命令」を同じ表記にしても苦情が生じることはあるまい。それともこのケースでは、名詞大文字書きにすれば区別できるというのだろうか。それとても動詞が文頭に現れる場合には役にたたない。

ひときわ力をこめて持ち出される論拠は、すでに中高ドイツ語さらに古高ドイツ語でさえも前述のcとdの方式の乱用によるIEおよびIHの例がいくつか見られるという主張である。ディーマー(Diemer)の手で世にでたフォラウ(Vorau)写本の読者が目にするのは、tete rôt tôt houbet habet(古高独hapêt) sît wîstuomではなく、Hを添えたtehte roht toht houbeht habeht siht wihstoumである。すでにかつてノートカーにinsliefeに代わるinslîhefeの例があり、外国人名でDanielとDanihel、BethleemとBethlehemの間に揺れが見られるのもほぼ同じ例である。imに対するiemが皇帝年代記526,22に、irに対するierが同526,23に、inに対するienが同529,20に、またzîtに対するzietが同527,12等々に見られる。このiemとierは今日のウェストファリア方言のiämとiärを思わせ、『ルドルフ伯』(Rudolf)の中のvielとmiechelという表記はアングロサクソン語と古ノルド語の母音混和feoloとfiöl、miökとmiögを、imとhimに対するアングロeomとheomを思い起こさせ、このことから、母音混和の法則が長音IEの乱用の最初のきっかけとなったかもしれないという考えが生じる。(『ドイツ語文法』第1巻、163頁参照。)しかし、高地ドイツ語共通の慣習はこのような表記法の大部分を最初から拒否したか、ないしは程なくして排除したのであった。われわれに向かっては、これを保持しさらにずれた適用をしろというのだろうか。bの方式、つまり母音字の重複によってまず長さをついで長音化を表そうとする方式は自然なところがある。なぜなら他の言語でも長音字と二重に用いられた短音字とは同一に使われているからである。オランダ人も同様に母音字重複を、それも一段と頻繁に徹底して適用している。IEもIHも知らなかったのである。しかし長音化をすべて重ね書きで表そうとすると、長ったらしくぎこちない表記となってしまう。フレミングの詩を読んでみるとよい。79頁にはオランダ風にこうなっている。

Neptuun kann keinem guut fur seinen schaden saagen,

der sich in seiner fluut auf speten herbst wil waagen,

この表記はつねにとは言わないが、しばしば見られ、版によっても揺れが見られる。

これよりはるかにましなのは、aの方式を広く一般的なものに格上げして、長音化を示す手段をいっさい用いず、重ね書きやEとHの挿入をいっさい断念することである。こうすれば同時にdienen, lieben, gieszenに見られる組織的長音のIEと、sehen, zehen, ziehen, fliehen, fahen, äherまたはähre, zähreなどの語中音のすべてに対する組織的摩擦音のより純粋な発音が示されることであろう。摩擦音の発音はTの前でより鋭くなりCHとなる(sicht, flucht, zucht)。これはかの偽りのHのなしうることではない。シュレーツァーにとってはこれが暗礁となって、真のHと偽のHとが区別できず、角をためて牛を殺す結果となってしまった。すでにフリッシュがいろいろな場所で例えば2,373[b]で「継ぎはぎのHをだらしなく用いる者」を批判している。

これらすべての母音組織の整理は、当初は私も意図したところであり、いずれ不可欠となると思うが、上述の理由から今回は断念した。当座の処置として、括弧の中に改定案がそえてある。もちろん基礎語に限られているので、派生語や合成語に関しては基礎語の見出語の箇所を参照する必要がある。例えばnehmenの後にはnemenの形が括弧つきで続くがabnehmen, annehmen, ausnehmen, benehmenの後には添えていない。

ドイツ語では、子音もこれまた文字の重複というこせこせした方式に悩まされている。まるで単純な文字では満足できず、つねにもう一つ文字を引きずらねば気がすまないかのようである。16・17世紀の書物を開いてみると、Tに限らずそれ以外の子音の後にも不必要で誤ったHが添えられている。例えば、rat, rum, me, nemenに対してrhat, rhum, mhe, nhemenと書かれ、その結果Hを語の単純な中央移動によって長音化のraht(またはrath), ruhm, mehr, nehmenが生じたことになる。いたる所で多数の重ね書きが硬直して見える。FとSに対するFFとSS、異なる子音の後で現れる場合のCKとTZがそれである。この文字が許されるのは母音の後または中間に限られる。

hoff, graff, schiff, brieff, schlieff, schuff

(hof, graf, schif, brief, schlief, schuf)
danck, banck, volck, werck, holtz, krantz, hertz, schwartz
(dank, bank, volk, werk, holz, kranz, herz, schwarz)

さらにはhausz, mausz(haus, maus)がそれである。ツェーゼンは重ね書きにさらに長音化記号を結びつけ、hieszに対してhihss, schäferに対してschähfferと書く習慣がある。FFに対する執心が強く、ロシアの人名にまで持ち込んで、Orloff, Demidoff, Suwaroffなどとなっているが、スラブ語でovに終わる語にすぎない。

われわれは今日なお、THという表記から脱却できないでいる。高地ドイツ語語彙ではどこに現れても誤りだが、低地ドイツ語と英語ではそれなりに理由がある。tag, teig, toll, taugt, tugendと同じように、tal, teil, tor, tatと語中音でも語末音でも変わりはない。ほかならぬgebetやblutと同じように、mut rat wutと書かねばならない。thal, theil, thor, that, muth, rath, wuthという書き方は方言関係を崩し、諸言語の姉妹関係に混乱をもたらす。

望ましいとされている現在の表記は、長母音を表すにはhof, graf, schuf、短母音を表すにはschiff, griff, schlaffである。それならばab, obに対してもabb, obbと書き、man, bin, hin, unに対してもmann, binn, hinn, unnと書かれねばならないところである。長音化と非長音化を区別して表記する必要のないことはすでに前に述べた。Fはきわめて鋭い音であるので、重ねても耳にはいらず、母音間においてだけ聞き分けられ、2音節に分けられる。schiffは本来schiphphであって発音不能であろうがschiffen, schaffenはschif-fen, schaf-fenと発音されよう。schiff-enという分綴は、ge-ben, mei-nenに対してgeb-en, mein-enとするのと同様に、完全に誤りである。まるで音節が語幹に気兼ねをしているかのようである。とするとなぜ、schift navigat, schaft paratに対して抵抗があるのか。freundschaftのschaftも同じようにschaffenから作られ発音もまったく同じであるのに、レッシングは単一のFで書くことが多く、フォスもホメロスではschif, hofnung, gewafnetと書いており、これはイギリス人がship、オランダ人がschip、デンマーク人がskibですませるのと同じことである。スウェーデン人もskeppの代わりにskepですませられるはずである。PPとなると、FFよりはるかに許容しやすい。同じ事情にあるのがSという鋭い音である。これまた、語末および他の子音の前では重ねるべきではない。ラテン語で as assis, bes bessis、古高ドイツ語で hros hrosses, gewis giwisses と書くように、中高・新高ドイツ語でも kus, ros, mis, gewis, ergebnis そして küst, mist（＝küsset, misset）と書くべきである。たしかにゴート語の表記では qiss, stass, gatass であるが、これは高地ドイツ語では踏襲すべきものではない。stadt, todt, verwandt に見られる DT の重ね書きも放棄せねばならない。以前はこれに劣らず、brandt, kundt, wandt, feindt, findt, mordt などが見られた。herschen に代わって広く普及している herrschen という表記は、誤りである。この語は hêr「崇高な」に由来するのであって、herr「主人」に由来するのではない。herr は hêr の比較級（古高独 hêriro）に由来するのである。

ここで SZ について詳しく述べずにはいられない。アルファベット順では SS よりずっと後に位置してしまうのだが、両者の関係はきわめて不確かであやふやに見えるからである。T と S の相互の関係は第1次子音推移後の言語すべてにおいてきわめて単純で整然としているのに対し、高地ドイツ語の Z と S がきわめて混乱しているのは、両者に接触する点があるからである。S の音は鋭く sausend（ざわめき音）であり、Z のほうは鈍く、実際 Z の元にある TH の――古い表現を使うならば―― lispelnd（せせらぎ音）を思わせる dieszend（ささやき音）なのである。頭音の場合、および他の子音と長母音の前に位置する語中・語末音の場合には、固く太い音となり、短母音の前の位置では S に近づき柔らかく流動的になる。短音ないし非長音化の場合には、密度と太さが失われたのは当然なことであった。Z と Ȥ の差異を中高ドイツ語はふつうまったく表示せず、古高ドイツ語ではしばしば Z と SZ ないし ZS で表示するのであるが、ヴァッカーナーゲル編の『バーゼル職務法』（Baseler dienstrecht 33 頁）には SZ が見られる。もし新高ドイツ語の Z と SZ を中高ドイツ語の Z と Ȥ にならって処理することが許されるとしたら、このことはすぐに片づくだろう。しかしそう簡単には行かない。新高ドイツ語の SZ は一歩進み S に近づいている。われわれの発音と表記では es, das, was, bis, aus のような語末音では薄い摩擦した音であるが、語中音では gasse, lassen, lässig, nassen, wasser, essen, fressen, bisse, risse, schlisse, gegossen, genossen, flusses, verdrusses のように組織的短母音または短音化した母音の後の位置では SS である。ここではすでに中高ドイツ語の ȤȤ が naȥ, vluȥ, guȥ などの語末音よりも軟化していたのであり、新高ドイツ語でもそれに sz を当てている(nasz, flusz, gusz)。地名 Heȥȥen の古い書き方 Hessen がすでにこのSSを示しており(ニーベルンゲン 175,1)、この SS はカッティ(Chatti)にも見られ、すでにゴート語で vitida が vissa(古高独wessa)へと発展し、SS はこれ以外でも中高ドイツ語の写本に見られ、グリースハーバー(Grieshaber)にも、besserôn(2,76), wasser(2,95), vressen(2,134), vassen, fergessen, vergisset(1,105・106・111)などがある。これに反して——中高ドイツ語の ȥ は重音字化できないので——長母音および長音化した母音の後では、sz の字が消えずに残った。aszen, strasze, fleisz, heiszen, gieszen, grosz, grösze, süsz, süsze がそれである。語中音では、中高ドイツ語の SS と ȤȤ は今では一つになっている。gewissen(ラcertum 確実な)と wissen(ラscire 知っている)や bissen(ラmomorderunt 少量の食物)と同じに聞こえる。ところが長母音の後となると、S と SZ は明確に異なった響きとなる。weisen(ラmonstrare 示す)と weiszen(ラdealbare 漂泊する)、heiser(ラraucus かすれ声で)と heiszen(ラjubere 命ずる)、meise(ラparus シジュウガラ)と beschmeisze(ラillino 塗る)。SZ はやや太く舌を使って発しなければならず、S の音は歯間を通って出て行く。例外はもちろんある。中高独kreiȥ, âmeiȥe に対する kreis(円), ameise(蟻)がそれである。ルターは語末音ではほとんど常に SZ を S に、語中音では SS にする傾向がある。両方ともまねるには値しない。今日では多くの人が blosz でなく blos「単に」、losz でなく loos「籤」と書いているのは問題である。

ところが、ここで別の困難が生じる。ドイツ文字の小文字では合字の ß が作られ、15・16 世紀の印刷はこれに対して、これとは別の記号 ſz, ƀ を当てているが、いずれも純粋なラテン文字には移しようがなかった。ヴィルズング(Wirsung)の『カリストゥス』(Calistus f3[b])には ß と並んで þ がある。私は生粋のラテン語文でどのように書くかの推移を観察してきた。17 世紀半ばにオランダで印刷された美しいドイツ語の書物は見出しには赤色のラテン活字を用いる習慣があるのだが、『フィランダー・フォン・ズィテヴァルト』(Philander von Sittewald、ライデン 1646 年、第 5 部 265 頁)には “von der faſznacht”、『ドイツ神学』(アムステルダム、ディルク・マイヤー社 1631 年、88 頁)には “beſchluſz” という字が見られるが、2 文字は別々で合字にはなっていない。だが多くの語末音では s が sz の代わりをしているので、語中音にも ſs を当てるのは当然である。1545 年のルター聖書(1 Sam.9,24)がドイツ文字の iſs を認めている。エッカルト(Eccard)『語源史研究』(hist.stud.

etym. ハノーファ 1711 年, 271 頁）に greſslich があり、後になればなるほどその数が増す。例えばボードマーの『寓話集』（1757 年）と『ミンネジンガー』（1758 年）の序言がそれであり、写本からとって寓話に添えた物語を読むと、241 頁に paiſz、243 頁に ſüeſzlich、267 頁に waiſz という形が見られる。最後に今世紀になってラテン文字の ſ が姿を消し、あらゆる箇所で s がこれにとって代わると、ſs という一時凌ぎも機能しなくなり、植字工は ss に手をのばすこととなるのだが、これは語末や長母音の後の語中音では耐えがたい気がする。この時代以降、ドイツとラテンのいずれの文字を使うかによって、（ドイツ文字）daß, ſließen と（ラテン文字）dass, fliessen の二通りの植字が行われ、どちらでも同じとされているがこれは明らかな虚構である。文字 ß をエスツェットと呼びながら、書く時も印刷でも ss（エスエス）なのである。

この手ひどい状態を避け SS と SZ の当然の区別をするために、――s と z の合字が不可能なので――本辞典においては離れたままの sz を採用した。これはポーランド、リトアニア、ハンガリーの諸語でずっと以前から行われていたものである。合字 ſt や ch を st や ch に分解しても文句を言う人はいない。sz はこれと並ぶので、印刷所に sz の活字の有無を問い合わせる苦労がなくなる。小文字 ß に対応する大文字がなかったのが、（ſs の場合と違って）SZ と表せるようになった。

語の合成に際して同一ないし類似の子音が重なる場合、ギリシア語で常に行われるように、子音の交換や脱落が引き起こされる。現行書記法は音や発音に気を使わず、構成要素すべての完全な姿を目に見える形で保持しようとする。そこで二重の子音に終わる語がそれと同じ子音で始まる語と結合する場合には、次のような遠慮会釈のない形が生まれる。例：schnelllauf（短距離競走）、stalllicht（厩舎の灯火）、stammmutter（始祖の女）、betttuch（シーツ）、massstab（尺度）、missstimmung（不協和）、gefängnissssträfling（監獄囚）、schifffahrt（解きほぐせば、schiphphphart 航海）のような形を文書で絶えず目にするが、私はこの形を自ずと避け、意識的に使わないが、辞書を引く際にも心得ておく必要があることに変わりはない。maszstab と weiszschnabel は表記・発音のいずれにも沿った形である。

ドイツ語では、固有名の表記の混乱振りは目が当てられない。通常の法則に一切縛られないと思い違い、もっぱら慣習的な形に従おうとする。まるで正しい発音と表示などどうでもよいと言わんばかりである。最近の数世紀に、言語に通暁する人に時たま見受けられるようになった表記は、残さず採用するように気を配った。レッシングがWinkelmannと書いた(8,41ほか)のは正当であり、もしヴィンケルマンが今生きていたら自分でもそう書いたことは疑いないが、当時としては一般的な悪習に従っていたのである。しかし学術書ではひどく細心にWinckelmannという形が作りだされ、その他にもHertzberg, Holtzmann, Welckerなどという表記が使われている。頻度の高い著名人の名前は、少なくとも誤記のごみを振り落とす権利をもつべきである。将来いつの日か権威の声も力を失い、Würtembergという形が再び野蛮な古文書のWürttembergという形に取って代わることであろう。言語というものは、自然の流れにさからう不純なものの被害を受けるようなことがあってはならない。この分野では命令なるものは存在せず、文字の共和国という言い方もあるように、語彙とその表記についても、一般的な用法と民衆の意志が最終決定を下すのである。政府や当局ができることと言えば、模範例を示して先頭に立つだけなのだが、これまで悪例を示すこともよく見られた。

当然のことながら、用例を抜き出してくるに際して、作家個人の特徴はそれが言語と発音に根拠をもつかぎりすべて慎重にそのまま残してあるが、文字の不必要な使用や反復がある場合にはそれに従ってはいない。もし従ったりすると、不統一がはなはだしいのでテキストが乱雑なものとなったであろう。何のために、ルターに見られるLCK, RCK, PFFという文字表記をすべて残し、ザックスに見られるauffpfeifft(本来はaufpfeift)をそのままにしておく理由があろうか。さらに時代を下った作家についても、僅かにせよ煩わしい不統一をそのままにする理由があろうか。編纂者は、それが重要と思う場合には、辞書とは別の配慮をするのもよいだろうが、中高ドイツ語のテキストの編纂の際でさえも、文法に忠実に従って——もちろん個々の問題や些細な点をめぐって論争が引き継がれるとしても——写本の不正確さからの脱却が試みられているのである。

正書法の個々の改正は受け入れられるとしても、伝統的に確立された慣習の激震的な変動となると、大衆は怯んでしまうものだという出版社の恐れはもっともであって、これにはなによりも先ず顧慮を払わねばならない。われわれは行動の自由を与えられているが、賢明な自制を得策と考える。ほとんどいつの時代にも、適度でかつ徐々に持ち出された改革が受け入れられ、度を越した改革は抵抗を受けた。節度が選ばれ改革が貫徹されたかどうかは、結果から判断するほかない。

現在すでに実現ないし提案ずみの正書法の改正が、全面的に有効なものになっても、事はそれですんだわけではなく、まだまだ先のことであろうが、また別の改革の必要がその先に残っており、時が至れば力をえるかもしれないのである。私はとくにF、V、Wの3文字に狙いを定めている。この中の一つはまったく不要であり、残りの二つの相互関係を新しく規定する必要がある。1053段で教示されているように、古高ドイツ語ではFとVは語中音ではまだ違いがあったが、新高ドイツ語ではいずれの位置でも同一の音となっている。すでに中高ドイツ語でも、FとVは意味もなく入れ代わっている。同じ語に対するvriuntとfriund「友」の併存(ニーベルンゲン1654,2: “sô vriunt nâch friunden tuont”)や同音に対するvielenとenpfielenの併存(イーヴェイン6225)がそれである。『イーヴェイン』ではvrâgen「尋ねる」やvrouwe「婦人」と書かれているのに、ヴァルターの叙情詩や『パルチヴァール』ではこれがfrâgen, frouweとなっている。しかし、音声の違いを表しているわけではない。新高ドイツ語で不必要なのはfestとvest「固い」の併存であり、現行のFとVの用法の混乱のため、次に示す例では語の同系性が見分けにくくなっている。für〔＝英for〕とfürst「王侯」、接頭辞のver-とvor-, fülle「豊富」とvoll「満ちた」など。Vはこの文字を断念できないオランダ人にまかせて、Fという一つの音だけのドイツ語では思いきってFという文字だけを用いてはどうであろうか。そうすればVが本来の役割を果たして、再びラテン語とロマンス語のVの音を引き受け、現行ドイツ語のWの音を表現することができる。というのは、ドイツ語には英語のWの音はまったく存在しないのであるから、文字も必要としない。そうすればドイツ語のFとVはゴート語とノルド語の状態に立ち返り、最古の古高ドイツ語の記録とも一致することとなる。verwalten「管理する」、vielfusz「ムカデ」、vielwissend「物知りの」の代わりにfervalten, filfusz, filvissendと書かれているのを最初に見たときは、奇異な感じを抱くことだろう。しかし言語も発音もこれによって何らの被害も受けることはないだろうし、この提案がもっともで適切だとされる時代が来るかもしれない。すべてのスウェーデン人が、百年前にはWと書いていたのだが現在では単純なVを用いるようになっており、フィンランド人も賢明にもすでにそうなっているし、リトアニア人とラトヴィア人も躊躇はしないだろう。もともとこれらの国にWというこの間のびした文字を持ち込んだのは、他ならぬドイツ人なのである。文字の簡素化の実現がドイツほど難しいところは全世界にない。スペインでは最近のことだが、少数の学者の発案によるかなり徹底した措置一つだけで問題が解決し、誰もが納得している。dexarをdejar「放置する」に代え、paxaroをpajaro「鳥」に代えたのだが、これがもしドイツで、waldをvald「森」に代えたとしたら見た目の変化が大きいので、皆が反対の声をあげることだろう。もしドイツでWの文字の廃止が実現すれば、学校で子供たちはラテン語のVの音の正確な発音が自然に身につくだろうに。

21　アクセント

アーデルングは自分の辞書の第2版が初版より優れている点として次のことをあげているが、問題がないわけではない。つまり語ごとに強勢と発音を示すのに、しばしばアクセント符号を用いるようにしたというのである。しかし、この符号の用い方はラテン語で行われているものとは正確には一致せず、結局のところあまり役にたっていない。新高ドイツ語の強勢の置かれる位置は一律であって、ほとんど自明だからである。強勢は、単一語では語幹音節にあり、合成語では先頭の語が第一アクセントを2番めの語が第二アクセントを与えられる。例外としてあげられるのは非分離不変化小辞（接頭辞）で始まる語で、この小辞にはアクセントがないからである。例えばbestéhn「成り立つ」、gestéhn「白状する」、übersétzen「翻訳する」がそれである。分離不変化小辞のほうはこれとは違い、強勢を失っていない。béistèhn「助力する」、ǘbersetzen「向こう側に移す」。派生名詞はすべて元の動詞のアクセントを引き継ぐ。bestánd, gestǻndnis, übersétzung, béistànd, ǘberfàhrt「渡航」。例外をあげるには適切な場所ではないが、この語幹強勢の規則はより古い時期にはそれほど一般的ではなかった。アクセントのある派生音節の例のいくつか（例えばlebendig）が今なお残っている。ただし、中には疑わしい語もある。achtende「八番目の」、affolter「リンゴの木」、wacholter「ビャクシン」がそれである。これらについては、辞書とは別に独自の研究を進める必要がある。アクセントの位置と語形の展開の間に影響がある例が、bieder「正直者の」などいくつかあり、また外来語ではアクセントが原語からずれたものもある。adies（さようなら！）、aha（ああ、まあ、ははあ！）、ahi（あら、おや！）、altar「祭壇」、barbar「野蛮人」、barbarisch「野蛮な」、baron「男爵」などについては、その都度言及してある。

22　仕事の分担

もし二人の左官がいっしょに足場に上り、右側と左側に別れて、それぞれ別個に構築を進めるとすれば、その建物の壁も柱も窓も飾り縁も、すべて両側が完全に同じ形で上にのびて行くことだろう。すべてが設計に基づき、巻き尺で正確に長さが計られているからである。あるいはまた、一つのキャンバスで同時に二人の画工が仕事を始め、風景と人物を分担するとなると、風景を描く側は、人物像が構想通りに存分に描ける余地を残して置くように配慮する。辞書の仕事に向かう際も同じ、二人が並んで、揺るぎない計画に基づいて語を層に分類して挿入する。そして積み石を交互に手渡しあい、器具や道具が一人の手かもう一方の手に渡される。一人が語源と語形を、もう一人が意味を追求して記述するということになる。しかし、語の研究には静かな収集と邪魔の入らぬ熟考が必要となる。語の源を発見した者には、そこから意味も読み取れてくるし、意味の研究に熱中した者は、その語の語源と語根も想定されずにはすまないものだ。互いに一方が他方の前提となり、両者をつなぐ糸は手から放すと切れてしまう。一方の画工が構想した背景画では、他方の画工がそこに描きたいと思う人物像で空白が埋めつくされないままに終わることもあれば、逆に背景画が狭すぎて、そこに人物像がそこに収まりきれないことも起こるだろう。辞書の分野では、もっとも似た見解でも不一致が起こりがちであり、譲りに譲る和解の試みも、頑固な固執と同じように有害に働く。研究を仕上げてしまった後になって、今更相棒の批判的意見に全面的に委ねても、相手の自尊心をひどく傷つけるものだが、それと同様に、批判的意見を今更聞かされても実行はきわめて難しいものだ。というのは、後から手を加えるのは、この場合最初の仕事に劣らず骨の折れるものである。私は相棒の歩みの後をたどり、気を使いながらそのやり方を吟味するよりは、むしろ無理をしてでも自分の道を歩き続けるほうを選びたい。それにまた、あまりに体をくっつけて立っていると、道具を使うのにも互いに邪魔になる。

すぐに気づいて納得するものだが、辞書において対等の研究者の共同関係が成立するのは、いずれもが全体の中に一定の部分を引き受け、この部分のすべての領域で思うがままに動くという形だけである。でき上がったものがそのまま全体の仕事に取り入れられ、あらかじめ相棒が目を通すことは避けるべきである。担当部分の選択は、ほとんど偶然まかせでもかまわない。というのは言語の領域では、どれでもすべてが同じように困難で、同じように魅力的だからである。意識せず自然に共同関係が強化されて、双方のプラスになるというのがどんな道かといえば、それは二人が同じ時間(同じ空気)の中で、占める位置は自由だが、道具は同じものを共用し、大筋の起案に基づいて、それぞれが策定・計画した個々の点を、暗黙に確認しあいながら、歩を進め、辞典全体が必要とする統一が実現するという道である。二人の料理人が数週間ごとの交代で、同じ竈の前に立ち同じ料理を同じ食器で提供するのである。時として一方は塩が少なすぎ、他方は辛すぎたりすることに、読者自身が気づくことがあるかもしれないが、二人とも料理を焦げつかせるへまはしまいと思っている。

最初の週の担当は私がやれということになった。仕事の開始が目前という時にヴィルヘルムに向かって、「僕がAの項を取るからそちらはBを取れ。」と言うと、「それでは僕には急すぎる。Dで始めさせてくれ。」というのが返答であった。AとBとCで始まる語彙が第1巻を占めることになっていたが、巻ごとに割り当てたほうがよいと考えられたので、これはきわめて適切だと思われた。しかし仕事が進行してみると、第1巻が厚くなりすぎないようにするには、Bの項の途中で切らねばならないことがわかり、私がさらに第2巻のかなりの部分を仕上げねばならないことになったのである。

自分の分担が始まるまでの印刷部分がこんな量になったことは、弟にとってはプラスでもありマイナスでもあった。私のほうは大あわてで原稿を印刷に回さねばならないのに、彼は3年の時間が使え、この期間は落ちついてゆっくり準備ができたのだ。諸々の取り決めは最初の適用に際して、私の手で選択・開発されねばならなかったのだが、それを免れたのは彼にとって大きなメリットである。私が苦心して身につけた処理のこつの多くを、彼はそのまま使うことが許されている。しかしデメリットとなる点は、私の手でこの辞書に導入されたことには、たとえ気にそまず、彼が自分のほうがもっとましな方策があるのにと思う事柄においても、統一のためには否応なく従わねばならなかった点である。個々のプラスマイナスを比較してみるなら、私のほうがよい籤を引いたと言う人はいるまい。ただ全体のこのような分担方式では、せっかくの考えや着想の多くが、数多くの参照指示があるにしても、萌芽のまま枯れたり失われてしまうという危険は避けがたい。なぜなら、二人のどちらにせよ、考えや着想が自分の領域の柵を越えて、相手の領域の語に及んで行ってしまうからである。というのは、はるか先のことで、今はぼんやりと念頭に浮かぶだけで、いずれしかるべき場所で明確になるような事柄のすべてを、あらかじめ描くことは難しいからである。だからと言って、ないがしろにできないのは、計画順守の点からも、どの合成語でも、対応する単一語を、すでに先行者が扱っているかぎり参照する労をいとわず、どの単一語の場合にも、関連合成語について、すでに前になされている記述を確かめることである。

23　協力者たち

いざ合戦という時を迎えたというのに、出陣すべき語彙軍勢の体制がいまだ整わず、頼みの綱とする方面からの援軍の到来がないというわけではないものの、隊列のここかしこに欠落が目立っていた。日ごろ言語資料を扱っている友人たちから届く資料のカードケースは、底をつくか閉じっぱなしであった。長期の仕事に取りかかると、最初の意気込みをそのまま持続し、ともすると眠り込みそうになるのを防ぐのはなかなか困難なものだ。それだけいっそう予期しない応援の到来は嬉しいものであった。

トレンデレンブルク（Trendelenburg）の仲介によって、デュッセルドルフのヘルマン・フォス（Hermann Voss）から、有名な祖父の残した蔵書中にあった、フリッシュとアーデルングの辞典が送られて来た。それには、ハインリッヒ・フォスのきれいでしっかりした筆跡で、貴重な書き込みがある。文法や語源に関するものはなく、大部分がカイザースベルク、パウリ、シュタインヘーヴェル、ミュンスター、ザックス、キルヒホーフ（Kirchhof）、フィッシャルトなど一時代前の作家たちと、数は僅かだが、もっと後の新しい作家たちから選んだ語句の傍注で、読むほどにますます適切で啓蒙的になり、異なる版に基づく場合でも却って役立つものになっている。ドイツ語に功績ある人物がドイツ語のために入念に選びだした語句を、絶えず目にすることは、心楽しく、感動的である。王室図書館から、校正用の間紙をとじ込んだ、カンペの辞典を借り出して利用することを許されたのには感激した。ひょっとすると、モイゼバッハ（Meusebach）が親友にも生前は見せようとしなかったものである。モイゼバッハは、世界一の好人物にして奇人のひとりなのだが、16・17世紀の書物に精通し、言語研究に対してもやる気満々、自分の研究対象と多少ともつながりのある事柄となると、たゆまぬ熱意と稀な臭覚で追求し、一つの語のために幾夜も寝ずに過ごすことを辞さなかった。言語の全分野を見渡し掌握するといった能力はないが、面白い問題を見つけたり、人から指摘されると、すぐさまその問題を調べあげ、関心を引く質問には、疲れを知らぬ饒舌さで回答を用意する。しかしその一方、場合によっては、口を閉ざし、頑固な態度で尻込みをするのであった。語彙収集に際して、アーデルングでなくカンペを下敷きにした事実から、国語浄化派寄りの傾向がいくらか読み取れる。少し前の時代の典拠から浄化派の用語の証拠を見つけて、より健全な研究者の腹立ちを招くことを心ひそかに楽しんでいた。持つ意味は違ったが、新語を作ったフィッシャルトと、浄化派を模倣したため自著を冒涜的に台無しにしてしまったジャン・パウルの二人は、モイゼバッハにとってお気に入りの作家であった。しかし遺憾なことに、モイゼバッハがここで収集したのはフィッシャルトのほうが数が少なく、あまり読まれず重要でもない作家におよばなかった。その補充は、彼が長生きしていたら、豊富なものになっていたろう。しかし今あるままでも、優に真の宝物であることに変わりはなく、利用せずにはすませない。

先行はしているが、本辞典のために準備されたわけではまったくないこの2点の語彙集と並んで重要なものに、本辞典の直接の土台とするために用意された、はるかに堂々たる資料のストックがある。これは、広範囲の原典に基づいて、一部は私たち自身がたえず集めたものであるが、大部分は他の人々の提供で、依頼原稿もあるが自発的に自身の選択で集めてくれたものもある。その方々の名前を、以下にあげる。いちいち原典の表題を添えることは——無理もない理由で——できなかった。

Bernd (Bonn), Bluhme (Bonn), Callin (Hannover), Crain (Wismar), Dietrich (Marburg), †Dronke (Coblenz/Fulda), Eiselein (Constanz), †Fallenstein (Heidelberg), Fischer (Suckow), Foss (Altenburg), Gust. Freytag (Leipzig), Frommann (Coburg), Gervinus (Heidelberg), Gildemeister (Marburg), Gödeke (Hannover), Götzinger (Schafhausen), Herm. Grimm (Berlin), F. J. Günther (Magdeburg), Aug. Hahn (Wien), Hartenstein

(Leipzig), Malchen Hassenpflug (Cassel), Mor. Haupt (Berlin), Henneberger (Meiningen), Hesekiel (Altenburg), Hoffmann von Fallersleben (Neuwied), K. A. J. Hoffmann (Celle), Holland (Tübingen), A. L. W. Jakob (Berlin), Heinrich Jacobi (Berlin), Karajan (Wien), Keller (Tübingen), Klee (Dresden), Klosz (Dresden), Koberstein (Pforta), Köne (Münster), Friedr. Kohlrausch (Lüneburg), Krause (Stade), Kraut (Göttingen), Krüger (Aurich), †Leyser (Leipzig), Lisch (Schwerin), Löbe (Altenburg), Menge (Danzig), Mörikofer (Frauenfeld), Müller (Wiesbaden), H. Müller (Berlin), Wilh. Müller (Göttingen), Nölting (Wismar), Pabst (Arnstadt), Palm (Breslau), W. A. Passow (Meiningen), Pfeiffer (Stuttgart), Pritzel (Berlin), Rud.von Raumer (Erlangen), Riedel (Göttingen), Heinr. Ritter (Göttingen), Franz Roth (Frankfurt), †Rückert (Zittau), Rüdel (Nürnberg), Schädel (Hannover), Schambach (Göttingen), Schirlitz (Stargard), †Schöppach (Meiningen), †Alb. Schott (Stuttgart), Friedr. Schrader (Hörste), Schubert (Zerbst), Schulze (Clausthal), Schwabe (Gieszen), Schwekendieck (Emden), Seibt (Frankfurt), †Sommer (Halle), Aug. Stöber (Mülhausen), Stölting (Duderstadt), Strodtmann (Wandsbeck), Tobler (Horn bei Rorschach), Vilmar (Cassel), Volckmar (Ilfeld), Wagler (Luckau), Weigand (Gieszen), Wellmann (Stettin), Wolff (Stuttgart), Zacher (Halle), Zimmermann (Clausthal).

幾人か記録と記憶からもれたとしても、大目に見てもらえるだろう。この83名の内訳は教授12名ほど、聖職者2・3名でありそれ以外はすべて文献学者で、法律家と医師はいない。これにより本辞典「序文」*XXXI段［本訳書では41頁］で述べたことが、ここでも実証されたことになる。戦列に加わった者すべてに、仕事の目標について同じように完全な理解があったわけではなく、同じように忍耐強い勤勉さを備えていたわけでもない。そのため、重要作家の幾人かは、作品の半分以上が洩れたかと思う。勤勉の中でも勤勉であったのはFallenstein, Hartenstein, Riedel, Schrader, Weigandであった。しかし最高に勤勉で理解力のあった人の名を挙げずにはいられない。それはクレー(Klee)である。

さらに2名かけがえのない名前にヒルデブラントとヒルツェルがある。

クレーは他ならぬゲーテを分担し、すばらしい引用で――汲めどつきせぬ詩人であったゲーテがこの表現を許すとしたら――ゲーテが汲みつくされたのである。ゲーテに準ずる重要作家たちのすべてについても、これに近い引用ができたなら、本辞典の用例の多くがもっと優れたものなっていたろう。ゲーテに関してこれ以上の情報が求められる場合にも、待つ必要はめったにない。ヒルデブラントとヒルツェルの両人もまた、ゲーテに通暁している点では誰にも引けをとらないからである。両人は、名が韻を踏んでおり、一心同体になって心を込め倦むことを知らない関与ぶりは、この辞典にとって不可欠な貢献となっている。ヒルデブラントは校正刷りの精読を引き受け、しばしば機会を捉えては、ドイツ語についての非凡な知識と素質を発揮した優れた助言で、見落としや間違いを訂正してくれた。第1巻がすでに半ばに達した時期のヴァイトマン社の分裂は残念なことであった。ヴァイトマン(weidmann)という語は猟師を意味する。そこで、私は猟師言葉の採用の度に、語彙の荒野で、狩人特有の追跡本能を発揮、一心一体で私の研究に協力してくれる仲良し二人組を連想して、ひそかに悦に入ったものだ。またライマー(Karl Reimer)は、最初の段階からつねに活発的な活動ぶりで、1838年春に契約を確定するために、ハウプト(Moriz Haupt)と共にカッセルまで旅して来てくれたのは他ならぬ彼であった。もし出版元だから、自社の出版物に全力をあげるのが必ずしも自明ではないとしたら、ライマーと二人のヒルツェルの名は、先ほどの寄稿者の中に加えたいところである。ヒルツェルが担当した辞書のあらゆる箇所で発揮された、考えを凝らした活動の犠牲的献身は、ひょっとするとわれわれの文学仲間全体で前例がないものかもしれない。どの校正刷りも出版前に目を通し、ドイツ語とドイツの作家(中でも周知のようにゲーテ)に関する造詣の深さが吹き込まれたコメントはすべて精緻なものばかりである。著者としてこれ以上の恵まれた環境が望めるだろうか。

ヒルシュフェルトの印刷所は、もっとも優秀な植字工を印刷に配置して仕上げたこの本の装丁によって、名声はいやが上にも高まることであろう。

24　むすび

ドイツ語の語彙という宝を掘り起こして、語の意味を明らかにし解説を添えること、これが課題だった。というのは、せっかく語を収集しても意味不明のままでは空虚であり、語源研究もドイツ語内部で独立させて行わねば役に立たないからである。単なる文字の使い方などは些細な事だと思う人は、言語そのものについても、重要な点で愛情と理解がもてないものなのだ。

この課題を果たせるかどうか、設計図はすでに目の前にある。しかし、その通りに実現できるかどうかはまだこれからのことである。

ich zimmere bei wege,
des musz ich manegen meister han,
（道路に面した場所で建築を始めれば、
幾人もの棟梁の相手をするはめになる）

この古い諺を読むと、足を止めてぽかんと見物する人々を前にしながら、大通り沿いに家を建てる人がどんな思いを味わうかがよくわかる。門にけちをつける者、破風にけちをつける者もいるし、装飾や塗装をほめる者もいる。ところが辞典という建物が建てられる場所となると、そこは言語の一般軍用道路であり、数知れぬ民衆が集まってきて、言語のことは全体として理解しても、個々の点になるとまったく無知なのに、毀誉褒貶の声を上げるものだ。

棚と仕切りができ上がると、荷物の運び込みが可能となるが、すべての箇所が埋まるには時間がかかる。一日一日と歩を進め、未完成の仕事に絶えず手を加えて、補足拡張を図るのは、何と楽しいことか。未読のままだった作品という膨大な資料は、どのページも見落とされた語を提供してくれ、旧用例に代えて新鮮な用例を用立ててくれるのだ。それどころか、すでに読んだ主要作家も、順次再読が必要となる。なぜなら、最初のうちはまだすべての点には注意が行き届かなかったからである。

この言葉の植物園に2匹のクモ[訳者注5]が姿を現わし、野菜にはい登り、毒をはき散らした。世の人が揃って、ここで私がコメントすることを期待している。しかし乱暴な攻撃に対して、一言でも反論してやるような名誉ある扱いを彼らにする気にはなれない。

ドイツ語について生半可な知識しか持ち合わせていない、この陰険な輩の思い込みと目論見には、なるほどこの辞典は合致しないにせよ、すべての人々に喜びを与え、豊かな貯蔵品への道を開いているこの祖国愛の作品を前にして、冒涜を加える権利、作品の力を失わせるどころか弱める力も、二人には与えられていない。彼らの不法な振る舞いは、社会的分裂のきざしである。彼らがした貧弱な継当て仕事に対する感謝は、こんな事をしでかした以上、述べるわけにはゆかない。

私は絶えず、与えられた能力のすべてをあげて、ドイツ語を知りたいと、その容貌を多くの面から見つめてきた。私の目は、しだいに冴えを増し、一点の曇りもない。自慢話は嫌いだが、あえて主張したい。始まったばかりのこの困難な仕事がもし成就すれば、ドイツの言葉と民族の両者の栄光は——両者はもともと一つなのだが——それによっていっそう高められるであろう。人間一般の運命に従って、私の一生も終わりが近い。寿命の蝋燭は残り僅かで、いつ倒れるかわからない。しかし道はすでに示されている。軌道のかなりの部分はすでに切り開かれているのだから、新たに来る旅人もこの軌道に足を踏みいれ、歩ききることができるだろう。

愛する祖国の人々よ、出身地がどこであれ、信仰がどうであれ、揃って足を踏み出し、あなたたちを迎えて、戸が開け放されている由緒ある自国語の殿堂に足を踏み入れるがよい。この言葉を学び崇め、片時も離れてはならない。あなたたちの民族の力と永続は、挙げてこの言葉にかかっているのだ。ドイツ語の広がりは、ライン河を越えてエルザスのロートリンゲンまで、アイダ河を越えて奥深くシュレースヴィヒ・ホルシュタインまで、バルト海沿岸をリガとレーバルまで、カルパチア山脈の向こう側のズィーベンビュルゲンの古代ダキヤの地域まで延びている。国を後にして外地に移ったドイツ人たちよ、この辞書は海を渡ってあなたたちの許に届き、母語への切実な思いを呼び起こし、一段と高めることであろう。イギリス人やスペイン人のアメリカ永住と同じように、ドイツ語と共に、あなたたちが移住し、私たちとあなたたちのものであるドイツ詩人たちも、同時に移住することになるのだ。

ベルリンにて 1854年3月2日

ヤーコプ・グリム

訳者注

1　原書では sie dünkt dich とあるが、dich は誤植で正しくは sich であると判断した。（Paul Fischer: *Goethe-Wortschatz*, 1929, 1 頁を参照）

2　単独で示された語の和訳について―(　)と「　」の使い分け―

語の多義性からみて、2 言語間で 1 対 1 の意味対応が成立するのは少数で、固有名詞やそれに近い語に限られる。文例、句例は翻訳できるが、前後関係もなく突如示された（品詞さえ不明な）1 語の和訳を 1 語で行うことは本来不可能で、目安かヒントの役割しか果たさない。それを示すためにせめて括弧には「　」を使い和訳を示す(　)を避けた。ただし固有名詞に近い動植物名や語句に近い合成語には一部(　)を用いた。

3　「分離動詞」と正書法について

「動詞句のつなぎ書き乱用」は、「名詞大文字書き乱用」と並んで、（音声言語と無関係に）、書記言語の正書法がもたらした問題である。ヤーコプの以下の発言は分離動詞を既成事実として受け入れて説明の順序が逆になりがちである。また、動詞定形の重要度は、それによって文が成立し、しかも定形だけが孤立して移動する 3 つの位置によって、独立文・従属文の基本的機能がほぼ決まるのがドイツ語の際立った特徴の一つと言える。したがって移動の基準は不変化小辞ではなく動詞のほうに置いたほうが理解しやすい。

定形 2 番目：平叙文　Er kommt heute./ Heute kommt er.

定形文頭：決定疑問文 Kommt er heute?

定形文末：従属文（接続詞に導入され枠構造を構成して）

dass er heute kommt / weil er heute kommt

Partikel が動詞と結びつく場合、副詞的用法の他に接頭辞として動詞の前に密着する用法がある。

（副詞的）Er setzt uns ans andere Ufer über.（岸の向こうに運ぶ）

（接頭辞）Er übersetzt das Buch ins Deutsche.（翻訳する）

前者では Partikel が独立した存在なのでアクセントを保持している。後者の場合は接頭辞は動詞と完全に一体化した合成語なので、アクセントは主役の動詞にある。（形よりも意味を重視する脳の傾向に引きずられて）語句なのに意味的には 1 語であるとする錯覚を受け入れたドイツ語正書法が「分離動詞」の由来と言えよう。

4　語源研究（Etymologie）とヤーコプの立場

文字ができる以前の実証研究は、言語の起源の問題と同じ理由で、まだ未開発の段階にあり、印欧語祖語の推定語根の研究も成果が乏しく、せめてドイツ語内部での思弁から始めるのも無駄ではあるまいという立場であろう。かなり乱暴な推定の展開も、そう考えると理解できよう。

5 言葉の植物園の 2 匹のクモについて

グリムの後を追うように、ドイツ語辞典を計画した 2 名の教授ヴルム(Christian Friedrich Ludwig Wurm)とザンダースのことである。グリム辞典の第 1 巻が完成したのが 1854 年なのにそのずっと前から、痛烈な批評をあびせた代表格の人物である。新刊書物の序文にその書物に対する批評に答える反論が載るのは不思議ではない。大著は分冊の形で配本されるからである。事実、第一分冊は 1852 年に配本された。当初からの激しい賛否両論は、ルターからゲーテにいたるドイツ近代文章語の精髄を丸ごと納めた宝庫というグリム兄弟の未曾有の大構想とドイツ語習得の実用的な辞書への期待のずれに原因があった。論争は、ザンダースの『ドイツ語辞典』(1859–1865 年)とヴルムの辞書に対するヴァイガント(グリムの後継者)の反論でかたがついたとされる。ヴルムの辞典は中絶したが、ザンダースが数年で完成した辞典は 1885 年の再版で(グリム辞典にも配慮した)増補 1 巻を追加して、それなりに大きな役割を果たした。

『ドイツ語辞典』

第2巻　序文

ヤーコプ・グリム

千石喬 訳

この巻の最大部分を担当したのだから、弟が序文も引き受けて全巻を回顧し、多面的な考察を必要とする事柄のいくつかを取りあげて、独自の行き届いた優雅さで発言すべきところである。ところがまたもや私が進み出て、弟が世を去ったことを悼みながら、発言するはめになった。弟の才能と助言、それどころか、そもそも弟の誠実な協力そのものが、辞書続刊の仕事から永遠に失われてしまったのである。

ヴィルヘルムの仕事ぶりはゆったり静かであるが、本格的で念入りであった。その仕事の遅さのため、幾度か企画全体が危機におちいり、読者はさんざん待たされたわけであるが、いざ出版されてみると、その記述はことごとく、その精密な分類と詳細さで読者を満足させる出来ばえであった。二人がいっしょに筆をとった場合には、穏当さと感じのよさでつねに弟のほうが優れていた。

記録に値するのは、死神に拉致されたとき弟は、自分で最初から希望した(本辞典第1巻「序文」LXIV段［本訳書の88頁］を参照) Dに始まる語の部分の執筆を、小さな語一つ落とすことなく綿密に、最後の一語まで完成していたことである。弟の労苦はこの有終の美によって飾られた。Dの部分は、好んで選んだというよりむしろ偶然の選択であった。辞書ではどの語頭アルファベットの部分でも等しく難しく、簡単そうに見える場合でも、いたるところに困難が潜んでいるものだ。ドイツ語では四つの流音［l, r, m, n］の文字で始まる語の部分なら楽そうに見える。なぜなら音の区分に揺れがなく、それに不変化小辞（partikel）の合成語もほとんど存在しないからである。これに反して母音や黙音の文字の部分では、音の区分の揺れが障害となり苦労の種となる。ドイツ語辞書ではＳおよびＷで始まる語の部分の量が最大であるが、ドイツ語辞書ではあまり目立たないＰの部分の量がラテン・ギリシア・スラブ語さらにサンスクリットでは、あの不変化小辞が含まれているためにきわだっている。これにはすぐ後ほどなおふれるが、山なす不変化小辞をきりもなく取りあげることは、苦労も多いが、一方ではかなり重要な成果が引き出せる。語彙のどの部分を引き受けても、最初の逡巡を乗りこえた後は、すぐに夢中になるものだ。私としては了解ずみのつもりで、仕事の開始時に選択の余地なく、私が模範を示さねばならなかったいくつかの事項について、弟がそれを勝手に変更してしまった箇所がある。長年の習慣が捨てられなかった場合もあれば、自分の修正案のほうが優れていると考えた場合もあろう。辞書に望まれる形式的統一が破られる結果となったのは残念に思う。しかし弟がもしそんなことをしなかったらと、今さら望む気はない。なぜならこのような枝葉末節な点にも、独自性が見てとれて心を打たれるからだ。読者の皆さんは、私たち両名のこの不一致を寛恕し、我慢してくださるだろう。以下でこの件に詳しくふれてみよう。

ヴィルヘルムは、引用の際に省略表記の多くを、そっくりもとに戻して全書している例が少なくない。見やすくなったのは確かだが、同時に考えねばならないのは、これを辞書全体で行うと、そのため必要なスペースが馬鹿にならないことである。スペースの節約ということは、多くの理由からどの辞書でも当然考慮を払わねばならない点である。略記の多い記述でもそれなりの価値を失わない場合には、他の印刷物と違った配慮が必要である。略記というものはあまり頻繁だと嫌気を起こし読む気が失われるが、適度であれば概観がしやすくなるという利点もある。

語義理解のために、ラテン語さらには一般に外国語を利用するという、もっとも簡単で自然な手段を、ドイツ語辞書ではなぜ拒否しろというのか理解に苦しむ。このことについてはすでに述べた。これによって、自国語だけでは語の表す内容の説明がそう手早くはいかないのに、ラテン語で一瞬ですませられ、その先の詳しい語義説明もこれと関連させれば容易になる。ラテン語の対応語を示す目的は、基本的意味の確定でもなければ、意味のすべてを示そうということでもない。そんなことは後に続く解説と用例にまかせるという点は変わらない。系統は異なるにせよ明晰な言語であるラテン語の単語によって、似た意味の語や意味は遠いが対応関係にある語を、具体的に提示できる点が魅力的である。語のありきたりな定義にとどまる小辞典なら、ラテン語はなくてもよいが、詳細な学術的辞書では、ラテン語は不可欠ではないとしても少なくともきわめて有効と言えよう。m. f. n. による名詞の性の表示をペダンティックであると感じる人はいないし、これに代われるべき表記を挙げられる人もいないだろう。この省略形をわれわれに伝えてくれたその同じラテン語を利用して、語義説明が成功しているのになぜ止めろというのだろうか。さらに次の理由も挙げられる。ダシポディウス、フリジウス、マーラー、ヘーニッシュから後のシュティーラー、フリッシュにいたる従来のドイツ語辞書は、語例や句例をラテン語でも示しており、その選択も適切なものが多い。これらのラテン語は、そのまま残すほうが望ましい。同様に残さざるを得ないものには——組織的に作られている——動植物のラテン語学名がある。このため否応なく、並んで出てくる語の大部分がラテン語となってしまう。これを脱却したいと主張する人は、講演などに織り込まれたラテン語を話のあやとしても我慢できないというのであろうか。歴史的・語源的記述を含む辞書ではあれやこれやの外国語を並べたてるほかない。本辞典は狭義のドイツ人のためだけでなく、スカンディナヴィア、オランダ、イギリス、フランスおよびその他のロマンス語の人々、スラブ、ハンガリー、フィンランドの人々まで利用者が広がるものにしたい。これらの人々の大部分にとって、ドイツ語による説明よりも、むしろ添えられたラテン語のほうが役に立つ。それは、ドイツ人にとって、サンスクリット語彙集やフィンランド、ハンガリー、ロシア、リトアニアの語彙集も、語義説明に、限られた人しか知らない言語だけが使われ、広く知られた言語であるラテン語または、フランス語、ドイツ語が欠けているなら、あまり役に立たないのと事情は同じである。したがって、なじみの言語を差し止めるのは、その辞書の国外への流布を妨げ抑えることになる。最後に、以下のような主張を表明することも許されよう。ダシポディウスとマーラーの辞典がこれまで幾世紀にもわたって使い続けられてきたように、優れた辞書の狙いは、けっして現在および次の時代に限られず、さらに長く存続することにある。先にあげた語彙集にしても、説明をもしラテン語ではなくドイツ語でしていたら、今ではもう存続があやうくなっていた可能性もある。同じことで、今ラテン語の応援のない記述にとどめたら、はるか後の世ではもはや通用しないものになっているかもしれない。これらの多くの理由から、弟の担当の部分でしばしばラテン語が欠けていることには賛成できない。

連続して現れる多数の同種類の用例はセミコロンで区切り、それが終わった時に初めてピリオド表記をするという使い分けを、私はあらゆる箇所で心がけた。なぜならこの一連の用例とその終了が読者に見分けやすくすることが肝要だと思ったからである。ヴィルヘルムはセミコロンを使わず、いたるところでピリオドを用いた。その一方、どうやらイギリスで広まったらしい改悪方式に従って、引用が終わる箇所ではピリオドをいっさい用いず、直後に続く引用の始まりは、固有名詞も含めて一律に大文字で示している。混乱の種になるこれと同じ引用方式が中高ドイツ語辞書でも採用されている。例えば、ヤコービ（Heinrich Jacobi）の『喜劇的表現集』（comicae dictionis index）のように、ギリシア語の記事の直後にラテン語の名前が続く場合なら、メリットもないが害にもならない。文字の違いで区別がつくからだが、それ以外の場合では、文末にピリオドを打たず、あたかも直後の名前に文が継続するかのように見えるのは不自然である。同様に後の引用が das.（= daselbst 同じ箇所で）という語で始まる場合もとくにまずい。アーデルングがその例だが、末尾と引用の間にピリオドでなくコンマで済ます辞書がいくつかあることからしてもまずいことだ。場所の節約はコンマでもできないし、記号を止めても、かわりに間隔を置くから、これも節約にならない。大文字をこんな用い方にすると、固有名詞に限定するせっかくの正当で有効な用法も効果を失う。辞書というものは多量の引用を必要とし、その際の細かな正確さが強く要請されているのである。弟のしたもう一つさらに重大なことは、動詞と結びつく不変化小辞に関して、辞書でふつう尊重されている慣習から手を切ったことである。この件は少し詳しく話す必要がある。本源的には不変化小辞はすべて、動詞と対等に、離れて独立した位置に現れていた。しかしすでにサンスクリット、ギリシア、ラテンの諸語において見られるのは、この語が二度と独立することのない形で直後の動詞と結合して、特定の意味修飾を加える機能を果たしていることである。この意味修飾のタイプもすでに定着している。ゴート語とラテン語の不変化小辞の多くもすでに、このような状態ではたいてい非分離として現れる。とは言え、たとえばゴート語でgaと動詞の間に他の語が挿入され、プラウトゥス(Plautus)はpraeiに代えてi prae(進め)と言うことができた。最古から現代にいたる高地ドイツ語方言の目立つ長所となっているのは、厳密な語順に従って、動詞と共に現れる多数の不変化小辞に対して、分離能力を保持し続けたことである。ここでもっとも確実なテストができるのは命令法の形であり、命令法では不変化小辞はつねに分離して後方に位置する。前述のi praeに対応するドイツ語はgeh vorである。完全な非分離不変化小辞は新高ドイツ語で6個だけでbe, ent, er, ge, ver, zerである。分離も可能、つまり意味の違いによって、分離・非分離のいずれかになるものも同数でdurch, hinter, über, um, unter, widerである。これ以外はすべて離すことが可能で、動詞の前に付着するかそれとも離れて現れるかを決めるのは、文法的語順規則である。文法では自明のこの事情は別として、すでに古高ドイツ語において支配的であったのは、不変化小辞接合ないしは動詞と不変化小辞の合成であった。似かよった事情から、不変化小辞は名詞とも結びつくことができる。ただしこの場合は結合を解いて分離することはいっさいできない。abgehen「去る」、hingehen「立ち去る」、aufgehen「昇る」では動詞にそえられる不変化小辞が離れて現れることが可能であるのに対して、abgang「退場」、hingang「死去」、aufgang「上昇」では離すことはできない。しかし合成名詞には、合成動詞が先行したにちがいない。なぜなら、名詞的観念は本質的に動詞的観念を土台にしているからである。したがって、古高ドイツ語のapaganc(ラabscessus 退去)、danatrip(ラrepudium 拒否)、hinafart(ラdiscessus 出立)、中高独abelouf「けもの道出口」、dankêre(ラabitus 出発)という形は、当時すでに結びつきが密接だったapagangan, danatrîpan, hinafaran, abeloufen, dankêrenという動詞形があったことの証拠である。
(原注：だが本辞典第1巻850段のauseinanderの記述で述べたことを参照のこと。私自身もゆれているのである。)

このような結合の傾向がドイツ語では時代が下るにつれて強まったことは、ロマンス諸語と較べるとすぐにわかる。例えば、イタリア語のandar via(行ってしまう)とvolar via(飛び去る)で独立しているviaはweggehen「立ち去る」、wegfliegen「飛び去る」というドイツ語の weg と同じである。

上に述べた事情を認めると、はっきりしているのは、辞書ではこれらの合成語を見過ごさず、むしろ目立たさねばならないということである。筋が通らないと思うのは、durch と結びついた動詞はすべて、分離と非分離を綿密に区別して別見出しとして、アルファベット配列で並んでいるのに、dannen, dahin, daher, danieder, daran, darein, darauf, dabei という不変化小辞と結びつく動詞は、この不変化小辞の見出しの中で用例として記述されている。つまり文法的扱いで辞書的扱いでないということである[訳者注1]。これらの表現を辞書で検索する際には、独立の造語としての abgehen「去る」、annehmen「受け入れる」、aufnehmen「採用する」、eingehen「はいる」、eindringen「侵入する」を検索する際とまったく同じように、アルファベット順にページをめくってその語を探すのであって、gehen, nehmen の見出しでもなければ、ましてan, auf, ein の見出しで探そうとはしまい。第2巻 *679–684 段の daher「そこから」の記述では、辞書記述の基準にはまったくなりえないような意味区分がいくつも立てられている。それにまた、もしこの方式にするなら、第1巻で ab, an, auf, aus のそれぞれの後で、独立の見出しとなっている合成動詞はすべて、そこから引きはがして、それぞれの不変化小辞の見出しで記述しなければならないことになってしまうだろう。文法にも辞書にもそれぞれ固有の視点があり、それぞれメリットがあることは疑いない。辞書の今後の進行の経過の中で、しかるべき場所を選んで今検討したことに加えて、なおいくつもの個別規定、場合によっては制限を設けたいと考えている。

辞書の個々の箇所で、二人のどちらの分担かを確かめる前でも、読者はこれらのけっして重大というわけではない記述方法の相違を手がかりにして、すぐに判断ができるであろう。いくつもの小さな川に源をもつ二つの似かよっている川の水が、一つの河に合流しているのである。

辞書というものの性格と成果について、考察にふけっているうちに、私は言語研究と文献学の間の本質的差異の影響を認めたい気持ちにかられている。というのは、功績がある明敏な文献学者でありながら、文法と語源研究という言語研究の主要目的に対しては、天賦も手腕も示さず、そのいずれをも新しい発見によって豊かにすることのなかった人が多数いるからである。最終的には実りがある結果にいたるこの両者の相違は、これまで正当に認識され取り上げられることがなかった。しかしこんな言い方をすると、私は自分の能力と愛する弟の能力を較べたがっていると見られかねない。私の目は、人間のことよりもむしろ事柄に、弟のことよりも他の人々に向けられてしまうのは、弟の死がまだあまりにも間近な出来事で直視できず、遠まわしでも弟にふれることを思い切って口にすることができないからである。

辞書への重要な寄与を果たして、この巻も促進してくれた方々の名前を感謝をこめて次にあげねばならない。Riedel の倦むことを知らぬ資料収集は、死去の時点まで持続した。Weigand は類のない能力と意思を備え、自身の仕事を見事に片づけるに留まらず、他人の仕事にも、気に入ると手助けを惜しまなかった。Menge からはつねに整って確実な申し分のない資料抜粋が届けられた。これに劣らず念入りで役に立つ抜粋を届けてくれて歓迎されたのが、K. Wolff (Stuttgart), Palm (Breslau), Crecelius (Elberfeld), Erk (Berlin), Rüdel (Nürnberg), Seidemann (Eschdorf) である。Wallot 家の姉妹 Hedwig と Eleonore (Mainz、現在 Heidelberg) は並はずれて綿密な報告を寄せてくれた。Hildebrand が D に始まる語彙で示した持続的にして卓越した援助は、共同作業の高い能力が見て取れ、資料抜き書きと寄稿の枠をこえていた。あらたに出版された参考資料の中で、まず言及せねばならないのは、グートツァイト (Gutzeit) の『リヴォニアのドイツ語彙』である。この優れた労作はさしあたり A と B に始まる語彙だけに役立つので、第1巻に対して多大な補遺と補足をもたらしてくれる。

引用原典一覧の続編は、もっぱらヒルツェルみずからの好意と綿密な調査のおかげによるものである。

ベルリンにて　1860年2月6日

ヤーコプ・グリム

訳者注

1　文法的扱いと辞書的扱いの対立について

「分離動詞」が文法というよりむしろ正書法の問題であることはすでにふれた。(「分離動詞は正書法と文法規則を混同した似非カテゴリー」との評もある。三省堂言語学大辞典第6巻1202頁。)ヤーコプはこの対立を取り上げ、文法と辞書のそれぞれ固有の視点の違いとして、弟ヴィルヘルムとの意見の不一致を嘆いている。弟の方式に従うと、第1巻のan, auf... に始まる分離動詞を独立の見出し語からはずし、それぞれan, auf... という不変化小辞の見出し語に移すことになりかねないというのは言いすぎで、ヴィルヘルムといえども、動詞との結びつきの頻度が高い不変化小辞であるdurchの場合はan, aufなどと同様に、独立見出し語としている。ただdaher, dabei daraufなど動詞との結合の用例が乏しく(かつ動詞の形がほとんど分詞に限られる)点を考慮して、扱いを少し変える試みをしたのであろう。端的に言うと、ヤーコプが辞書の視点で文法形態よりも意味のほうに重点を置いて割り切ろうとし、弟はそこまでは割り切れずにいるのであろう。ヤーコプがいずれ機会を作ってこの問題を検討し、新たな扱いを定めたいとしているのは、すでにこの問題に気づいてのことと思われる。

付録 ヤーコプ・グリムによる見出し語ABENDの記述(一部省略)

ABEND(夕方)

男性名詞 ラvespera. 古高独âpand âbant âbunt; 中高独âbent âbunt(wunt と押韻)âbunden(funden と押韻); 古ザクセâband âvand âvond; 中オラavont, 新オラavond; フリジavend aiond iound iond, 現フリジion iun, 北フリジin; アングロæfen, 英evening. ἕσπεοος, ἑσπέϱα のウルフィラによるゴート訳は不明。ὀψέ と ὄψία はラテン訳では serum「夜おそく」とか vesper「晩に」であるが、ゴート訳は andanahti すなわち nachtnähe「夜少し前」である。モーゼ 1, 13 やルカ 24, 29 の ἑσπέϱα の訳が andanahti であったとは考えにくい。ゴート訳は êbandus または êbunþs が考えられる。古ノルドaptan aftan スウェafton、デンマaften などが逸脱した形であるのは注目すべきだ。語根につながる可能性があり、abend のように古い主要語では語根が重要だからだ。消滅したゴートiban(êbun)という語はゴートibns, 古高独ëpan「平らな / すっくりとした」その他の語の元の形であり、「以前はすっくりと立っていたが、今はもはや直立ではなく、傾いて沈もうとしているもの」(was eben und gleich stand, nicht mehr steht, in die neige gerathen ist)を意味している。「夕べへ向かう方向」という現在の意味を持っていたのかもしれない。そこから不変化小辞ゴートaf, 古高独apa「下方へ・離れて・沈んで」が生じた。したがって、êbandus または âpant は「太陽が西に沈む、日が傾く」を意味する。

der tag (neigt sich) sinkt(日が傾く / 沈む)

der abend (die nacht) fällt ein(晩 / 夜が突然やってくる)

これと一致する語に aftan があり、これは派生形 aft apt や aftr aptr(ラretro 後ろへ、戻って)と結合した形である。

形は変わっても語義は変わらなかった。古高ドイツ語には âpôn という語はないが、「夕方になる」は iȝ âbandêt(ラvesperascit)で、iȝ âbôt ではない。中高ドイツ語でも eȝ âbendet で、eȝ âbet ではない。Trist. 185, 25 の âbende は âbendende「夕の終」のことらしい。だが Heinzelin von Konstanz 5 には diu sunne begunde senken und âben tegelich(太陽は日々沈み、日が暮れるようになった)とある。Henisch も âben と同類の aben「衰え弱まる」という語を引用し、ich aben fast＝ラdeficit me aetas(私は衰弱する), es abet＝ラspatet, vesperascit(夕方になる)と表わしている。Stieler には es abet(日が暮れる)の表現があり、Stalder の記録(1, 84)からはスイス語の動詞 oben が伝わった。abend はスイス語では obed なのである。

Zachariä は言う：

lasz mit säuselndem west den abenden weltkreis erfrischen.
（去りつつある夕暮をして、ざわめく西風で、地球に生気をもたらしめよ！）
一連の慣用表現：
「夕方になる」es wird abend / es gehet gegen den abend / es gehet auf den abend / der abend bricht an / überfällt uns / kommt / naht / winkt / sinkt

ei schönen guten abend dort am himmel!
（天国で素晴らしい夕べをお迎えあれ！）

es ist aber damit noch nicht aller tage abend. =ラomnium dierum sol nondum occidit（いまだ事の成否がきまった訳にあらず）

Luther (5, 135[b]) A. Gryph. (1, 871) Göthe (15, 148. 44, 248.)

zu abend essen（夕食をとる）abend machen（1日の仕事を終える）:

die stunde,
die mit dem leben abend macht.（人生の夕べを迎えるひと時）Günther 97.

unsere noth het sabbath nimmer; lasz uns dem ort eilen zu,
wo die noth musz abend machen, wo der tag der steten ruh.
（我らの苦悩には安息日がまったくない。苦悩が仕事じまいを強いられ、常なる憩いの日がそれに代わる土地に我らを行かしめよ！）Logau 2, 199, 25.

des lebens abend （晩年）
dieweil sie vermerkten, dasz der tag mit im sich zum abend nahete.
（彼には1日がもう夕べに近いのだと、彼らが悟ったとき）Kirchhof *wendunm.* 49;
mein abend kommt heran, jetzt sollen thränen rinnen（生涯の終末が近づいて来る、今や涙が流される時だ）

abend はまた「西」を表し、das abendland は「西洋」を表す：

die liebe die hatt ihn so heftig eingenommen, dasz er aus morgenland war in den abend kommen.（愛に激しく心を捉えられ、彼は東方から西方にやって来た）

D. von Werder *Ariost* 1, 46.

der wind kommt von abend her.（風は西方から吹く）

副詞句

des abends / eines abends
am abend / zu (zum) abend / zu abentz H. Sachs II. 4. 110[d].
den abend / einen abend:

einen abend kam ein priester zum könig.（ある晩のこと僧が一人王の許にやって来た）Göthe 37, 252.
auf den abend kommt er nach haus.（彼は夕刻には帰宅する）
gegen abend / gegen einen abend.（夕方頃に）

解題 『ドイツ語辞典』

まずドイツ語辞典の歴史にふれると、萌芽は、ラテン語単語集の付録のドイツ語索引に始まる。ドイツ語彙集（ラテン語訳つき）として辞書への道に踏み出したのが15世紀後半であり、16世紀半ばに最初の本格的なドイツ語辞典が現われ、長い年月の後、頂点に達したのが18世紀後半のアーデルングとカンペの各5巻の辞典であった。

全33巻が「グリムのドイツ語辞典」と呼びならわされているのは、単なる呼び名でなく、ここで取り上げたヤーコプ執筆の序文が、没後1世紀にわたり後継者に受け継がれ尊重されたことを示している。兄弟自身が直接に編纂できたのは、合計で4巻に満たず、残り30巻近くは代々の後継者に委ねられて完成したのである。

ロマン主義思想の流れの中で、ラテン・ゲルマンに始まる諸言語文化対立の中で自民族のルーツを求めつつあった同胞に対する呼びかけもこの序文は含んでいた。

グリム兄弟はドイツ・ゲルマン語の文献収集に始まり多岐にわたる研究業績を世に出し、共に司書官兼教授の地位をえて学究の生活を送っている矢先に、「ゲッティンゲン七教授事件」に巻き込まれて失職した。この失職がきっかけになって、50歳半ばで、突如方向転換して、新高ドイツ文章語の前例のない大辞典の編者を引き受けたのである。それから25年間、辞書の重荷を背負い続け、特に晩年の苦闘ぶりが如実に示されているのも、この序文である。ルターからゲーテにいたる3世紀間に形成されたドイツ文章語の自然の姿を、主要著述家からの引用によって、丸ごと収納保存するいわば大公文書館、母語の宝庫というのがグリム兄弟のイメージした辞典であった。言語の自然な変化を阻害しがちな規範的辞書とは違って、語義も概念的定義よりも、引用例から自然に理解させる学問的辞書となった。日常の母語は歩行と同様に自然に幼児の身につくものだが、一歩進んで、選り抜きの作家の言葉にじかに接して、伝統あるゲルマンの精神生活に加わる能力の育成も視野にあったのであろう。

長文の序文によって、辞書編纂の問題点が――正書法の不備を嘆き、普通名詞の大文字書きを認めず、時流に逆らってラテン文字を断固採用したことでもわかるように――時代を先取りした独自で筋の通った考察に基づいて論じられ、派生や合成による語彙拡大、語根を重視した意味の展開、比較言語学の視点で音韻変化やゲルマン語族を中心に対応語の列挙など専門的記載が詳細なのに、語形変化や文法が手薄なのは、そのためである。その意味で、ヴァイガント(Karl Weigand)やヒルデブラント(Rudorf Hildebrand)に始まる幾代にもわたる後継者にあてた遺言的指示にもなっている。

この辞典は1854年第1巻が世に出、1世紀をこえた1960年に全巻が揃った。時は第2次大戦後で、敗戦ドイツ東西分裂のまま分担で仕事が続けられ、(ケルンの大聖堂に比されながら)大事業がついにやり遂げられた。言語と文学こそが、民族を一つにまとめる唯一の絆というグリム言語論の出発時の信念が、この時まず国民的大辞典、ついで東西ドイツの再統一で実証されたとも評せよう。一方また、日本の読者にとって、ヤーコプ・グリムは、インドゲルマン語学への道を開き、ラスク、ボップと並んで、比較言語学の創設者と認められ、音韻推移(グリムの法則)の普及によって言語学に新たな展開をもたらした偉人である。その熱い息吹に、翻訳を通してであれ、ふれられることは貴重なことと言えよう。

翻訳は、Jacob Grimm, *Kleinere Schriften*, Bd. 8 (1890) を底本にしたが、辞典自体も参照し、原注や用例の一部を省いたところがある。この辞典の見出し語からABENDを選んで、兄ヤーコプの記述ぶりを見てもらうために、和訳を交えた形で付録としてそえてみた。グリム兄弟の著書目録は、高橋健二『グリム兄弟』(新潮選書 1968) にあり、詳細な年表が、同書および谷口幸男他『現代に生きるグリム』(岩波書店 1985) に収められている。また三省堂「言語学大辞典」第2巻1989年の「ドイツ語」の項目(橋本郁雄執筆)で、詳細で正確な情報が日本語で得られることも言いそえておきたい。

[千石喬]

II

文法

『ドイツ語文法』

ヤーコプ・グリム

第１巻第１版序文（1819 年）　（高田博行 訳）
第１巻第２版序文（1822 年）　（佐藤恵 訳）

Deutsche Grammatik

Jacob Grimm

Göttingen: Dieterich

1. Teil 1819

1. Teil, 2. Ausgabe 1822

『ドイツ語文法』

第１巻第１版　序文

ヤーコプ・グリム

高田博行 訳

ドイツ語の文法についてそもそも論じられ始めてからこのかた、アーデルングの登場までに世に出されたドイツ語文法書は相当数に及び、アーデルング以後も今日に至るまでさらに数多くの著作が出されている。私はこの伝統に連なるのではなく、この伝統から脱してみたいと思う。従来のドイツ語文法書、とりわけこの半世紀のうちに出され高い評価を得ている文法書のあり様は、退けられるべきで無意味だと私は思う。なぜそうみなすのかを、まず先に説明しておく必要があろう。最近ではどの学校でもこの種の文法書を使って授業が行われるのがふつうであり、また大人が言葉の能力を鍛錬し発展させるのにこれらの文法書が推薦されるのが常である。この種の文法書は、言いようのないほどに小事にこだわっていて、もしもギリシア人かローマ人がよみがえってきたならば、彼らにこのあり様について納得のいく説明をすることは至難の技であろう。この点、他国民のほうがわれわれよりも健全な目をもっていることが多く、本気で自国語を学校で教育しようと考えることなどしなかった。きちんと検討すれば、自国語教育というものが余計であって、いつの間にか不利益をもたらすことにすぐ気づくであろう。自国語を学校で教育することで子供たちの言語能力の自由な発達が阻害され、自然が定めた姿がかき消されるのだと、私は強く主張したい。まさにこの自然の定めに従ってわれわれは、母乳とともに言語を身体に取り入れてわがものとするのであり、言語は家の父母のもとで大きく成長を遂げるのである。自然や道徳と同じく、言語もふつうとくに意識することがない神秘である。この言語という神秘は子供のときに授けられるので、言語を発声する器官には祖国の言語にふさわしい根源的な音調、しなやかさ、言い回し、硬さと柔らかさが生まれつき備わっている。このような神秘的な言語が心のなかに深く刻み込まれているからこそ、異国において自らの言語が聞こえてくると、なつかしいあの感情が打ち消しようもなく心に湧き出るのである。同じ理由により、自国語とは異質な外国語を学習するのはそもそも至難で、外国語を根本から完全に習得することは不可能である[原注1]。

さて、文法家が作る抽象的で生気の抜けた誤った規則によって、言語能力の成長が手助けされたり促されたりすると考える人など一人もいないであろう。というのも、言語の能力は今述べたように、明敏かつ素朴な自然の定めに従って奥深いところで育つものであるから。教養ある正しい話し方ができるにもかかわらず、［文法規則を詰め込まれて］若い時期を楽しむことができない子供らしくない子供や若者が生み出されるのは悲しいことである。真の詩人とは、文法家や辞書編纂家たちとはまったくちがうやり方で、言語の音声と意味と規則を駆使できる人のことである。あなたはアーデルングから何を学んだのか、そしてアーデルングの文法書や辞書を引いてみたことがあるのかと、彼らに尋ねてみるがいい。六百年前には、ふつうの農夫がみな、今日ではどんなによい言語教育を受けたとしてもとうてい達成できないような完璧で精巧なドイツ語を心得ていた。ヴォルフラム・フォン・エッシェンバッハやハルトマン・フォン・アウエのような人は、名詞と動詞の活用変化という概念など持ち合わせず、読み書きすらできなかったかもしれないが、彼らの詩作のなかでは名詞と動詞の区別が正しく行われ、正しく語形変化した。言語は絶えず変化し続けるので、この時代の正しい文法がどのようなものであったのかについては学問的方法によって再構成するほかない。もし万一私が、今日まで伝承されている言語の遺産から昔のドイツ語の特徴と歴史的経緯をしっかりと描き出すことができなかったならば、不十分な説明がまかり通り、でっち上げの規則が適格な規則とされ、さらに他のさまざまな事柄がおかしな規則によって説明されてしまったことであろう。そのような不十分な規則を書き連ねる文法書は、まやかしで過ちである。この種の文法書が学校で実りをもたらしてくれず、開花しようとするつぼみを傷つけていることは、すでに証明済みである。少女と女性のほうが男性よりも、学校で苦しめられることが少ないので、少女と女性のほうが正しく言葉を語り、洗練された書き方をし、気取りなく言葉を選択することができる。このことは多くの人が観察するところであり、根本的で異論の余地がない。それは、女性のほうが内からの要求に逆らわずに成長を遂げ、精神の成長に合わせて言語を手直しして洗練されたものにするからである。教養はなくてもドイツ語を曲がりなりにも心得ているドイツ人であれば、あるフランス人の的確な表現[原注2]を借りて言えば、自らを生きた文法書と称して、文法家の規則など堂々と無視してかまわない。

したがって、学校と家庭で使えるようなドイツ語文法書は現在のところ存在しておらず、言語の最も基本となる重要な要素を抜粋した簡明なものすら存在しない。言語の個々の要素は、今日の形姿をとるまでに計り知れない歴史を経てきている。文法研究は、厳密に学問的な研究でしかありえず、方向の違いに応じて、哲学的研究、批判的研究、そして歴史的研究のいずれかである。

哲学的文法研究は、人間言語の本質を追求し、単語と単語の関係を注視し比較することによって、言語の起源と言語の多様性という謎を解き明かそうと今日まで努めてきた。この種の研究が実際の単語を対象とし、各言語において古めかしく見える単語、珍しい単語、神聖に見える単語を例にしながら論じる傾向が強い場合（プラトンの『クラテュロス』〔語源学について論じられている〕を参照のこと）、語源論と今日呼ばれるところものに近くなる。その場合、単なる当てずっぽうで意味比較が行われるだけであるため、最も根源的な起源にさかのぼるような抽象化がたとえ行われたとしても、単語同士の意味的な関連性が見えることはない。ギリシア人はその当時、ギリシア以外の世界に関して限られた知識しか持ち合わせずに語源研究を行うほかなかったが、その後の語源研究者は、ギリシア人が予想すらできなかった補助資料や単語を用いて研究を進めることができた。この領域におけるローマ人の労作は外的にも内的にも限定的なものであり、そこで蓄積されたものはたいてい、小賢しく念入りに捏造されたほとんど無意味なものである（例えば、ウァローを参照のこと）。イシドールス以降今日に至る語源研究者たちは評判が芳しくなく、大胆でうかつな方法を採ったために、せっかくの博識と尽力が嘆かわしくも無駄になったとよく言われる。この批判には、不当なところと正当なところとがある。この批判が不当である点は、同じように大胆で不確実な主張が哲学の別領域では拍手をもって受け入れられていることである。批判が正当である点は、世界に関わる学問のなかで語源学が実際に最も異議の多い学問であり、胡散臭さとくだらなさが目につくことである。論の立て方がいつも性急すぎて、各人が各様に結論を出そうとしているという批判には根拠があり、この批判は炯眼の語源研究者を含むたいていの語源研究者に当たると私には思われる。語源研究者たちが個々の言語の相互関係をもっと慎重かつ確実に解明し、急がずにゆっくりと普遍的な比較へ進んでいくならば、われわれが研究で用いている大量の資料をもとにしていつの日か、自然史における比較解剖学に匹敵するほどに確実で、斬新で、魅力のある発見がさまざまになされることであろう。

哲学的文法研究には、今述べた語源研究の他に、もう一つ別の研究がある。それは、語源研究と比べてはるかに抽象性の高い研究法で、単語の起源を考慮することなく言語の形態と表現について一般的思索を行い、これを論理との関連で論ずるものである。この種の研究がどのような見地で行われ得るのかについては、ベルンハルディの文法を見ればわかる。不安定かもしれないが言語の歴史的な基礎となっている（これはそう呼ばれてはいないにしても、自然に土台となっている）ものから出発して、はるか彼方に焦点を定めて究極的な言語の基盤を求めるならば、この哲学的文法研究は歴史的資料を利用することで今までよりもずっと妥当で豊かで説得力のある普遍的な観察を行うことが将来できるであろう。ただし、究極的な基盤が見出されるときまでは、言語に関する抽象的な概念として考案したものを、実際に提案があったように[原注3]、さしあたりドイツ語を含むなんらかの実際の言語に適用していくべきであり、そうしない限りは、得られる成果はどうしても乏しく混乱したものになってしまうであろう。

上に述べた哲学的文法研究とは異なり、批判的文法研究の場合に根本的に重要とされるのは、実践的な事柄を対象とすることである。批判的文法研究は、言語を堕落ないし変化から守ろうとするものであって、言語の内部を徹底して調べて体系を打ち立てるというよりは、特定の時代に完璧と見なされた最良の著述家たちの言葉に基づいて体系を作り出す。この体系から逸脱したものを、批判的研究は誤りもしくは疑義のあるものと見なす。この考え方はフランスとイタリアで展開され、その他の国々でも模倣された。われわれドイツ人の場合、レーゲンスブルク［神聖ローマ帝国の帝国議会が開かれた町］でドイツ語の帝国辞典のようなものを作成しようという考えが出てこなかったのはありがたいことであったと言うべきであろう。このフランス流の考え方が影響力を失ったあとになって、ドイツ語による詩文と散文が復興したのはむしろ幸運だとみなすべきであろう。おかげで、フランス流の批判的文法研究は個別には影響があったものの、ドイツではその被害がはるかに少なくてすんだ。批判的文法研究の影響があった事例と言えば、レッシングとクロップシュトックに満足しない人たちがこの二人より前の作家の言葉を模範としたこと、また、その後に新詩作学派の批判者たちがクロップシュトック、ヘルティー、ビュルガー、フォスの言葉を模範としたことくらいである。哲学的な抽象概念を用いて現在の言語を制御しようというほとんど不可能な企てと比べると、昔の最良の著述家たちの声望に基づいて現在の言語を規制しようとすることのほうがましで、実行できる可能性が高いと思われる。しかし、それが故にまた危険性も少しばかり高いと言える。昔のドイツ語の言語的遺産に対する興味がふたたび高まったおかげで、模範となる優れた言語が実は、それまで考えられていた時代よりもずっと以前の、今では忘れ去られてしまった時代にあったのだということが判明した。このような歴史的研究の成果のおかげで、ドイツ語に対する抑圧ははるかに弱くなった。つまり、模範となるものがさらに以前の時代に見出されるため(その模範がそのまま直接的に用いられるわけではないが)、今の時代に模範とされているものの信頼性が失われたり否定されたりするわけである。一も二もなくあつかましく押しかけてきて、ドイツ語の正常な状態をかき乱すようなことには、何にもまして用心が必要なのである。

ドイツ語の性質を正しく見抜いているひとならみな、今日現れ出たような国語純化主義者に反対の立場を表明するであろう。国語純化主義者たちは、外来の言葉を最後の一つまですべてドイツ語から閉め出して、きわめて暴力的な手段を用いて、ドイツ語をさらに聞こえの快い、力強い、豊かな言語にしたいと思っている。おぞましい外来物を閉め出すべきだと見るその考え方自体は、ためらいなく敬意を払う価値がある。ただ、その際にわきまえておくべきは、今現在除去すべき語があることはたしかだとしても、さらに昔からドイツ語に入り込んでいる単語については真に外来物であるのかどうかに関して詳しく調査する必要があることである。50年前からかなりの数の雑草が高貴なドイツ語から根こそぎ除去されてきたことは、感謝と信頼の念とともに認めることができよう。除去は、まさにこのように行われるべきである。ドイツ語という庭のなかでは、昔からさまざまな草木と根っこが長い間十分に手入れされ大切にされている。その庭がよそ者に手を突っ込まれてしまうと、有害な草が根絶やしとなるのはよいが、その数以上によい草までもが乱暴に押しつぶされてしまい、また、継母の偏愛よろしく、特定の植物がえこひいきされたり、逆になおざりにされたりするであろう。感覚的である語根に精神が注入されると抽象的な単語ができ、抽象的な単語は必ず概念と結びついている。したがって、言語が外部から単語をもらい受ける理由は、その言語自体が未熟であるが故に、もらい受ける単語と結びついた概念を表現する能力がないからか、または、その概念が自らの国民性に合わず、似つかわしくないからかのいずれかである。こう考えると、フランスの宮廷の慇懃な言葉をドイツ語にせずに原語の形のままにしておくのには利点がある。もしフランスの慇懃な言葉をドイツ語に直してしまうと、[ドイツ人の国民性に合わない] 慇懃という概念に対しても、またそのドイツ語の訳語に対しても、ドイツ人は拒絶感を抱くことであろう[原注4]。学問と哲学においてラテン語を使用することも、必ずしも不都合であるとは思われない。むしろ、ドイツ語に直されることなく長きにわたりドイツ語がいわば休耕状態にあったからこそ、あとになって学問の分野でドイツ語化を豊かに精力的に行うことができ、花を咲かせることができたと言えるかもしれない。本当に必要性があって初めて、新しく作られた単語も芽吹くというものである。かつてうまく働いた精神を今もうまく働かせてみるならば未来が見通せて、外来の単語のうちどれくらいがドイツ語に許容できるのか、また、不快な単語はいつになればしっかりと除去できて、祖国を思うわれわれの心が報われるのかについて予想を立てることができるであろう。

最近の国語純化にはもう一つの別の原則があり、いくつかの文字とウムラウトの文字を除去することを通じて、そしてまた特定の造語手段を酷使して単語を造ることを通じて、ドイツ語を響きの快い、語彙豊かな言語にしようとしている。この原則は、大いに非難されるべきものだと思われる。もしこのような国語純化の原則を認めてしまうならば、徐々に立派な活力旺盛な年格好になってきたドイツ語（以前の丸みのある子供のような形は、ドイツ語には似つかわしくなくなっている）が、欺瞞の術を使って若作りし、きらびやかな飾りの付いた衣装を身にまとって見栄えだけよくした老人と化してしまうであろう。また、このような［見栄えだけよくなった］姿形をしていると、われわれがわれわれであることが識別できなくなる日がほどなくやって来るであろう。欺瞞の術を使う者たちは、いい加減に適用が許されるような万能の規則などまずあり得ないと知るべきである。単語にはそれぞれに歴史があり、それぞれに個性があるので、ある単語の語形変化と造語の仕方を、別の語の語形変化の造語の仕方に確実に適用することなどできない。どちらの単語にも共通する点が確認できて初めて、同一の文法項目とみなすことが許される。自然の法則がそうであるように、言語にもきちんとした規則性と不規則性ないし欠陥の両方が存在している。であるからこそ、方言はそれぞれに、本来は同じ源から流れ出ているにもかかわらず、お互いに相違していて、それぞれに独自性があるわけである。同じ根っこから、同じ規則的な成長しか見られないとするならば、過度な豊作も過度な凶作も起こらないはずである。いずれにせよ、現在の単語と語形を豊かにしたいと思うのであれば、ドイツ語になにが欠け、ドイツ語のなにが弱点であるのかをさまざまな観点から解明し、どうすれば補完と改善が可能なのかについて理性的に考察する必要がある。その大前提として、ドイツ語の特徴と傾向を網羅的に根本から見極めねばならない。にもかかわらず今までは、昔のドイツ語の基礎について詳細に検討されることがなく、単に今日の状態から推し測ることだけがお粗末にも横行し、新たな単語が偶然にまかせて提案されてきたように私には思われる。きちんとした検討を行わないまま、新しい単語を何百も大量に作り出すことなどなんら難しいことではなく、そうすることで辞書の収録単語を何千も増やすことが簡単にできるであろう。それにひきかえ、昔から引き継がれている語根と語形の場合は、ほんの十個でも失われてしまうと、埋め合わせがもはや二度とできなくなる。言語はさまざまな損失を体験してきたし、また損失に耐えねばならない。損失を唯一真に埋め合わせる方法は、言語精神のたゆまない創造力に頼ることである。言語精神は、巣を作る鳥のように、たとえ卵が捨て去られても、ふたたび新たに卵を温めることができる。詩人と著述家は、目に見えないこの言語精神の働きぶりを、熱情と感動のなかで感情を通して感じ取ることができる人たちである[原注5]。

批判的文法研究が法律を制定するような挙に出ると、今現在の言語は活力をほとんど失い、きわめて重大な阻害を被る。しかし逆に、批判的文法研究がこの誤った見解にとらわれないならば、批判的文法研究は言語と文芸を研究するための重要な拠り所および前提となる。ギリシアの批判家ないし文法家たちは、きわめて入念にホメロスを初めとする昔の詩人の原文を純正に保ち修復し、注釈を加えた。この注釈は極端に小事にこだわりすぎていたことが多かったとはいえ、注釈に含まれている貴重な説明のおかげで、後世の人は苦労なく原典の単語と意味を理解することができる。このように、不必要な変更や改新を行うのではなくて、過去の言語的遺産に敬意を払って、過去の言語的遺産の形を保持し、不明なところを説明するという方法は、一つのよい見本となる。批判的文法研究を実践に移す方法としては、個々の著述家の本来の姿に迫って、原本の写しに紛れ込んだ誤りを正すということしかあり得ない。一人もしくは何人かの著述家から一般的な法則を引き出して、その法則を他の著述家たちや後の時代の言語に通用させようとするあり方はあってはならない。そもそもギリシアの注釈者たちに欠けていたのは、歴史という基準だけであった。もしかれらにこの歴史という観点があったならば、もっと完全な労作を世に出し、誤った道に迷い込むこともなかったであろう。ドナトゥスとプリスキアヌス以降のラテン語文法家の場合、言語に関する単なる観察の部分と批判的考察の部分とがギリシアの場合よりもきちんと分けられていた。このときのラテン語をめぐる言語状況は、ギリシアの時代とはまたまったく異なっていた。すなわち、ラテン語はふがいなくも突然に衰退し、ラテン語という言語は死滅してしまっていたのである。どうしようもなく混乱した［ラテン語から派生した］ロマンス語の諸方言は、ラテン語の継続物とはほとんどみなすことができなかったので、信頼性の高い昔の原典からラテン語の内的構造を究明することが、もっとも緊急の課題として必要になっていたわけである。この博識と洞察力のある［ドナトゥスとプリスキアヌスのような］人たちのおかげでラテン語は学校で教えられるようになったのであり、彼らこそが近世の文法の創始者であり、今日まで通用している文法術語の大部分を作り出した人たちでもある。今日の文法家が努めるべきは、ラテン語文法家の正確さとギリシア語文法家の視野の広さとを統合して、今日よい研究環境が整っている歴史的文法研究の成果をうまく役立てることである。

ドイツ［ゲルマン］系を初めとしてどの近代諸語も、今まで歴史的な取り扱いがなされてこなかったことはほんとうに不思議である。われわれには数多くの言語的遺産があったし、また、この4世紀のあいだ少なくとも最古の気高い言語的遺産を愛してやまない人も、その言語的遺産を公刊する人も、欠けることはなかった。その間に、語根に関する知識は申し分のないものになったが、文法に関する知識はずいぶんと後れを取った。昔の史料を使って研究することができた人も、文法研究とは別の目的で研究を行い、今の言語と最古の言語とを結ぶ中間的段階の時代の調査をおろそかにしたため、新しい言語形式と最古の言語形式の関連性を認識することができなかった。文法家もまた、古い時代の言語的遺産はもちろんのこと、中間的段階の時代の言語的遺産のこともほとんど気にかけず、せいぜい直近の時代のことに注意を払うだけであった。文法家たちはふつう、自分たちの時代の言語状態が優れていると思いこみ、自分たちの基準に従って規則を説明し、さらには自分たちの基準に従って後世の言語の規則を定めようとまでした。われわれのもっている書物のなかで、文法書ほど、有益に見えながら実は内容が伴っていないものはほかにないであろう。すでに上で私は、学校で文法を直接的に用いることを批判したが、まさに学校教育で使用されているからこそ、毎年毎年新しい文法書が出版されるわけである。適切性についてじっくり考えてみると、この大量の文法書はまったく読まないで済むものであることがわかる。

私の著作より優れた著作がほどなく現れるかもしれないが、私は最初の試論としてドイツ語の歴史的文法にぜひとも着手したいと考えた。今のドイツ語のあり方を思うと、どうしてもギリシア人とローマ人のことがうらやましくなってしまう。しかし、私は古いドイツ語の史料を入念に読むなかで、ドイツ語がギリシア語とラテン語とまさに変わらぬ形式と完全さを有していることを発見した。私の目に徐々にはっきり見えてきたのは、その痕跡が、今のドイツ語のがれきのなかに、いわば化石のように残っていることである。新しいものと中間的段階のものとを並べて比較し、さらには中間的段階のものを経由して古いものへ手を伸ばすことによって、私は新しいものと古いものとを関連づけることができた。同時にまた、姉妹関係にあるさまざまな言語のあいだに大いに驚くべき類似性があることがわかり、また、姉妹関係にあるさまざまな言語間の相違のあり方に実は特定の関連性があることが今まで見過ごされてきたこともわかった。さらに先でつながり合っている関連性を細部に至るまで検討することが、たいへん重要に思われた。この検討を行うには完璧さが大いに要請されると思うが、現在の私の能力はそれにはるか及んでいない。

ドイツ民族に匹敵する言語史を持つ民族は、他にいない。ドイツ語の場合、史料は過去2千年前にまでさかのぼり、言語に関わる史料と遺産がこの2千年の間に連綿と続いている。比較的古い言語のなかで、ドイツ語ほど長期間にわたって多様な出来事を経験してきた言語があるだろうか。インド語やギリシア語などはドイツ語よりも完全な言語であるが、そのような言語であっても、言語の歴史と経緯を知る上でドイツ語ほどに示唆に富む言語はないであろう。

古高ドイツ語を確実に理解するには、しっかりした文法的研究が望ましいだけでなく、不可欠でもある。その際、古高ドイツ語の言語的遺産に限定して調査することは可能で、実際またそのほうが私にとって容易であったであろう。しかしながら、私がほどなく気づいたことであるが、調査の土台としてゴート語も研究対象としないとそもそも立ちゆかず、また低地ドイツ語の影響を考慮しないと、13世紀の中高ドイツ語の詩人たちの言語を今日のドイツ語とうまく関連づけることはできない。そこで私は、低地ドイツ語の源となるザクセン語、英語、フリジア語にも注意を払い、さらには、活力があり自由な発展という点で他の言語に抜きんでている北欧諸語も調査対象に加えることにした。そのように広範囲にわたって調査をしてみることによって実際に研究成果が上がるわけで、偉大なドイツ［ゲルマン］部族の話したこれらの言語のどれ一つが調査対象からはずれても、きっと研究全体に著しい不都合が生まれたことであろう。

さらに私は、太初に存在していた可能性のある未知の共同体の言語を調査対象とすることに大きな誘惑を感じた。ある程度まで研究が進んでいる段階で、そこで止めてさらに先を挑まないでおくというのは困難なことである。そうは言っても、主だったヨーロッパ諸語どうしの関連性やヨーロッパ諸語とアジア諸語との関連性について私見を披瀝するには、本書に与えられた紙面は少なすぎた。そのため私になんとか可能であったのは、個々の事柄に関して、とりわけ動詞の活用に関して、詳述はしなくても足がかりとなるものを示すことであった。とは言え、すでによく知られている全般的な事柄については正確に詳しく述べる必要があり、ヨーロッパのかつての住人たちに関してはとくに詳述せねばならない。さまざまな部族が重なり合うようにしてアジアから移ってきて、他のアジア人以上にその土地のペルシア人とインド人と近しい関係を結んだ経緯から、ヨーロッパのかつての住人たちについてはすでに事情がよくわかっている。ただし、これらの住人たちの言語に関しては大部分があまりよく知られておらず、私の知識も不十分であるので、本書で詳細に扱うことは叶わなかった。本書をほとんど書き終えた段階で、私はラスクの優れた懸賞論文[原注6]を知り、それによってドイツ語がラトヴィア語、スラブ語、ギリシア語、ラテン語と多岐にわたり関わり合いを持っていることについて広範な知識を得た。ラスクの論文では、ドイツ語とスラブ語の形態がラトヴィア語とリトアニア語に入り込んでいることがとくに興味ぶかく解き明かされている。この事実は、ゴート人が他の未知の民族たちといっしょにその地域に居住していたころの歴史を知るのにきわめて重要である。ラスクは、現在のところロシアのアジア地域を調査旅行中であり、そこに居住する民族の言語について、さらにまたこれらの民族とドイツとスラブの部族との関係について、重要な発見を持ち帰ってくれるであろう。ラスク以前の調査旅行者は、ただ語根を収集することしかできなかったが、ラスクのような言語の内的構造に精通した者であれば、このように創造力豊かに確実に事に当たることができるのである。昔のドイツ［ゲルマン］語諸語の状態に関して私とラスクとで意見が一致することで、私の研究の正しさが証明されたことになり、私は非常に嬉しく思う。歴史的言語研究というものは、お互いに独立して行っても、必然的に類似した結果に至るわけである。ラスクの論文は、ヨーロッパ諸語の相互関係に関してかなりの程度私の助けとなった。個々の事例を集成することに重点を置いた本書を是非ともラスクに読んでもらい、とくにまだあまりご存知でない古高ドイツ語と中高ドイツ語に関して補充や補足をしていただき、その正しさを確認してもらえれば幸いである。ラスクがペルシア語とインド語を意図的に研究の対象からはずした点は、ラスクの長所であり賞賛されるべき点である。自分の内側にあるものから、つまり自国語から出発しようとする場合、自制してこそよい仕事ができるものであって、ドイツ語を中心に置いてその周りにスラブ語、ラテン語、ギリシア語を配置する同族性の輪は、ペルシア語とインド語を周りに配置する場合と比べて小さく済み、そのおかげで調査が行いやすくなるのである。これらすべての言語のうち、サンスクリットがもっとも純正でもっとも起源に近い言語であり、サンスクリットについて徐々にわかってきた調査結果はきわめて重要で、歴史文法の研究を最終的に成し遂げるための要石であると思われる。サンスクリットの調査を、最もふさわしい同国人であるボップ[原注7]の手に委ねることができたのは幸いであった。

私が本書を執筆するに際して利用した史料と補助文献については、本書の序章で詳しく説明を行うこととする。入手可能な重要なものは、今までにほとんどすべて入手できた。そのうち主要な史料についてはすべて、私は1度ではなく10回以上読み込んだ。引用した例はすべて私自身が見出したもので、その責任は私にあるが、膨大な数に及んだため書き誤りと誤植があった場合はどうかお許し願いたい。次の三つの史料は、残念ながら私は見ることができなかった。その一つ目は、ザンクト・ガレンに埋まっていた9世紀、10世紀の古高ドイツ語の言語的遺産である。二つ目は、今ではラインヴァルトの総合福音書とともに手書きで遺されているミュンヘンにある古ザクセン語の総合福音書で、三つ目は、今の時代になってミラノで再発見されたゴート語の言語的遺産である。このゴート語の貴重な史料が発見されたのを聞いて、ゴート語に関して執筆を考えている人はみなひるんだことであろう。なぜなら、この新しい資料をほんの数行でも読むだけで、それまでに幾多の苦労を重ねて行った研究も無意味となり、根本から覆されるかもしれないのであるから。私の場合、本書を仕上げる最中にこの知らせが届いた。私は、新しいゴート語の史料が公にされるまでにまだ数年かかると考えて、重要さを失ったわけではない従来の史料に基づいてゴート語の基本的な姿を暫定的に描くよう配慮した。そうすることによって、将来に新たな知識がもたらされたときに、すべてが否定されることにはならず、補足を施すことで済むわけである。ウルフィラの著作を補完することなど以前はほとんど不可能だと考えられていたが、今ではほとんど確実に可能になった。このことは、ドイツ語の歴史を解明するという企てが良い星回りにあることを意味する。1200年以上もの長期間にわたって日の目を見ることがなかったこのゴート語の新たな言語的遺産のおかげで、語根に関して、また文法的関係に関して新たな知見を得ることができるであろう。これをみすみす見過ごすことなどできようか。いわば、ドイツ民族の起源と栄光について証言を行うために、死者たちが再びよみがえってくれたのである。

本書における配列と区分の仕方について、いくつか大きな疑念を抱く人もいるであろう。しかしそれは、本質的なものというよりは偶然的なものである。私は、今までなおざりにされ叙述が困難であった形態の歴史的変化について先に書くことが賢明だと考えた。名詞の活用変化と動詞の活用変化について［一つの巻で］一緒に扱うことにした結果、紙面を節約し不必要な図表は省いたにもかかわらず、二つの章だけで大部の本となってしまった。特に比較してみるという観点でテーマをいくつか設定しておいたならば、きっと全体としての明確さが増したであろう。紙面を重要な事項に割くために私は、古い単語に付け始めていたラテン語の注釈をほどなく省略せざるをえず、さらにまた、損失になると私はわかっているのだが、せっかく収集していた用例の多くを本書に載せるのをさし控えざるをえなかった。このような状況に鑑み、紙面を相当に喰ってしまう音韻と文字の章と文法上の性と造語の章を形態より先に配置することは得策ではないと考え、これら［音韻と文字、文法上の性と造語］すべてを本書の第２巻に廻すことにした。［本書の第１巻で］形態論を先に扱うことで、音韻の一般的な［対応］関係の歴史的発展について考える拠り所と手がかりが多く得られるのは有用であると私は考える。本書に正書法について揺れがある、もしくは独断的であると思われる箇所があった場合は、第２巻で文字を扱うときまで容赦していただければと思う。定義を行ったり、導入部を間に挟んで論述を進めたりすることは、私には不要に思えた。以上の点を除くと、私は個々の術語や配列に関して従来の慣習にもっぱら従った。

ラテン語の術語に関して私は何点か、詳しく説明を加えねばならない。新しい文法家たちは、ラテン語の術語をドイツ語化することを自らの主たる功績の一つと見ている。ドイツ語の名称が次から次へと提案されては、提案される名称がくりかえし違っているので、ドイツ語の名称をめぐって長い時間を掛けて投票ができるほどである[原注8]。ドイツ語による名称はどれも不明確で漠然としているため、私は術語のドイツ語化に対して批判的立場を取る。ラテン語の術語は、子供の時から学校教育を通じて私たちの頭のなかに刻み込まれていて、術語を聞いたときに何を指しているのかについていちいち考えなくとも、その術語が指す概念をすぐに思い浮かべることができる。哲学の場合と同様に文法の場合も、それぞれの抽象概念が初めて考え出された瞬間にすぐに名称が与えられねばならず、抽象概念を言い表す名称は長い時間と練習をかけて定着していく必要がある。新しく造られた名称を聞くと、その名称が本来もつ具体的な意味がどうしても頭に浮かんでくるので、どんなふうに訳してもどんなふうに真似てみても滑稽で、少なくともわかりづらさが残る。属格を言い表すラテン語の術語 Genitiv に代わるドイツ語名称 Zeugefall（生む格）を耳にしたり、与格を言い表すラテン語 Dativ に代わるドイツ語名称 Gebfall（与える格）を耳にしたりすると、私はいつもそんな印象をもった。ドイツ語の名称では概念に抽象性がなく、真正の概念が得られない。Grammatik（文法）に代わる Sprachlehre（言語の教え）でさえ、ラテン語の術語の当たり障りのなさと比べると、ぎこちなく、また捏造されたもののように聞こえる[原注9]。最近では、新たな名称を与える代わりに数字の順序で言うという原則がますます蔓延していて、疑念を引き起こす余地のある新語ではなく、主格を１格、属格を２格などと呼ぶことでうまく対処しようとされた。このような数字を用いるには、格がそれぞれどの順序で並んでいるかが常にわかっている必要があり、思い違いが生じてしまうばかりか、古びた慣用がよいわけではないが、従来の格の配列順と異なっているという正当な異議を唱えることもできよう。以上のことから、われわれは少なくとも純然たる歴史的研究においては、今後まだ長きにわたってラテン語の術語を用いることができる。また、利便性という観点からしても、ラテン語の術語を保持することに意味がある。利便性を軽視してはいけない。長い時間をかけて定着した抽象概念は、いくつもの派生語が作り出せるという点で、語根に近いものと位置づけることができる。ラテン語術語の Grammatik から形容詞 grammatisch または grammaticalisch を、Accusativ から形容詞 accusativ、Conjunktiv から形容詞 conjunctiv を無理なく派生できるが、ドイツ語による名称の場合、Sprachlehre（文法）から形容詞 sprachlehrlich を、Klagfall（対格）から形容詞 klagfällig を、Verbindendweise（接続法）から形容詞 verbindendweislich を造り出すことは許容することも受け入れることもできない。純化主義者たちは、ドイツ語で言い表す場合、このような言い換えという面倒な方法を使って苦労することになる[原注10]。外来語をドイツ語として言い表す場合、外国語風に見える語尾や活用変化を削除したり、性を変更したりして、ドイツ語風に仕立てられる。例えば der Infinitivus, des Infinitivi と［ラテン語式に］言うよりも der Infinitiv, des Infinitivs と言った方がよりドイツ語らしい。私が子供の時から聞いてきた der Syntax（統語論）という［男性名詞の］術語が何故、die Syntaxeというわざとらしい［女性名詞の］語形に屈せねばならないのか、私には理解できない。Tempel（寺院）が男性、Fenster（窓）が中性といった具合に、ドイツ語における性が元の言語の性とは異なっていることは多くあるではないか[原注11]。ただし、ドイツ語の文法についてラテン語文法に存在しない概念を言い表す必要がある場合や、他の言語に頼ることができない場合には、ドイツ語による名称を新たに考えてみる必要がある。純粋な与格と似ているが別の形態とみなすべきものが存在することに私は何度か気づいたが、これについてはInstrumental（具格）とLocalcasus（所格）という適切な名称をスラブ語文法から得ることができた。ただし、与格と奪格とは大部分が同形になったため、それを与格と呼ぶか奪格と呼ぶかはほとんど偶然的な選択であった。私がドイツ語で「強い（stark）」、「弱い（schwach）」、「ウムラウト（Umlaut）」、「逆ウムラウト（Rückumlaut）」、「母音交替（Ablaut）」と名付けたものについては、名称自体は二次的なことで、その名称が指す内容が肝要である。とはいえ、これらを表す独自の名称がなければ、言い換えという表現法を採るほかなかったであろう。私が提案した名称よりも適切な名称を考えてみたいという人が現れれば、名称についてはその人にお任せしたいと思う[原注12]。

これらの名称は、歴史文法の研究が時を重ね継続されていけば、導入当初には多くの面で困難があっても、広く受け入れられていき、よりよい果実を結ぶであろう。逆に、これらの名称の使い勝手が悪ければ、消えるであろう。本書のような趣旨の本では、内容自体もさることながら、分量を制限して一定の枚数内で簡潔に書いてこそ、読者諸氏に温かく迎えていただけると私は考え、実際にそのようにした。本書においてドイツ語の名詞と動詞の活用変化について私が当初思い描いていたような完全な論述を行っていたならば、今の倍の分量が必要となったことであろう。語根を探し出すだけでは不十分であり、個々の単語について全時代を歴史的にさかのぼらねばならない。こうして初めて、それまでの活用変化を忠実に温存しているのはどの単語か、変化してしまったのはどの単語かが明確にわかる。それにより、言語の歴史的進展に関して確実な推論を引き出すことが可能となり、こうして一連の認識を統合していけばますます大きな眺望が開ける。この目標を達成できるよう、私は真摯に研究を継続していきたいと思う。今日のオランダ語、英語、北欧諸語には、とくにそれらの言語の諸方言と過去500年に出された書籍のなかには、歴史文法にとって重要なものが潜んでいるので、これらの言語に明るい人たちにぜひとも熱心に研究していただきたいと思う。私は、高地ドイツ語についてですらそうだが、どの言語についても、今日の言語状態に関しては意図的にきわめて不完全な論じ方しかしておらず、輪郭を描いたにすぎない。

本書の印刷はたいへんゆっくりと進み、丸1年以上かかるであろう。したがって、その間に新たな認識がいくつも得られることがあろう。そのうちのわずかだけでも、本書に補遺の形で報告するつもりである。補遺と修正は、面倒な最初の組版にうまく嵌めこむことができた。多くの事柄がすでに知られており、そのうちのいくつかは今まで好んで扱われてきた。しかし他方で、今までなおざりにされてきたよく知られていない事柄も存在する。完全な文法書を目指すならば、非常に困難なことではあるが、このなおざりにされてきた事柄も一様に扱う必要があろう。識者であれば、［本書の場合］取り扱いが一様に揃えられていないことに容易に気づいても、それを責めはしないであろう。私は史料を検討するに際して、何百もの事柄に注意を払わねばならなかった。ほとんどなにも先行研究がなかったため、私は一つの格、一つの人称を決めるに際して常に入念に考える必要があった。したがって、私の行った説明がヒック(Hick)、テン・カーテ、そしてさらにはイーレ(Ihre)、フルダ(Fulda)、ツァーン(Zahn)らの説明と大部分異なっていても、不思議に思わないでいただきたい。本書を執筆した時には、古高ドイツ語の文法は、そもそもまだ一つも作成されてはいなかったのである。古ノルド語文法についてのみ、私はラスクに依ることができた。私が本書で説明したいと考えた主たることは、どのドイツ［ゲルマン］語族も互いにきわめて密な類縁関係にあり、今日の形態は一つ前の形態、昔の形態そして最古の形態にまでさかのぼらないと理解できず、したがって現在の文法構造は歴史的にしか示すことができないということである。私は本書のこの趣旨を説明することに、失敗はしなかったと思う。双数、受動、中動、子音重複、そして変則形の体系など、長い間なおざりにされてきたものに関して、私はドイツ語についても説明するよう試みた。本書の第2巻において、なかでも私が苦労して収集した造語と合成と統語論の章においては、さらに実り多い発見と解明が可能となるであろう。説明は不十分でぎこちないものに見えるかもしれないが、私は意図して、史料から実際に説明が可能であるものに限って説明を加えようと考えた。無理をして不確かなものに手を伸ばすくらいなら、おぼつかなく不完全であるように見える方が好ましいと私は思う。慌ただしく全体を関連づけて叙述するのではなく、ゆっくりと歴史的な立証を行いながら現今の不明瞭な姿を解明しようとする場合、成果はどうしてもある程度もどかしいものになるであろう。正しい道を進んでいるという感情(これを著者の良心と呼ぶことができようが、過ちがないという妄想とはまったく別ものである)を、私はこの苦労多い研究のなかでいつも抱いてきた。参考となる研究成果を示して下さる方々すべてに、私の著作を厳格に吟味し間違いを正してくださるようお願いしたい。とくに、友人であるゲッティンゲンのベネッケとミュンヘンのドツェン(Docen)、そしてケーニヒスベルクのラッハマンの各氏には、このことをお願いしたい。同じ研究分野の者に新しいことを最も多く言うことができる人が、最良の研究者である。私は新しいもの、よりよいものを喜んで聞いてみたいと思う。

カッセル、1818年9月29日

私がドイツ語の歴史から学んだいくつかの主要な命題

1) 13世紀の高地ドイツ語の形態は、今日のドイツ語よりも洗練され純正で、また8世紀の高地ドイツ語は13世紀の高地ドイツ語よりも純正で、また4世紀ないし5世紀のゴート語はさらに完全である。したがって、1世紀にドイツ［ゲルマン］の諸部族が話していた言語は［完全さの点で］ゴート語すら凌ぐものであったと推測される。［時代が下がるとともに］屈折能力が衰退していったことは、形態から計算することもできよう。新高ドイツ語の名詞の語形変化は6つの語尾で十分である(e, en, ens, er, ern, es)。古高ドイツ語の語尾は25個(a, e, en, eo, eon, eono, es, i, ien, im, in, io, iono, iu, iun, o, om, on, ono, u, um, un, ir, iro, irum)、ゴート語の語尾は40個(a, ai, ais, am, an, ans, e, ei, eim, ein, eino, eins, eis, i, ja, jan, jane, jans, je, jis, jins, im, ins, jo, jon, jons, jono, ju, jus, iwe, o, om, on, one, ono, ons, u, us, uns, s)である。しかし、単に語尾の数ではなく、それぞれの語尾が使われる事例数を数え上げるほうが正しいであろう。というのも、中高ドイツ語のhirte(牧人)、hane(雄鳥)、erde(大地)にあるeはそれぞれに違った事例であるので、このeには新高ドイツ語の場合のeよりも多くの事例数を数える必要があるから。ゴート語では15種類の名詞活用変化でおよそ120の事例を表すことができるが、今日のドイツ語では30の事例も表せない。現在のインドの言葉は、神聖な言語として長い間不動の地位を占めているサンスクリットとは恐ろしいほど異なってしまっている。まだアジアに住んでいた頃のドイツ人の祖先の言語は、サンスクリットとの類似性が今よりもはるかに大きく、またきわめて重要であったにちがいない。かつて個々にどのように異なっていたのかについては知られていないにしても、このことは確実に推定できる。他の部族、たとえばスラブの部族も同様であったと推定せねばならないが、彼らにはドイツ民族と同じような歴史がないので、同じくらい豊かな証拠を出すことはできない。しかし、すべての証拠と比較からわかることは、今日残っている言語的遺産から見えてくるサンスクリットこそは、人間による研究が及ばないような完全で太初の言語であると予見されるということである。

2) 言語の場合、太初の誕生の時点に完全形が存在するという点で、人類の成長とは馴染まずまったく正反対である。言語は、本来の性質を徐々に解消しながら、異化していく。一面が高まったかと思うと、他面が下がる。つまり、［本来の性質を強くもつ］古い言語は肉体的で具象的で無垢であるが、［本来の性質を失った］新しい言語は精神性が高く抽象性も高くなっていく。新しい言語の場合、単語はどうしても表面的で二義的である。古い言語は単語が豊富で、他の語根と合わせて素朴な表現を作る。古い言語に存在する語根はどれも、自らの手足と関節を自在に使ってさまざまな動きに体を合わせることができ、また語根同士が一緒になっても本来の意味が一貫して残る[原注13]。新しい言語は語根を放棄し続け、表現は鋭く意図的でかたくなで、外部の手段に手を出し、合成を好み、あたかも裸でいるのを恥ずかしがるかのように、わかりやすい表現ではものごとがうまく言えないと思っている。例えば、今日では特定の関連で、Das ist schlechter「これのほうが悪い」と言うよりもDas ist weniger gut「これのほうがよさが少ない」と言うほうが洗練されているとされるのがその一例である。そのため、新しい言語では、不規則な比較変化が徐々に解消されていく(*233–236頁を参照)。

3) 古い言語のもつ内的な強さは、野生人や、自然のなかで簡素に暮らす羊飼いや狩人のもつ、鋭い顔、聴覚、嗅覚にたとえることができる。それにひきかえ、新しい言語の場合は、悟性が大きく勝っている。新しい言語では、詩文は消え去り、散文(平俗な散文ではなく精神的な散文)のほうが似つかわしくなる。言語の肉体が減じ、言語の精神が増える。ただしこれは、肉体と精神という二つの方向性が存在しているという意味であって、肉体と精神とが離反しているという意味ではない。というのも、歴史上知られている言語の最も完全な形態に精神的な原理がまったく欠けていたわけではないし、また逆に、精神的形成が最もなされている形態が肉体的な原理とまったく無縁であることはないであろうから。両者はむしろ必然的に統合されていて、ただそれぞれにその程度が異なるだけである。このことが正しいことは、いくつもの影響を受けて形成された文芸の歴史によって実証される。まず8世紀から11世紀まで見出せるドイツの文芸は、14世紀から18世紀になるまでは荒廃したが、その間12世紀、13世紀そして19世紀には栄えた。つまり、文芸の盛衰は、必ずしも言語の力の高低に依存しているわけではない。また、移行期においては言語の精神的形成の原理が文芸とうまく調和し、母語を用いることが誇りとされた。(13世紀には文書においてラテン語が排除され、またそれとは異なるあり方で18世紀には母語が慈しまれた。)しかし文芸自体においては、上でのべた2つの正反対の方向性が支配していて、一方で叙事詩の豊満と快活さがあり、他方では戯曲の精神的な力がある。古い言語と古い文芸のほうが純粋で無意識的で天の起源に近く、したがって偉大である。新しい言語と新しい文芸は、人間の手に触れて貧しく複雑なものになってしまった。

4)　タキトゥスの時代のドイツ［ゲルマン］人とドイツ［ゲルマン］語が粗野であったとされていることは、取るに足らない馬鹿げた主張である。私はここで、アーデルング[原注14]がその粗野さの理由として挙げた点のいくつかについて少し詳しく考察しておきたい。アーデルングが言うには、当時のドイツ語の単語は一音節で、重ねられた子音、また気音と開母音のために無骨で粗野に聞こえ、必要最低限の語形変化はあってもすべての語形変化があったわけでなかった。しかし私は、語形変化はその当時のほうがその後よりも完全で完璧であったと確信している。また、豊かでたくましく、柔らかな響きのよい音がなかったわけはなく、優れた語形変化にふさわしい快い音が伴っていたにちがいない。開母音と二重母音は、聞いて不快なものにはならず、響きのよいものであった。というのも、さまざまな音が釣り合いを保っていてこそ、真に心地よく耳に響くのであるから。今のドイツ語は、aとuという音を多く失ったため、聞いたときの心地よさが減じてしまっている。

ドイツ語が発音しづらくて難しいとローマ人が思ったのは、それとは別の理由によるものであって、フランス人たちが響きのよいドイツ語の単語に対して物おじするのと同様の説明ができるかもしれない[原注15]。しかし私が思うに、ローマ人は実際にはわざわざ母音を間に挟み込まなくても、たいていのドイツ語［ゲルマン語］の名前をかなり正しく発声できたはずである。ローマ人が［発音がしやすいように］挟み込んだと偽りの主張がなされた母音は、実際にはすでにドイツ語のなかに初めから存在していたのである。アーデルングによれば、Alraun は alirumnia に、Harzer (!) は Cherusci に、Marbod は Marobodnus といった具合に、言いやすいように母音が付加されたというが、これはまったくの思い違いであり、19 世紀の言語状態から 1 世紀の単語のことを考えてはいけないのは明白である。また、響きのよい音が、その後 4 世紀のゴート語と 6 世紀から 9 世紀の新高ドイツ語において突如として多く誕生し、活用変化も豊かになり、文法関係もさまざまに表せるようになったなどということがあり得ないことは証明可能なことである。実際は逆で、歴史の進展にともない、これらの時代には［タキトゥスの時代のドイツ語と比べると、音声の面でも語形変化の面でも］すでにかなり堕落が始まっていたと思われる。したがって、segimundus, baduhenna, ariovistus, hermunduri, idisraviso 等のようにラテン語の格変化語尾が付いた名前は別にして、8 世紀の amisala（ツグミ、今日の Amsel）、reganesburc（都市名、今日の Regensburg）、fridu-ric（人名、今日の Friedrich）、fliazan（流れる、今日の fließen）、tonorota（雷が鳴った、今日の donnerte）など母音が豊かに入っている語形は、ねつ造されたものではなく、昔のドイツ語ではこのようにきれいな発音であったわけである。これらの言語的遺産について、母音をどこかから借りてきて名前の響きをよくしようと考えるような人もいなければ、またそうする理由もなかった[原注16]。

5) 以上のように、昔の言語を一音節の言語と考え、のちの時代の言語を多音節の言語と考えて、両者を対置させることはできない。実際はその反対で、古い言語は新しい言語よりも音節が多い。古い言語で 4 音節である Loganaha は今日では Lahn（河川名）で 1 音節、3 音節であった fridurih は今日では Friedrich で 2 音節、4 音節であった属格の fridurihhes は今日では Friedrichs で 2 音節である。古い言語では、語形変化するとしばしば音節が一つもしくはそれ以上に増えた。今日では Bote（使者）の複数属格は Boten

であり2音節で変わらないのに対して、古い言語ではbotoの複数属格はbotonoであり音節が一つ増した。したがって、古い言語のほうが純然たる語根を惜しげなく用いていて、語を別に借りて付け足すことは少なかったと言わねばならない。古い言語は多音節であるにもかかわらず、全体として印象は簡潔である。接辞を借りてつなげることは多くなかった。古い言語では、単語は自然に完璧に組み立てられていて、屈折は語根と同じくらい重要である。それに対して、新しい言語では、意味を担う語根のほうに決定的な優位があり、屈折については最も基本的なものだけが残り、最後には屈折が完全に摩耗することとなる。新しい言語では徐々に縮約が進行し、響きのよさが失われるが、その代わりに精緻化と抽象化が獲得される。古い言語では、屈折と語根の役割分担が感覚的にわかったが、新しい言語では、それがおろそかになっている。古い言語では、屈折は語根と同様に原初的で真の命があり、屈折の由来元がまだ感じられた。新しい言語は、意識的に響きのよいものにしようとされるが、実際に響きがよくなると、明確さが、感覚的な明確さがふつう失われる。昔は、特に何もしないでも響きがよかったのである[原注17]。

6）　言語は、なにかとやりくり上手である。言語は最も目立たない最小の手段を用いて、偉大な事柄を達成する。失われたものがあると、必ず全体の中から補填がなされる。なにかが失われると、言語全体がそれに気づき補填するので、言語は一生涯にわたり変化しつづけ、どこかで停止するということなどない。言語には母親のような我慢強さがあり、A. W. シュレーゲルのうまい表現[原注18]を借りると、言語は、どの部分が壊れても常に鋳造し直すことができる鉄の器具に似ている。もしも言語が気むずかしい浪費家であったならば、言語はすぐにお金が尽きてしまい、ぐらつき衰弱することであろう。

7）　言語の歩みはゆっくりしているが、自然の歩みと同様に停止することはない。立ち止まることは決してなく、後戻りすることなどさらにありえない。ただし、言語は全般として一方向に向かって歩みを進めるからと言って、特定の部分、単語、形態が一定期間、昔のまま温存され残ることがないわけではない。そのような化石は、それが何であるかがわからなくなり、最終的には消失することになるが、後世において［一定期間］残存する。それを説明するには、基数詞zwei（二つ）の語形変化の例が適しているであろう。

18世紀の中葉まで、この基数詞は、男性形ではzwen、女性形ではzwo、中性形ではzweiが保たれたが、今ではこのまことに正しくて良い区分がもはや感じられず、顧みられなくなった。女性複数の語尾oは、何世紀も前から他のすべての語において死滅していたが、唯一zwoという語のなかに残っていたのである。自分の青少年時代にはふつうであったのに、時代の経過と共に変化したり失われたりした単語、意味、言い回しがあることを、だれしも思い出すであろう。最良の著述家を50年ごとに比較すると、そのような変化が見て取れる。したがって、今の言語が将来もそのまま変わらないと考えるのは愚かである。今の言語の形態が摩耗していくことは避けられず、実際にすぐにそうなりそうな実例を挙げることもできるであろう。ただ、このゆっくりとした静かな言語の歩みと、外的原因による言語の衰退とは別物である。繁栄を誇っている気高い部族の場合には、言語はじっと変わらないように見え、少なくとも変動はまったく隠れ、全体の均衡を大きく崩すような変動はまれである。それに対して、荒廃した部族の言語は、均衡が失われ、みるみる大きくぐらついていく。

8) それでもなお、あらゆる点で完全な言語というものは存在せず、また、どれほど価値の低い言語であってもそれぞれに固有の長所が見られる。［言語という］有機体にあっては、さまざまな不整合というものがまぎれ込むのは避けがたい。ゴート語は全体としてドイツ語の方言のなかで一番完全なのであるが、このゴート語よりもノルド語のほうが、また古高ドイツ語のほうが優っている点もある。さまざまなものを比較検討し、ざまざまなものを組み立てて初めて、言語の歴史は説明できる。没落した言語ですら、入念に研究するに値する。そのような言語が落とす影があってこそ、他の言語の光の部分が見えてくることがしばしばある。研究成果を最も多くもたらすのは、最も卓越していると見える言語であるよりもむしろ、一連の言語変化が観察できる言語である。この理由からして、たとえスラブ諸語の形態のほうがドイツ語よりも優れているにしても、スラブ諸語の歴史よりもドイツ語の歴史のほうが重要となろう。とはいえ、豊かな活気ある言語に広く分派したスラブ諸語の歴史から、重要な推論が引き出せるのはたしかである[原注19]。12世紀以降についてはほとんど例外なく重要な言語的遺産があるロマンス諸語も、最近のプロヴァンス語研究に見られた徹底さと首尾のよさがあるならば、歴史的文法に大きく貢献することであろう[原注20]。

9)　2つの言語を力ずくで混交させることは、自然に逆らう行為である。その結果、どちらの言語の形態もいち早く没落してしまう。大量のフランス語の単語が英語に流れ込んだとき、英語の文法のなかにフランス語の形態が取り込まれることはほとんどなかった。しかし、英語の形態はフランス語の語根とうまく適合できず、にわか仕込みでフランス語の単語が用いられることによって、本来の英語の屈折がないがしろにされてしまい、英語の精神が変質してしまった。そのため、英語［本来］の形態が急速に衰退した(*178頁参照)。その結果、イギリスでは抽象的で精神的な言語がドイツよりも早く発展した。低地ドイツ語と高地ドイツ語の混交は、すでに以前に起こってはいたが、とくに14世紀から16世紀のあいだに起こったと見られる。この混交が原因で、ドイツ語の文章語は単語と意味を増大させたが、その一方で形態が損なわれてしまった。規則から逸脱する昔からの事例の多くは、まさに低地ドイツ語からの影響で説明できる。ほとんどすべてのロマンス語地域にゲルマン民族が侵入したことで、ラテン語の屈折のなかにドイツ語［ゲルマン語］の形態が取り込まれることはほとんどなかったものの、ラテン語の屈折が損なわれることになった。またドイツ語の語根は、北フランス語を筆頭にしてロマンス諸語のなかに大量に受け入れられた。スラブ語とドイツ語とが、イギリスにおけるロマンス語とゲルマン語の混交と同じような事態に至らなかったことは注目に値する。ドイツ語の語根がスラブ語のなかへ入り込み、それよりは少ない数のスラブ語の語根がドイツ語のなかへ入り込んだが、両者の屈折が影響し合うことはほとんどなかった。スラブ語とドイツ語の混交は、もっと昔のラトヴィア部族と古プロイセン部族に求めるべきであろう。しかし、どちらの言語も文法がきわめて完全であったので、一方が他方に手あらい影響を与えたということは考えられないであろう。そもそもヨーロッパの諸言語の語根と屈折は、昔にさかのぼればさかのぼるほど、その後の姿と比べてお互いによく似かよっている。これは、ヨーロッパの諸言語が共通の起源をもつことの証拠でもあるし、またヨーロッパの諸言語がそれぞれ独自であることの証拠でもある。

10)　以上述べたことから、屈折のほうが語根より脆い性質であることが十分にわかる。語根のほうは永続的で、屈折のほうは早く消失し、言語が何らかの事故に見舞われるようなことがあると、屈折のほうが大きな危険にさらされる。このことは、民衆語で確かめることができる。庶民の言葉が粗雑で混乱していることは、屈折能力の損失に現れている。どの時代でも、高貴な文章語よりも庶民の言葉のほうが明らかに、屈折能力を損いやすい。語根は、特定の派生語(例えば縮小詞、反復動詞)や屈折語尾が固定化して語根となったもの(*339 頁、*592 頁を参照)も含めて、文章語よりもより民衆語において忠実に保持されるのが常であるようである。今日のオーストリアやバイエルンの農夫は、名詞と動詞の語形変化は新高ドイツ語の文章語と比べて不完全にしかできないが、昔のドイツ語の単語と意味を彼らの言葉に少なからず見出すことができる[原注21]。民衆語と文章語とは歩み方が非常に異なるので、18 世紀の文章語をもって今の民衆語を理解することは許されず、さらに昔の時代の言語にさかのぼる必要がある。

11)　語尾は語根とは違った進展の仕方をするという命題は、文法に関していくつかの事例で確かめられる。*548 頁に作成した様々なドイツ語の母音の比較は語根に通用するものであって、語尾には通用しない。例えば、ゴート語の ai と古高ドイツ語の語根における e の関係(hairto, bairgan に対する herza, bergan)、ai と ei(aiths, graip に対する eid, greip)、o と ua(gods, stols に対する guat, stual)の関係から、ゴート語の与格語尾が付いた arkai が古高ドイツ語においては arke または arkei、複数主格語尾が付いた arkos が arkuas になると推論するのは誤りであり、実際は古高ドイツ語の与格語尾が付いた語形は arku で、複数主格は arko である。語尾のほうが速く著しい変化を被り、完全開母音を早くに失う。いったん不明瞭に縮めて語尾が発音されてしまうと、語根自身に影響をきたす。その結果、例えば動詞の語形変化においては、いくつもの語尾が同形になってしまい、母音交替に混乱をきたすことになった。昔の造語語尾が弱化して［屈折語尾と同音になり］二義的になってしまう事例では、当該の造語法そのものが消失する。例えば、古高ドイツ語においては、［派生］語尾 -ani によって強変化動詞の過去分詞から女性名詞が多数派生されたが、この -ani が語尾の弱化により［屈折語尾の］-anu, -ana と区別できなくなり、例えば gitani, wortani, sehani という派生名詞が getane, wordene, sehene という過去分詞の女性形と同音になってしまい、その結果この派生法は消失することとなった。

12)　完全な内的屈折が徐々に衰退してゆくという、今述べた一般的な命題は、無数の事例に即して説明ができよう。名詞と動詞の語形変化においては、まず初めに -u と -uan(-wan)で終わる形態が消え去り、次には -i と -jan

に終わる形態が消失する。男性の形態よりも先にひ弱な女性の形態が、名詞のひ弱な形態よりも先に形容詞のひ弱な形態が消失する。活力のある強い形態が減少し、しかるべき弱い形態が増加する。この弱い形態のほうが、実際の使用においては広く用いられる。同じ理由から、冠詞の使用が増加する。この命題は、統語論においても確かめられる。昔の統語論の特徴は自然で多様であることであったが、新しい統語論の特徴は論理的で単調であることである。古い統語論では、それぞれの前置詞と結ぶ格は個々の事例に応じて異なっていて、どの格と結ぶかは意味によって決まっていたように見える。しかし新しい統語論では、ほとんど前置詞によって意味が決まり、語形変化はどうでもよくなっている。また、属格の構造が減少し、与格と奪格と具格と所格の形態が重なり同形になり、言語は詩的な能力を減少させた。今挙げた例でわかるように、この傾向性は、言語がまだ完全性をあまり失っていなくても、すでに早いうちから現れることがあり得るのである。

13)　使用がまれな語形変化のほうが、長く保持されることがときどきある。頻繁に使用されると摩滅するが、比較的まれにしか使用されない語形変化はあたかも一個の単語のように見え、記憶に刻み込まれやすいからである。これに関するいちばん確かな例は、接続法であろう。接続法は、直説法よりも形態上の特徴が弱く、体系全体からみて直説法より早く衰退した(*617頁参照)にもかかわらず、少なからず形態上の特徴を保持した。接続法の形態は、枯渇した直説法の形態を不規則な形で補完することができる。単数一人称の語尾mは接続法には大部分残っている(*604頁、*605頁)が、直説法の場合mはしばしば複数にしか保持されていない。総じて、接続法と直説法複数が類似していることが重要であると思われる事例はいくつもあり、例えば、母音交替やゴート語の弱い形態の -dedun, -dedi の例(*562頁)がそうである。eigi は、直説法単数ですでに失われていたが、接続法単数では残った(*482頁)。同様に irais も、直説法では別の語根が入り込んでしまったが、接続法過去では残った(*597頁)。過去単数第II変化は接続法から置き換えられ(*568頁)、不規則変化の助動詞 wollen には明らかに接続法的な形態になる傾向性があり(*439頁、*483頁)、民衆語では直説法過去はもはや用いないのに、接続法過去は変わらず用い続けられている(*593頁)。ノルド諸語の形態 greri, seri を参照(*510頁、*579頁)。

14)　すべてのドイツ［ゲルマン］部族において頭韻が通用していたのは明

らかである。この頭韻が排除され、代わりに脚韻が導入されたのには外的な原因があるであろう。しかし見逃してはいけないのは、頭韻が不利になり、脚韻のほうが有利になった理由が言語の内部にもあることである。北欧では、純然たる語根がずっと長い間温存されたおかげで頭韻が残ったが、その後純然たる語根の頭に接頭辞と［合成語の］規定語が付けられたことで、純然たる語根が用いられなくなってしまった。例えば、『エッダ』では mälti, stod, vinna という純然たる語根が用いられて、それぞれの語根の音の違いを聞き分けることができたが、古高ドイツ語ではどれの頭にも同じ接頭辞が付けられて gimahalta, gistuant, giwinnan のように語の始まり方が同じになった。また、冠詞が名詞の前に置かれることでも、頭韻が不利になった。他方で、語尾が解体整理されるなかで、語尾の類似性が高まっていった。これを、いくつかの例で明らかにしよう。Fische（魚の複数形）と Tische（机の複数形）は今日では非難の余地のない脚韻であるが、8 世紀には fiska と diski とでは［語尾が異なり］脚韻を踏むことができなかった。同じく今日韻を踏んでいる gelehrt（学識のある）と verzehrt（消耗した）、Schuld（罪）と Huld（恩恵）、Wirt（亭主）と Hirt（牧人）は、それぞれ昔は gilerit と firzoran、sculd と huldi、wirt と hirti であったので、脚韻が不可能であった。また、12 世紀には menniske（人間）と tiske とで韻を踏むことができた（『マリアの詩』、1029）が、8 世紀にはこれらはまだ mennisko と diske であったため脚韻を踏むことはできなかった。今日では Mennische は縮約して Mensch になったため、この脚韻は失われている。語尾が摩耗しすぎると、最終的には脚韻も損なわれるが、中世において語尾は、脚韻を踏むのにまさに好都合な状態にあった。この言語内部の理由があったからこそ、13 世紀の職匠歌人の歌はその脚韻の芸術性を容易に極めることができた。オットフリートの脚韻が不確かで不安定であったのは、当時の語尾変化が多様であったからである。脚韻がドイツ語の語尾変化にとって煩雑なものであったことは否定できないが、個別の［語尾の］多様性が減ったことで、脚韻にとって有利な展開となった。

語の長短という音脚も、古い言語のほうがはるかに純正であった。古い言語には、perala (Perle), thanana (dannen), thegana (Degen、複数主格）のような長短短格（ダクテュロス）、bindant, werfant のような長長格、herizoho のような長短長短格が大量に存在した。新しいドイツ語は古いドイツ語と比べると、この音脚が乏しい。ラテン語には音脚があったが、ロマンス諸語は脚韻を用いるため、音脚はドイツ語の場合以上になくなっている。ただし、ロマンス諸語では古い時代の本来の詩はほとんど残されていないので、音脚を確実に測ることが難しい。古ノルド語においては、これよりも容易である。今まで見過ごされてきた研究は、屈折の歴史を知るにあたってきわめて重要であることは、例えば、母音交替とウムラウトにとって語根のなかのどの位置に置かれているかが重要であることからわかる(*550頁, *582頁, *587頁, *588頁)。この種の研究をする際の一つの重要な補助手段として、オットフリートの二つの(そしておそらくはすべての)写本およびヴィレラムのいくつかの写本において各々の長詩行の音調を区別するために書かれた線は見過ごせないであろう。これは、例えばノルド諸語においてふつうである母音の音を区別するアクセント符号と混同してはいけない。ふつうどの長詩行の上にもそのような線が3つか4つ書かれていて、その線はかなり正確に今日の発音の音調と重なる。長短という音脚は多くの語においてアクセントとは異なるので、それらの線は本来音の強弱の関係を表現するのではない。例えば、álangazの場合、最初のaにアクセントがあるのであって、angは数量からして位置によって長音であるにすぎない。詩の韻律という理由を挙げて、fránkonoの場合にはアクセントが初めにあるということに逆らうことはできない。

原注

1 チェチェース(Tzetzes、[12世紀のビザンチンの文献学者])によれば、ケクロプス(Cecrops、[ギリシア神話による、アテナイの初代の王で半神半獣])の性格の二重性は、ケクロプスが二つの言語を知っていたことによるものであり、二つの言語を知ろうとする者は、二つの身体と魂を持たねばならないと考えられた。

2 ドゥ・ヴィレ(Charles de Villers)の『人称の文法』ゲッティンゲン1797年、27頁。

3 バイエルン学士院は、1807年に懸賞を出した。その懸賞の課題は二つあり、一つは、いかにすれば一般的・哲学的文法の原理に依拠して余すことなくドイツ語に言語規則の体系を立てることができるかで、もう一つは、いかにすれば青少年に対して実践的なドイツ語教育を行うことができるかであった。このような懸賞課題を出したこと自体が、言語に関して何が緊急を要することで何がそうでないかをまったく見誤ったものである。この懸賞金を使えば、ミュンヘンにある未刊の総合福音書を翻刻することができたであろうし、また、未解明なことを10年早く明らかにできたことであろう。

4 Natur(自然)、Kirche(教会)、Altar(祭壇)、Person(ペルソナ)のような、キリスト教とともに入ってきた単語は、Preis(称賛)、klar(はっきりした)、fein(細かい)などの、おそらくは13世紀になって初めて宮廷恋愛歌人(ミンネ歌人)によってフランス語から(例えば低地ドイツ語を経由して)借用された単語と比べて、認識がしやすい。他方、後者の［フランス語から借用された］単語は慇懃語に属し、多くの人にとって善しとしづらい単語であるはずである。

5 ゲーテは、最近(雑誌『芸術と古代』3, 51のなかで)次のように的確に述べた。「活力のある成長を言語に遂げさせたいと思うなら、どのひとも皆言語を浄化し豊かにする必要がある。その方法にはさまざまあるが、文芸と情熱的な語りこそが、言語の活力を湧き出させる唯一の水源である。その水源の激しさ故に［初めは］いくらか石が削り取られ運び去られることがあるにしても、やがてその石も川底へ沈み、清らかな波がその上に流れくることとなる。」［『格言と考察』、ハンブルク版、1020番］

6 『古ノルド語すなわちアイスランド語の起源に関する研究』(コペンハーゲン、1818年)。

7 ボップの著作としては、さしあたり次のものが出されている。『サンスクリットの動詞活用体系について』(フランクフルト 1816年)。フォルスター(Forster)の書いたサンスクリット文法に関する(すでに触れた)批評(『ハイデルベルク年鑑』1818年)。この批評では、代名詞、不変化詞、比較に関して説得力のある注釈がなされている。

8 アングロサクソンと古ドイツの僧侶たちがラテン語の文法術語をどのように訳そうと努めたのかについては不明であるが、［彼らの実践例からは］ラテン語術語を訳すことのむなしさが見て取れよう。アルフレッド［ベネディクト修道士エルフリック Aelfric(955–1010)のことを、グリムが書き誤ってアルフレッド(Alfred)と書いたと考えられる］は、Casus(格)をgebige「曲がり(反り)」、Nom[inativus](主格)をnemnigendlic gebige「名指す曲がり(反り)」、Gen[itivus](属格)をgestrynendlic「産む曲がり(反り)」またはgeagniendlic gebige「所有する曲がり(反り)」、Dat[ivus](与格)をforgifendlic gebige「与える曲がり(反り)」、Vocal[is](母音)をclypigendlic「よく聞こえるもの」、Interjection(間投詞)をbetwuxalegednisse「間に置くもの」またはbetwuxaworpenisse「間に投げるもの」と訳した。

9 アーデルングは、自身の著作のタイトルとして、「ドイツ語に関する詳細な教授大系(Lehrgebäude)」という高慢に見えるドイツ語の表現を選んでいる。この大系という名の「建物」［「大系」と訳したGebäudeという語は「建物」という意味である］が［アーデルングの著作のなかに］うまく築かれているように見えないとすれば、それは、この建物に必要な数の支柱、梁、ちょうつがいが不足していて、ぐらついていることになる。また、言語というものは「教授」することはできず、そもそも習い覚えるものである。

10　その言語にすでに存在している抽象概念をさらに新たに正確化しようとするのは、不利益なことである。この種のものは、例えばJahrhundert（世紀）というぎこちない単語［「百（hundert）の年（Jahr）」という作られ方をしている］のように、徐々に多く作られている。このJahrhundertという単語よりは、ラテン語のseculum、オランダ語のeeuw（ゴート語ではaiw、古高ドイツ語ではeo）のほうがはるかによい。

11　例えば、［ラテン語では中性の］cerasum（サクランボウ）に対して［ドイツ語では女性の］Kirsche、［ラテン語では中性の］speculum（鏡）に対して［ドイツ語では女性の］Spiegelがそうである。他方で、［ラテン語でもドイツ語でも性が同じものとして］「板」を表すtabula − Tafel、「音節」を表すsyllaba − Silbeがある。

12　テン・カーテは、「弱変化動詞」を［オランダ語で］gelykvloeyend「均一に流れる」動詞、強変化動詞をongelyckvloeyend「不均一に流れる」動詞と呼んでいる。これは、おそらくはショッテルがgleichfließend「均一に流れる」とungleichfließend「不均一に流れる」と呼んだのに従ったものと思われる。私は、この名前の付け方をいいものだと思わない。

13　人物名、地名、動物名、植物名には、今ではなくなった昔の意味が残っていて、また、双数、中動態、多重格、前置詞との緩い関係が豊かに残っている。助動詞ですら、元々は特定の意味を表した。他方、新しい言語には、一連の抽象的な形式と用法がある。

14　『ドイツ人の最古の歴史』［1806年］、318–321頁。

15　詳しく見てみると、広く知られている［タキトゥスの］発言は、どんなに穏やかな言語であっても粗野な歌い方になる戦歌に関してのものである。タキトゥスが、Veleda、Aurinia、Cattiなどの名前を粗野だと思ったはずがない。Cherusciは、ローマ人にとって馴染みがあるEtrusciやVolsciと同じような音の響きであった。

16　史料に残っているヘッセン地方、テューリンゲン地方、ヴェッテラウ地方の地名と河川名からいくつか例を取ってみると、昔のドイツ語では完全で柔らかい音をしていたものが、新しいドイツ語で貧弱で硬い音になってしまった様子がよくわかる。例えば、昔のphiophaが今ではPfiefe、immadeshusunが今ではImmenhausen、fanahaが今ではVenne、passahaが今ではBesse、swalmanahaが今ではSchwalm、loganahaが今ではLahnになってしまった。

17　こう考えれば、なぜ例えばフランス語が、さらにはイタリア語が響きがよく聞こえるのかについて考えを整理することができるであろう。［新しい言語である］ロマンス諸語のほうが、その母であるラテン語よりも響きがよいのは、歴史の流れに矛盾するように見える。しかし、ロマンス諸語のうさんくさい響きのよさはラテン語の場合とは別物であり、たいていの場合、例えば frater が frère（兄弟）へ、directum が droit（権利）へ、facere が faire（作る）になるという具合に、極めてひどい縮約と子音脱落が起こって生まれたものである。縮約が頻繁に起こると、その言語は生気を失う。縮約された単語には表面的な意味しかなく、そのことは外国語から受け入れられた表現を見ればわかる。縮約が起こるのは、その民族が単語を構成する各部分の意味が理解できていないからである。ドイツ語の場合は、明確さを犠牲にまでして響きのよさを追求することはまれであったおかげで、今日でもドイツ語には相当に活力がある。ドイツ語は自然で精神が備わっていて、にせ物の飾りはあまりついていない。

18 『プロヴァンスの［言語と］文学に関する省察』（パリ、1818 年）。

19 ドブロウスキー（Dobrowsky）とコピタール（Kopitar）なら、スラブ語について卓越した一般的文法を書けるであろう。この二人の、そしてバントケ（Bandtke）のボヘミア語、ウクライナ語、ポーランド語の文法の改定は、文法としての価値と博識の面でドイツ語の文法より優れている。

20 レーヌアール（Raynouard）の『ロマンス語の起源』（パリ、1816 年）でわかるように、ドイツ語と比べて中身も豊かさもはるかに劣る言語であっても、明確かつ網羅的に取り扱えば多くの成果が得られるのである。シュレーゲルは、私が前ページで触れたこの本についての批評で、さまざまに賢明な論評を付け加えている。

21 ベンガル語は、サンスクリットと共通する単語は多いが形態は少なく、他方ゴート語は、サンスクリットと共通する単語は少ないが形態は多い。

『ドイツ語文法』

第1巻第2版　序文

ヤーコプ・グリム

佐藤恵 訳

初めて芽吹いた私の文法という名の草木を根こそぎ刈り取るのに、長く思案する必要はなかった。次の草木がすばやく萌え立ち、今までよりよく茂り、細かく注意が行き届いたものとなった。ここから、大きく花が咲き開き、果実が熟することが期待できよう。今や以前にも増して読者諸氏の注目を集めることとなった本書を、ここにお見せできることを嬉しく思う。本書を書き上げるまでに、心配と苦悩のなか仕事に嫌気がさしたことも、またひとに慰められることもあったが（神のご加護のおかげで、慰められることのほうが多かった）、なんとか苦心して成し遂げることができた。私は最後の最後まで練り上げて書きたいと考えたために、いったん書き上げた草稿にあとで手を入れるということだけでは済まず、本書の完成を遅らせることになってしまった。また、研究して明らかになった内容を叙述することよりは、研究それ自体をさらに前進させたいと思う向きが私にはあり、この性格が抑えられなかったことも、進捗の妨げとなった。この研究分野はそもそも実り豊かで、さらに成果が期待される。一葉の史料を再び読み直すことによって、新たな見通しが得られることもあれば、犯した誤りを悔いることもある。苦労に苦労を重ねてようやく実り豊かな成果を手にすることよりも、わずかばかりの成果について多方面から検討を加えてそれをうまく活用することのほうがよいのだと言われるかもしれない。もしそうであるとすれば、私が見出したいくつもの命題からもっと多くの成果が得られたのではないかとか、重要な点を解明したのはよいが、それが関連性の低い箇所に書かれているではないか、などという批判が私に向けられるかもしれない。私の主張すべてが、論駁を免れるわけではない。私の主張に不十分な点が見つけられることによって、新たな道が拓かれるであろう。このように道を新たに切り開いてようやく真実が見えるのであって、誠実な仕事をする者はこの真実を唯一の目標にしているのである。そして、この真実こそが唯一長きにわたり意義をもちつづけるものである。真実が見出せたあかつきには、それを見出す仕事に打ち込んだのがだれであったのかは、もはやほとんど重要ではないであろう。今のわれわれにとって最も困難であることが、後世の人たちには子供の遊びほどたやすく、ほとんど語る価値がないように見えてもかまわない。後世の人たちは、今のわれわれがまだ想像もできないような新しい問題を解決せねばならないであろうし、今のわれわれがすでに決着がついていると思い込んでいるところで新たな困難に直面することになろう。まさにそうであるとすれば、言い切ってしまうことで、簡単になる面がある一方で、難しくなる面があることになる。今後研究を極めるには、今よりも何倍もの論拠が必要となり、以前に取り上げられた個別の事柄はもはや触れられず、認められなくなる。問題の解決は大きな点においてはかなり前進していても、細かな点においては不満足なものとなる。そのように考えるのはごく自然なことなのだが、このような思いを抱いてしまうと、私は本書のできばえが良くなったことを心得てはいるものの、第1版よりも悪くなったように思えてくる。他の学問分野に従来与えられてきたのと同じように詳しくドイツ語という言語の研究を扱って、見識を広げたいと思うひとなら、本書が冗長であるととがめることはないであろう。立ち入ることができたはずのいくつかの個別のことについては、立ち入らずにおいた。ただ、私はどの対象に対しても率直に接して、立ちはだかる障害を見過ごすことはしたくなかったため、私の研究はしばしば鈍重なものに見えることとなった。

このような進め方は、私の場合は少なくとも予断をもたずにものを見ることと大いに関連している。私は文法に関して、一般的・論理学的な概念に反対の立場をとる。一般的・論理学的な考え方は、一見したところ厳密で完成されたものに見えるが、言語研究に絶対不可欠な観察というものを阻む。揺るぎない事実に基づく観察があれば、初めは理論など不要であり、したがって、観察に重きを置かない者は、とこしえの言語精神にけっして近づくことができないであろう。観察する際には、二つの異なる方向性がある。一つは上から下への方向、もう一つは下から上への方向であり、どちらにもそれぞれに特有の長所がある。言語として完成度が高く、上にあるラテン語とギリシア語の文法研究者の目から見ると、ドイツ語にはラテン語とギリシア語と同様に、繊細で完成された能力があるという主張はたしかに疑わしく思えるかもしれない。しかし、上にある崇高なラテン語とギリシア語の知識によって、下にあるドイツ語の独自の文法をすべて十分に説明できるわけでない。同様にまた、A. W. シュレーゲルの的確な発言に従えば、完成度がさらに高いインド語の文法の知識を援用することで、ラテン語とギリシア語の文法を今まで以上にうまく説明できるわけでもない。最終的に、すべての部族のすべての分派の言葉を総じて説明する際に最も重要であるのは、最も純粋な最古の言葉であることが歴史的に証明された言語に関する知識を援用することである。派生して誕生した諸言語に関して今までに発見された法則も、すべてが破棄されるわけではなく、その知識によって、修正されることとなる。下から上への方向性がドイツ語文法によって打ち出されたことは、ドイツ語文法にとって不利でなく、有利なことであったと思われる。ドイツ語の当座の文法規則のなかには、上からの視点で見ると無益で、別の把握の仕方が必要になるようなものがあるにしても、ドイツ語文法に関する知識を援用することで、大きな全体を精緻に描くことができ、個々の事例も矛盾なく説明されるであろう。

形態論よりも先に第1巻として音韻論を扱ったことが功を奏して、形態論を大いに進展させることができた。造語論を本書では第3巻で扱うが、第2巻で先に造語論を扱う方が自然な順序なのかもしれない。しかし、造語論を先に持ってくると、本書の第1版と構成が異なってしまうし、また言語研究を始める上で名詞類の語形変化が一番重要であるように思われるので、造語論を後回しにし、形態論を第2巻にした。印刷を開始したのが2年も前であるため、音韻論を扱った第1巻に関して変更し、熟考の上訂正したいと思う箇所が今ではいくつもある。とりわけ（すでに太古のアルファベットの順序、β-γ-δ、b-c-d に従って）喉音を舌音より前に置きたいと思う。当初私は、ドイツ語の有声閉鎖音の順序をb-d-gと考えていた。第2巻の形態論では、実際には部分的にしか存在しない古高ドイツ語の音韻系列を採ったが、第1巻の音韻論ではこの音韻系列を採ることはできなかった。そうしてしまうと、第1巻で音声の研究が妨げられたことであろう。第2巻でこの音韻系列が突出してしまっているが、かの理論［子音推移の命題のこと］を制限するような、古高ドイツ語に関する具体的で豊かな知識をわれわれがもっているわけではない。明確な境界付けをすることが子音推移という命題（*584頁を参照）にとって不可欠だと私には思えた。語源研究がこの子音推移という命題に影響を受けて、ラテン語とギリシア語の研究者たちがこの命題の的確さを吟味しようと考えるかもしれない。ラテン語とギリシア語の場合、古典韻律学の規則をもとにして数多くの文法規則が見出された。それと同様に、ドイツ語の歴史を見る場合、頭韻と脚韻を考慮することがきわめて重要である。韻なしでドイツ語の歴史を詳述することは、ほとんど不可能であろう。詩が韻を踏んでいるのは、ただ単に歌の聞き手と歌い手を楽しませるためだけでなく、言語の力を統率し、言語の純粋さを保証し、言語に関する知識を来たるべき世代の人たちに伝えるためのものでもある。韻を踏まない散文で表現すると、意味内容が徐々に記憶から失せていき、言葉の真の音が発声器官によって生み出されなくなる。言葉の力も思考の力もない下手な詩人であるかどうかは、韻のできばえによって露呈する。語根が乏しい言語の場合、感覚的な柔軟さが失われていき、新たに形成される合成語も柔軟性を欠くために、韻という手だてが廃れる時代が存在する。実際に、量の法則（今日に残っている形跡からして、この法則がドイツ語に通用していたと考えるのが妥当である）と頭韻に従った韻律というものがとうの昔に廃れてしまった。わざわざ後戻りする言語は存在しない。したがって、すでに廃れて、今日の言語状況に合わず馴染まない韻律を取り戻そうとすることは、見当違いでむなしいお遊びである。比較的新しいドイツの大詩人たちがお粗末な韻を使っていることは、この韻律という形式が徐々に死に至りつつあることを予言している。それに引き替え13世紀の詩人たちは、なんと純粋に、なんと巧みに自然に韻を踏んだことか。

中高ドイツ語の詩に関して調べたことがきっかけとなって、私は文法研究を行うこととなった。古ノルド語と一部アングロサクソン語は明らかな例外として、比較的古い言語には文芸がほとんどない。中低ドイツ語と古英語の詩作は多く見られるものの、古ノルド語とアングロサクソン語の作品には及ばない。こう考えると、私が［文芸作品が豊かに揃っている］中高ドイツ語文法と、それと不可分な古高ドイツ語文法とを他の言語より詳細に扱ったことに奇異な印象を持たれることはあり得ないであろう。私が中高ドイツ語と古高ドイツ語に主眼を置いた理由は何であるのか。それは、類似してはいても同一ではない言語についてさまざまに整理を進めていくと、同一言語に限定して研究する場合に見えてくる個々の正確な視点がおぼろげにしか見えず、色あせることになるからである。私の出発点は、時間と空間に応じて変化するドイツ語の要因を究明することであったので、いくつもの言語を対象とせねばならなかったし、太古の昔から同族関係にある別の諸言語に対してまなざしを完全に閉ざすことは許されなかった。私は研究対象について、どこで線引きするのが適切であったのだろうか。ゴート語がなければ古高ドイツ語が理解できないので、最初の土台であるゴート語は切ることはできなかった。アングロサクソン語と古ノルド語を研究の対象に入れることで、興味深い説明ができた。古いほうの言語を扱うからといって、新しいほうの言語を考慮しない理由はなかった。全体を説明するのに、どの言語もそれぞれ独自の価値があった。もちろんどの言語も、史料と補助資料の豊かさについては13世紀の中高ドイツ語と比べるとひけを取るが、ドイツ語の場合と同じ詳しさとまでは言わずとも、どの言語についてもさらに詳細に扱う必要があろう。

中高ドイツ語の文芸に関する研究は、最近成果が上がってきたが、この言語的遺産の秀逸さから期待されるほどにはまだ十分な成果は得られていない。中高ドイツ語の文芸はまだまだ改訂者が少なく、また読者の数はさらに少ない。中高ドイツ語の素養を得ることが徐々に容易になっていくなかで、中高ドイツ語の文芸にみなぎる気高さと純粋さ、そして精神が知られるようになればいいと私は思う。近世のドイツ詩学の父とされる［17世紀の］シュレジアの詩人たちは、忘却の屈辱を味わうこととなった中高ドイツ語の詩人たちには、どう比べてみてもかなわない。私にとっては、中高ドイツ語のヴァルターの一つの歌が（そう、141b節の ô wê war sint［Ôwê war sint verswunden alliu mîniu jâr「ああ哀し、私の生きた歳月はみな、どこへ消えていったのか」］という一つの節が）、17世紀のシュレジアの詩人であるオーピッツとフレミングの1冊に匹敵する。オーピッツとフレミングの表現に自由な感情が見られることはほとんどなく、彼らはおぼつかない言葉を用いて、しかめっ面をして外国語の雛形を模倣しているため、そのなかで一番出来のよい表現であってもうっとうしくこわばった印象を伴っている。それに対して中高ドイツ語の詩文には、きわめて素直で純粋なドイツ語、情愛のこもった感覚、驚くほど繊細な言い回し、そして生き生きとした思考が見られる。『パルチヴァール』と『ヴィレハルム』におけるヴォルフラムの詩は汲めども尽きぬ魅力があり、『イーヴェイン』、そしてもちろん『エーレク』におけるハルトマンの詩は優しく穏やかで、『トリスタン』におけるゴットフリートの詩は細やかで節度あるものである。これらの本を読み、理解しようと思う人は今日ではほとんどおらず、イタリアとスペインの文学に多くの人がいたずらに労力と時間をかけている。中高ドイツ語文芸のほうが、最初の理解は困難であっても、取り組むうちに深い理解が可能となるであろう。

中高ドイツ語の文芸を編集する者に対する要求は、徐々に高くなってきている。また何を要求するかについて合意が得られているので、まもなくだれも疑念を抱かなくなるであろう。質の悪い写本をもとに生半可な言葉の知識を使って、いい加減な編集をしたものからは、なんの成果も得られない。また、質の良い写本を原典のまま、ただ実直に再現するだけでも十分ではなく、そのような必要が生じることはほとんどない。われわれが必要とするのは、原文に検討が加えられた校訂版である。恣意的な校訂のなされたものではなくて、文法および詩人の特徴が検討され、各写本の比較が行われた版のことである。われわれにとって重要なのは、一人の非常に優秀な写字生が遺した文字の書かれ方を検討することよりは、そもそも最も正確で信頼できる読み方をすることである。きわめて良質な本文をもつ写本が今までにさまざまに知られているが、非の打ち所がない本文を提供するような写本はまだ存在しない。文字の書かれ方を詳しく検討することで、さまざまな解明が可能になるかもしれない。また、原文とは異なる言語に言及することで、その異なる言語の歴史を説明する参考になるかもしれず、さらにまた、明らかな書き誤りに注目することで、類似の事例を判断するのに役立つかもしれない。しかし、このような副次的な目的によって本文校訂はせき止められてはいけない。校訂を行う者は、たとえ確実な法則にきちんと従っていてもなお、少なからず誤りにさらされている。しかし、誤るということ自体はさまざまなきっかけとなるし、また校訂をまったく施していない本文に安住することよりも害が少ない。写本は保管されていていつでも比較が可能であるので、あとで訂正はいくらでも可能である。校訂の主たる補助手段の一つとなるのが、すでに述べた通り、韻である。特定の重要な詩人を対象にして韻の踏み方、言語の特徴、そして語彙の豊かさを詳しく知り、存在するすべての著述を詳しく調べた者であれば、本文が書き写された際に損なわれた読み方を訂正し、正確な版を自らが編集してみることが許されるであろう。実際にハーゲン (Hagen) が、『ニーベルンゲン』(これは叙事詩という性格であるために、もちろん本文校訂の進め方を独自に規定しておく必要がある) についてすでに編集した校訂版は賞賛すべきものである。またハーゲンによる『トリスタン』の校訂についても、さらに期待ができる。ラッハマンは、エッシェンバッハの全文芸を収めた校訂版を準備している。さらにまたベネッケは、計画して久しい『イーヴェイン』の原典校訂に、誤りの多い写本の形で最近発見された『エーレク』を加えて、他のハルトマンの比較的小さな作品とともに公刊しようと考えた。このようにして、模範とするに値する雛形ができあがることで、健全な校訂の原理が確立し普及していくであろうが、中高ドイツ語の場合は、一般的な言語規則を立てようとしても、私がときおり示唆したような個々の方言の相違が目立ってくるであろう。このような校訂の仕方は、古高ドイツ語時代の言語的遺産に対しては適用することはできない。その理由は、一つには、往時に入念に書かれた写本は尊重されるべきで侵害してはいけないからであり、また一つには、史料の数がそもそも乏しく、散文の場合には韻がなく、韻があっても自由な韻であるために、校訂者が判断材料として使える手段がはるかに限定されているからである。また、このあとすぐ述べることであるが、方言による相違がまだ著しく大きく、どの作品についても、その作品のなかでのみ有効な特別な規則が多く必要となるのである。

私が研究の対象として設定した中高ドイツ語と新高ドイツ語との間に、空白があると感じられるかもしれない。しようと思えば、14 世紀とそれに続く 3 世紀の間の著述物に基づいて、さまざまな移行段階を設定し解説することができたであろう。同様に、私が研究対象として設定した古ノルド語と新スウェーデン語もしくはデンマーク語の間にも空隙があり、古スウェーデン語もしくは古デンマーク語による多くの作品が存在している。これらの言語的遺産のなかには、ドイツ語の歴史にとって有意義で有用なものが少なからずあり、それらをきちんと研究する必要があることを私は否定するつもりはない。しかし、これらの言語的遺産においては文芸が盛んに行われることがなかったので、それぞれに固有の時代を設定することは必要なかった。これらの過渡段階の文筆家たちは、それまでの言語規則を徐々に粗雑にし、各地域に特有の卑しい方言を軽率にも招き入れたため、それぞれの特徴が古い純粋な言語によるものなのか、それとも民衆の言葉によるものかはわからないことが多い。したがって、特徴に関して満足のいく叙述をするには、きわめて詳細な準備と論究が必要となろう。このような研究にももちろん魅力はあり、このような言語の文法を入念に調査する価値があると考えてその研究に携わる者も徐々に出てくるかもしれない。その種の研究成果は、学校紀要に発表するのが適切であろう。また、ドイツ語のために各地方で結成された諸団体は、一般的すぎる目標を掲げることは避けて、何か具体的な事柄を扱うことで、成果を上げやすくなるであろう。例えば、14 世紀のスイス年代記、カイザースベルク、ザックス、フィッシャルトの文法規則に取り組むならば、高い評価を受け賞賛されることになろう。『フィランダー・フォン・ズィッテヴァルト』(Philander von Sittewald)、『阿呆物語』(Simplicissimus)のようないくつかの 17 世紀の卓越した著述物も、とくに統語論の規則に関して文法研究を行うための有効な資料として使えるであろう。ルターの言語はまったく別格に扱うべきもので、その文法は個別に扱うに値する。ルターの言語は、高貴でほとんど奇跡のような純粋さ、また影響力の大きさゆえに、新高ドイツ語という一時代を築く中核であり土台と見なさねばならない。ドイツ語はルター以降今日に至るまでの間に、活力と表現が少し損なわれたにしても、このルターの言語という土台からわずかにしか変わっていない。実際、新高ドイツ語をプロテスタントの言葉と呼んでもよい。このような自由な息づかいを持つ言葉は、意識にのぼらなくてもすでに、カトリックの詩人と著述家たちを凌駕するものとなった。流転する万物がそうであるように、ドイツ語の音声と形態が堕落したことは、新高ドイツ語の音声と屈折に関する私の叙述が如実に示している。しかし、まさにルターのおかげで、ドイツ語の精神と肉体は成長が促され若返り、ついには新しい文芸が興隆したのである。

　詩人と著述家たちの洗練された言語と対極にある民衆の言葉を、私は例外的にのみ(例えば双数との関連で)触れ、また民衆の言葉に関する私見を本書の何カ所かで表明した。民衆の言葉の文法構造が奇妙であることは、明らかである。関連する文献としては、シュメラーとシュタルダーの著作を見たが、どちらも正確かつ網羅的に収集を行っていて、難解な表現をうまく言い換えているので、今後の研究にとって模範となる。文法項目の詳細さと整理の仕方については、シュメラーのほうがシュタルダーより優れている。民衆の言葉に関する歴史的な観察は、まだまだ大いに不足している。民衆の言葉は、極めて多様で、地理的に近いもの同士であっても互いに相違が著しいので、差異が目立たない文章語とは大きな隔たりがある。このことについて私は、次のように考えている。初めはどの方言も横並びで、優劣はなく、方言と方言の境界は部族と部族の境界と一致していた。しかし、ある部族が支配力を強め、高い教養を身につけて優位に立つと、その部族の方言が近隣の従属的立場にある部族へと広がる。その優位な部族の言葉が、従属的立場にある近隣部族のうちで高貴な身分の人々に受け入れられ始め、その一方で、もともとその地にあった言葉は民衆のもとにとどまる。つまり、強い言葉の地位は上がり、弱い方の言葉は平俗になる。しかし支配的な言葉ですら、拡大するなかで知らず知らずのうちに他の部族の言葉の特質を取り込むことになり、また自らの部族のうちの無教養な人々から隔離されておかないといけない。8世紀、9世紀、10世紀［古高ドイツ語時代］のドイツには、その4、5世紀後［中高ドイツ語時代］よりも高貴な言葉が興隆していた。この時期はまだ、ザクセン語［低地ドイツ語］は、フランケン語［タツィアーンの言葉］とシュヴァーベン語［オットフリートの言葉］に異議を唱えることはできない。オットフリートはケーロに対して、タツィアーンの翻訳者［830年］はノートカーに対して、自分の方言の独自性を恥じる必要はなかったのである。このどのひとにとっても、それぞれの言葉が最も高貴で唯一の表現法であった。12、13世紀［中高ドイツ語時代］には、ライン川河畔とドナウ川河畔で、チロル地方からヘッセン地方に至るまで、共通の言語がすでに支配的になっていて、これをすべての詩人が使用した。この言語ではそれまでの方言が取り除かれており、地方色が残ったのは、ほんのいくつかの単語もしくは語形についてだけであった。このころ、ザクセン語、ウェストファリア語、古フリジア語はその地位を失わず保持され、これらの言語は、オランダの多くの言語遺産のなかに生き続け、ザクセンラント中心部でもわずかながらも生き続けた。フェルデケは、高地ドイツ語で書きたいと思いながらも、自らの出身地の低地ドイツの言葉の影響を乗り越えることができなかったのか、それとも彼の低地ドイツ語による作品が高地ドイツ語に書き換えられたのかどうかについて、私は満足のいく結論には至っていない。上部ドイツの粗野な言葉と比べて、今日の低地ドイツの民衆の言葉に一定の上品さがあるのは、まさに低地ドイツ語の民衆の言葉の方が数世紀長く、文書のなかで公的に使用されていたことによる。ただ、この言葉は、しかるべき時期に頼るべき拠り所がないままに放置され、活気を与えるような文学も生まれなかったため、16世紀をもって民衆の言葉へとなり下がったのである。新高ドイツ語の文章語は今では帝国全体で通用していて、以前あった部族間の相違の痕跡は消え去り、中高ドイツ語の詩人たちに許されていた自由さは上品ではないとして、もはや許されていない。以上述べたことを総括すると、次のようになるであろう。どの方言も古さは変わらず、対等である。しかし、昔は卑しい人間と高貴な人間とが同じように話していたのが、部族同士の融合により形成された言語は今日では教養人の所有物となっていて、教養人であればだれもが修得できる。無教養の者たちは生まれつきの言葉にとどまり、それを次世代に伝える。その言葉には生の温かみはあるが、教養の温かみはない。粗野な民衆の言葉は、自らの土壌の上にしっかりと立っていて、わが家のような憩いがあり、信頼でき、常に自然であり、小気味よく言い得て妙だと思える表現が豊かにある。一方、教養のある文章語の特徴は、気品があり、繊細で、統一的で、全体として耳当たりがよいことである。われわれドイツ人は、この文章語の力によって初めて、われわれの起源と連帯のきずなを生き生きと感じるのであり、このありがたさは、どの部族にとってもかけがえのないものである。私が思うに、民族が発展すると、言語自体が内部で成長しているかどうかとは無関係に、言語が衰弱しないように外部に向けて拡張することがどうしても必要になる。

上述のことから、少なからぬ文法現象が説明できる。言葉が自然のまま育ち、他の言葉と接触しない場合は、活用が時とともに変化する速度はゆっくりしている。他方、言葉と言葉が接触し合ってしまうと、勝ち残る言葉のほうがより完全な形態をもっていても、一方の言葉から形態を受け入れて補わねばならなくなり、最終的にどちらの言葉も弱体化が早められる。このことは、ドイツ語の方言すべてを正確に比較して初めて解明できるが、それは本書の課題ではない。もう一つ言えることがある。古高ドイツ語と古ザクセン語が話されていた地域がどこであったのかについて考えようとするなら、民衆の言葉の現在における地理的区分のなかにそれぞれの特徴を探り出すことが唯一の方法であろう。私の言いたいことを、いくつかの例で示しておこう。まず、純粋でない古高ドイツ語の『ヒルデブラント』(Hildebrand)にしか見られないhëvan「天」という語は、ザクセンの部族に限定されており(アングロサクソン語のhëofon、英語のheaven、低地ドイツ語のhewen, häwen)、それ以外の言葉には知られていない(ゴート語himins、古ノルド語himinn、古高ドイツ語himil、古フリジア語himul、オランダ語hêmel、ウェストファリア語hemmel)。さて、古ザクセン語の『エッセンの徴税簿』においてはhëbhanとhimilのどちらの表現も出てきていて、さらにウェストファリアと低地ザクセンの間のどの地域で今日なお住民たちが両方の語を知っているのか(クレーヴェのベルギー語辞典Teutonista［ファン・デア・シューレンの作成したラテン語 - ベルギー語辞典1477年、ケルン］はhevenとhymmelを挙げている)を突き止めることができたならば、『エッセンの徴税簿』の作者の故郷を突き止めるための手掛かりの一つとなるであろう。古ザクセン語に固有の対応形であるgëbhan「海」、アングロサクソン語のgëofonは、のちの言葉にはなくなった。hëvenもしくはhëbenは純粋な中高ドイツ語の資料には見られないし、またフェルデケにもヘルボルトにも見られない。しかし、ライノルト・フォン・デア・リッペは、92行目でhimelとhëbenとを一緒に用いている。ライノルトの場合、およそリッペ河のところに当たるウェストファリアとザクセンとの境界線にいるということになるのであろうか。hefan「上へ上げる」からhëvanという語を派生することは許されない。もう一つ別の例として、前置詞vonを示しておこう。これは古ザクセン語ではfan、オランダ語と低地ドイツ語ではvan、古フリジア語ではfonではあるが、アングロサクソン語と古ノルド語ではまったく見られない。古高ドイツ語と中高ドイツ語の形態は、ほかの語では -onの代わりに -anを置くような形態の場合ですら(例えばオックスフォードのタツィアーンにおけるwonênに代わって、例えばノートカーではwanên)、vona(*85頁を参照)、vonという語形であるが、いくつかの言語的遺産ではfanaとなっている(mifc. 1, 19)。中高ドイツ語の詩人たちも、ときおりvanを用いている(*448頁、*450頁を参照)。またザックスも、vanとmanとで韻を踏ませている。さて、今日の高地ドイツ語の諸方言においてはvonに代わるvanが東バイエルンでしか現れず、西バイエルンでは現れない(Schm. §. 316.)ことからして、次のように考えねばならない。van は、今も昔もシュヴァーベン方言に認められず、このシュヴァーベン方言がバイエルン方言よりも大きな影響を新高ドイツ語の形成に対して与えた結果、新高ドイツ語では von だけが正しいとされている。もう一つ別の例を挙げるならば、stërne (*390 頁、*391 頁を参照) に代わる stërre という低地ドイツ語は、私の知る限り、上部ドイツ語の民衆の言葉には決して見られず、厳密に調査された方言のいずれにおいても、とくにエルザス方言においても見られない。stërre という語形はロートリンゲン方言、マインツ方言、トリーア方言において始まって、『オットフリート』と『タツィアーン』における古高ドイツ語の stërro に対して影響を与えたのであろうか。以上いくつか例を見てきたが、異なる単語が重なり合う状況を個々に示しても十分に証明する力はない。そうするのではなく、まずは単語の分布を区別する境界となる線を数多く引いていって、それらの境界線が交わる点、もしくは隔たる点を数多く得ることができれば、いくつもの方言についてほとんど数学的手法で区分を行うことができるであろう。しかし、民衆の言葉を収集する際には、文章語における有無とは無関係に、どの方言にどのような単語と形態が際立って欠けている、もしくは際立って存在しているのかを注視せねばならない。また、方言はそもそも、それ自体のために調査せねばならないのであって、教養ある文章語の補助的手段とみなしてはならない。めずらしそうに見えるだけの堕落した形態を求めて民衆の言葉を見ることよりも、文章語でまったく普通に用いられている表現が民衆の粗野な言葉にも存在しているのか、それとも欠けているのかを知ることの方が重要であることが多い。

方言同士の系統が近いのかそれとも遠いのかについては、音韻、活用、個々の単語よりも、造語と統語を手がかりに検討する必要がある。したがって私は、ドイツの諸部族がかつてどのような分派の仕方をしていたかに関して暫定的な私見を今披露することは差し控え、本書が全部完結したときに詳しく示せればと思う。また、第 1 版で言語の歴史的推移に関して私が述べた一般的命題も、まだ熟してはいないものとして今回は差し控えておいた。ただし、前の版と今回の版とで異なる整理の仕方については、今詳しく示しておきたい。一般には不都合なことであることが多いが、今回の版では、典拠となる箇所を示すことを第 1 版よりも少なくした。文法家は、個々のどの事例についてもきちんとした説明を行えねばならず、典拠の添えられた事例と添えられていない事例の両方があると、典拠のない事例が読者や改訂者の目にとまってしまう。しかし、先へ読み進めていけば、最終的に全体の主旨が明確になるであろうし、典拠をすべてに添えるのは煩わしいことになろうと私は考えた。ただし、信頼できるように見えるだけのものと本当に信頼できるものとを区別するのは、実に困難である。私は、判断が難しいものと不確かであるものについては、典拠を挙げることで確かにするように努めたが、紙面不足からしぶしぶ典拠を省いたところも多い。それよりも重要だったのは言うまでもなく、典拠抜きでもよいから用例を増やすことであった。そのために、第1版の用例の貧弱さが目立つかもしれない。この点ではまだまだ満足していない。文法を確実なものにするには、音韻と活用の規則に関わるすべての例を列挙せねばならない。そうすることで、細部について裏付けることができるだけでなく、大きく概観することが可能となる。このようなドイツ語文法は、もちろん一人の手によって一度に完成させることはできない。われわれが力を合わせて完全な文法を懸命に追求し手際よく整理していけば、制約のある箇所についてすら、本書以上の成果を上げることができるであろう。

原典史料と参考資料の一覧表は、ドイツ語史とドイツ文学史に関わるものであり、文法書にはなくても済むので省略した。古高ドイツ語の言語的遺産については、第1版の時よりも多く用いることができた。とりわけ、『アウクスブルク注解』(ブラウン［Braun］第2巻、117–127頁)と『トリーア注解』(これについてはヴィッテンバッハ［Wyttenbach］教授がすすんで私に写本を貸して下さった。また、ゲルバート［Gerbert］によって編集された『ジークブルク注解』もある。これには訂正と、ときおり補足がなされている。)とが有用であった。8世紀に翻訳された賛美歌が紛失したのは、大変残念である。フォッシウス(Vossius)は、この賛美歌の羊皮紙写本を所有していた。その写しをとったユーニウス(Franciscus Junius)は、『ゴート語注解』の序言のなかで次のように言っている。「ドイツ語によるこの26の古い賛美歌は、フォッシウスの羊皮紙から書写された」。この写しからは、周知のように4つの賛美歌だけが(ヒッケス［Hickes］とエックハルト［Eckhart］により)印刷されている。それ以外の22の賛美歌には、文法と語彙の研究にとって少なからず重要なものが含まれているにちがいないであろう。賛美歌第25番からの一文が、ユーニウスの注解の182に書かれている。シルターには賛美歌第21番3.からの一文（kapotを参照）および、賛美歌第25番4.からの一文（kiosun sewesを見よ）が書かれている。（私は、シルターまたはシェルツ［Scherz］がどのようにしてこの箇所を見ることができたのか説明することができない。）18世紀前半には、ユーニウスの写しがまだオックスフォードに保管されていた（catal. mss. angl. 255頁、No. 5221を参照）が、現在ではなくなっており、照会してみたところ、すでに60年前に盗難に遭ったということである。ひょっとしてその写しまたはオリジナルが、イギリスかオランダのどこかで発見されるかもしれない。ミュンヘンに、古高ドイツ語の断片と注解がいくつかあるかもしれない。ザンクト・ガレンには、重要な、いわゆるケーロの注解［いわゆるAbrogans］がある。これは、ひょっとして7世紀のものかもしれず、ベネディクト修道院の規則集の翻訳者であるケーロ自身の言語とは異なっている。これは、ドイツ語をもっとも余すところなく知るひとの一人であるフュークリシュタラー（Leonz Füglistaller）によって、ノートカーの全著作とともにまもなく印刷される。古ザクセン語の総合福音書は、すでに3年前の時点で出版の妨げになるものはなにもなくなったはずだが、今なお出版されていない。図書司書のシェーラー（Scherer）氏は、親切にも私の申し出に応えて、何度も書き写された写しの断片をいくつか送って下さった。そのおかげで、私は古ザクセン語についての知識を随分と広げることができた。ミラノで発見されたウルフィラの写本［ミラノのアンブロシウス図書館に保存］については、マイウス［Angelus Maius、1815年］の見本集を除いてはまだ何も編集されていない。この見本集にあるウルフィラの言葉を見ることで、以前はわからなかった不明な点が少なからず解明され、この新たな写本の全体像が明らかになれば、さらに大きく解明が進む。今後、ノートカーの作品が余すところなく知られて、古高ドイツ語の文法規則にとって確実で明瞭な例が多く集まるかもしれず、また、古ザクセン語の研究が確固たる拠り所を得ることになるかもしれない。もし実際にそのようになれば、私にとって大きな慰めとなる。それは、本書でどうしても避けることができなかったいくつもの不明な点が解明される日が近づき、ドイツ語文法という分野が部分的もしくは全面的に改定されることになると思えてくるからである。

以上のように本書は内容面で不完全なところがあるが、それと同様に、本書の形式面にも不十分なところがある。ドイツ語文法には、ふさわしい立派な衣装がまだないのである。本書の出版社は、欠けている活字を鋳造しようと思ったができず、遅延を生じさせないために版木を利用するほかなかった。しかし版木は、目にはきれいには映らず、また版木で代用できない文字もいくつかあった。しかし、この不都合な状況も、さまざまな便宜供与によって埋め合わされ、当初の約束よりも数十ページ多い分量が認められ、ある有能な植字工に仕事をしてもらうことができた。この植字工がいなければ、本書はこれほどに正確なものとならなかったであろう。いくぶん揺れがある新高ドイツ語の正書法の大部分を、私は困ったものだと考えている。今日の書法が混乱状態にあることを、本書の読者は誰も疑わないであろう。いくつかの点について書法を正そうと思い至るのは自然なことであるが、実際に実行に移すのは容易ではない。それは、今までに書法を正そうとして失敗してきたことが災いして、現在の詩人たちの韻に、また実際の発音に対して悪い影響が現れているからである。私の書法は今日の書法とは異なっているが、私の書法には歴史的根拠がある。私は、新高ドイツ語の文法を確立するために敢えて、書法の逸脱をさまざまに実行したのであって、正書法を意識しなくて済むような、取るに足らない文面を書くために実行したのではない。正書法をどう扱うべきなのかに関して、何度も面倒な試みをしては当然ながら失敗に終わった今、正書法の変更がそもそも受け入れられるのかについては、別個に考慮する必要があろう。しかし私は、本書ではこの点に触れないことにする。正書法に関して何を行うべきかは、私の書き方を見ることで、その方法と道筋がわかるであろう。洞察力のある人なら、従来のものを強制的に変更しようとすることに反感を抱いても、知らず知らずのうちに忍び込んだ誤用については、たとえそれがすでに馴れ親しんだものであったとしても、例外的に廃止するということに賛成するであろう。どの歴史もそうであるように、歴史文法も不当な改革に対しては警告を発し、過去にあったよい前例を解き明かすことで現在における思い上がった方策を抑えることができる。そうすれば、しかるべきところで、望ましいと思われながら長い間実現しなかったことが実現可能となるであろう。本書の執筆に取りかかったとき、私は初めからそう望んでいたわけでも、とくに重点を置いたわけでもないが、名詞の頭文字の大文字書きを閉め出すことが得策であると思った。名詞のはじめを小文字で書くことで、文章が不明瞭になると私は思わない。名詞の大文字書きを支持する内的理由はなにもない。それどころか、16世紀、17世紀までドイツ語に見られた安定した慣用からして、名詞の大文字書きは支持されないし、他国の現状を見ても大文字書きは支持されない。名詞の初めを小文字で書くことで、書法の難易度は下がり、書法は平易になる。名詞の初めの大文字書きというペダンティックな書法の善し悪しについて判断を下すには、その起源を調べるだけで済む。この書法が現れたのは、言語史と文法に関してまさに最も混乱した考えが支配した時代であった。詳しく見てみると、この書法はすでに何度も廃止されようとしてきた。プファルツの学士院の論文、そしてフォスのホメロスおよびそのほかの著作が、名詞の初めの大文字書きはせずに印刷されている。ラテン語の術語については、分別ある人たちの助言と賛同に基づいて何も変更せず保持した。ドイツ語独自の文法的特性を言い表すドイツ語による術語は、私自身も初めはぎこちないものだと感じたが、今では一般になじんできているように思える。これらのドイツ語術語を私はためらわず、簡潔さと使いやすさ故にさらに使い続けたいと思う。もしどなたか希望者が現れたならば、umlaut（ウムラウト）、ablaut（母音交替）、anlaut（語頭音）、inlaut（語中音）、auslaut（語末音）と私がドイツ語で呼ぶものを、ドイツ語以外の言語に翻訳するよう努めて下されればよい。

ドイツの学校で用いられるドイツ語文法の内容が奇妙なもので、学校の文法書がまったく無意味であることについては、私はすでに大いに嘆いたところである。私の主張のなかで言い過ぎに聞こえるものがあったとしても（とはいえ、私は初等授業がほとんど無意味であることを批判したのであって、高等教育においてドイツ語文法がきちんと教えられていることについてあれこれと言ったわけではない）、私は今後ともそのことについて申し開きをする義務はないと考える。われわれドイツ人と姉妹関係にあるが、現実的な思考ができるという点でわれわれより優れているイギリス人、オランダ人、デンマーク人、スウェーデン人が、自国の言語を授業でどのように教えているかを、健全な思考をするドイツの教師のみなさんにはぜひともよく観察していただきたいところである。

多くの方々の励ましと良き助言のおかげで、本書の執筆が捗ったことに感謝申しあげる。この分野に造詣の深い、かの有名な書評者がお書きになった論評のうちいくつかの点について、本書で私は改善を図った。フュークリシュタラー氏は、ご親切にもノートカーに関する質問に答えて下さっただけでなく、ご自身が収集された資料のいくつかを出し惜しみすることなく見せて下さった。友人のベネッケとラッハマンが絶え間のない文通のなかできわめて積極的に関心を示してくれたのは、本当にありがたいことであった。この二人の示してくれた着想に従うべきときにはいつも従って、私は得るところが大いにあった。ラッハマンがくれたような詳細で忌憚のない意見は、身にしみてありがたいものである。このような意見があればこそ、ひとは仕事に精神を集中させて取り組むことができ、見識をさらに広げることができるのである。

解題 『ドイツ語文法』

ヤーコプ・グリムが「ドイツの」(deutsch)と言う場合、実際には「ゲルマンの」というさらに大きな概念を表している場合が多い。この背景には、太古の言語を完全な言語と見て、ドイツ語の現今の姿を解明するには歴史的にさかのぼり、理想的な姿により近い段階の言語を知る必要があるという考えがある。実際、『ドイツ語文法』第1巻(1819年)は、ゴート語、古高ドイツ語、古低ドイツ語(古ザクセン語、アングロサクソン語、古フリジア語)、古ノルド語、中高ドイツ語、中低ドイツ語(中ザクセン語、中英語、中オランダ語)、新ノルド語(スウェーデン語、デンマーク語)、新高ドイツ語、新オランダ語、新英語の順で、それぞれの言語の形態論が論じられている。グリムの「ドイツの」という表現にはさらに、「民衆の」というニュアンスがともなっている。それは、より原初的な言葉の痕跡が標準語にではなく、人為的な規制を受けていない自然ないでたちをした方言にこそ残っているとするグリムの見方と関係している。したがって、グリムの考える「文法」とは、正しさを法律のように規定しようとする「規範文法」でも、また、言語を論理で縛るような「論理文法」でもなく、あくまでも言語の来歴を捉える「歴史文法」である。

第1巻の第2版(1822年)では、グリムの法則とも称される「子音推移」に関する法則が初めて論じられた。第2巻(1826年)と第3巻(1831年)は造語論を、第4巻(1837年)は統語論を扱い、全4巻で4000ページを超える紙面を使って、ゲルマン語の歴史が叙述された。「ウムラウト」(Umlaut)、「母音交替」(Ablaut)、「強変化」、「弱変化」といった文法術語は、このグリムの『ドイツ語文法』でグリムが考え出した用語である。

今回の初版と第2版の序文を訳出するにあたって、*Deutsche Grammatik.* Erster Theil. Göttingen: Dieterich 1819. と *Deutsche Grammatik.* Erster Theil, Zweite Ausgabe. Göttingen: Dieterich 1822. を底本とした。用例の正書法についてはそれぞれの版における書法に従った(名詞の大文字書きは、初版では行われているが、第2版では小文字書きとなっている)。初版にあった原注については一部省いたところがある。

［高田博行・佐藤恵］

III

音韻論

「子音推移について」（1848年）

（『ドイツ語史』第17章）　　ヤーコプ・グリム（岩井方男 訳）

「ウムラウトと母音混和について」（1842年）

ヤーコプ・グリム（岡本順治 訳）

Jacob Grimm, Die Lautverschiebung.
(Kap. XVII. von *Geschichte der deutschen Sprache.*
4. Aufl. Leipzig: Verlag von S. Hirzel, 1880)

Jacob Grimm, Über umlaut und brechung.
(In: *Zeitschrift für deutsches Alterthum*, Bd. 2, 1842)

子音推移について

『ドイツ語史』第17章

ヤーコプ・グリム

岩井方男 訳

ついに私たちは、ゲルマン語派が他の印欧諸言語[訳者注1]から岐れて独自の道を進むところ、およびゲルマン諸言語間の違いの根拠が明らかになるところにまでたどり着いた。

太古からの近縁言語の対応単語を比較すると、ゲルマン語派[訳者注2]とそれ以外の言語の間には、子音において段をなすがごときズレが存在するのはなにゆえか。対応関係にあっても、ゲルマン語(ここではゴート語)のみ子音が大きく異なる語の例を挙げる[訳者注3]。

- サンスクpitṛ ラpater「父」ギリpatēr ゴートfadar
- サンスクprathamas ギリprōtos ラprimus「最初の」ゴートfruma
- ギリpherō ラfero「運ぶ」ゴートbaira
- ギリkyōn ラcanis「イヌ」アイルcu ゴートhunds
- ギリgenos ラgenus「出自、家系」ゴートkuni
- ギリchortos ラhortus「庭」ゴートgards
- サンスクtvam ラtu(=独du) リトアtu ゴートþu
- サンスクtri ギリtreis ラtres「3」リトアtrys ゴートþreis

・サンスクdán ラdens「歯」リトアdantis ゴートtunþus

さらにまた英語とドイツ語の単語を並べるだけで、対応にきまりがあることを知らない人でも、奇異の念を抱くにちがいない。

［英語］	ten	day	thief	tooth	deep	tharm[訳者注4]	thick
［独語］	zehn	tag	dieb	zahn	tief	darm	dick

このような英語とドイツ語のちがいはどこから生じたのか。

例を関連なく並べるだけでは何も証明したことにはならず、何にでも存在する平凡な例外と見なされてしまうであろう。しかし、この英語とドイツ語の対応は確とした法則なのである。

あらゆる言語において、単語の中の閉鎖音がその前後の音に影響されて変化することを、われわれはすでに知っている。この変化は、語の屈折を起こりやすくしている[訳者注5]。しかし本章で取り扱うのは、言語と他の言語あるいは方言と他の方言を分かつ閉鎖音の交替であり、これは他の音の影響や文法的形式によって生じるのではない。この交替はいったん開始されると、言語区分や方言区分の目印と見なされうるほど明確で持続的な性格を持つ。

この音韻の交替による変化は形式的に整っており、同一の調音器官による一群の音韻系列内で生じる。本章で詳述する音韻の変化は、音韻系列全体に等しく影響を及ぼし、系列全体を推し移す法則である。この音韻推移はある音韻を特定の目的のために変化させるのではなく、言語の内部構造に何の影響を与えることなしに、当該の音韻すべてをいっせいに変化させてしまう。いわば言語外に存在する力により、この驚くべき結果が引き起こされたのだ。

この音韻推移は、円を描いて走る数台の馬車にたとえるのがふさわしかろう。一つの車輪が先行する車輪のあった場所にたどり着くと、ただちにその車輪がかつて占めていた場所に後続車輪が来る。どの車輪も追いつかれないし、その動きに遅滞が生じることもない。

法則の内容は単純である。有声閉鎖音のセットＢ Ｄ Ｇは、無声閉鎖音のセットＰ Ｔ Ｋに推移し、この無声閉鎖音は無声帯気閉鎖音セットPH TH KHに推移し、この無声帯気閉鎖音は有声閉鎖音セットＢ Ｄ Ｇに戻る。ここをもって音韻循環は完結するが、新たに始まるときもこの順番に必ず従う。ただし、子音の基礎はあきらかに有声閉鎖音であることは確認されている(*344頁[訳者注6])。無声閉鎖音から有声閉鎖音への直接推移など、中間段階を省くことはない。

馬車の比喩を用いると、最初の馬車として印欧語の一つ、2台目としてゴート語を、3台目として古高ドイツ語(古高独)[訳者注7]を想定してほしい。

ギリシア語が最初の馬車であると想定すると、理論が完全であれば表を縦に見てB—P—PHなど9つの対応(等式)[訳者注8]が成立しうるはずである。

ギリシア語	B	P	PH	G	K	CH	D	T	TH
ゴート語	P	PH	B	K	CH	G	T	TH	D
古高独語	PH	B	P	CH	G	K	TH	D	T

しかし現実は理論どおりにはならず、この対応(等式)表では不完全なのだ。そこで最上行をラテン語に置き換えると、それに伴ってゴート語と古高ドイツ語部分にいくつかの変更が生じる。

(等式番号)	**I.**	**II.**	**III.**	**IV.**	**V.**	**VI.**	**VII.**	**VIII.**	**IX.**
ラテン語	B	P	F	G	C	H	D	T	(F)
ゴート語	P	F	B	K	H	G	T	TH	D
古高独語	PH	F	P	CH	H	K	Z	D	T

この音韻推移の法則は語頭音に最も厳密に当てはまり、語中音や語末音ではいくつかの例外がある。

両表の間に生じた違いの原因は、ギリシア語には存在しラテン語には存在しない無声帯気閉鎖音PH、CH、TH(ギリシア文字ではΦ、X、Θ)に求めることができる。

ギリシア語無声帯気音PHはラテン語Fに対応するが、CHとTHにはラテン語の厳密な対応音が存在しない。それゆえ、CHの代わりにラテン語では単純な摩擦音HまたはHを落とした語頭母音で満足する[訳者注9]。いっぽうギリシア語THはラテン語では唇摩擦音Fを対応させるか[訳者注10]、あるいはそこからTHが発生したTを用いる。しかしラテン語Fは不安定で、ギリシア語 CH あるいは特にしばしばギリシア語 TH の位置に現れるので、表では F を(　)に入れてある。

またゲルマン語には喉帯気音が欠けており、これを H によって代行させねばならないが、この音は安定しておりこれ以上推移はしない。ゴート語 H は古高ドイツ語でも H である。この音は両ゲルマン語において、ギリシア語の無声閉鎖音にも摩擦音にも置き換わるはずである。ゲルマン語ではフランケン方言のみが無声帯気閉鎖音 CH を持っており、摩擦音とは縁が無かったらしい。その結果、ギリシア語 KR はフランケン方言 CHR に、ギリシア語 RH はフランケン方言 HR に対応した。ゴート語と古高ドイツ語では、ギリシア語の両音は一つにまとまって HR になった。

唇音においても似たような経過をたどった。ラテン語の F は無声帯気閉鎖音 PH の薄められた音であり、摩擦音 V に変わってゆく傾向があると見なさざるをえない。そしてディガンマ(*F*)から生じた F は V と近縁である。もちろんゴート語の F と V は区別されるが、古高ドイツ語では両音は一致しても安定しない。古高ドイツ語摩擦音は凝縮されて W＝GV となり、V は高地ドイツ語では今日に至るまで、ほとんどの場合 F と同じく重要な音である。ゴート語 F は H と同様に推移しない。喉音の中で古高ドイツ語の H と CH は接触してしまい、古高ドイツ語の F と PH も同じ道をたどった。このようにして古高ドイツ語化が厳密に行われると、見てのごとく結果的にこの言語内では有声摩擦音の B 音と G 音は消滅してしまった。

舌音は、唇音や喉音より保存状態がよい。唇音や喉音においては、ゴート語の無声帯気閉鎖音と古高ドイツ語有声閉鎖音は損なわれて存在しないが、舌音においては有声閉鎖音、無声閉鎖音、無声帯気閉鎖音はきれいに分離する。古高ドイツ語に生じた唯一の変化は、TH があるべき位置に Z(＝TS) が出現したことである。

いま述べた変化は、両摩擦音 H と S が接近するときには不思議なことではない。発音してみると、気息を伴った TH は舌を歯に当てる TH に簡単に変化するし、実際、摩擦音 S は TH よりも TS に近づく。ケルト語派のアルモリック方言では、アイルランド語やウェールズ語で TH の箇所に、すべて Z が来ている(*374 頁)。そして私たちは *368 頁で、アイルランド語摩擦音 S が TS に変わるのを見た。

実際、古高ドイツ語 Z は TH と共に発生しこれと同じに扱われていることは、いくつかの例から明らかである。ゲッティンゲン近郊に現在 Nörten という地名があるが、1055 年の修道院寄進文書では Northuna、時代が下って 1155 年の文書では高地ドイツ語化されて Norzun と書かれた。そして、高地ドイツ語の Z とザクセン語の T の対応があって、次第に Nörten となった。9 世紀のライヒェナウ死者名簿には、北欧の巡礼者 þor þorgils が zor zurgils と記されている。

以上の考察をもって、9 つのすべての等式の例を挙げることが許される。まず語頭音の例を一覧する[訳者注 11]。

I.　語頭音　B = P = PH

印欧語、ゲルマン語派言語、古高ドイツ語の 3 段階すべてに対応語が存在し、かつ語頭音がそれぞれ B, P, PH となる例は存在しない。この等式が語中音に成り立つ単語のリストはのちに示す。この事実は、ゴート語で語頭音が P の全ての単語と、古高ドイツ語で語頭音が PH または PF であるすべての単語が外来語であることを示唆する。これらの語はゲルマン語音韻組織の空所に入り込んだのである。

II.　語頭音　P = F = F

- サンスクpitṛ　ラpater「父」ギリpatēr　ゴートfadar　古高独fatar
- サンスクpantschan「5」ギリpente　pempe　リトアpenki　古スラブpjat’　ウェールズpump　ゴートfimf　古高独finf
- ラpiscis「魚」ウェールズpysg　ゴートfisks　古高独fisc
- サンスクpadas　ラpes pedis「足」ギリpūs podos　リトアpědas　ゴートfôtus　古高独fuoz
- ラpedica「(足)鎖」ギリpedē　ポpęto　チェコpauto　古ノルドfetill　古高独fezzil
- ラporcus「豚」リトアparszas　フィンporsas　ロシporosja　チェコprase　アングロfearh　古高独farah　ラporca「雌豚」古高独furicha
- サンスクpatis　ギリposis「夫、主人」= potis[訳者注 12]　ゴートfaþs「主人」
- サンスクpaśu　ギリpōy　ラpecu「家畜」ゴートfaihu　古高独fihu「金銭 / 家畜」
- ギリpyr　アングロfŷre　古ノルドfŷr　英fire　古高独fiuri「火」
- ラpauci「少数」ギリpauroi　ゴートfavai　古高独fohê。ラparum「不十分」paulum「わずかに」参照
- ギリpalamē　ラpalma「掌」アングロfolma　古高独folma

・ギリpygmē　ラpugnus「拳」(ここから動詞 pugnare「戦う」)　古スラブpjasť　アングロfŷst　英fist　古高独fûst　新高独faust
・古スラブpostiti「断食する」はゴートfastan から
・ギリpōlos　ラpullus「子馬」ゴートfula　古高独folo
・ラpellis「毛皮」フラpeau　ゴートfill　古高独fël
・ギリpleos　ラplenus「十分な」古スラブpl”n”　リトアpilnas　ゴートfulls　古高独fol
・ギリpoly　ゴートfilu　古高独filo　アングロfëla　古ノルドfiöl「多くの」
・ギリpleon　pleiōn　—　pleistos　ラplus　—　plurimus (plusimus に代えて)「より多く、最も多く」古ノルドfleiri — flêstr
・ギリpoikilos「まだらの、多彩な」古スラブpjeg (pjega　pega「そばかす」参照)　ゴートfaihs　古高独fêh　アングロfâh
・ギリpekos「櫛を入れた羊毛」pekō「櫛を入れる」アングロfeax　古高独fahs (古高独flahs「麻」がラplexum (<plecto)「編む」と対応するように fahs は［編んだ］髪のことか？)
・ギリpeukē　ラpinus「松」(picnus に代えて)　古高独fiehta
・ギリpolios　ラpallidus「蒼ざめた」フラpâle　リトアpalwas　古高独falo　古ノルドfölr、以下参照：リトアpellenai「灰」古高独falawisca
・リトアpauksztis「鳥」ゴートfugls　古高独focal、サンスクpakscha「翼」ラトヴputns　古スラブptitza　ボptak　ギリpetēnos「羽の生えた」ptēnos「羽のある」peteinos (petēnos と同じ)　ギリpteron　ラpenna (pesna = petna に代えて)「羽」古高独fëdara と fëttah
・ギリperdein　ラpedere「放屁する」リトアpersti　古高独fërzan
・ギリpēnos　ラpanus pannus「布、旗」ゴートfana　古高独fano
・ラpax pacis「平和が、平和の」フラpaix、ラpacare「満足させる」イタpagare　フラpayer、リトアpakajus「平和」古スラブpokoi「平安、平和」。(ミクロシッチは 11 頁で語根 koi に「休養、平静」の意味を想定する)[訳者注13]　ゴートfahêþis「喜び」古ノルドfagna「喜ぶ」feginn「満足した (形容詞)」
・ギリporos「渡し場」ゴート 古高独faran「行く」
・ギリpara peri　ラper prae pro　ゴートfar fair faura fra　古高独far fir furi fora「(前置詞) vor für」
・サンスクprathamas[訳者注14]　ギリprōtos (protatos に代えて)「最初の」古スラブpr”v”i「第一人者」ポーラpierwszy　リトアpirmas　ラprimus　ゴートfruma　アングロforma「最初の」
・ラprudens「賢明な」ゴートfrôds　古高独fruot

・サンスクpṛischni「踵」ゴートfairzna 古高独fërsana
・ラprecari「尋ねる」イタpregare 古スラブprositi ゴートfraihnan 古高独frâgên、以下参照[訳者注15]：古高独flehôn「願う、尋ねる」
・ラpraeco「伝令使」アングロfricca
・サンスクprî チェコpřjti セルビアprijati ゴートfrijôn「愛する」；古スラブprijatel ポprzyjaciel リトアprietelus 古高独friudil 中高独friedel「愛人」
・古スラブPrije ゴートFraujô「主、主人」[訳者注16] 古ノルドFreyja「フレイヤ（女神）」アングロFrige 古高独Frouwa[訳者注17]
・リトアPerkunas ゴートFairguneis[訳者注18] 古ノルドFiörgyn「大地母」
・ペルシpil「象牙」古ノルドfill
・サンスクphêna 古スラブpjena「泡」リトアpiěnas「乳」古高独feim「泡」（ラテン語ではpumaではなくて［語頭にsがある］spuma「泡」であるのは、古高ドイツ語のspëhtがラテン語のpicus「キツツキ」に対応するのと同様）アングロfâm 英foam；ゲルマン語の単語とラテン語（spuma）は他の諸語と異なり、N音ではなくてM音を持つ。これはポルトガル語では、un una inの代わりにhum huma emとなるのと同様である[訳者注19]。
・ギリporrhō ラporro「さらに遠くに」ゴートfairra 古高独ferro
・古スラブpolje フィンpeldoまたはpelto 古高独feld「平地」アングロfolde「陸地」（*60頁）
・ラpulex「ノミ」古高独flô
・ラplangere「嘆き悲しむ」ゴートflêkan、以下参照：古高独fluochôn「祈る、誓う、呪う」
・ラplectere「編む」およびplicare「たたむ」ギリplekein ゴートflaihtan? 古高独flëhtan「編む」。以下参照：古高独flahs「亜麻？」。しかしラpectere「くしけずる、打ち据える」とpectus「胸」は音韻的には、古高独fëhtan「戦う」と対応しても、意味の上では重ならない。そこで、ラpugnis / 古高独fusti「拳を用いて」ラpectere「くしけずる、打ち据える」を考える必要があるかもしれない（原注：kämmenとkämpfenは一見接触があるが、もちろん別語である。古高独chempanとchemphan）。fahsについては先述ギリpekosを見よ。
・サンスクplu ギリpleō plein「私は航行する、航行すること」ギリploion「船」ラpluere / pluvia「雨が降る / 雨」古スラブplouti plovu リトアplaukti は、古高独fliozan「流れる」アングロfleotan ノルドfliotaおよびゴートflôdus「流れ」古高独fluotおよびfloza「（魚の）ひれ」）と近縁にある。喉音消失によりDacnusからDanusが（*192頁）、

picnus から ラpinus「マツ」が、placnus から ラplanus「平らな」が生じたさまは、古高独flah および flahhes「平らな」および リトアplasztaka「平手」と対照される（原注：古高ドイツ語では写本上で、文字 h と文字 z が混同されやすい［以下省略］）。これは古高ドイツ語で喉音が保持された例であるが、古高独flado「菓子」では喉音消失、ラテン語対応語 placenta「菓子」では保持される。

・リトアplaukas「髪」古高独floccho「髯毛」および語頭音が消失した loccho「巻き毛」アングロloc「縮れ毛」

・ギリpilos ラpileus「フェルト帽」チェコplst「フェルト」ポpilśń 古高独filz アングロfelt 中世ラfeltrum filtrum

・ギリpneō pnein pneuma「私は呼吸する、呼吸すること、息・風」古高独fnehan fnah「息切れする」fnâst「息切れ」

［訳者によるコメント：以下、語頭音における等式Ⅲ～Ⅸの膨大な実例が続くが、一部のみを示す。］

III. 語頭音 PH = B = P

・ギリphēgos ラfagus「ブナノキ」ゴートbôka 古高独puocha

・ギリphonos アングロbana 古ノルドbani「死、殺害者」古高独pano。ギリシア語の複合語 Argeiphontēs「ヘルメス（神の別称）」や brotophontēs[訳者注 20] は古アイスランド語の Fâfnisbani「ファーヴニル殺し（シグルズの別称）」や Hundingsbani「フンディング殺し（ヘルギの別称）」に等しい。

・ラfiber「ビーバー」ゴートbiprus または bibrus? アングロbeofor 古高独pipar

（中略）

・ラfrater「兄弟」ギリphratēr ゴートbrôþar 古高独pruodar

（以下略）

IV. 語頭音 G = K = CH

（中略）

・ギリgenos「誕生、親族」ラgenus「出自、家系」ゴートkuni「種族、部族」古高独chunni（kunni）「一族」

・ギリgonos「子」古ノルドkonr「子」古ザクセkind 古高独chint 古スラブtschjado

・ギリgynē「女」古スラブshena ゴートqinô「女、妻」古ノルドkona 古高独chëna chona
・ギリgony ラgenu「ひざ」ゴートkniu 古ノルドknê 古高独chiniu

（以下略）

V.　語頭音　K = H = H

（中略）

・ギリkēr（kear から発したか？）kardia「心臓」ラcor cordis「心臓が、心臓の」ゴートhairtô アングロheort 古高独herza サンスクhṛd リトアszirdis ラトヴśirdis 古スラブsr'd'tze

（中略）

・ギリkyōn アイルcu ラcanis「イヌ」サンスクśvâ リトアszů ゴートhunds 古高独hunt. *37 頁、*38 頁参照。

（以下略）

VI.　語頭音　CH = G = K

ラテン語は第Ⅲ等式で帯気音 PH の代わりに F を持つが、この第Ⅵ等式においても、帯気音 CH の代わりに H を持つ。そしてこの H はときどき F に代わり、ときには欠落して、語が母音で開始する場合もある。

（中略）

・ラhomo「ヒト」ゴートguma「男」古高独komo リトアžmogus「ヒト」複数形 žmonės、これは homines gumans に等しい。

（中略）

・ギリkhēn「ガチョウ」ラanser（hanser に代えて）「ガチョウ」サンスクhamsa 古ノルドgâs アングロgôs 古高独kans ロシgus' ポgęś チェコhus リトアźazis ラトヴsohśs

（以下略）

VII.　語頭音　D = T = Z

・サンスクdjaus divas[訳者注 21] ギリZeus Dios「ゼウスが、ゼウスの」ラdeus divus「神」ゴートTius Tivis? アングロTiv 古ノルドTŷr Tŷs 古高独Zio Ziowes

（中略）

・ラdingua（lingua「舌、言語」の代わりに想定される形）ゴートtuggô アングロtunge 古ノルドtûnga 古高独zunka「舌」

（中略）

・ギリdrys「オーク」および dory「木材」古スラブdrjevo ウェールズderwen アイルdair ゴートtriu アングロtreov 英tree 古ノルドtrê
・サンスクdva ギリdyo ラduo「2」リトアdu 古スラブdva アイルdo ゴートtva 古高独zuei。さらなる造語として、ラdubium「疑い」(duibium の代わりに) ゴートtveifls 古高独zuîval 等々

(以下略)

VIII. 語頭音 T = TH = D

・サンスクtvam ラtu［人称代名詞、二人称主格単数］ゴートþu 古高独dû (参照 *258 頁)

(中略)

・ギリtreis ラtres「3」ゴートþreis 古高独drî (*240 頁)

(以下略)

IX. 語頭音 TH = D = T

アイオリス方言では、TH は PH によって置き換えられる。これはラテン語で F に置き換えられる (*350 頁)

(中略)

・ギリthēr (アイオリス方言 phēr) ラfera「野獣 (女性形)」ゴートdius diuzis「野獣が、野獣の」アングロdeor 古ノルドdŷr 古高独tior[訳者注 22]］古スラブzvjer' リトアźwěris (*350 頁)

(中略)

・ギリthygatēr ゴートdauhtar 古高独tohtar「娘」。この法則による正しい音韻推移は他言語の D には見られない。(*266 頁、ただし下参照)

(以下略)

上述の語頭音の例に続いて、語中音と語末音の例が挙げなくてはならない。語中音語末音では比較的例外が多い。

I. 語中音・語末音 B = P = PH

・ロシobezjana「(雌) サル (以下すべて「サル」) の対応語」リトアbezdźenka (obezdzenka の代わり) アングロapa 古ノルドapi 古高独affo。けれども他の言語では必ずしもこの等式は成り立たない。古チェコop と opec (今日では opice)、古ポopica アイルapa ウェールズepa。そしてこの無声閉鎖音 P はボップの語源説明ではサンスクkapi「サル」(『サンスクリットの語彙』65[b]) の由来であるが、また

ギリkeipos、kēpos「オナガザル」に対応する。

・アイルabhal「リンゴおよびリンゴの木」ウェールズafal「リンゴ」(複数 efyll「リンゴの木」) リトアobolys「リンゴ」obělis「リンゴの木」ラトヴahbols「リンゴ」古スラブjabl"ko「果樹」ポjabłko チェコgablo gablko; アングロäpl äppel 古ノルドepli「リンゴ」apaldr「リンゴの木」古高独apfal ephili「リンゴ」および affaltera「リンゴの木」(『ドイツ語文法』第2巻第2版、530頁参照)

・ラlabium「唇」アングロlippa 英lip 古高独lëfs 新高独lefze と lippe が併存[訳者注23]、同様にリトアlupa。同語根の語としてラlambere「なめる」アングロlapian 古ノルドlepja 古高独lafan luof(強変化) および leffan leffita 古ノルドlepill「スプーン」古高独lepfil leffil 新高独löffel。古ノルドsleif「スプーン」デンマslev 低独sleef は S を先頭にして舌音 L を後ろに押しやった。ラlingere「なめる」がラlambere と同意であるゆえに、新高独lecken が古ノルドlepja と同意であり、ここにも語頭に置かれる中高独slecken (新高独schlecken「(甘いものを) なめる」) S が登場する。中世オラslecke「ナメクジ」からラcochlea「カタツムリ」とラcochlear「スプーン」の近親関係が明らかになる。これらにギリkochlos「カタツムリ」kochlias「カタツムリ」kochliarion「スプーン」が対応する。

・古スラブslabiti「無力にする」ポsłaby「無力な」古ノルドslapa「衰える」古高独slaph slaf「ゆるんだ(形容詞)」が対応。そしてここにも喉音に移行した形 slah (グラッフ 6, 783) が存在する。ラテン語の faber「巧みな(形容詞)、職人(名詞)」と facio「作る」の間には同様の唇音と喉音の交替が見られる。私は faber のグループにラfibra「繊維、神経、血管」と建築する動物であるラfiber「ビーバー」を加えたい。ラfacere「作る」とゴートbauan「住む」と bagms「木」の対応が示すように、ラfiber 古スラブbobr やリトアbebrus に対しゴートbiprus が期待される。しかしアングロbeofor や古高独pipar に従うと、ゴートbibrus がより確実な形である。

・ラfaba「マメ」古スラブbob" バスクbaba スペhaba を古高独pôna アングロbeán と比較し、ゴートbauna を babuna から導く。けれども、ギリpuanos「マメ」もまたギリkuamos「マメ」と共に考量すべきである。

・古スラブdobr"「良い」ならびに古高独taphar「重い、満ちた」および新高独tapfer「たくましい」の間には、ゴート語ならば daprs および古ザクセン語ならば dapar という形が存在したはずである。ただし、その存在は証明されていない。

・アングロstapel stepel「(支)柱」古ノルドstöpull 古高独staphol と staphil はラstabulum「家畜小屋」に対応する。この語は、ラvenari「狩りに行くこと」からラvenabulum「狩猟用の槍」が導かれたように、ラstare「立っていること」から導かれた。古ノルドstanda「立っていること」から古ノルドstöđull「搾乳小屋」が生じ、古高独stadal「納屋、家畜小屋」もこれに準ずる。

・ギリkannabis「大麻」ラcannabis「麻」古ノルドhanpr デンマhamp アングロhänep henep 英hemp 古高独hanof 新高独hanf。リトアkannapēs ラトヴkańńepes ポkonop' チェコ konopě はPを有する。

・ラturba「雑踏」ゴートþaurp「耕地」古ノルドþorp「村」古高独dorf「村」を見よ。リトアgelbmi「助ける」ゴートhilpa(helpan の一人称単数現在直説法) 古高独hilfu(helfan の一人称単数現在直説法)。

[訳者によるコメント：以下、語中音と語末音における等式(子音推移の対応)の膨大な実例が続くが、その一部を示す。]

II.　語中音・語末音　P＝F＝F

ゴート語では、理論上期待される PH の代わりの F から B が、古ザクセン語では BH が現れる。古高ドイツ語では、ゴート語 B の系列であると古高ドイツ語 P、または古ザクセン語 BH の系列であると V となる。ただし流音(L / R)が先行すると常に F となり、その点では語頭音の場合と同様である。アングロサクソン語と古ノルド語では、語中および語末でも F は保たれる。ゴート語 B＝古高ドイツ語 P という等式は、三番目の等式に移行している。

・ギリleipō「立ち去る、残す」ゴートleiba「(bi-leiban の形で)」laif アングロlîfe 古ノルドlîf「生きること」古高独lîpu

(中略)

・サンスクsvapnas ラsompnus somnus「睡眠」ギリhypnos 古ザクセsuebhan 古ノルドsvefn これ以外の形は *303 頁を参照[訳者注 24]。

(以下略)

III.　語中音・語末音　PH＝B＝P

この等式においては、ラテン語においては語中音 PH あるいは F がほとんど存在しないので、ギリシア語の単語のみが比較の対照となる。ただし、ラテン語と古スラブ語ではBになる例もある。

・ギリelephas「ゾウ」ゴートulbandus「ラクダ」古高独olpenta[訳者注25] アングロolfend「ラクダ」(*42頁を参照[訳者注26])

(中略)

・ギリamphi 古ザクセumbi アングロymbe 古高独umpi「〜のまわりに」

(以下略)

IV.　語中音・語末音　G＝K＝CH

・ギリegō ラego 古スラブaz"(az'＝agiに代わって) ゴートik アングロic 古高独ih(人称代名詞主格単数一人称)

(中略)

・ギリagros「畑」ラager「領土、耕地」ゴートakrs アングロäcer 古ノルドakr 古高独achar

(中略)

・ラrex regis regnum「王、王の、王権」サンスクrâdscha ゴートreiks アングロrîce 古ノルドrîki 古高独rîchi「支配者、支配権、領土」

(以下略)

V.　語中音・語末音　K＝H＝H

すでに*394頁で述べたとおり、ゴート語ではCHの代わりにH、古高ドイツ語ではGの代わりにHとなることがまれではなく、ゴート語ではむしろHになるのが普通である。

・ラpecu「家畜、金銭」ゴートfaihu アングロfeoh 古高独fihu[訳者注27]

(中略)

・ラocto「8」ゴートahtau 古高独ahtô

・ラnox noctis「夜」ゴートnahts 古高独naht

・ラmacte!「よくやった！(賞賛の声)」ゴートmahts 古高独maht「力」[訳者注28]

(以下略)

VI.　語中音・語末音　CH＝G＝K

無声帯気閉鎖音CHが欠けているラテン語は、Hでこれに代えるか放棄しているか、どちらかである。

（以下略）

VII. 語中音・語末音 D＝T＝Z

・ラid サンスクit（ボップ[訳者注 29]『サンスクリット文法』185 頁参照）ゴートita 古高独iz（人称代名詞主格および対格単数中性）

・ギリto（本来の tod* あるいは tot* に代わる形）サンスクtat アヴェスタtat（ボップ同上書 183 頁、184 頁）ゴートþata 古高独daz（指示代名詞主格および対格単数中性）

（中略）

・サンスクpadas ラpes pedis「足」ギリpūs podos リトアpĕdas ゴートfôtus アングロfôt 古高独fuoz

（以下略）

VIII. 語中音・語末音 T＝TH＝D

ラテン語の接尾辞 -it / -ut / -itum / -itas やそれに対応するゴート語 -iþ / -iþa 古高独 -id / -ida の付加により作られた単語に見られる。たとえば、ゴートhaubiþ はラcaput「頭」に対応し、ゴートniujiþa diupiþa daubiþa はそれぞれラnovitas「新奇」profunditas「深み」stupiditas「愚鈍」に対応し、古高独chûskida や ëpanida はラcastitas「高潔」aequitas「均等」に対応する。ただしゴート語においてはいくつかの þ はすでに d に移行しており、古高ドイツ語でも d は t となっている。とりわけ過去分詞と弱変化過去形においてこの変化が生じているが、これは形態論で論じなくてはなるまい。

（中略）

・ラfrater ゴートbrôþar 古高独pruodar「兄弟」

（以下略）

IX. 語中音・語末音 TH＝D＝T

語中音でこの音韻推移等式に当てはまる例はほんのわずかである。というのも、該当語はラテン語では皆無、ギリシア語に若干の例があるに過ぎないからである。

・サンスクmadhu「（蜜）酒」ギリmethy リトアmedus アングロmeodo 古ザクセmëdo 古高独mëtu 中高独mëte

・ギリethos（イオニア方言 ēthos）「エトス」ゴートsidus「しきたり」古ザクセsido 古高独situ 中高独site

・ギリkatharos「純粋な」アングロhâdor「晴れた」古ザクセhêdar 古高独heitar
・ギリmisthos「報酬、報い」ゴートmizdô「報い、報酬」アングロmeord 古高独mieta

どれだけ挙げても例を完全に尽くせるはずがない。その意味での完全性をもって、われわれの言語の歴史における主たる法則について記述した。この記述に則ってこの法則を詳細に論じ、その解釈に取りかかる。

1)　この法則に従うのは閉鎖子音のみであり、母音と同じく流音も摩擦音もこれにあずからず、法則の支配から逃れている。もちろんこれらもすべて変異し弱化し入れ替わる。しかしその変化は、印欧語族内のどの言語にもあてはまる普遍的かつ徹底的な原則に従うのではない。母音や流音や摩擦音がいかに激しく変化しようとも、枝分かれした同系統言語内のすべての脇枝に至るまでの根本的変化は存在しなかった、と何のためらいもなく言い切れる。確認のためにほんの少数の例を挙げる。

サンスクsûnus「息子」からゴートsunus 至るまで(*153 頁参照)、サンスクnâman「名」からゴートnamô に至るまで、サンスクkrimi「虫」からゴートvaurms に至るまで、流音L M N Rは連綿と変わらず交替しない。korn「穀物」の音結合RN やmalan「挽く」の音結合ML は、長期間にわたりなんと安定的であったであろうか。リトアLaimě または Laumě(人名)はローマ人の Lamia に等しく、リトアlapas の L 音はゴートlaufs アングロleáf 古高独loup「葉」に残るが、いっぽう閉鎖音は各言語で F—P のごとく入れ替わる。さらに古高独nusca「留め金」はアイルnasc であり、古高独lenne「皮」中高独lœnelîn 古スウェlänia はアイルleanan leannan に対応する。

2)　ゲルマン語における閉鎖子音の推移は偶発的な例外ではなくて、整合的で確とした法則である。この法則が最も支配的であるのは語頭音、すなわち主としてそこにおいて語根の特性が顕著になる最も精妙な部分である。語中音であると語根とは異質の派生的で新しい構成要素がしばしば加わり、確実な保存はなされていないと思われる。ところでこの音韻推移が、語頭音のみならず語中音や語末音にまで認められる見事な例がある。

・サンスクtad(新高独 das) ゴートþat 古高独daz
・サンスクdanta「歯」ゴートtunþus 古高独zand[訳者注 30]

・ラhoedus（＝haedus）「ヤギ」ゴートgait　古高独keiz[訳者注31]
・ギリtrekhein「走る」ゴートþragjan　古高独drekan[訳者注32]
・ギリknēthein「こする」アングロgnidan　古高独chnetan[訳者注33]

3）　9つの等式を説明するために、音韻推移の3段階すべてを示している語を例として選んだ。他に多くの示すべき語があろうが、それらは推移の2つの段階しか示していない。そのような場合、欠如している3つ目の子音が何であるかは、理論的にただちに推測できる。

たとえば古ノルドvöđvi「筋肉」と古高独wadoから、印欧語レベルの同系統語の閉鎖音はTに違いないとわかる。ゴートdiupと古高独tiof「深い」から、ギリシア語対応語がもし存在すれば、その語頭音はTHであり、語中語末の閉鎖音はBであるに違いない。古ノルドæđと古高独âdara「血管」に相当するラテン語対応語がもし存在するとしたら、閉鎖音Tを含んでいるであろう。ギリetos「年」とゴートaþnから、古高独adanを推測した。古ノルドdvergr「こびと」と古高独tuërcは、ギリtheūrgosに対応し、「魔法使い、賢者」がこれらの語（dvergr等）の原意であるのはかなり確実である。

4）　音韻推移の法則は、粗雑な語源学の暴走を防いでその正誤を確かめる試金石となる。ギリシア語やスラブ語のようにこの音韻推移をこうむらなかった言語の場合、これらの言語の単語をゲルマン語の対応単語と比較すると言語学者の負担は軽くなり、過ちを犯す可能性も減る。語源的に共通すると思われる、ゲルマン語単語と非ゲルマン語単語を比較するとしよう。両者に含まれる閉鎖子音が、ふさわしい推移段階を示していないなら、単語の安直な比較には疑いを持つべきであるし、それらが同一であれば近縁性すら否定すべきである。

たとえばラcalidus「熱い」とゴートkalds「冷たい」は、その意味は異なるというよりむしろ逆であるが、一見きわめて近縁であるかのように見える。ここで音韻推移第Ⅳ等式（ラG＝ゴートK）をあてはめると、ゴートkalds「冷たい」はラgelidus「氷の」に相当し、ラcalidus「熱い」に音韻推移第Ⅴ等式（ラK＝ゴートH）をあてはめると、ゴート語の対応語としてhaldsあるいはhaltsが期待される。ところでゴートhalts「麻痺した」は実在するが、これはラclaudus「跛行の」に対応する。claudusにおいても、calidusと同様、C-L-D音は保持されている。したがってラテン語の反意語 gelidus と calidus の理解には、リトアニア語の szaltas「冷たい」と sziltas「熱い」の存在が示唆するような、さらに高度な研究が必要であろう。これらの語の存在は、語中音では音韻推移法則が厳密には守られていないことも同時に教えてくれる。

5）　私たちは、有声閉鎖子音が子音体系の基礎であることを知っている。サンスクリットにおける有声閉鎖音は、流音や半母音・母音と同様に、「響き音」に数えられる。一方、無声閉鎖音や帯気音は「うつろ音」（ギリシア人には「うつろ、むなしさ」）と称される。

それゆえ音韻推移は有声閉鎖音に始まり、無声閉鎖音に下がって帯気音になる。有声閉鎖音にはいわば自然の力がおのずと備わっており、それが薄められて無声音となるが、再び濃縮されて帯気音となる。これに続いて帯気音から単純な有声閉鎖音が滴り落ちたにちがいなく、新しい循環はこのように始まるはずである。有声閉鎖音が帯気音になったり、帯気音が無声閉鎖音になったり、無声閉鎖音が有声閉鎖音になったりするのは自然に反している。自然と同じく言語も跳躍を嫌う。

6）　言語が推移の方向に第1歩を踏み出しそれまでの整合した音韻段階から離れると、2歩目を踏み出すのはほぼ不可避であるが、最後の段階に到達せず推移が完結しないこともある。また2つの音韻推移は同時に生じないし、同規模で生じるわけでもない。

印欧諸語のすべてがこの圧倒的な音韻変動の第1歩を踏み出すのではなく、ゲルマン語のみが影響を受ける。すなわち、太古からの大きな近縁言語群のなかでゲルマン語という小さな部分が、突然推移の方向へと向かう。そして2歩目を踏み出すのは、ゲルマン語派諸言語の1本の枝にすぎない高地のドイツ語のみであり、この推移は最初のそれより遅れて生じた。高地ドイツ語以外のゲルマン語派諸言語は2番目の音韻推移の影響を受けないが、それはサンスクリットやギリシア語等が最初の音韻推移と関係しないのと同様である。この2度にわたる音韻堤防の決壊が生じた時期は、記述を続けるうちに探り当てなくてはならぬと思っている。

7）　言語精神が音韻堤防の決壊を引き起こす根元的な力には驚嘆の念を

禁じえない。多くの音韻が自分の収まっていた位置から離れるが、常に必ず新しい位置に矛盾なく落ち着き、それまでの法則に再び従う術を心得ている。

であるからといって、私には音韻交替が害をもたらさずに遂行されたと主張するつもりは少しもない。音韻推移は、穏やかな民族なら行わなかった蛮行や荒廃化の一種であるという見方さえあろう。ゲルマン人たちは不羈奔放であり、暴力的に中世を開始しヨーロッパの形を変えてしまった。それと音韻推移は関連がある。ゲルマン語の変化は進行して最も内奥の音韻に至った。高地ドイツ語を用いる部族が覇権を握ったが、2回目の音韻推移が自ずと成功した理由にはこのような状況すらあったと思われる。すべての民族の言語形成史を考察するにあたり、該当の民族それ自身の歴史も決して無視してはならない。しかも、このような言語の精神的展開が古代言語の完成過程とは異なるであろうことは、容易に見て取れる。勝利を収めた支配民族が、自分たちの出生地からきわめて離れた場所の方言を自らの言語とすることがあるのを知るのも無益ではない。元来の言語を喪失しても、彼らはそれによって新しい言語を手に入れ喪失を補う術を知っている。

8） 第1次および第2次の音韻推移によりもたらされた不都合なことがらの一つに、音韻のはなはだしい不均衡状態があろう。太古からの諸言語においては、有声閉鎖音・無声閉鎖音・帯気音がふさわしい割合で存在していたのは疑いを容れないが、数が等しかったとは考えられない。母音Aが数においてIとUにまさり、すべての短母音が数において長母音にまさっているごとく、子音に関しては有声閉鎖音と無声閉鎖音の数が無声帯気閉鎖音の数に優っていた、と思われる。最初の音韻推移において、無声帯気閉鎖音は、無声閉鎖音の位置に来て、次の音韻推移において有声閉鎖音の位置に来てしまう。それゆえ、両音韻推移を通じてゲルマン語では帯気音過剰となるのはさけられない。

明白な例を挙げよう。ギリシア語では無声閉鎖音Tは頻繁に登場する冠詞に含まれるのでかなり多い。一方、最初の音韻推移をこうむったゴート語・アングロサクソン語・古北欧語のTH音は発音に困難であっても、冠詞に含まれているゆえに、ギリシア語T音と同じほど頻繁に用いられねばならない。語頭以外の箇所における不均衡は、Z音が頻出する高地ドイツ語方言に見られる。古代言語における無声閉鎖音、有声閉鎖音、無声帯気閉鎖音のバランスは、音韻推移により損なわれる。

9)　すべての言語法則に例外は不可避であり、当然ながら音韻推移法則に関してもその存在が予想される。ただし、音韻研究よりも語彙研究に向いており、またそのような心構えであったグラッフは、音韻推移法則を無価値であるというのをためらわなかったが、彼は根底にひそむ原理と表面的な例外を混同したのである。

すでにサンスクリットやギリシア語などのレベルで、新しい言語使用の先兵として登場する例外がある。いっぽう太古の言語から発してゲルマン語になお残る音韻状態に付着し、多くの新造語群の間で古代言語軍の落伍兵としてさまよう例外もある。前者は言語の統一性を損ない後者はそれを組み立てるが、両者とも個別の例外で全体には影響を及ぼさない。この2者はいわば対になる例外である。これらとは異なる第3の例外は個々の音韻系列の完璧かつ繊細な分析によって生まれる。これはサンスクリットに存在するような例外であり、これに関する知識を他言語の閉じた音韻状況理解のために直接応用するのは不可能である。そのようなことをすれば混乱をもたらすのみであろう[訳者注34]。

10)　ビュルヌフ[訳者注35]とボップは、すでにアヴェスタ語ではT音はTH音に、D音はDH音にときおり推移すると指摘しているが、これらの推移はゴート語への音韻推移の前触れである。tûmから与格thvôi（サンスクtubhjam二人称与格単数）、対格thvaṇm（サンスクtvám）が形成される（*258頁）。サンスクtriはアヴェスタthriとなる（*239頁）。âtars「火」は屈折してâthrê（与格単数）となり、このTHがさらに推移して、アングロâdや古高独eit「薪の山、火」におけるDやT音になったと思われる。ゴート語にこの語形があれば、おそらくaidsまたはaidrsであろう。サンスクpâda「足」はアヴェスタpâdhaであるし、サンスクdadâmi「与える」はギリdidōmi、アヴェスタdadhâmiである。ただしサンスクprathama「最高の」においては通常の最上級語尾-tamaのTがTHに変化しているし、adhama「最低の」においてはDHである（ボップ『母音論』169頁）。

このTとTH音の関係に類似するのが、アヴェスタ語のPとF音との交替である。サンスクpra「満ちた」はアヴェスタ語fraに相当しゴート語も同じく

fraである。そしてâfs「水」とkerefs＝corpus「体」には、対格âpemとkerepemの別形がある。語根tap「燃える」(*231頁)からtafnu「燃えるような」が生じるが、これはペルシア語tâften「点火する」やギリthaptō「貪り食う」と並ぶギリtaphos「葬式後の食事」、ギリtephra「(火葬の後に残った)灰」に対応する。S音とN音と同様に、上述のアヴェスタ語の帯気音は、後続半母音の影響であろうと推測できる(ボップ『比較文法』35, 46, 83頁)が、この点で、はるかに広範囲に作用するゴート語への音韻推移と区別できる。このゲルマン語への音韻推移はどのような場合にでも生じ、後続半母音の有無のような個々の語の形態により左右されることはない。それゆえ、アヴェスタ語の音韻交替はギリシア語の音韻交替と比較されるであろうが、これについてはすでに述べた(*359頁)。

11) 多くのアヴェスタ語とペルシア語、リトアニア語、スラブ語、ケルト語の語頭有声閉鎖音B D Gは、ゴート語でも同音であるが、無声閉鎖音と無声帯気閉鎖音は推移していると思われる。アヴェスタbrâta 古スラブbrat" リトアbrolis 古ペルシbrathair ウェールズbrodyr(*267頁)をゴートbrôþar「兄弟」と比較されたい。それ以外にも以下のごとき例がある。

- 古スラブbobr リトアbebrusとアングロbeofor 古ノルドbifr「ビーバー」
- 古スラブbob" バスクbabaとアングロbeán 古ノルドbaun「豆」
- 古スラブb"iti bijo リトアbuti busuとアングロbeon beo(英語のbe動詞)
- 古スラブbuokvaとゴートbôka「書物」
- 古スラブbrati beruとゴートbairan baira アングロberan bire「生む」

しかしサンスクリット・ギリシア語・ラテン語の対応語では有声閉鎖音が存在せず、語頭は[BH PH F]である。

- サンスクbhrâtṛ ギリphratēr ラfrater「兄弟」
- ラfiber「ビーバー」
- ラfaba「豆」
- サンスクbhû ラfui(esse「である」の一人称完了形)
- ラfio「生じる」ギリphyō

・ラfagus「ブナ」ギリphēgos

ゴート語有声閉鎖音Bはサンスクリット・ギリシア語・ラテン語帯気音の推移から生じたのは明らかであり、すべて法則に従っていることも疑いない。古スラブ語やリトアニア語のBは法則から逸脱している。GとDにおいてもBと同様であり、古スラブ語やリトアニア語のGとDはゴート語でもGとDであるが、それらはサンスクリットではGHとDHに対応し、ギリシア語ではPHと消失した喉頭無声帯気音に対応するはずである。かくして、古スラブgost'はゴートgastと共にG音を持ち、これはサンスクリット語根ghas「出して与える」に相当する。しかし喉頭帯気音の欠けるラテン語では、hostis「見知らぬ人、敵」またはfostisとなる。

・古スラブgadanije　ポgadka　チェコhadka　古ノルドgâta「謎」
・古スラブgrabiti　リトアgraibyti　ゴートgreipan　ラrapere「引き裂く」(hrapereの代わり)
・古スラブgrob"「墓」リトアgrabas　ゴートgrafあるいはgrôba「陥穽」[訳者注36]
・古スラブgniezdo　アングロnest「巣」(gnestの代わり)　ラnidus (nisdusやhnisdusの代わり)

リトアgramczdai「木くず」がゴートgramst「木片」(*337頁)に対応していないはずがない。ただしギリシア語の音韻状況はきわめて説明困難であると思われる。けれども、ラテン語rapere「引き裂く」は明らかにギリharpazein「ひったくる」であり、hrapereという形の存在を保証している。repere「這う」がserpere「這う、うねる」を思い出させるようにrapereはsarpere「切り取る」を思い出させるが、実際に存在が保証される形はhrapereである(*302頁以下参照)。

舌音の場合はすべてがさらに明白である。

・ゴートdailis「部分」にリトアdalis　古スラブdijelが対応。
・ゴートdal「谷」に古スラブdolが対応。
・ゴートdauhtar「娘」にリトアduktě　古スラブd"schtschiが対応、しかしギリthygatēr
・ゴートdaúr「門」に古スラブdver'　リトアdurrysが対応、しかしギリthyra
・リトアduma　dumaiにゴートdôms「名声」dauns「香り」が対応、しかしギリthýmos

「花の一種」thymós「呼吸」

・古スラブdojiti にゴートdaddjan「授乳する」が対応、しかしギリthaō
・古スラブdjeva「乙女」にギリthēlys が対応。
・リトアdrasus「勇気ある」にギリthradys が対応。

ところがゴートgadars「敢えてする」は古高独tar（*405 頁）に等しいが、古高独þrâsa（*195 頁）に等しくない。アイルdubh ウェールズdu「黒い」は、ゴートdaubs アングロdeáf「耳の不自由な、はっきりしない」である。

したがって古スラブ語とリトアニア語の有声閉鎖音はいたるところで 2 種の音韻に対応する。すなわち、ゴート語の場合は無声閉鎖音と有声閉鎖音、ギリシア語の場合は有声閉鎖音と無声帯気閉鎖音に対応するのだ。たとえば、古スラブdva desjat dub はギリdyo deka dendron「2、10、木材」に等しく、これはゴート語では tva taihun timbr である。それに対し、古スラブdver' d"schtschi「ドア、娘」はギリthyra thygatēr に等しく、これはゴート語では daur dauhter である。

しかし、すでにサンスクリットにおいていくつかの単語は、帯気音の代わりに有声閉鎖音を示していると思われる。例：dhuhita の代わりに duhita「娘」、ghiri（＝［古スラブ］gora「山」）の代わりに giri。閉鎖音の取り扱いに関して、サンスクリット・ギリシア語・ラテン語グループとスラブ語・リトアニア語グループの 2 つに分かれるのも、音韻推移と呼びうる可能性はある。ただしこちらは有声閉鎖音や無声閉鎖音に関係しないので、ゲルマン語の音韻推移より不徹底である。brat gost dver（＝brôþar gasts daur）の B G D 音が、2 回目の子音推移を行わないゴート語的な音韻推移の傾向を十分備えているのは注目に値しかつ重要である。これらの語において、サンスクリット・ギリシア語・ラテン語は推移以前の状態にあるが、ゴート語の有声閉鎖音に対応するサンスクduhita と giri においては推移の影響を受けている。これに関連して、さらに多くの研究がなされるべきであり、たとえばゴートbindan「結ぶ」にサンスクbadh あるいは bandh が対応するからといって、そこからこの音韻推移法則に対する異議を読み取るべきではない。むしろ、ラテン語では fidlum の代わりに filum「糸」、fudnis の代わりに funis「縄」（ボップ『サンスクリット語彙』237a）の形が用いられていることから論を進めて、サンスクリットにもまた音組織の中に bhadh bhandh が無理なく存在したはずであると推論できる。ゴートbauþs「聾唖の」にサンスクbidhar（ボップ 236b）アイルbodhar ウェールズbyddar アルモーリシュbyzar が対応するが、このゴート語の語形はこれらの言語にも BH 音が存在したことを推測させる。

12）　先に 9）で挙げた「古代言語軍の落後兵」を取り扱う。閉鎖音が孤立して「落後兵」となるのはきわめてまれであるが、思いつくかぎりもっとも注目すべき例は、ゴート語の前置詞 du である。これは古スラブdo に完全に対応し音韻推移からは逸脱している。すなわちアングロtô 古ザクセte 古高独za zi によって推測するなら、ゴート語の当該前置詞は tu であるべきである。du の形は古スラブdo から文字どおり「落後」したものである。同様の関係にあるのがこれと近縁関係にある接頭辞ゴート dis であり、これはラdis の段階を保持している。古高ドイツ語は zar zir であるからゴート語では tis となるはずであろう。さらにゴートdags やアングロdäg はラdies「日」と古スラブdiena に関係し、Danus と Dacus の関係も同様である（*192 頁、*193 頁）[訳者注37]。そしてそうであると、逆にゴートtaujan「する、行う」が古高ドイツ語 zouwan[訳者注38] に推移したのはきわめて注目に値する。というのは dêds や dêdum[訳者注39] は古い段階の古高ドイツ語の tât tâtum を忠実に残しているからである。。この古スラブdo における D は dol における D ではない。もしそうであればこの D は dva＝ゴートtva が古高ドイツ語で zuei になるように、古高ドイツ語では T になってしまうであろう。

すでに *269 頁において、ラテン語では pater「父」mater「母」frater「兄弟」であるのに対し、ゴート語では fadar（アングロmôdor）brôþar、古高ドイツ語では fatar muoter pruodar であることを指摘しておいた。すなわち brôþar と pruodar のみが法則に正しく従って音韻推移している。fadar と môdar は先行する形に TH が含まれていることを前提とする。それをアイルathair mathair そしてもちろん brathair（*270 頁）が示しているし、それが英father mother brother の形を支えているのだ。ゴートbaitrs「苦い」はゴートbeitan「噛む」に由来し、この語は古高ドイツ語では pîzan である。ところが古高独pitar または pittar は、アングロbitr や古ノルドbitr と同じく、ゴート語段階に留まる[訳者注40]。古高独otar ottar「カワウソ」アングロoter 古ノルドotr も同様であり、これらの語はリトアudra やポーランド語やチェコ語の wydra に対応するのだから、法則どおりなら古高ドイツ語に ozar が存在するはずである。同じ状態にあるゴートhlutrs「純粋な」

アングロhlûtor 古高独hlûtar hluttar 新高独lauter とアングロhlûd「鳴り響く」古高独hlût ギリklutos について、これ以上論ずるつもりはない。なぜなら無声音と有声音はしばしば同じ語源を持つからである。すなわち同語源であるラmodus modius meditor metior「数量、計量単位、思案する、測定する」においては D の場合も T の場合もある。ところがゴートmita mêt mitô 古高独mizzu mâz mëz において閉鎖音は保持され、これはラテン語の D に対応する。同様な関係がラsedeo「私は座っている」sedile「椅子」とゴートsita sitls の間にあるが、古高ドイツ語では sizan sëzal と並んで sëdal kisidili という形も存在し、これらの語の D はラテン語段階の D である。そしてアングロsëđel と並んで sëtel も存在する。ゆえに上述の fadar も father から生じたと考えられる。例外の中にも常に音声推移の法則が姿を見せるのである訳者注41。

13）　次に述べる例外も前述の例外と同じく、通常は音韻推移の法則を最も明瞭に示すはずの舌音の系列に生じる。舌音が他の子音と結合すると、両子音は溶け合って変化に抵抗し、音韻推移以前の状態に保たれることを了解できるであろう。これらの結合に属するのが FT HT ST である。T は前に置かれる F や H が音韻推移しても T として残り、すべてギリシア語およびラテン語の PT KT ST 段階のままである。ゴートhafts raihts kustus とラcaptus「把握」rectus「まっすぐな」gustus「試食」を参照されたい。ゴートhafts raihts kustus はかたくなに形を変えず古高独haft rëht chust になる。*359 頁で指摘したとおりギリシア語で πτ（pt）が β∂（bd）や φθ（phth）等々へと推移する傾向があるが、ラテン語もゲルマン語もそれに巻き込まれていない。太古からの近縁言語における TR は、ゴート語では THR に古高ドイツ語では DR になった。tres「3」ゴートþreis 古高独drî、trud þruts þriutan driozan の対応が示すとおりである訳者注42。太古からの DR はゴート語では TR であるが、推移はここで留まり古高ドイツ語でも TR のままである。古高ドイツ語には、われわれの言語に異質の ZR は生じなかった。

- 古スラブdrevo ギリdrys「オーク」ゴートtriu「木」アングロtreov 古高独「（樹木名を表す）-tra –tera」
- ゴートtraua 古高独triuwu 新高独treue「忠実（名詞）」
- ゴートtriggvs アングロtreove 古ノルドtryggr 古高独triuwi 新高独treu「忠実な（形容詞）」

・ゴートtrigô「悲しみ」古ノルドtregi「困難、悲しみ」tregr「不本意な、無気力な」古高独trâki「怠惰な」新高独träge
・ゴートtrudan「踏む」古ノルドtrođa 古高独trëtan ケルトtroed troid「足」
・古ザクセtrahni「涙」古高独trahan 中高独trahen

ゴート語のTHRは古高ドイツ語のDRに対応し、ゴート語のTHVは古高ドイツ語のDUに対応する。ゴートþvairhs「斜めの」古高独duërah、アングロþvingan「追い込む」古高独diunganであったが、後代に不自然な推移があり、前者は中高独twerh 新高独zwerch、後者は中高独twingen 新高独zwingenとなった。3)において、ゴートdvairgs?「こびと」アングロdveorg 古ノルドdvergr durgr 古高独tuërcをギリtheūrgosと比較した。これらの語におけるゴートDV＝古高独TUを識別されたい。ちなみに、古高独tuërcは中高ドイツ語ではtwërcであるが、新高ドイツ語では誤ってzwergとなった。

14) STと並んでSKも推移しない。ラpiscis「魚」ゴートfisks 古高独fisc、ラdiscus「円盤」アングロdisc 古高独tisc、古ノルドtaska「合切袋」古高独tasca、アングロflæsc「肉」古高独fleiscがそれである。しかしやがてこれらではSCHによる侵食が始まり、中高ドイツ語でfisch tisch tascheになる。見逃せないのがゴート語のZGの変化であり、ゴートazgô「灰」は古高独ascâ、古ノルドaska、アングロasceとなる。ゴート語のKRは古高ドイツ語ではCHRになる。ゴート語のSPは語中音としては見つからない。しかし古英語や古ノルド語から判断すると、それは古高ドイツ語においてもSPのままであろう。アングロäspe 古ノルドespi 古高独aspa 新高独espe「ポプラ（の一種）」参照。しかしPSは古高ドイツ語ではFSになる。ラcaspa「箱」古高独chefsa 中高独kefse（*149頁）。

15) 低地ドイツ語に境を接する古高ドイツ語のいくつかの方言では、推移に対して比較的大規模な妨げが生じ、ある程度のところで音韻推移が止まっている。そもそも一貫して徹底的に完成した第3の段階は、ゴート語あるいはザクセン語に対する純粋な対照言語として私が考える「厳密な古高ドイツ語方言」（厳密古高独）にしか見つけられない。その故地については後に説明が加えられることになろう。しかし中高ドイツ語や新高ドイツ語になるにつれ、ゴート語と厳密な古高ドイツ語の音韻状態が独特に混じり合った方言が、厳密な古高ドイツ語に対し決定的な勝利を収める。

ここでは、厳密古高ドイツ語の3つの最重要な作品、すなわちイシドールスの著作の訳(『イシドールス』)、オットフリートによる福音書叙事詩(『オットフリート』)、タツィアーンによる福音書調和の訳(『タツィアーン』)に見られるいくぶん混乱した変異の状況を、語頭音・語中音・語末音に区別して示すことで満足しなければならない(表では、ゴート語と厳密な古高ドイツ語の音韻を上段に置く)。

ゴート語		B	P	F	G	K	H	D	T	TH
厳密古高独		P	PH	F	K	CH	H	T	Z	D
『イシドールス』	語頭	B	欠	F	G	CH	H	D	Z	DH
	語内	B	F	V	G	HH	H	D	ZS	DH
	語末	P	PH	F	C	H	H	T	ZS	DH
『オットフリート』	語頭	B	PH	F	G	K	H	D	Z	TH
	語内	B	F	F	G	CH	H	T	Z	D
	語末	B	F	F	G	H	H	T	Z	D
『タツィアーン』	語頭	B	PH	F	G	K	H	T	Z	TH
	語内	B	PH	V	G	HH	H	T	Z	D
	語末	B	PH	F	G	H	H	T	Z	D

けれども上述をさらに厳密に述べることもできる。たとえば、『イシドールス』におけるGは、弱い母音EあるいはIが後に続くとGHに移行する。これは、*386頁で述べたこれらの母音の喉音への影響に等しい。さらに言うと、語中と語末に子音があるとき、後ろの子音は前の子音と同一になる。たとえば『オットフリート』ではskalk「召使い」skalkes、skrank「戸棚」skrankesであり、後ろのKが変わってskalh等にはならない。ところがゴートleik「体」は古高独lîh lîchesである。

この3作品で個々の単語は発音が異なる。

『イシドールス』	『オットフリート』	『タツィアーン』	
druhtîn	druhtîn	truhtîn	「支配者」

duon, deda	duan, deta	tuan, teta	「行なう、行為」
leidan	leitan	leitan	「指導する」
leididh	（欠）	leitid	「指導者」
chunt, chundes	（欠）	cund, cundes	「知られた」
dac, daghes	dag, dages	tag, tages	「日」
chuninc	kuning	kuning	「王」

等々。

ゴート語では dauþs「死んだ（形容詞）」と dauþus「死（名詞）」において þ は同一である。けれどもアングロサクソン語では deáð と deáđ（現代英語 dead death）が異なるように、『イシドールス』においては dôd と dôdh、『タツィアーン』においては tôt と tôd、『タツィアーン』においては dôt と tôd のように語末が異なる。この点で『タツィアーン』と一致するのが『ノートカー』[訳者注43] と厳密古高ドイツ語である。dauþus における þ に続く u は、deáđ においては影響を後にまで及ぼして無声帯気閉鎖音を保持させ、その無声帯気閉鎖音は古高ドイツ語の有声閉鎖音へと法則に忠実に推移した。

これら 3 文献の綴りの中で、『イシドールス』におけるそれが明らかに最も古風であり繊細であって、語末音においても最も古高ドイツ語的であり、無声帯気閉鎖音に向かう強い傾向がある。最も有声音的であるのは『オットフリート』の綴りであると思われるが、『オットフリート』のそれは唇音と喉音において『タツィアーン』とほとんど一致する。ただし『タツィアーン』では舌音のみがやや無声音的である。全体として舌音は舌器官のなかで摩擦音と息音を多産する。これは『オットフリート』と『タツィアーン』では語頭音のみ、『イシドールス』では語中音においても当てはまる。『イシドールス』の DH は D に近いのであろう。本来、この二重無声帯気閉鎖音 Z と TH は、二つの別の調音器官による PH と F、CH と H と並行するところがあるが、ただし『オットフリート』と『タツィアーン』では語頭喉音 K のみが残っている。

中高ドイツ語と新高ドイツ語の状況も示したい。ほとんどが『タツィアーン』の状況に近いが、ただし舌音は厳密古高ドイツ語的であり、語頭音の TH は存在しない。

	語頭	B	PF	F,V	G	K	H	T	Z	D
中高独	語内	B	F	V	G	CH	H	T	Z	D
	語末	P	F	F	C	CH	CH	T	Z	T
	語頭	B	PF	F,V	G	K	H	T	Z	D
新高独	語内	B	F	F	G	CH	H	T	Z,SS	D
	語末	B	F	F	G	CH	H	T	Z,SZ	D

中高ドイツ語では tôt totes「死んだ(形容詞)」tôt tôdes「死(名詞)」であり、新高ドイツ語ではそれぞれ todt[訳者注44] todtes と tod todes となる。新高ドイツ語の語中音と語末音 Z, SS; Z, SZ の状況についてはこの場では論じない。そして thal, thun, thor, muth, rath 中の T に代わる不自然な綴り TH もここでは論じないが、私たちはずっと以前から TH の使用を拒否すべきであった。

上述の流動的な高地ドイツ語の音韻の多様性を論じるには別の考察が必要であるが、それはいまこの場で私が目指しているものではない。この多様性をしかるべく考察すれば、多様性が音韻推移の原則を覆すのではなくて、むしろその原則から納得のいく説明が可能となることを洞察するに至るのである。このやっかいな例外は古い段階に固着しているように思えるが、首尾一貫しているわけでも全体に行き渡っているわけでもない。この混乱の萌芽を私はゴート語に求める。すでにゴート人の間では、唇音と喉音的無声帯気閉鎖音の代わりに、単なる摩擦音が用いられていた。舌音においてはこのような混乱は生じない。それゆえ舌音の系列では音韻は規則正しく保たれている。他の系列では無声帯気閉鎖音における不都合が有声閉鎖音や無声閉鎖音にも影響を及ぼした。このように考えると、高地ドイツ語の音韻推移に関する私の見解の正しさは証明される。

16) 音韻が推移して第3段階に至ると循環はいったん終わるが、そのあとでも推移は再開されるに違いない、と述べた。けれども言語精神は、推移を完成させてしまうと再開を欲しないように思える。いくつかのさらなる推移の痕跡は見つかるが、すべての系列に広がる推移は見つからない。ゆえに13) の最終部分に不自然な推移の例として中高独twingen と twerh を指摘しておいた。この無声閉鎖音Ｔは、推移が再開されるとすると、古くからの印欧語の位置に現れるはずのＴである。ちなみに、これらの形に併存形があるとすれば、古高ドイツ語は duingan と duerah でありゴート語は þvairhs であろう。新高ドイツ語の hagestolz「独身主義者」のＺは、アングロhägsteald や古高独hagastalt のＤやＴがさらに推移して印欧語の無声帯気閉鎖音になって生まれた音であり、不適切である。デンマーク語は語中音と語末音においてスウェーデン語のＰＴＫをＢＤＧに有声音化しているが、これは無声閉鎖音から無声帯気閉鎖音に向かう音韻推移の精神の中で生じるのではなくて、音韻をふたたび太古の印欧語段階に戻しているのである。以下を参照のこと。

デンマabe「サル」	ロシobezjana
デンマäble「リンゴ」	リトアobolys
デンマabild「果樹園」	リトアobelis「リンゴ」
デンマage「行く」	ラagere
デンマager「耕地」	ラager
デンマäde「食う」	ラedere
デンマsad「座った（英語 sat）」	ラsedit
デンマfod「足」	フラpied

デンマーク語の状況は、ＰＴＫが堅持している語頭音とのバランスを損なう。また、デンマーク語には語中音と語末音の位置に無声閉鎖音が生じなかったことからも、これは真の音韻推移ではない。彼らの調音器官がそもそも発音を不可能にしている。彼らの有声閉鎖音は、厳密古高ドイツ語の無声閉鎖音に代わる『オットフリート』の有声閉鎖音に似ており、ここをもって、『オットフリート』的な有声閉鎖音は音韻推移に矛盾せず、むしろそれを前提とすることが確認できる。けれども『オットフリート』の有声閉鎖音は語頭音にも現れる点で、デンマーク語とは区別される。

17）　音韻推移はゲルマン語派言語の確実な目印である。よって、閉鎖音が太古の印欧諸語の閉鎖音と厳密に一致する単語は、推移に関わらなかった言語からの借用語のはずである。言語に内在する推移に対する抵抗は、借用により表面的には調整済みの結果になっている。これに関しては、ゴート語の語頭音で欠けるPのケース（等式I）が最も重要である。このPは古高ドイツ語のPHが現れる箇所に見いだされ、長く存在していた音韻を押しのけた。フィンランド語paita「肌着」から借用したゴートpaida（ギリkhitonに意味上対応）、古ザクセン語の例では古ザクセpēda 古高独pheit[訳者注45]。サンスクリットのpata「衣服」参照のこと。ゴート語のpeikabagms[訳者注46]（ギリphoinix ヨハネ伝12、13「棕櫚の枝をとりて…」の訳）はラficus「イチジク」でもなければギリpeukē「マツ」でもありえない。聖書のこの箇所における棕櫚の神聖な用い方はあまりにも知られていたからである。このゴート人[訳者注47]はこの語を、ギリphoinixがすでにpeiksあるいはpeikaに短縮された段階から借用したに違いなく、PHの形のみによったのではない。

・ゴートpaurpauraはラpurpura「紫衣」から借用
・ゴートpund 古高独phundはラpondo「ポンド」から借用
・ゴートpuggs「財布」アングロpung 古高独phunc（pfung） ルーマニアpungaはビザンチンギリpūngiから借用

ゴートplapja（ラplatea「通り」ギリplateia）は、「マタイ伝」第6章5節（大路の角）にのみ登場し、platjaの書き損じならば、ラテン語あるいはギリシア語からの借用語であろう。いっぽうplatea「公共の場」(Pertz 3,12. Ducange[訳者注48])の代わりに、中世ラテン語の文献ではplebs「民衆」から作られたであろうplebium plebeium[訳者注49]「集会」に出会う。これらは中間段階の言語で形がゆがめられてplapeにされた可能性がある。

ゴートplats[訳者注50] 古高独plezは古スラブplat"「ぼろ布」からの借用語。ゴートplinsjan「舞う」は古スラブpljasati ポpląśćからの借用語。ゴートpraggan[訳者注51]「圧迫する」、古高独phrenkan、中高独pfrengen、オラprangen。アングロpranga[訳者注52]「船倉」は押し合って座るからか。新高独pranger「さらし台」はそこに罪人が押さえつけられるからか。新高独prangen prunken「豪華である」はこれらとはまったく別物である。しかしゴートpragganの語源は未だ不明である。

語頭Kの借用語を挙げる。ゴートkaisar 古高独cheisar「皇帝」；ゴートkapillôn「髪を切る」。ゴートkatils「容器」はラcatillus「小皿」から、古高独chezil、古スラブkotlt"、リトアkatilas。ゴートanakumbjan「食事のため横になる」はラaccumbere。ゴートkëlikn

「塔、上階の部屋」(*318頁)はラcella「貯蔵室、小部屋」そしてアイルceal cill「教会」に近く、古高独chilechaもアイルランド修道僧によって伝えられたのかもしれない。語中のKの例を挙げる。ゴートakeit (aket)「酢」古ザクセekid アングロäced eced はラacetumに由来。古ノルドetik スウエättikja[訳者注53] デンマedike[訳者注54] 古高独ezihは、ラacetumの音位転換あるいは古スラブotz't" ポocetに由来する。「酢」のリトアuksosaはギリoxosに対応する。もしゲルマン語がこの語を育てたのであれば、Kの代わりにHが見つかるべきであろう(*400頁acuoとcos[訳者注55]参照)。ゴートsmakka「イチジク」ギリsykonは古スラブsmokvaから。もしギリシア語でSの後ろにMがあるとすれば古スラブ語の形にそっくりであったろう。またはこのスラブ人[訳者注56]はK音を挿入したのだろうか。古高独fîgâ「イチジク」古ノルドfîkja アングロfîc リトアpygaはラficusに由来するが、ひょっとしたらficusはギリsykonやゴートsmakkaと近縁関係にあるかもしれない。

語頭音Tを有する借用語については確信がない。すなわち、畳音［語幹子音を重ねること］完了形taitôkを持つゴートtêkan「触る」をゲルマン語でないと断定するほどの勇気を持たない。ラテン語のtangere「触る、打つ」も畳音による完了形tetigiを持つが、両者の一致には別の説明が必要であろう。

18)　古高ドイツ語と古英語における借用語では閉鎖音は推移しないか法則どおりには推移しないが、それらについてこの箇所ではほんの少ししか触れることができない。外来語が古高ドイツ語に入るのに2つのタイプがあった。すなわちゴート語や古英語のように音韻推移があったタイプと、ラテン語やロマンス語の音韻を残したタイプである。

音韻推移があったタイプの例：

古高ドイツ語他	ラテン語他	
phanlanza	palatium	「宮殿」
phorta	porta	「門」
phefar	piper	「コショウ」
phîfa	pipa	「笛」[訳者注57]
chazzâ	catus	「ネコ」[訳者注58]
chamara	camera	「小部屋」
chezil	catinus	「鉢、大皿」
chellari	cellarium	「食料貯蔵室」

châsi	caseus	「チーズ」
zol (アングロtol)	telonium	「税関」
zin (アングロtin)		「錫」[訳者注59]
zins (アングロtins)	census	「税」(財産調査)[訳者注60]

音韻推移がなかったタイプの例

purpura	「紫衣」
palma	「シュロ」
pîna	「罰金、苦痛」
pira	「梨」
kirsa	「サクラ」
torcul	「圧搾器」
taraka	イタtarga「楯、防護」

T音の取り扱いの違いは、phortaの場合は語中音にも生じ、ときに応じてpforzeもporzeも存在する。ラvinitor「ブドウ園労働者」からの借用語古高独winzuril 新高独Winzerも同様である。

語頭音の場合、古高ドイツ語CHに替わって中高ドイツ語や新高ドイツ語ではKがいたるところに現れる。そして同様に、Pに替わって有声閉鎖音Bが登場する。ラpirum「ナシ」からの借用語中高独bir、中高独berle「真珠」は古高独perala[訳者注61]、中高独belliz「毛皮」は古高独pellez[訳者注62]であった。このような中高ドイツ語のBは、ラテン語のPではなくて、古高ドイツ語のPに由来するとしか説明できない。中高ドイツ語の形bêre「漁網」は、中世ラテンperaから発した古高独pêriあるいはpêraの存在を前提とする。

19)　無声帯気閉鎖音PHとCHの代わりにFとHが生じてしまい、音韻の推移が妨げられるのを確認した[訳者注63]。このようにして、語中音や語末音でZの代わりに生じた新高ドイツ語Sについても新しい光を当てることは可能であるが、今はそれを行なわず、むしろ有声閉鎖音Bと摩擦音Vの奇妙な混在を強調しておきたい。

ラSuevi「スエーヴィ族(ゲルマン人の部族)」とギリSoēboiについては*322頁ですでに触れた。ラferveo「煮え立つ」の完了形はferbuiである。古ノルドboli

「(去勢されていない)オウシ」とリトアbullusに対し、古スラブvol”である(*32頁)。スペイン語ではviuda「未亡人」やvolver「裏返す」を、biudaやbolver等と書いていた[訳者注64]。逆に新高ドイツ語では、wer［veːɐ］「誰?」やwas［vas］「何?」に替わるberやbasという民衆的発音が存在する。すでに中高ドイツ語ではbase「従姉妹」に替わってwaseという形も存在した(ヘルボルト2568, 3712)[訳者注65]。バイエルン方言やオーストリアではWとBの入れ替わりがしばしば生じる。入れ替わりは語頭音にも語中音にもあるが、新高ドイツ語LBとRBは中高ドイツ語LWとRWが変わったのである。ベリサリウスについて、ゴート語のValisaharisはビザンチンのギリシア語ではBelisarios[訳者注66]でありラVandali「ヴァンダル人」はギリBandiloi、ラVigilius[訳者注67]とVeronaとRavenna[訳者注68]はそれぞれ ギリBigiliosとBerōnēとRhabennaである。古高独wisunt wisant「ヤギュウ、スイギュウ」アングロvësend[訳者注69]はラbison ギリbisōn「ヤギュウ」である。そこから作られた英雄の名前がWisunt、後世にWirantとなり中高ドイツ語ではWirnt、ビザンチンのギリシア語ではŪisandosと記され、スペインで記されたラテン語の文献ではUbisandus(古高独語のごとくuvはuuやwに等しい)。ラepiscopus「監督」から軟化により作られたbiscopus[訳者注70]「司教」がスペobispo(同上)となり、ついにイタvescovo(同上)となった(原注:P-V音交替の中間段階にB音があったのか?［以下略］)。

これほど多数の例があると、*313頁に提示した命題[訳者注71]が実現されたのであろうと推測される。これにより、ゲルマン語の最も重要な言語の一つが解明され、音韻推移の原則との矛盾が解消する。ゴートvisan[訳者注72]「〜があること/であること」とラfuisse「〜があったこと/〜であったこと(esseの完了不定詞)」やギリphyein phydeinとの響きの一致を説明してくれるのは古高ドイツ語の方言であり、ゴート語ではない。ウルフィラ聖書にはこの動詞の命令形が見当たらない。しかし「テモテ前書4、16」にあるþairhvis[訳者注73]から、visが単数形およびvisiþが複数形の「汝(ら)かくあれかし」(ラestoおよびestote)を表すのであろうことは推量できる。「ルカ伝5、13」でvairþ hrains[訳者注74]「清くなれ」。「コリント前書15、58」の「(汝ら)動かずしかと立て」はゴートtulgjai vairþiþ[訳者注75](またはfiatis vairþaiþ)。古高ドイツ語の資料にはwis!「〜であれ」(『オットフリート』I. 3, 29、III. 1, 43[訳者注76])以外に、pis!の形もあった。Diut.[訳者注77] 1, 510[b]と中高ドイツ語ではbis!とwis!との間で揺れている。wis! が用いられている例は、『イーヴェイン』6566 詩行、frauend.[訳者注 78] 128, 13。『ヴァルター・フォン・デア・フォーゲルヴァイデ詩集』[訳者注 79] 23, 1、35, 26、55, 20、91, 17。Freid.[訳者注 80] 149, 12（var. 298 頁に bis!）。Winsbeke20, 2（var、57 頁参照）[訳者注 81]。bis! が用いられている例は『エネアス』9607 詩行[訳者注 82]、MS.[訳者注 83] 1, 15[b] 19[a]. 2, 233[a]。『クードルーン』220 詩節第 4 詩行。Frib. Trist.[訳者注 84] 3636 詩行。Pfeiff. myst.[訳者注 85] 135, 11. 226, 15. 282, 30 に存在し、新高ドイツ語でもこの bis! がときおり再登場する（Schm. 1, 209 und dial. s. 356. Stald. dia1. 137）[訳者注 86]。古ザクセン語には wis! しかない。『ヘーリアント』8, 6; 10, 3; 100, 19; 109, 10. wës! 167, 22[訳者注 87]。中世オランダ語では wes![訳者注 88]。Jesus 36[訳者注 89]。アングロサクソン語 beo![訳者注 90]「マルコ伝」10, 49「ルカ伝」12, 40「ヨハネ伝」20, 27[訳者注 91]。現代英語 be!、アングロサクソン語複数命令形は beođ![訳者注 92]、古高ドイツ語の複数命令形は wësat（Diut. 1, 496[b]）、wëset! は『タツィアーン』44, 16[訳者注 93]、古ザクセン語は wesat!『ヘーリアント』56, 6; 76, 8; 173, 16（V. 1848, 1882, 1884, 2491, 5885）に例。中高ドイツ語では wëst!、『パルチヴァール』305, 28 を参照[訳者注 94]。

ところがやがてこれらの形に替わり、接続法的表現 sît!（ラesse の二人称複数接続法 sitis に対応）が優勢になった。sît の例は『ニーベルンゲンの歌』（ラッハマン版）173,1; 517,1、『イーヴェイン』1254 行[訳者注 95]、1857 行、2909 行、『ヴァルター・フォン・デア・フォーゲルヴァイデ詩集』28, 13; 19. 31 23.24. 29. 36, 12. 15. 86, 28. 106, 29[訳者注 96]。そして『パルチヴァール』305, 28 の west も異本では sît であり、172,7 では weset のところに sît が用いられている。新高ドイツ語では接続法の形は命令形にまで広がり、seist に代わる sei! は（すでにルターやハンス・ザックスにおいて）wis! も bis! も押しのけた。

上で述べた命令形古高独pis! および中高独bis! が純粋かつ自然で現在形 pim と pirum＝pisum（*313 頁）にふさわしい形であり、二人称複数現在直説法 pirut から複数命令法 pirut（消失）が生じたであろうことは、誤解しようがない。pis と pirum において S と R が入れ替わるのは、ゴート語不定詞 visan と古アイスランド語不定詞 vera において S と R が入れ替わるのと同じである。そしてゴートvairþa が visada から生じたのは（*310 頁）、ゴートhairdeis「羊飼い」が元の形であったと思われる hizdeis から生じたのと同様である（*400 頁）。ギリシア語の physō「生み出すであろう（phyō の未来形）」と physis（＝ゴートvists「本質」古高独wist）には、S（Σ）が存在する。これらの形にラテン語で本来対応するのは fueso であるはずだが、実際に存在するのは fuero（esse の一人称単数未来完了）であり、このSがRと入れ替わるのも同じ理由である。

- K[訳者注 97] の 40[a] と 45[a] においては wisit が fuerit（ラesse の三人称単数未来完了）のドイツ語への翻訳形、
- 『タツィアーン』98, 3 においては wësent が fient[訳者注 98] のドイツ語への翻訳形、
- Diut. の 1, 497[a] では wësên が fiant の、wësant が forent の、491[a] と 492[a] では wisis が eris の、wisit が erit のドイツ語への翻訳形、

であることを見逃すことはできない。というのはラfore（esse「be / sein」の未来不定形）とラfieri「〜になる」の形の上での混同がいたるところで明らかになるからである。Sの無い形は古高独pim と bin およびアングロbeo beođ に現れる。ちなみに beo は特に未来形に使われる[訳者注 99]。アングロサクソン語の形ではBとVの交替があり古高ドイツ語ではPとWの交替があるが、ゴート語ではすべてのBが消失している[訳者注 100]。しかし、このBはギリシア語の PH（Φ）やラテン語のFの対応音であるばかりでなく、アイルbi!（二人称単数未来命令）や biodhidh!（二人称複数未来命令）のBに対応する（Odonovan 169）[訳者注 101]。さらにリトアニア語では buk! と bukite! がそれぞれ二人称単数未来命令形とその複数形、古スラブ語では budi! と budjete! がそれぞれ二人称単数未来命令形とその複数形である。これらのBに音韻システム的に無理のない BH を加えることは、11）において示したごとく、例外的に認められる。というのはこの BH は、古英語Bや古高ドイツ語Pの音韻推移の後に生じたのであるから。

それでは古高ドイツ語のように pis と wis におけるPとWの併存から暗示されるものは何か。古高ドイツの故地においてPがWに転じるさまを捕らえるのは困難であるから、古高ドイツ語という段階はあまり古くないと思える。したがって古高ドイツ語段階は、BとVの交替がきわめて明らかであるゴート語あるいはザクセン語の音韻状態を前提としているのだ。したがって両方の形は、古高ドイツ語段階が開始するときにはすでに存在していたが、これらは重なって古高ドイツ語に移されたのではなく、互いの関連はなかったのだ。ケルト語のBと BH がいかに大きく重なり合っているか、

そしてBHがわれわれのVとWにいかに近いかを考量されたい。古ザクセン語のBHは、たしかに音韻推移の以前にあった音韻状態の生き残りであるにちがいない。

20）　上述のBのVへの移行と同じように、有声閉鎖音Gは摩擦音Hへ移行する。その最も古い例がサンスクリットにおけるagamからaham（一人称主格単数人称代名詞）への移行である（*257頁）。これに関しては、対応するラego、ギリegōそして音韻推移したゴートik から判断して、Gが法則に忠実であることは疑いを容れない。しばしば述べてきたHとSの交替に従い、リトアニア語ではaszにSZ[訳者注102]が登場するが、これは古スラブ語Gに由来するZ（*382頁）にも、CHに代わる古スラブ語S（*385頁）にも親和性がある。このようにしてリトアszendiěn szęnakcze[訳者注103]（セルビアsinotsch）が、ゴート語の短縮されない形himmadaga「この日に、今日」並びに古高ドイツ語hiutûおよびhīnaht「heute nacht 昨夜」ならびに中高ドイツ語hiuteおよびhînt[訳者注104]に対応する。ラテン語ならびにウェールズ語でもHが再登場し、hodie「今日」およびhacnocte「今夜」ならびにheddiおよびhenoとなる。hicやhocにおけるラテン語のHはゴート語hisやhita[訳者注105]におけるHであり、音韻推移の矛盾を含んでいるわけではなく、推移の単なる例外に過ぎない。それゆえ、ラhaurioがゴートhausja[訳者注106]に対応するのであろう（*315頁）。中世ラテン語のhumulus「ホップ」[訳者注107]やフィンhumalaは古スラブ語でchmelである。ラテン語やギリシア語の不変化詞cum syn xyn hamaとゲルマン語の不変化詞sama ham ga cha[訳者注108]の歴史は、ここで取り扱った複雑な状態にあるのだ。

21）　圧倒的な力を持つ音韻推移法則ではあるが、例外をいくつか以下に挙げる。例外発生の原因解明はとりわけ問題とならない。

ラtalpa「モグラ」という名称は、アングロdëlfan、古ザクセdëlban、古高独tëlpan[訳者注109]「掘る」のグループに属するにちがいない。けれども古高ドイツ語の子音TとPはラテン語の段階にある。どこかで、音韻推移の段階の本来の順を抜かしてしまったのであろう。*206頁では、ギリシア・ダキア方言のtūlbēlaを共通語源を持つ語としたが、困難はいまだ残る。

ギリmakhaira「短剣」ラmachaera「剣」はゴートmêkis 古ノルドmækir アングロmêce 古高独mâchi

に対応しないのだろうか[訳者注 110]。中高独mæcheninc「剣」Ben. 361[訳者注 111]参照。共に考慮すべきは、古スラブmetsch「剣」ポmiecz リトアméczus。しかしまたラテン語には mucro（男性名詞）「とがり、剣」と macellum「食料市場」と mactare「讃える、滅ぼす」[訳者注 112]という語がある。

ギリakylos「ドングリ」は古高独eichila[訳者注 113]と対応するように思われるが、それは正確ではない。なぜなら、古高独eih「カシ、オーク」アングロâc ゴートaiks?[訳者注 114]はギリシア語の単語 akylos の中に K ではなくて有声閉鎖音 G の存在を前提とするからである。これはギリmegalos「大きい」がゴートmikils や古高独michil との対応に見られるとおりである。

古スラブvjetr” ラventus「風」に、法則上はゴートvinþs アングロvīđ 古ノルドvinnr が存在すべき形であるが、実際に存在するのはゴートvinds アングロvind 古ノルドvindr であり、したがって古高ドイツ語の形は wint wintes（けれども『ノートカー』では wint windes）[訳者注 115]となる。しかしこれを理解できないわけではない。

私が理解に苦しむのは舌音 T と D の間の揺れである。アングロinvit「欺瞞（名詞）、欺瞞の（形容詞）」、古ザクセinwid「欺瞞」、古高独inwitte「欺瞞（名詞）」（女性形 inwitie）inwittêr「欺瞞の（形容詞）」（グラッフ 1, 769）における T。ところが『ヘーリアント』、141, 16 と 154, 12（4628 行と 5060 行）における invidiesgërn と inwideasgërn[訳者注 116]「悪を欲する（形容詞）」は『サイムンドのエッダ』138a[訳者注 117]の íviđgiarn「邪悪な」に対応し、アングロサクソン語でも invit 以外に invid が存在する（『ユーディット』28 行 se invidda「邪悪な人びと」）。私はこれに「不公平、企み」と意味が近いラinvidia「悪意、嫉妬」を加えたい。というのは、invidia も invidere「嫉視する」も videre「見る」から派生したからである。類例として、リトアweizdmni「注目する / 仰ぎ見る」からの pawidis pawydějimas「悪意、嫉妬」[訳者注 118]、チェコzawiděti からの zawist[訳者注 119]、ポwidzieć からの zawiść[訳者注 120]「嫉妬」。しかしそうなると、アングロサクソン語では invid より invit が好まれ、古高ドイツ語では inwit に代わって inwiz が期待されてしかるべきである[訳者注 121]。かつて私は、ゴートneiþ アングロnît 古高独nîd 新高独neid[訳者注 122]「敵意」は、古高独neiz やアングロnat が niweiz や nevat「知らない」（nie weiss の縮合）から発したように、（invit 等が）inveiþ や niveiþ などの形から発したのではないか、と考えたことがある。チェコ語では、zawist 以外に nenawist があり、ポーランド語には nienawiść「憎しみ、反感」がある。なぜなら悪意を持つ者は目をそむけ、好意を持つ者は目を向けるからである(*173 頁)。それはそうとして、上述の太古の語の舌音は、ゴートvitan「知っている」＝ラvidere「見る」において見られる単純な推移法則に忠実ではなかったのかもしれない。ラトヴnaids「憎しみ」には接頭辞の加わったeenaid(ee- in-?)が存在することや、ギリoneidos「非難」を参照されたい。

22)　上で述べたことがらは他の言語にもあるが、主としてギリシア語に見られるある特徴を思い出させる。すなわちそれは語頭子音の前に置かれる一つの母音であり、ギリシア語ではとりわけoとeが多くaがそれに次ぎiはまれである。ポット(2, 166–168 頁)[訳者注 123] には例が集められており、その音韻論的要因、あるいはより深く言語に関わる要因が示されている。*153頁では、ギリonoma「名」とロシimja 古プロemnes 古アイルainm ウェールズenwがこれに該当しているのを見た。ギリophrys「眉」は、サンスクbhrû 古高独prâwa 古ノルドbrâであり、これはアイルbhraに対応する[訳者注 124]。そしてサンスクリットやアヴェスタ語ではadantasの代わりにdantasが、ラテン語ではedensの代わりにdens「歯」があるから、(語頭に母音がある)ギリodūsという形もまた正当化されるのだ。

もし数えるのに両親指を除く8本の指で数えるとしたら(*244 頁)、「8」の次の数[訳者注 125] をen nea「新たに」と表現することはありうるだろう。ギリシア語以外の言語では、前置詞は不要であった。

ギリakonē「砥石」はギリakis「とがり、針、矢」にならって作られたと思われる。*400 頁で述べた見解が正しいとすれば、語頭にaを持つラacies「刃先」やラacuo「尖らせる」の形がむしろラcos「砥石」や古ノルドhein「砥石」より完全であり、それはサンスクaszwa「ウマ」の形が古スラブkon'「ウマ」より完全であるのと同様である。

23)　グラッフは子音の取り扱いを誤っている。彼の古高ドイツ語辞典では音韻推移法則が厳格に適用されておらず、3つの調音器官の系列を混乱させている。すなわち、tac「日」はTの項に入れているのだが、pintan「結ぶ」をBの項、kast「客」をGの項に入れている。kastはゴートgastsに、pintanはbindanに対応するごとく、tacはdagsに対応しているではないか。中高ドイツ語や新高ドイツ語の形がtac / tagであるにせよ、このTが時をさかのぼって古高ドイツ語に影響を与えるはずがない。ゴート語にならってBとGの項を立てたのなら、Dの項も立ててしかるべきで、tacはそこに入れられるのが正しかろう。というのも、オットフリートは bintan や gast と同様に dag と書いているからである。

外来語の古高独pîna「苦痛」kirsa「サクラ」を pintan や kast と異なる扱いをする必要はない。しかし外来語の古高独tempal「神殿」と本来の古高ドイツ語である tac を並べるのはまずい。PH であるはずの外来語 P の項目の中に、pîgo「積み重なり、堆積」piunt「留め金」prôz「芽、つぼみ、宝石」のようなきわめてゲルマン語的な単語が無造作に置かれている。これらの語の P はゴート語 B が変化したものであることに疑いないのだ。

salische chunna「サリー支族」の chunna は項目 K に収められている（グラッフの辞書 4 巻 443 頁）。しかし chunna はラcentum「百」ゴートhunda「百」に対応し、H の項目に収められるべきである。それは、古高独hîwo「夫」（＝ゴートheiva「夫」＝ラcivis「市民」）が、H の項目に収められる（グラッフの辞書では 4 巻 1066 頁）のと同様である。ちなみにこれは第 V 等式である。

訳者注

1　西はアイルランド語から東はトカラ語までユーラシア大陸に広がる大きな言語グループ。英語やドイツ語が含まれるゲルマン語派もそこに含まれる。ヤーコプ・グリムは、印欧諸言語の中から太古からの近縁言語として、サンスクリット、ギリシア語およびラテン語を挙げる。

2　ヤーコプ・グリムは「ゲルマン」ではなくて「ドイツ」を好んだが、慣例に従い本訳では「ゲルマン」を用いる。国名としての「ドイツ」との混同を避けるためである。国名に「ドイツ」が入った国家が成立したのは、ヤーコプ・グリムの死後。

3　以下、用例を列挙する場合には、「語」は省いた形で略記した。例）サンスクリット→サンスク、ギリシア語→ギリ、ラテン→ラ、ゴート語→ゴート、アイルランド語→アイル、リトアニア語→リトア、英語→英、ドイツ語→独（詳しくは、本訳書初めの「言語名略記号」を参照）。語義は原則としてラテン語単語に付す。ギリシア文字はローマ字に転写した（水谷智洋『古典ギリシア語初歩』岩波書店 1990 年に準拠）。原文ではギリシア語以外はすべてローマ字に転写してある。また原文における各語の表記法はしばしば現行のそれとは異なるが（とりわけゴート語やアングロサクソン語の標準的現行表記の w を v と記してある）、正書法や転写法の変化に由来するものであろう。本訳ではヤーコプ・グリムの表記に従う。

4 tharm：これは古ザクセン語の形、アングロサクソン語ではþearm等である（An Anglo-Saxon Dictionary, Oxford 1991）。

5 たとえばラテン語では、rex（主格）［reːks］は属格でregis［reːgis］となり、喉音k—gの交替が見られる。

6 344頁：ヤーコプ・グリムは『ドイツ語史』中の箇所しばしば参照させているが、その頁を「*」を付して示す。

7 古高ドイツ語：現代ドイツ語（新高ドイツ語）の祖であるが、きわめて方言性が高く、多くの方言の総称というべき側面さえある。ヤーコプ・グリムの挙げる古高ドイツ語の例は彼の理論に基づく形が多く、訳者の調べた範囲の辞書・語彙集に見当たらない形も存在する。ただし（当然ながら）厳密な意味での原音は不明であり、書写の際の諸問題も看過できまい。古高ドイツ語から新高ドイツ語に至るまでの道のりも単純ではない。

8 この対応をヤーコプ・グリムは「等式」と称する。

9 Hの有無に関する例：古典ラテン語ではholus「野菜」と語頭音Hが欠けた別形olusが存在する。Alois Walde: *Vergleichendes Wörterbuch der indogermanischen Sprachen.* Hrsg. und bearb. von Julius Pokorny. Berlin und Leipzig（Walter de Gruyter & co.）1930（以下WPと省略）によると、ギリシア語choleと同根（WP 1, 624）。

10 これについてはギリthymos「激情、呼吸」とラfumus「煙」の対応を参照（WP 1, 835f.）。

11 この一覧では原則として単語は、印欧諸語（ギリシア語、ラテン語が主、ときにサンスクリット）、次に、音韻推移したゲルマン語派で最古のゴート語、古ノルド語（古アイスランド語が主）、古英語、古ザクセン語等が続き、さらに音韻推移した古高ドイツ語の順に並べられる。適宜、スラブ語派やバルト語派の対応語も加えられる。「　」内に挙げた語義はあくまで参考。

12 ＝potis：potisはヤーコプ・グリムの想定による本来の形。

13 ミクロシッチ：19世紀のスラブ語学者、どの書物の11頁かは訳者に不明。

14 この項はWPとの食い違いが目立つ。

15 この形についてはグラッフの辞書参照。彼は浩瀚な古高ドイツ語辞書等により知られる。

16 Fraujô：これについてヤーコプ・グリムは関心があったようで、『ドイツ神話学』（Deutsche Mythologie）において考察している（第1巻190頁以降）。

17 Frouwa：不明、frouwaであれば普通名詞「女主人」。

18 Fairguneis：『ドイツ神話学』157頁参照。fairguni「山」の神格化か？

19 hum huma：「一」はポルトガル語でum uma。この箇所、訳者に不明。

20 brotophontēs：不明、タンタロスの別称か？

21　djaus divas：不明、dyāuh「空」のことか。なお、この神の名は現代英語 tuesday 現代ドイツ語 Dienstag に痕跡がある。

22　現代英語では deer「シカ」、現代ドイツ語では Tier「動物」。

23　lefze：グリム『ドイツ語辞典』Bd.12, Sp.516 参照。

24　ここに挙げられた語は Schlaf / sleep とは別系統である（ドイツ語における痕跡は外来語の Somnambulismus「夢遊病」等）。

25　古高独olpenta：この形はグラッフには記載。しばしば helphant。

26　*42 頁注には、ゾウとラクダの言語上の混同（両方とも北の欧州人にとっては外来の大型獣）について記載。

27　現代ドイツ語の Vieh「家畜」。金銭経済発達以前では、家畜は金銭と同じ機能を果たした。

28　macte：mahts と maht は直接の近縁性があるが、macte は間接的であろう。ヤーコプ・グリムの勇み足か。

29　ボップ：Franz Bopp（1791–1867）、ヤーコプ・グリムたちと共に、比較言語学の創始者の一人。サンスクリットに詳しかった。

30　zan / zant が一般的。

31　geiz が一般的。

32　訳者の調べたかぎり、この形は見当たらない。

33　訳者の調べたかぎり古高独gnitan「こする」。

34　ヤーコプ・グリムは、サンスクリットの連声のようなものを想定しているのであろうか。

35　Eugène Burnouf（1801–1852）フランスの言語学者。アヴェスタ語 Zendisch（古代イラン語の一つ）の研究に顕著な功績。

36　graf, grôba：訳者の調べた範囲では、ゴート語には graf は存在しない。grôba は groba であり、「洞窟」等の意味。ファイストのゴート語辞書参照（Feist, Sigmund: *Vergleichendes Wörterbuch der gotischen Sprache. Mit Einschluß des krimgotischen und sonstiger zerstreuter Überreste des Gotischen.* 3. neubearb. und vermehrt. Aufl. Leiden（E. J. Brill）1939）

37　Danus, Dacus：訳者未確認。

38　zouwan：zouwen ではないか（ファイスト）。

39　dêds や dêdum：これらは古フリジア語か？　古高ドイツ語では teta... が標準的であろう。

40　ゴート語段階に留まる：T のままで Z にならない。

41　この「例外」のより高次な解決は、印欧語段階のアクセントの位置に注目したデンマークの言語学者ヴェルナー（Karl Verner）によって 1875 年にもたらされた（ヴェルナーの法則)。

42 trud…: ラtrudere ゴートþriutan 古高独(bi)driozan のような対応を意味するのか。

43 Notker Labeo (Teutonicus 1022 年没)の著作。

44 todt：昔の綴り、現行は tot。

45 pheit：ホルトハウゼンの語源辞書(Holthausen, F. *Gotisches etymologisches Wörterbuch. Mit Einschluß der Eigennamen und der gotischen Lehnwörter im Romanischen.* Heidelberg [Carl Winter] 1934)では古高独pfeit、ギリbaitē「皮製上衣」との関連性の指摘。

46 peikabagms：-bagms「樹木」

47 このゴート人：聖書をゴート語に翻訳したゴート人司教ウルフィラ(4 世紀)のことか。

48 Pertz：中世史家、Monumenta Germaniae Historica 編集主幹の Georg Heinrich Pertz (1795–1876) ことか。Ducange：著名なラテン語語彙集を著した Charles du Fresne, sieur du Cange (1610–1688)のことか。

49 plebium plebeium: Lorenz Diefenbach: *Glossarium Latino-Germanicum*, 1857 には plebeium のみ収録(same-nunge, -lunge)。plebium については plebius (形容詞) volk-lich として。ちなみに plevium であれば「責任、義務」(J. F. Niermeyer: *Mediae Latinitatis lexicon minus.* Leiden / Darmstadt 2002^2)。このあたり訳者に不明。

50 plats：この形は男性名詞、中性名詞であれば plat。

51 praggan：接頭辞がついた形(anapraggan)で存在。

52 pranga：wranga のことか。

53 ättikja：辞書には ättika (*Langenscheidt Taschenwb. Schwedisch*, 2004)

54 edike：辞書には eddike (Egon Bork: *Dansk-Tysk Ordbog*. Kopenhagen 1996.)

55 ラacuo「私はとがらせる」cos「火打ち石」

56 古代教会スラブ語のキュリロスあるいはメトディオスを指すか。

57 pipa：俗ラテン語では「管」。

58 chazzâ catus：古高独kazza「ネコ」ラcattus「雄ネコ」参照。

59 「錫」：同意のラテン語は stannum。

60 調査の結果として生じた税の意味か。

61 perala：中世ラperula

62 フラpelisse、中世ラpellicia

63 …を見た：音韻推移を馬車にたとえ、最初の馬車をギリシア語からラテン語に交替した部分(本章の始まり)等参照。

64 スペイン語の歴史的正書法について訳者未確認。現代スペイン語の綴り v は発音 [b] あるいは [β] に対応。

65 ヘルボルト 2568, 3712：*Herborts v. Fritslâr liet von Troye*, hrsg. von G. K. Frommann.

Quedlinburg 1837. のことか。訳者に不明。

66　Belisarios：ラテン語化すると Flavius Belisarius。

67　Vigilius：人名、5 世紀の司教、6 世紀の教皇にこの名の持ち主。

68　Verona と Ravenna …Rhabenna と Berōnē：Ravenna と Verona 等の混同については、*Reallexikon der Germanischen Altertumskunde*. 2. Aufl. Bd.5, 1984, S.425 に簡潔なまとめがある。

69　Bosworth-Toller：*An Anglo-Saxon Dictionary*. Oxford University Press 1991, p.1210 では wesend。

70　biscopus：*Etymologisches Wb. des Deutschen*. Erarb. im Zentralinstitut f. Sprachwissenschaft, Berlin, u. d. Leitung v. Wolfgang Pfeifer. によると vlat. の形, s. v. Bischof。

71　ドイツ語 bin の B は$_{ラ}$fui の F から導かれた。

72　visan：ゴート語の存在動詞かつ繋辞の不定形(英語の be / ドイツ語 sein)。

73　þairhvis：＝þairhwis、þairh-wisan「留まる、持続する」の命令形。

74　vairþ hrains：＝wairþ hrains、wairþan「なる」の命令形、hrains ドイツ語形容詞 rein を参照。

75　tulgjai vairþiþ：tulgjai (形容詞 tulgus の主格複数男性)jai vairþiþ

76　訳者の知るかぎりでは 43 ではなくて 44。

77　Diut.: Diutiska — *Denkmäler deutscher Sprache und Literatur, aus alten Handschriften zum ersten Male*. Hrsg.: Graff, Eberhard Gottlieb. Stuttgart (Cotta), 1829. のことか。訳者未見。

78　frauend.：*Frauendienst und Frauenbuch von Ulrich von Lichtenstein mit anmerkungen von Th. v. Karajan*. hrsg. von Lachman, Berlin 1841. のことであろうが、訳者未見。

79　ヴァルター・フォン・デア・フォーゲルヴァイデの詩集、Lachmann 版(*Die Gedichte Walthers von der Vogelweide*. Hrsg. v. Karl Lachmann)による箇所指定。

80　Freid.：*Freidanks bescheidenheit*, herausg. von W. Grimm. Göttingen 1834. のことであろうが、訳者未見。

81　Winsbeke：*Der Winsbeke und dis Winsbekin*, hersg. v. Haupt. Leipzig 1845. のことであろうが、訳者未見。

82　『エネアス』9607 詩行：この作品は写本が多く残されており、ヤーコプ・グリムは写本 G による Myller の刊本によったと思われる(O. Behaghel も同意見)。すると当該箇所は、Behaghel 版(Eneide 1882 年)9768 行(wes)、H. Fromm 版(Eneasroman 1991 年、Bibliothek dt. Klassiker)260,40(wis)である。ただし G 写本には bis とあるという。

83　MS.：*Sammlung von Minnesingern aus der handschrift der königlichen französischen bibliothek* (hrsg. von Bodmer und Breitinger) b. 1 und 2. Zürich 1758. のことであろうが、訳者

未見。

84 Frib. Tristan：訳者に不明。Heinrich von Freiberg による補筆のことか。

85 Pfeiff. myst.：*Deutsche mystiker des vierzehnten jahrhunderts.* Hrsg. von F. Pfeiffer, Leipzig 1845–1857, 2 Bde . のことであろうが、訳者未見。

86 (Schm. 1, 209 … Stald. dia1. 137)：訳者に不明。

87 Sievers によると uuis は MC 259, 318, 3271, 3273, 3563, 5616（M のみ）、uues は 5602（C のみ）（ヤーコプ・グリムは『ヘーリアント』の箇所指定を、M 写本（Monacensis）の頁と行により示すが、本訳では全体の行により箇所を示す）。ただし『ヘーリアント』は古ザクセン語の中で特殊。

88 wes!：Johannes Franck: *Mittelniederländische Grammatik mit Lesestücken und Glossar*, Leipzig 1883. S.118. によると sî / sîjt の形も存在する。

89 Jesus…：訳者に不明。

90 Joseph and Elizabeth Wright: *An Elementary Old English Grammer*. Oxford 1966. によると（p.172）、ウェセックス方言 bīo bēo、アングリア方言（ノーサンブリア、マーシア）wes。

91 「マルコ伝」10, 49「ルカ伝」12, 40「ヨハネ伝」20, 27：どの聖書によるか訳者に不明。

92 古英語複数命令形 beođ!：同上書 *An Elementary Old English Grammer*. Oxford 1966. p.172 によると、ウェセックス方言 bīoþ bēoþ。

93 Sievers の Tatian（*Tatian. Lateinisch und altdeutsch mit ausführlichem Glossar*. Hrsg. von Eduard. Paderborn1966[2]. ラテン語と古高ドイツ語が対照されている。）では、32, 9.10; 44,11; 147,8; 223,2。

94 この行後半の sît は理由の接続詞。

95 1868 年版までさかのぼったが、1254 行ではなく 1253 行に sît 登場。

96 28, 13; 19. 31 23.24. 29. 36, 12. 15. 86, 28. 106, 29：別人の作品であろう。*Walther von der Vogelweide. Leich, Lieder, Sagensprüche*. 14. Aufl. Hrsg. von Christoph Cormeau, Berlin / New York 1996. によると、19.31;23,24; 29,36; 12,15 に sît は見当たらない。また、106, 29 は別人の作品であろう。同書 S. 227 参照。

97 K：文献名不明。グリム兄弟よりやや若いが Theodor Georg von Karajan の著作を指すのかもしれない。

98 fient：前出 Sievers 版の Tatian では wësent を fiet に対応させているが（マタイ、18.19）、この版のラテン語は Vulgata である。しかし本来はいわゆる Itala 聖書と対照させるべきではないか。Itala 聖書では、fient と対照されるのかもしれない（訳者未見）。

99 前出 J. and E. Wright：*An Elementary Old English Grammer*. 同上箇所によるとウェ

セックス方言。

100 すなわちゴートvisanのParadigmaには英語のbeやドイツ語のbinのようなb-の形が存在しない。

101 Odonovan：John O'Donovan（1806–1861）のアイルランド語の文法書を指すのかもしれない。訳者に不明。

102 asz：リトアニア語の一人称主格単数人称代名詞。

103 szendiěn：šiandian「今日（副詞）」のことか。szęnakcze不明、šiąnakt「昨夜」のことか。

104 hînt：hînte, hînaht とも綴る。

105 hisやhita：*hi-（近接を示す接頭辞）と主格単数男性および中性人称代名詞isおよびitaが結合した形。

106 ラhaurioがゴートhausja：両方とも一人称単数現在直説法の形。haurioは本来「汲む」であるがvocem auribus haurire（羅和辞典、研究社2010年）「声を耳で吸い込む＝聞く」。hausjaの不定形hausjan「聞く」。ただしこの対応は全面的に受け入れられているわけではない。

107 humulus：humoloのドイツ中世における形。

108 hamとchaは訳者に不明。

109 tëlpan：bitelban, bidelbanの形で『オットフリート』。

110 ゴートmêkis 古ノルドmækir アングロmêce 古高独mâchi：ゴートmeki 古ノルドmækir アングロmǣće の書き方もある。訳者には古高独mâchiは見当たらなかった。古ザクセmākiからのヤーコプ・グリムの類推か？　Galléeにはsnidi-mâcisの形（J. H. Gallée: *Vorstudien zu einem altniederdeutschen Wörterbuche*. Leiden（E. J. Brille）1903. S.288）、意味はMesser / Gartenmesserであるが、「切る」意味はsnidiにあるのではないか。

111 Ben. 361：訳者に不明。

112 古スラブmetsch「剣」…mactare「讃える、滅ぼす」：macellumはギリシア語からの借入。

113 eichila：eichilâ、eihhela

114 aiks?：訳者未確認。

115 wint windes：訳者未確認。

116 invidiesgernとinwideasgern：現行の刊本では、1語ではなく中性名詞inwidと2格支配形容詞gernの2語と見なすのが普通。たとえそうであっても、ヤーコプ・グリムの論の主旨が損なわれるわけではない。

117 『サイムンドのエッダ』138[a]：いわゆる『エッダ』。谷口訳『エッダ』では「ヴェルンドの歌」28節。Codex regius 2365ではívið giariraであるが、他写本では微妙に異なるという（参照 *Edda. Die Lieder des codex regius nebst verwandten Denkmälern*. Hrsg. G. Neckel-Kuhn. Heidelberg（Carl Winter）1962. S.121. *Kommentar zu den Liedern der*

Edda. Bd.3. Hrsg. von von See usw. Heidelberg（C. Winter）2000. S.224においてはíviþgiar<n>raに作る)。

118 pawidis pawydějimas von weizdmi：不明、ちなみに、リトアpavydas「嫉妬」。

119 zawist：チェコ語závist「嫉妬」

120 widzieć からの zawiść：ポーランド語zazdrość「嫉妬」

121 『ヒルデブラントの歌』ではinwit(Betrug)。低地ドイツ語混入の証拠。

122 neid等の本来の意味は「敵意、悪意」。

123 ポット(2, 166–168)：August Friedrich Pott(1802–1887)の著作の一部からの引用であろうが、訳者に不明。

124 サンスクbhrû：訳者未確認。

125 「9」はギリシア語でennea。

解題 『ドイツ語史』

ヤーコプ・グリムは、諸言語のなかでのドイツ語の位置を明らかにした。『ドイツ語文法』第1巻第2版(1822年)では比較のまとめとして、「印欧語族諸言語」「ゲルマン語派諸言語」「古高ドイツ語」の3段階が、それぞれに特徴的な子音を目印として示される。そこでの議論は本書『ドイツ語史』(1848年)において、さらに詳細に展開される。ただしヤーコプにとって言語は言語以上の意味を持った。とりわけドイツ語(Deutsch)は。

かくして彼は『ドイツ語史』の名のもとに、さまざまな観点からドイツ語の〈歴史〉を広く描き出す。あたかも、裾野が広ければドイツ語という頂上がいっそう高くそびえる、と信じているがごときである。ヤーコプは「3」の信奉者であった。複数の3を組み合わせて、彼は印欧諸語からドイツ語までの時空を超えた道筋を説明しようと試みる。そのとき彼は、諸言語からなる壮大で均整の取れた体系の存在を想像したのかもしれない。もちろん語例を収集するうちに、ヤーコプの考えでは説明しきれない部分が生じる。すると無理な論理が積み重ねられ、論旨は濁り混乱する。しかし彼の考えは十分刺激的であり、多くの俊才がヤーコプの示した道に従って、言語研究に取り組んだ。均整のとれた壮大な体系から濁りをなくし、矛盾をほぐそうとする俊才たちの努力が、言語学を大きく進歩させたのである。

現代の比較言語学の水準では、『ドイツ語史』は古色蒼然たる遺物であろう。しかし遺物としてしまったのは、この書物に備わった学問の進歩を促す力ではなかったか。進歩を促し続けるという意味では、本書は永遠に古びない。

○

本書は、ラテン語はもちろんギリシア語をマスターしている読者を対象としている。とりわけラテン語は語例としてばかりでなく、訳語としても用いられている。したがって本訳においては、訳語は原則的にラテン語の単語に付した。

ヤーコプが多くの言語から多くの語を例として収集した。たとえ理論は古びても、これらの資料は古びない。しかしあまりにも多量である。本訳ではその多くを割愛せざるをえなかった。また、原書ではベタに組んであるのできわめて見にくい。そこで語のグループごとに段落を設け、読みやすくした。

「訳者注」においても述べたが、正書法等の変化により、ヤーコプの収集した語例の綴りは現行のそれと異なる。しかし、それを現代風には直さなかった。もちろん訳者の力量不足がその大きな原因であるが、ヤーコプにおいては文字と音韻との関係が微妙だからでもある。

○

底本として *Geschichte der deutschen Sprache* von Jacob Grimm. Vierte Auflage. Leipzig: Verlag von S. Hirzel 1880 を用い、726 頁あるなかの 275–304 頁を訳出した。また言語の和名等に関しては、高津春繁『印歐語比較文法』(岩波全書 1969 年)をやや変形して用いた(ヤーコプの用いた名称とは部分的に異なる)。その他多くの先人の業績に負うところ大であり感謝の念に耐えないが、煩を避けて敢えて記さない。

[岩井方男]

ウムラウトと母音混和について

ヤーコプ・グリム

岡本順治 訳

ドイツ語の母音に関する私の最近の扱いの中で、まったく新しいものがある。それは、古ノルド語や古英語の文法家も考えなかった母音混和に関する想定で、アドルフ・ホルツマンを除いてまだ人目をひいていない。彼は最近、『ハイデルベルク年報』(1841: 770–777) でいつものように洞察力をもってこれに関して発言している。ただし、彼はその奇妙な現象を私とは異なって捉えている。私が、iとuの母音混和をaのウムラウトと区別するのに対して、彼はウムラウトを母音混和 (brechung) と関連付け、古高ドイツ語のaのウムラウトはiによって、iのウムラウトはaによって、uのウムラウトはaによって引き起こされると想定し、そこからeとëとoが起因するとしている。事柄自体は変わらないが、ここでは異なった説明がされている。

私はa, i, uの3つのウムラウトで始める方が美しく、より容易であると考える。つまり、あらゆるところでそれらのeやëやoを後続する音節のiやaに依存して説明することができるからだ。5つの古ノルド語のウムラウトは、次のように考えることでより完全なものとなる。iあるいはuが後続するかどうかに応じて、eとöにおいてはaに対して2つ、aあるいはiが後続する限りにおいて、oとyにおいてはuに対しても2つ、aが後続する場合には、ëにおいてはiに対して1つのウムラウトが生じている。その結果として、aに対して後置されている母音が2回にわたって影響を及ぼし、同様にuに対しては複数回、iに対してはたった1回影響を及ぼしたとする。影響を受けないのは、あらゆる場合において純粋な母音だけである。すなわち、あらゆる母音に同一の母音が後続する場合(a — a, i — i, u — u)と、もう一つはiの後にuが現れる(i — u)の場合である。それはたとえiの後にuが現れても、iはただaだけによって影響を受けるからだ。ウムラウトに対しては、e — i, ö — u, ë — a, o — a, y — iという規則が生じる。この規則の重要性は、2番目、あるいは3番目の音節から抜け落ちてしまった母音が、最初の音節の母音の性質から言い当てられる時には、とりわけ納得できるものである。

私がこれまで描いてきたものは、ウムラウトからë — aやo — aという規則を引き離して、それらを母音混和に引き渡すものだ。母音混和した音がウムラウトとどのように区別されるのかを、以下に示す。

1.　母音混和は、ウムラウトよりも古い現象のように思える。ゴート語は、まったくウムラウトを持たないし、古高ドイツ語は単にウムラウトの初期状態を示しているだけで、その完結形を示してはいない。それに反してëとoは、逸脱した形にもかかわらず、ゴート語、古高ドイツ語、そしてすべての残された方言にもみられる。

2.　ゴート語において母音混和は、子音rとhにのみ依存していて、それ以外の言語では、子音的な影響も母音的影響も関連している。その結果、そのrとhは、ちがった風に現れることがあるにもかかわらず、いたるところで母音混和を制限しているし、さらに、特に古高ドイツ語においては後続するaが要求される。かたや後続するiやuは、両方とも語根のiとuを守っている。私には、あたかもゴート語の子音的混和からだけ、発展の過程で古高ドイツ語、古英語、古ノルド語において子音的に母音混和が開花したかのように思える。しかも後になって、とりわけ中低ドイツ語と中世オランダ語においては、その母音混和は元々のiとuが最後の音節で持っている形へと拡張された。例えば、sëgeは古高ドイツ語のsigu、vrëdeは古高ドイツ語のfridu、schënenは古高ドイツ語のscinunにあたる。スウェーデン語とデンマーク語の第4類の過去形も、複数においては語根におけるiに対してëの形になる。その他の場合は、多くの名詞がeを示す。例えば、スウェーデン語とデンマーク語のschëd faber、lëd artus、古ノルド語のsmidrとlidrである。新高ドイツ語のsommer、スウェーデン語のsommar、デンマーク語のsommer、新オランダ語のzomerは、oを示すが、中高ドイツ語のsumer、古高ドイツ語のsumarは、ゴート語のsumrusであることをうかがわせる(それはちょうどwidarとpiparがviþrusとbibrusを暗示するように。『ドイツ語文法』第1巻, 147頁, 453頁参照)。つまりここでは母音混和の影響は受けていないことになる。それにもかかわらず、母音混和は進行している。

3. iによるウムラウトは、aによる母音混和よりも屈折においてはずっと確かなものである。古高ドイツ語の動詞語形変化の第1類、第2類においては、確かにhilfu hilfis hilfit hëlfamês hëlfat hëlfantが認められる。そして、lisu lisis lisit lësamês lësat lësant(さらにtritu trëtamêsの代わりのtrutu trotamêsは理論的に推測できる)があり、十分な例があるが、それらと並んで第3類には、tragu, tregis, tregit, tragamêsがありウムラウトを示していて、これらはもちろん別の箇所に現れる。第5類にも、分詞のscopan loganが現れる。というのも、第4類には、scënan trepanではなくscinan tripanがあるからだ。後世の言語になってようやく、本当にschänen, schrëvenが認められ、それは初期古高ドイツ語のscinan, scribanに当たるものである。scinanにおけるこのiは、ホルツマンが動詞の語形変化第4類におけるiとîの優位性から説明し、その結果として、その唯一の分詞は、ëへと到達することはできなかった。しかしながらscein, treip(北部ドイツ語のschên, drêf)におけるeiは、ëに十分に近いものだった。名詞の語形変化[原注1]においては、混和していない母音と交替して混和した母音が現れてはいない。つまり、この母音混和を古高ドイツ語では、名詞の強変化第1類に現れると期待してもよかったかもしれない。というのは、nëman nimuのように、具格のpërc, wëc, nëst, got, hofはpirku, wiku, nistu, gutu, hufuとなり、特に与格でgëpa, pëta, ërda, giwonaのような女性名詞は、gipu, pitu, irdu, giwunuという形になる。ここでは再び、語根においてiとuは貫徹できなかったのだろうか? あるいは、これらのuは、名詞語形変化の第1類においてamの代わりにumで終わる与格複数のuと同じように、屈折としては不自然なのだろうか？　そのために、まさに wikum, nistu, gutum, pitum, irdum giwunum を伴わないのか。古高ドイツ語の屈折母音の有効性をそのように疑ってよいのなら、第一に単数形 lisu, nimu, hilfu における u に対しても、母音混和を妨げることはできないだろう。なぜなら、ゴート語では lisa, nimu, hilpa だからである。名詞語形変化の第 2 類において、語幹形成母音（テーマ母音）の i は、少なくとも母音混合の与格単数において余地を残しているはずだが、scrita, scilta, vuhsa に対する scrëta, scëlta, vohsa という形式はどこにも現れない。主格単数が、語幹形成母音の i が取り去られた後で逆行ウムラウトすら獲得したにもかかわらず、ast, gast, palc, anst, arn となり、ウムラウトした格の estî, gestî, pelgî, enstî, ernî が交替することになる。名詞語形変化の第 2 類においては、第 1 類、第 3 類からの移行状態を考慮しなければならないし、話題の u が古高ドイツ語の第 3 類を母音混和から守っている。古高ドイツ語の語形変化は、ゴート語の属格・与格・単数の áu 以上のものに厳密に対応してはいない。語幹形成母音の a が取り去られた後で、名詞語形変化の第 1 類の男性および中性主格に、i と u の代わりに語幹における母音混和した ë と o がある、と誰が信じるだろうか？　そこでは、純粋な音がよりにもよって二重子音の前に保持されている。fisc に対して fësc が現れることはないが、lisku に対する lëscan の中の ë は適切に思える。その結果、全体として、古高ドイツ語における名詞の語形変化の中では母音混和が欠如していること、ウムラウトの発達がより生き生きとした比較的近年の原理を示しているのに対して、母音混和はより繊細でより古風な原理を示していることがわかる。

4.　ウムラウトはほとんど全面的に母音の影響によるものだが、母音混和は本質的に子音の影響によるように見える。しかし、ゴート語の baíran や vaípan における aí を、古高ドイツ語の përan や wërfan における ë と異なって理解するのはやはり躊躇する。ただし、古高ドイツ語の ë は、ゴート語 aí よりも部分的には長音化され、部分的には限定されたものとして通用したという点は大きな違いである。それは、ゴート語の niman, lisan, giban にあたる nëman, lësan, këpan においても見られ、ゴート語の baíriþ, vaírpiþ にあたる pirit, wirfit においては再び消失している。ゴート語の naiman, laisan, gaiban は、信じられないように思えるが、むしろ、baíriþ, vaírpiþ が、ほとんど biriþ, virpiþ に等しいと考えることができるのではないか。しかし、まさにhやrのように、ゴート語の母音混和をひき起こすのは、どんな母音がその後に続くかであるが、古高ドイツ語のmとnは、他の子音がそれと並んである場合、あらゆる母音混和を妨げる。そして、たとえaが後続しても、primman, rinnan, limfan, pintan, prinkan, dinsanであり、分詞ではprëmman, runnan, lumfan, puntan, prunkan, dunsanとなり、決してprämman, prommanとはならない。その結果、i, uのこのような貫徹はbaíranとbaúranにおけるゴート語のaíとaúの貫徹と完全に並列している。そして、純粋な音と母音混和した音の母音に条件づけられた交替現象の貫徹は、残された古高ドイツ語の形式にのみ許容された。iによるaのウムラウトは、それが一度根を下ろすや否や、子音の影響がそれほど感じられなくなる。つまり、spannu spennis, gangu gengis, fara feris, wahsu wehsisとなる。位置に結びついたmとnは、sind, wint, hrinc, munt, stimna, stuntaのような名詞語形変化の第1類においての母音混和も阻止する、これは、chnëht, wolf, hëlfa, molta, hërtaとは対照的である。

5.　古高ドイツ語と中高ドイツ語のウムラウトは、さらに他の違いも有効に立証してくれる。そこでは、類似した例において母音混和は影響していないように見える。というのも、形容詞lengi, herti, festiから逆行ウムラウトしている副詞lango, harto, fastoが形成されるように、irri, durriと並んで副詞ërro, dorroも起きたと考えられるからだ。ただしlindiと並んで、副詞lëndoがn位置に割り当てられることはない。従って、この類推は放棄される。ゴート語のaírzjanにあたるirranは、ゴート語のþaúrsjanにあたるdorranを従えていて、他動詞のdurranは、自動詞のdorrênとみごとな対照を成している。古高ドイツ語のdorahはdurahという形で常に現れるわけではない。これは、duruh, durihの優位から説明されるのだろうか？　ゴート語のþairhは、むしろ-ahを明白に示している。turi januaとtor porta、turili ostiolaは問題ないが、statとstetiはtorとturiと交替せず、純粋な、あるいは母音混和した音が、固定したように個々の語に残っている。ではなぜ古ザクセン語のhiru gladiusがbëran biridのように安定せず、ゴート語のhaírusにあたるhëruなのだろうか？　なぜ、ゴート語のaíhvusにあたるëhuなのだろうか？　そこでは、sidu, widu, sinuという形が通用しているのにもかかわらず。どうして中高ドイツ語のmëte mulsumが、site mosと並列していて、推測されているようにゴート語の midus と sidus にあたるのか？　古高ドイツ語では、mitu と mëtu が揺れているように見える。なぜタキトゥスにおいては、Nërthus, Hëmunduri であり、Nirthus や Hirmuduri ではないのだろうか？　r と h の前のゴート語の母音混和は、この点からしても、最も古いものとして生じていることになる。もちろん、それは、古高ドイツ語の hiruz＝ゴート語の hairtus であり、古ノルド語の hiörtr、つまり、hiruzu に対するもので、他方では、donar は、むしろゴート語の þunrs に対応する。

6.　これらの現象が全体として、古高ドイツ語と中高ドイツ語におけるウムラウトと母音混和を区別することを支持しており、古英語では、さらにそれを決定的に固有なものにしている。というのも、e における a のウムラウトと、y における u のウムラウトがきちんと進行するのに対して、ë における i の母音混和と、o における u の母音混和は、かなりしばしば古高ドイツ語からは逸脱し、再び子音の影響へと向かっているからである。とりわけ、純粋な音は、たいていすでに単純な m と n の前でそのままになっている。つまり niman は古高ドイツ語で nëman、numen は古高ドイツ語で noman だが、他の語もまたそれを貫徹するのである。たとえば、gifan は古高ドイツ語で këpan, gifen は古高ドイツ語で këpan、ongitan は古高ドイツ語で intkëzzan、ongiten は古高ドイツ語で intkëzzan となる。それに反して、それ以外の部分では第一番目の単数現在が母音を変化させる。ëte は古高ドイツ語の izzu, bëre は古高ドイツ語の piru、stële は古高ドイツ語の stilu、brëce は古高ドイツ語の prichu である。すなわち、そこでは、出わたりの -e が古高ドイツ語の -u のようではなく、もともとゴート語の –a と同じだったのではないか、としか思えないのである。ただし、あの niman, gifan, ongitan は、ここでもまた nime, gife, ongite という形を固持しているのだが。二人称、三人称では、もちろん itst, it; birst, birđ; stilst, stilđ; bricst, bricđ が現れる。さらに u に関しては、古英語では、古高ドイツ語の規則に従えば o になるところだが、元の形を保持している。例えば、fugel は古高ドイツ語で fokal, þunor は古高ドイツ語で donar, vulf は古高ドイツ語で wolf である。しかしながら、boren, brocen, svollen, vorpen は、古高ドイツ語の poran, prochan, suollan, worfan に合うものだ。さらに特に重要なのは、i と ë に並んで、しばしば eo が生じていたことで、しかも双方が交互に現れていることである。ただ単に vita procer や veota procer、また friđo や freođo と書かれただけでなく、ëfor aper とか、eofor oceanus や gëfon oceanus、さらに geofon multum や fëla multum のように、また、feola penna や feđer penna、feođor thronus や sëtel thronus、seotol のようにも書かれた。つまり、3つの形式 frîđo, freođo, frëđo が通用していたのだろう。ë と i は、古高ドイツ語と同じようにしばしば振舞っている。例えば、fëder の派生語である fiđre 古高ドイツ語の gifidiri、vëder の派生語である gevidere tempestas、古高ドイツ語の giwitiri である。eo を私は根源的なもので、ë における狭めに先立つ母音混和として示した。それは、ゴート語の aí にもっと近いもので、母音混和は、またもや r の前で固着することで強められている。それは、特に2番目の子音によって位置が生じた時に起きている。veorpan, beorgan, hveorfan は、古高ドイツ語の wërfan, përgan, uërpan よりもゴート語の vaírpan, baírgan, hvaírban に似ている。st, sc の前だけに、ë が通用する。従って bërstan, þërscan であり、beorstan, þeorscan ではない。eo のかなりの古さに対しても言及できるように思える。つまり古高ドイツ語には、類似した ia あるいは、io の痕跡が生じており、その後まもなく消滅した。それは近年見つかった sioza で、古英語の seotu にあたるものである(上の5節参照)。つまり疑いなく、eo は、ゴート語の ai と古高ドイツ語の ë の関係を私たちに伝えてくれる音であり、古高ドイツ語の ë が、後続する a の母音の単なる影響とは考えられない。それに加えて、さらに古英語の ea と ä がある。これらは、純粋な a と並んで現れ、o におけるその移行状態であり、私は全体的にはむしろ、ウムラウトとよりも母音混和と比較したい。ea は、bearh, vearp, cearf に見られるが、beoran, veorpan, ceorfan に含まれる eo と、同じ歩調で進んでいる。ただし、hëlpan, gëlpan やその他の例で、ea は healp, gealp のように位置的な l の前に発達している。強変化過去形の vearp, healp におけるこの ea も、古高ドイツ語の warf, half における a にあたるものだが、また gäf あるいは geaf における ä も、また少なくとも däg, däges, scräf, scräfes における ä も、後続する a から導かれるものではない。なぜなら、これは dagas, daga における純粋な音をまさに作り出しているからであり、それは、ちょうど dagum, scrafu における u が与える影響と同じである。gomel, noma, svongor における o は、m と n によって影響を受けている。そして中世オランダ語は、位置的な r の前で、a に対して母音混和した音 ae を持っている(『ドイツ語文法』第1巻,

279 頁)。というのも、中世オランダ語では i に対して、ただ狭め音の ë だけしかなかったからだ。ここではフリジア語の母音と同様に、他の中世オランダ語の母音に関しては立ち入らない。

7.　しかしながら、古オランダ語は、私たちに古英語の i と eo がある種の屈折のかなり規則的な交替関係にあることを示している。ここで、元々の i は、語尾の後続する i によってのみ保たれるのに対して、a あるいは u が続く場合はすぐに母音混和の ie あるいは、そのウムラウトの iö が現れ、後者は、以前に u があった箇所に生じ、後になって消滅した。それに従って、biön biarnar birni や Niörđr Niarđar Nirđi のような心地良い形が交替する。もちろん i のこのような影響は、類似した形 lögr lagar legi において a の i に由来するウムラウトと似通っているように思えるが、ウムラウトではない。なぜなら、ウムラウトする母音は決して同じ音を作り出すことはなく、むしろ birni においては、屈折 i が元の音を保持し、legi においては、a が変音した、と言わねばならないからである。ホルツマンは、この古ノルド語の ia を ä よりも新しいものであると主張している。ただし、動詞の強変化において ia がないことが目につく。つまり、bëra, gëfa であって、biara, giafa ではない。しかし、『ドイツ語文法』452 頁で指摘した biarga, gialda があり（ここでもまた位置格だが）、古英語の beorgan, weorpan が強変化形で通用していると考える。他方、古ノルド語の ë は、古高ドイツ語や古英語よりもさらに進捗している。spinna と並んで brinna, rinna に対して（『ドイツ語文法』454 頁）brënna, rënna とさえ言う。そして、これは、単数現在全体に及ぶ。つまり、ët ëtr, gëf gëfr, nëm nëmr, vërp vërpr となる。ただし、a の第 3 類のウムラウトにおいては、e の中で影響を受け、el elr, stend stendr となる。ここではウムラウトと母音混和が他の理由によっているという明瞭な兆候がある。あらゆるところで i, ia そして ë の間の交替の原因に迫るのは、非常に困難である。同じ基底にある形容詞 iafn と diarfr から、ëfna も dirfa も導かれる。古高ドイツ語においては、ëpan と ëpanôn が同じ音であることを示している。しかし、pidirpi は、奇妙なことに、ある時は pidërpi またある時は piderpi、つまりウムラウトした pidarpi と揺れている。そして上述の不確かさは、pidirpan pidërpan pidarpan piderpan となって現れている。ここでは明らかに、発音がもはや同一ではなかったのであろう。というのも、それらの綴りは、たいていの他の場合、音を明確に区別しているからだ。

最終的に2つのeの表示に関しては、ひとたび理解できれば、その表示自体は私にとってどうでもよい。ホルツマンは、eに対してęと記すことを主張しており（それは古ノルド語のöに対するǫのようである）、それに対してëに対してはeと記すことになる。そうするとeは、母音混和したoと外見上同じになることは否定できないだろう[原注2]。私は、もとのiを思い起こすために、ëを好ましいと考える。そして、その理由は、私達の印刷所の活字がなくならないようにするためでもある。これは、ノルド語のöにも合致する、これをデンマークにおいて、再び放棄するのは難しい。古高ドイツ語の写本においては、ê, e, ëに対してaeとęが現れることは、誰でも知っていることである。

原注

1　私は今、語幹形成母音としてa, i, uを持つ名詞の強変化として3つだけを仮定しているが、これはほかのところで（あるアカデミックな講演に於いて）発展させたもので、文法書の中で詳しく解説する。

2　すでにラッハマンは自らの選集の中で、ę＝eを仮定しており、その結果e＝ëと考えている。

解題「ウムラウトと母音混和について」

「ウムラウト」も「母音混和」(Brechung)も音韻変化を示す用語で、共に後続する母音が先行する母音を変音させる現象であることから、逆行同化の一種である。歴史的に言語音を再構築する試みは、表音文字がかなりの程度、当時の音を反映しているという前提に基づくが、母音を問題としてその調音位置を推定し音変化を捉えるのは困難な試みであると言ってよい。

ヤーコプ・グリムの考察は、アドルフ・ホルツマンとは異なり、あくまでもウムラウトという音韻変化と母音混和は異なる、という立場をとる。即ち、後続するiの音の影響を受け、e, ö, y(本文中ではe — i, ö — u, y — iと記されている)のように前母音化したり、調音点が上昇するものをウムラウトとし、後続するaの影響を受けë, oのように調音点が下がるもの母音混和と捉える。後続する母音を中心に見ることで前者を「iによるウムラウト」、後者を「aによる母音混和」と呼ぶことがある。ヤーコプ・グリムは、ゴート語にウムラウトが無いこと、古高ドイツ語でもほとんどウムラウトが無いにもかかわらず母音混和はあることから、母音混和がより古いものであるとし、母音混和は本質的に子音の影響を受けているのではないかと推測している。

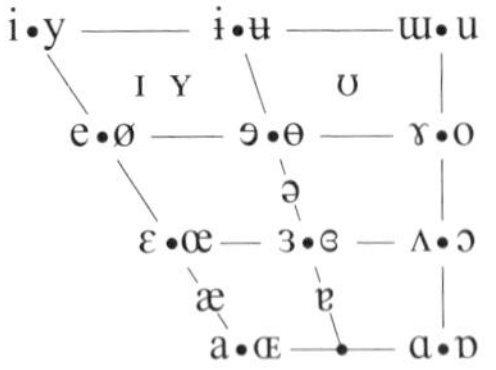

翻訳に当たっては、清水誠「ゲルマン語の歴史と構造(2):ゲルマン祖語の特徴(1)」『北海道大学文学部紀要』134: 31–67, (2011)におけるゲルマン諸語の音韻変化(ウムラウトと「割れ」)の記述を参考にした。ただし、そこで扱われている「割れ」(breaking)は、古英語における二重母音化に限定されており、より狭い概念である。

翻訳底本はJakob Grimm, Über umlaut und brechung. In: *Zeitschrift für deutsches Alterthum*, herausgegeben von M. Haupt, Bd. 2, (1842)を用いた。

[岡本順治]

IV

語源論、その他

「語源学と言語の比較研究について」（1854 年の講演）

ヤーコプ・グリム（福本義憲 訳）

「ドイツ語の指の名前の意味について」（1848 年）

ヴィルヘルム・グリム（荻野蔵平 訳）

「ドイツ語におけるペダンティックなものについて」（1847 年の講演）

ヤーコプ・グリム（木村直司 訳）

「言語の起源について」（1851 年の講演）

ヤーコプ・グリム（重藤実 訳）

Jacob Grimm, Über etymologie und sprachvergleichung.
(In: Jacob Grimm, *Kleinere Schrifte*n, Bd.1, 2. Aufl. 1879)

Wilhelm Grimm, Über die Bedeutung der deutschen Fingernamen.
(In: Wilhelm Grimm, *Kleinere Schriften*, Bd.3, 1883)

Jacob Grimm, Über das pedantische in der deutschen sprache.
(In: Jacob Grimm, *Kleinere Schriften*, Bd.1, 2. Aufl. 1879)

Jacob Grimm, Über den ursprung der sprache. (1851)
(In: Jacob Grimm, *Kleinere Schriften*, Bd.1, 1864)

語源学と言語の比較研究について

1854 年 8 月 10 日開催の講演

ヤーコプ・グリム

福本義憲 訳

人はだれでも、生まれて生活しているところでは自明のごとくなぜかも分からぬままに周囲で使われている言葉を習得しています。自分の発声器官の闊達な操作と鋭敏な聴覚、そして記憶のまっさらなページによって、聞き取った音声の特性のすべてに適応していきます。そうして素早い階梯を経て、自分の感情や考えを表現し、行き交う言葉をその意味するとおりに、その場の談話が要請する形式のとおりに使用することができる能力が備わります。言語はいたるところに湧き出し生み出される原初的な共通財のごとくであり、埋まっている謎めいた土地から、その都度の必要と機会に応じて強くも弱くも汲み出されてくるのです。

これほどに内的で重要な能力が、その性質からしてどんな所有物よりもはるかに優れたものとして、私たちの所有と使用にゆだねられているのです。一定の大きさにまで達する身体の四肢の成長とはちがって、言語の特性は個々の民族と人間の発展に依存しています。言語の理解は表面的なものにとどまり、その全体像を把握することも、その内部に深く潜入することも、容易なことではありません。多くの言葉がかつて個々人の耳には一度たりとも響いたことはなく、また個々人に受容された言葉の貯蔵は、たいていが自分自身では語ったことがないと考えられます。素朴な農夫にとっては限られた数の言葉で一生涯こと足りる一方で、教養のある、世事にたけた人には、その十倍か二十倍の語彙の量が備わっていますが、それでも農夫の狭い領域に含まれている個々の語はこの教養人には欠けています。しかしながら言葉の理解と使用は、語源の意識によって制約されることはほとんどありません。私たちは、いま現在の語形によって提示された概念を安んじて使用していますが、その形態を生み出し、意味を規定し、今に至るまで伝えてきた源泉がどこにあるかを知りませんし、言葉の多様な現象のうちに現われてきた豊かな関連を見渡すこともないのです。

その始まりにおいては、すべての言葉はその最小の部分までも例外なく意味を有していたに違いないのですが、ただ言葉の最初の発見から考えられないほどの長い時間が過ぎ去り、ほとんどすべての言葉がその原初の形態を投げ捨ててしまって、その意味を圧縮し不明瞭にしてきました。

ドイツ語は透明性のある言語だと言われるのをしばしば耳にします。その語形成の少なからぬ部分が明確に説明しうるという利点は、むろんドイツ語に認めなければなりません。しかしながら、明快な透明性というものは、そもそもこうした性質がいずれかの近代の言語に、つまり現代にまで継承されている長い歴史をもつ言語にあてはまるとしても、そのような透明性はドイツ語のほとんどの構成要素に関して破棄されなければなりません。たしかに私たちはたとえば、band（帯）、bande（囲い）、bendel（紐）、binde（包帯）、bund（団結）、bündel（包み）、bündig（拘束力のある）といった語が binden（結ぶ）に遡ること、他の多くの語においても同じような関係があることに気づいています。また、たいていの強変化動詞がその語根と明白に近い関係にある一連の派生語を形成していますが、それでも一見して類似していることに惑わされないように注意しなければなりません。音声変化の経過や、それどころか誤った綴りによって、間違った痕跡に導かれてしまうこともまれではないのです。たとえば tauen（霜がおりる）、tauen（溶解する、氷雪が溶ける）という二つの語はまったく異なる語根から生じているにもかかわらず、辞典類においてさえも混同されています。全体としてみれば、ドイツ語の語彙のほんのごく僅かの語にしか語源の感覚は維持されなかったといえます。私たちが今日その言葉に結びつける概念がどんなに生き生きと眼前に現れようとも、言葉のほとんどの部分は私たちには少なくとも一見しただけでは不明瞭、不透明になってしまっているのです。たとえばwasser（水）、luft（空気）、erde（地）、feuer（火）、ei（卵）、vogel（鳥）、thier（動物）、kraut（雑草）、gras（草）といったもっとも感覚的な表現を、そのドイツ語の語根に還元することなど、いったいだれにできるでしょうか。これらすべての名称の根源は、私たちの言語の範囲内ではほとんど、あるいはまったく閉ざされているように思われます。さらにまた、denken（考える）、glauben（信じる）、hoffen（期待する）のような抽象的な観念や、その他の無数の語の起源は、はるか遠くのかなたにあるでしょう。どの代名詞にも数詞にも、どの不変化詞（partikel）にも、私たちが解釈を企てようとすれば、そのなかに輝きだすようにみえる個々の類推や語形成の力にもかかわらず、けっきょく最後には透過することのできない暗闇が立ち現れて、どんな解明も私たちにとってはあたかも板張りで閉鎖されているかのように思われるのです。

しかしながら、そのほかの近代、古代の言語、さらには最古代のもっとも完全な言語の語彙にしても、まったく同じような状況にあると思われます。これらの言語の語彙は、暗闇が支配している私たちの言語にもときおり光明を投げかけてくれますが、それでもそこには、私たちを照らしだす光線さえも届かないところがあるのです。プラトンはギリシア語の言葉のなかに根源的な精神的意味を見出そうと努めましたが、そのような意味が無数の道筋をへて振幅するうちに言葉の形態のなかに消失してしまったか、あるいは隠蔽されてしまった可能性があることをまったく見逃しています。そして彼にとってまったくお手上げのいくつかの言葉に遭遇するのですが、すると彼は、そうした言葉を異国の、つまり外国の言葉とみなす傾向があります。第一の生活必需品であるpȳr（火）とhydōr（水）についても、彼にとって火はギリシア語的ではないと思われるというのは、いったい信じるべきでしょうか。これらの言葉はそもそも太古の時代から間違いなくギリシア語であり、明らかに同じ語根に属しているfeuerとwasserが明白にドイツ語であるのとかわらないのです。同時にまた、おおいに注目すべきことは、彼がこの二つの語のうち最初のものに関して明瞭に言い添えていることです。その箇所にしばし立ち止まりたいと思います。「そしてフリュギア人がそれを、ほんの少しだけ違った形で、同じように呼んでいることも明白な事実なのだから」。このpȳrの発音についてのフリュギア人の逸脱というのは、語頭音が違った音色になっていて、フリュギア人がおそらくphȳrと言っていたということにほかならないでしょう。彼らの言語についてはわずかしか知られていませんが、彼らが小アジアに移動してくるまえには、ヨーロッパにおいてトラキア人に隣接し、あるいは一緒に生活していたことは確かなのです。ギリシアの歴史家ストラボンは、フリュギア人をトラキア人と、あるいはその末裔と呼んでいます。もし彼らが pȳr という表現をギリシア人と共有していたとすれば、この表現が他のトラキア人の部族のなかでも使われていて、フリュギア人はギリシア人とトラキア人の間にあった接触を示す重要な要素として考察されなければならないことは間違いないでしょう。pȳr がサンスクリットの語根 pû（明るくする）に帰属し、この語根からはさらにゴート語 funa と fôn（火）が、そしてまったく同じ派生によってラテン語 purus（透明な、明るい）が由来しています。しかしながら、このこれらの祖先を同じくする言語のなかでも、名詞形成によるギリシア語 pȳr はドイツ語 feuer、古高ドイツ語 fiur、アングロサクソン語 fȳr に再び現れ、このことはギリシア語、トラキア語、ドイツ語の同属性を示す貴重な証拠を提示しています。Phrýges（フリュギア人）という民族名のほかにヘロドトスには、Bríges（ブリギア人）も現れています。そしてヘシュキオスによれば bríks、対格 bríga は eleútheros（自由な）の意味をもっていたとされています。このことはドイツ語の frei（自由な）、ゴート語 freis と見事に合致していますし、pȳr に代わって phȳr、さらには bȳr の語頭音の現れを証明しています。今日の批評はドイツ語系部族とトラキア人との関連を示すものすべてに対してまだ否定的かつ敵対的な態度をとっていますが、私はこうした関連性を喜んで承認しますし、またいつかその正しさが証明される日がくるでしょう。こうした関連は、ことの性質からして、私たちの祖先の歴史がまだ暗闇に閉ざされていた紀元前何千年か前から、祖先たちがトラキア人やギリシア人といつかどこかで近い関係にあったと想定することが適切であると思わせます。その痕跡が言語と歴史の両方に捺印されていたにちがいないのです。私がこの例を最初に提示したのは、語源学に最高の魅力を付与するものがなにかを、そしてまた語源学の本来の目的をなにと見なすべきかを示唆するためです。語源学は人類の言語の絡まりを解きほぐし、書かれた歴史がなしえないところに光を投げかけることになります。もし文法学と文献学の目標が、私たちに残された言語と歴史の記録を説明し解釈するだけに限定されるならば、それは狭い目的設定でしかありません。そうとすれば、語源学は古代学の女中であり召使いでしかないことになるでしょう。語源学のより高い使命は、自主独立の発見をなし、言語そのものゆえの言語の本質にまで突き進むところにあります。

私たちにこの興味深い知らせを伝えてくれるプラトンの対話篇は、けっして言語研究の観点に含まれるものではなく、言語と語の内奥の本質についての精神的な発露と見なすべきものです。ここにある解釈の避けがたい間違いは問題にはなりません。じっさいに彼の語源は、偶然に真に親縁的な形態に行きついている場合以外は、ほとんどすべてが不毛なものですし、不当でもあります。たとえば、プラトンが aischron（醜い）を to aei ischon ton rhoun（つねに流動を引き止めるもの）と分解したり、あるいは blapton（阻むもの）を to boulomenon haptein（結わえようとするもの）に分けて、さらに再度 blaberon（有害な）を to blapton ton rhoun（運動を阻むもの）と分解したりして、すべてが boulomenon haptein ton rhoun（流動を結わえようと欲するもの）から生じたと解釈しているところなどです。これを見ますと、彼が語を速く発音したときに個々の音声が圧縮される様子を適切に考慮しようとしながらも、文字や語派生に生じる真の事態を誤解していることがわかります。さらに明白なことですが、対格 rhoun を含むとされる中性形 rhon は男性主格の aischros や blaberos については判断の根拠とはなりませんから、rhous（流動）による解釈がまったく当てはまらない多くの ros に終わる形容詞がとり残されてしまうことになります。

ウァローやフェストゥス（Festus）をはじめ、多くのローマ時代の著者に散見されるラテン語の語源学は、プラトンのそれと比べてずっと才気に乏しいとはいえ、おおいに精励して歴史的な材料を収集していますので、文献学的使用にとってはるかに有用でありますし、示唆に富んでもいます。その意味的な解釈にしても、誤りと思われる場合でさえも、魅力的なものがあります。たとえば、皇帝の称号のアウグストゥス（Augustus）、あるいはその形容詞をみごとに avium gestus gustusve（鳥の振る舞いまたは食餌）から導きだしています。この場合、augurium（占い）と auspicium（鳥占い）との類推はまったく正しかったのです。そこには ab avibus electus（鳥による選出）が含まれていましたが、他民族の民間伝説においても選出された支配者の肩には鳥が飛んでくるとされています(スエトニウスの「オクタウィウス」、およびフェトゥスを参照)。このことがスエトニウスの第一の書の冒頭に記されているのは意図的であると思われます。それでも ab auctu（「高まった」に由来）という解釈が優勢になり、この解釈にはリトアニア語の auksztas（高い）も明白な証明を与えてくれます。真正で正当な語彙説明として成り立ちうるのは、ローマ人たちの伝承しているうちのごく少数にすぎないのです。

中世の修道僧たちは、これよりもずっと誤った粗雑な解釈を捏造しました。その先行者のイシドールスはまだそれでも相当な仕事をなしとげたのですが、彼の後継者となったのはごくわずかの人でした。言葉の謎解きの契機となったのはいつでも固有名であって、その対象に関与する場合にその名称を理解できないことから、ときには粗雑な、あるいは善意による、または愉快な解釈へと促したのです。自分の言語からは理解の手がかりが得られなかったり、その対象を侮蔑したりするときには、ラテン語をよりどころとしてドイツ語系の言葉を完全に、あるいは半ばを他言語の語源から説明するのがふつうでした。たとえば、イシドールスはゲピード人（Gepiden）の名称を説明するのにラテン語の pes（足）を用いました。「ゲピード人は戦いの際に騎手よりも歩兵を用いた。この理由から彼らはそう呼ばれる」。その一方で、ビザンチウム人はゲピード人（Gēpais）のなかにギリシア語 pais（子供）という語を認識していました。ヴェルダンのベネディクト修道士スマラグダは、アルトミル（Altmir）というドイツ語の名前の第二の要素に一人称与格の代名詞を見いだして、「ワタシニハ　フルイ」（vetus mihi）とラテン語に訳しています。ファロ（Faro）の伝記を書いた著者はこの聖人の名前のなかにラテン語 famen（発音）と ros（露）を嗅ぎつけました。「（この名）は発音と露の合成語の響きをもっている。というのも天の教えが話すことによって彼の口から流れ出たからだ」。エムラムス伝のなかでアルノルドゥス（Arnoldus）はアイテルホーフ（Eiterhof）という名を話題にして、これを「薬液の館」（veneni atrium）と解釈したうえで、こう付記しています。「しかしより高い才能にめぐまれ、何ごとにもより優れた研究をしている人々によれば、まぎれもなくエーテルすなわち天上の希望（spes aetheris）と言われうるものであり、ザクセン人の方言ではこの語（aether）はドイツ語として言われるのがつねである。つまり、ザクセン人は希望（spes）または期待（speratio）という語を彼らの言葉に近い語で呼ぶことに慣れているのである」。彼は天上を表すとされる eiter に、ふつうなら hop であるべきはずの「ザクセン人の館」という意味での hof を接合するのです。たしかに高地ドイツ人は hoffen（希望する）という語を知っていましたが、多くの人には彼の説明は理解できなかったでしょう。はるかに当をえていたのは、フリディスラール（Fridislar）、今日のフリッツラー（Fritzlar）が「平和の住居」（pacis habitaculum）と解釈されたことです。この lâr（住居）は複合語の要素として多くの地名に見られるものです。教皇ザカリアス（Zacharias）はボニファティウス宛の書簡のなかでこの語を「平和の教義」へと偽造していますが、これはアングロサクソン人の修道僧が自身の言葉の lâr、古英語 lore（教義）を lâr（住居）と間違えたことによるのでしょう。私たちの民間伝承は、わざとらしい、誤った名前の解釈であふれているのです。

固有名の領域以外でも、未熟な言語知識によってこのような勘違いに陥って、偶然の語音にみちびかれて解釈してしまうことが多かったのです。ノートカーはマルティアーヌス・カッペラ（Martianus Cappela）の翻訳と注釈のなかで、今日の binse（イグサ）にあたる古高ドイツ語 binez を「パピルス」の意味で用いたときに、なんらかの言語的な注記を記す必要を感じています。「パピルスは不滅を表している。というのもパピルスが永遠に緑色であるのはそれが生えている湿地によるのであり、そこから名をえている」。彼はパピルス（binez）が湿地（nazi）、水のあるところに育つので、こう名付けられたと思ったのですが、イグサの古い形が binez ではなくて pinuz だったのですから、この思いつきはすでに破綻しています。

中高ドイツ語の詩人たちの分野からは、ここでは二つのよく知られた、うまく理由付けられた例をあげておきましょう。welt（世界）という語は、内部音の R をまだ放棄していなかったころには、werren（阻む、乱す）や werre（混乱）といった語と共鳴していました。フーゴー・フォン・トリンベルクはこう歌っています。

> そして世界（werlt）は混乱のなか（in werren）にある
> それで werlt と呼ばれている　　『レンナー』

オランダの詩人マールラントは『歴史の鏡』の冒頭でこのことを詳細に語っています。よく知られているように、この語は古高ドイツ語ではまだ完全な形で weralt、werolt、worolt、アングロサクソン語では veoruld、今日の発音では L が弱化している英語の world、古ノルド語では verold と言ったのですが、その語源はまだはっきりとは確定していません。しかしながらwer（男、人間）とalt（年代）との合成はあまり蓋然性が高くありません。というのも古高ドイツ語のwerranには「回す、転じる」の意味が認められますので、「渦を巻く」の意味で現れていないwerlenを設定する必要もなく、このwerranから「円」（orbis）という適切な観念に導かれます。感覚的な「回す、転じる」という場に、のちの想像によって抽象的な「乱れる」（wirren）や「混乱させる」（verwirren）が入ってきたのであり、そこにはまったく同じ語が含まれています。それはちょうど名詞の回転（kreisel）と混乱（wirrwarr）が合致するのと同じです。そうとすればaltという音節は他の語に見られるように、形成素であるにすぎません。

さらに魅力的なのはfreuen（喜ばせる）とfrau（婦人、女性）との関連です。フライダンクではつぎのように言われています。

喜び（fröude）によって女性たち（frouwen）は
名付けられている
彼女たちの喜び（fröude）がすべての国の人々を
喜ばせる（erfröuwet）

これは『レンナー』にも繰り返されていますし、アルブレヒト・ティトゥレル（Albrecht Titurel）ではさらに敷延されています。

喜び（freude）は女性（frouwen）、そして女性は
喜びであり、二つはそろっている
女性によって喜びはその名を受けたのだ、
女性から喜びを奪う男は嘆かわしい

古高ドイツ語のfrouwa（女主人）とfrouwa（喜ばせる女）は文字どおりに一致します。ちょうどfrô（主人、ゴート語frauja）とfrô（喜ばしい）が合致しているのと同じですが、これは偶然とはいいがたいのです。fraujaは「神のような主人」であり、神とはドイツ語圏の古代世界にとっては「有頂天にさせる、喜ばせる、至福をもたらす者」を表しました。その傍らにいるのが「美しい聖なる女神」としてのfrouwa、fraujô、freyjaであり、この観念がさら

に女性全般に転用されたのです。まちがいなく同系であると思われるのはギリシア語 praus、praos（親切な、穏やかかな）であり、おそらくサンスクリット prabhu（主人、優れた人、至高の人）もそうでしょう。ボップ［解題参照］はこれを語根 bhû と接頭辞 pra から導いています。ギリシア語 pranēs、prēnēs やラテン語 pronus もまた pro に遡り、これらは「前に傾いた」から出発してさらに抽象的な傾きの意味で「好意をもつ、志向する」を表しています。しかし同時に pranēs は古ノルド語の frânn（光り輝く）と古高ドイツ語 frôno（神々しい）を想起させます。この語形は複数属格形として、あるいは別の方途によって正当化できるかもしれません。いずれにしても welt と frau という二つの語について、これほど有用な、おそらく古くから伝承された語源学を保護し維持してきたのは、中高ドイツ語文学にとって名誉なことであります。

学問としての語彙研究（wortforschung）が活発に行われるようになったのは、ギリシア人やローマ人の時代でもなく、むろんドイツの中世文学においてでもありません。印刷術の発明以来、二つの古典語だけではなく、いわゆる平俗語に現われる多量の語彙が研究に自由に使えるようになってからのことです。それ以来、まだすくなからず見られた誤謬を排除し、語源学に根深く入り込んでいた障害を払拭することができたのです。

長い間、ヘブライ語が神聖な祖語とされ、すべての語源学の源泉がそこにあるという憶測的な見解から脱することができませんでした。しかしそのような祖語は、私たちがアジアとヨーロッパの地域において相互に共通の祖先としてみなすことができるかなりの数の言語にとって、貴重かつ精緻であり、研究に値するとはいえ、けっして語源研究そのものに直接影響をおよぼすことはありえないのです。ヘブライ語はドイツ語圏の語族に属していませんし、その解明に役立つものではないのです。

それにたいして、古典とされる二つの言語、例の言語の連鎖のなかで根本的な部分を形成し、近代の文献学の全域をカバーしているラテン語とギリシア語の研究は、その規模の大きさによって、文法学および語源学への欲求を呼び覚まし、育成し、実り多きものにすることができました。そのために長年にわたって膨大な研究がなされて、はかりしれないほどの素材の宝庫が積み重ねられてきました。しかしながら、この広汎な学術活動の只中にあって、ある種の障害が生じてきました。その原因は、この学術があまりにも閉鎖的であり、同系の残りの言語、とりわけ平俗語を取りあげることが少なかったことによります。さかんに研究された実践的な言語法則をこえて、一般性の高い分野にまで歩を進めようとしたとき、語の分割と結合の方法、そしてそれを確定しうる根拠が欠けていたのです。最小の語要素を把捉して蘇らせる比較言語研究の誕生するすこし前のことですが、とくにオランダの文献学派がギリシア語の語根をきわめて恣意的な根拠のないやり方で取りあげようと試みたことがあります。そのために、粗雑な、つまり有意味な不変化詞としては歴史的に証明されていない語頭音の影響とされたことによって、生命力の溢れたさまざまな語根の力が破壊されてしまったのです。このような不毛で、しかも押しつけがましい努力がどんなものだったかを想像してみたければ、ドイツの学者ヨハン・ハインリッヒ・フォスを想起するのがよいでしょう。彼はウェルギリウスの研究において不遜にもギリシア語、ラテン語、ドイツ語のすべてを語根 phýō、および feo と geo に還元しようとしました。彼が自ら作成した、印刷されませんでしたが、手稿で流布していた論文を私は読んだのですが、そこでは eo heo geo keo cheo neo feo meo beo peo leo reo という語根に、流動的に揺れ動く意味「行く、動く、つかむ、生む、育てる」を順番に割り当て、それによってあらゆる語が容易に説明されると見なされました。感覚的な概念を集中的に取りあげて、所与の語根現象に応用を試みるという考え自体は悪くはないかもしれませんが、このようなつかみどころのない、あやふやな、あらゆる語根の個々の構成要素の研究から離反した実践方法では、まったく成果はえられませんでしたし、またその見込みもありませんでした。

大波のうち返す言葉の海での、このような埒もない、不愉快な彷徨は、それまで未研究だったサンスクリットおよびドイツ語、スラブ語、リトアニア語、その他のヨーロッパ諸言語が学術研究の領域に登場することによって、ようやく統御されるようになりました。かつてはギリシア語のみが到達しえない模範として、形式の高度の美と深い思想の豊かさとの見事な結合のなかに、憧憬をもって認識しえた言語だったのですが、サンスクリットによってさらに完成された言語の形態が、おそらく人類のもとで生み出され、地歩を確立したもっとも純粋な形態が、最古の時代から伝承されたもっとも重要な言語遺産の大宝庫とともに、私たちに授けられたのです。この遺産がギリシア文学のより自由な発展と影響力とは同列に置くことはできないとしても、いまここでもっぱら話題にしている文法と語彙研究においては、サンスクリットによって従来の中心的な法則の完全な改革が成就され、絶え間なく増大する多大な解明がもたらされたのです。同時にまた、このような解明に呼応しつつ平俗語研究が活性化されていますし、ギリシア語とラテン語の方では、当然のことではありますが、それ自身の成果をいままで以上にしっかりと保持しようとしています。本来からいえば、これらの親縁の言語は同じ年齢であり、その意味では同等の権利をもっているのですが、そのなかでも最古の、もっとも真正な資料を提示することができる言語に優先順位と最大の名誉が付与されなければなりません。かつては共に歩んだ言語も、その古い所有物のいくつかの部分を放棄したり、その代替物を別の方法で、また異なる手段で獲得したりすることによって、互いに段階的に遠ざかっていきます。かつては同じ、あるいは類似していたものがしだいに同じでなくなり、異なったものとなっていきました。すべてのヨーロッパの言語は、アジアの祖先の土地から遠く離れれば離れるほど、予期しなかった一連の変革に見舞われたのです。その変革がそれぞれの言語に固有の刻印を付与し、その古い親縁関係をときには弱く、ときには強く認識させることになります。ドイツ語とそれに隣接するケルト語と、またもう一方のスラブ語との相違がどんなに大きくとも、これらの言語には、とりわけケルト語とスラブ語には明白に共通する特徴があります。私たちはその共通性をとくに文法研究において確定し理解しなければなりません。ドイツ語研究はあの素晴らしい、有益なサンスクリットの法則から目を逸らすべきではありませんが、同時にまた自身の言語に固有の視点、および隣接する言語と共有している近縁的な視点を放棄してはならないのです。前者の場合には、それは自身の耳を塞ぎ、目を閉ざすことになりますし、後者であるならば自分の指の一部を切断することになるからです。

　こうした観察を序論として述べたあとで、これから私はすべての語源学的な研究が進むべき筋道について自らの考えを展開することに努めたいのですが、そのさいにとくにドイツ語の例に論拠を求めていくことになるでしょう。

　サンスクリットもふくめて、すべての人間の言語はその本来の起源からすでにもう埋めることができないほどの深淵によって隔たっています。そのなかでもより完全な言語ですらも、私たちが言語の始まりにおいて想定するような状態とは対立するような状況にあります。言語の始原が複数の場において繰りかえされるとすれば、そのたびに身体的な器官の特質と、心的諸力のうちの精神的な力に支えられた現象のもとで繰りかえされたのはまちがいないところですが、やはり言語の起源を問うことは、人間の発話がどのようにして、どのような法則によって最初の発展をたどったのかを究明することにほかならないのです。

しかしながら、すべての知られている言語の語彙が発生学的にではなく、まさに一気に何の区別もないままに伝承されていますので、どの品詞がいちばん最初に生まれ、またどのような順番ですべての品詞が現れてきたのだろうかといった憶測をもちだすことは、無益で実りがないと思われるかもしれません。発見する言語精神は、柔軟な思考力によっていわば無意識のうちにおのずから発話のすべての状況に入り込んで、のちに文法的な秩序が組織したものを、偶然の産物であるかのように、その場その場で生み出してきたのでしょう。しかしやがて理解されてきたように、ことはそのような事情ではなくて、言語が始原からたどった道筋のなかには、人間の本質に深く基づいた確固たる必然性が存在したのです。言語は進歩の過程においても、その必然性の根本的な特徴にしたがったのであり、このような発展形成が歴史的に知られているからこそ、その形成過程を遡って最初の状態が推論されるのです。先行しなければならないのは、思考のなかで感覚的に完全であり、かつきわめて重要な意味と力強い形をそなえた、生のままの形象であって、その開花と結実、そして形態の機敏性への発展は、まさにあの感覚的な要素の減少あるいは希薄化によって生じてくるものです。

私はこの段階をつぎのように想定します。最初の段階であり、すべての基礎であるのは動詞であって、ここから分詞に、さらに形容詞と名詞に登っていき、そのあと不変化詞に進んで、そして最上の段階で屈折にまで達したのです。すべての祖語は本質的に有意味であり、最小の語でさえも意味をもたないことはありませんでした。それはちょうど、数は少ないが、擬音語が自然音の模倣によってすべての語のうちでもっとも理解しやすいものであるのと同じなのです。言語のこの有意味性から導きだされるのは、言語がまさに思考そのものを含むということです。そしてまた、どんな思考も文であり、かつ動詞のない文を造ることはできないのですから、思考とはまさに動詞のなかに存在しています。名の最初の発見者、プラトンの言葉でいえば「最初の名前をつくった人」が、彼の目の前に現れたことがらに名を付与したとき、彼はその名を自らの感覚にしたがって表現したのであり、そうして付与された名は彼自身、またすべての聞き手の無垢な記憶に保持されたのです。もし彼がそのことがらに、そのような感覚を含まない名を与えたとすれば、その命名は空しい無意味な騒音にとどまって保持されることはなかったでしょう。眼前に現れてくるライオンを記述するのに、その色あるいは声をその名に入れずして、どのように描写できるでしょうか。ライオンは「光り輝く」か「うなる」かであって、「それは輝いている、うなっている」のです。ライオンは黄色いか、騒々しいかなのです。この分詞から形容詞が生じ、形容詞から名詞が生じたのです。ライオン（löwe）という名詞には古高ドイツ語ではまだ hluojan（うなる）が対応しています。単なる名詞だけで「ひかり」（licht）や「うなる声」（gebrüll）が表現されえたとは考えられません。「ここにひかりがある」とか「うなる」をそれ自身に含んでいたような名詞はなかったでしょう。こうして発見された動詞はすべて語根であり、すべての名詞はこの語根の応用だったでしょう。動詞も名詞もまだ枝葉をもたず、形態もなかったのですが、動詞はまずもって最初の名詞、つまり代名詞と結合することによって形態を獲得することができました。名詞にはいくつかの名詞が並列され、ついには相互に結合され規定されました。屈折は動詞の場合には代名詞が接辞され編入されて、名詞ではもともと名詞であった不変化詞が接辞と編入によって発達していきました。名詞に備わっている動詞的な力は、もともと動詞に編入された代名詞が名詞屈折の個々の部分にも組み込まれていったことを説明するものです。このような経過は、屈折が磨滅してしまったあとで、二回目あるいは再生的な活動によって外的に始めから再度繰り返されるということから証明されます。近代語は動詞の屈折のかわりに動詞の前に代名詞を先行させ、名詞の屈折のかわりに不変化詞を先行させるのです。この見解は、言語の全領域において二つのもの、レーマ（rhēma）とオノマ（onoma）、動詞（verba）と名詞（nomina）、ドイツ語でいう「語」（wörter）と「名」（namen）も専門的にはこう呼ばれるべきなのですが、この二つのみを設定するということ、そしてまたすべての代名詞と不変化詞を名詞とみなすということにおいて、ボップの見解とは異なっています。動詞は創り出す原理、いうなれば男性的な原理であり、名詞は形成し、生み出す女性的な原理です。動詞はすべての語根を供給し、名詞はすべてに形態と形象を与えます。屈折の登場によって、まさに言葉の柔軟性が生み出されたのであり、屈折に伴って可能となった抽象化によって、発話の円滑さは保証されたのです。最初の単なる感覚的な言語形成はまだふぞろいな塊、不細工な粘土を生み出したにすぎませんでした。代名詞、つまりもっとも精神的で柔軟な名詞には、もっとも精神的で柔軟な動詞的発話としての実体動詞（verbum substantivum「ある」）が味方について、この二つによって最初の抽象化、つまりすべての屈折の最初の契機と根拠が生まれたのです。それゆえに、この二つの品詞は実際に活発な相互作用をおこなっています。たとえば、ヘブライ語の代名詞はそれ自体ですでに実体動詞の現在形を含んでおり、現在形をとくに表す必要がありません。実体動詞はすべての動詞屈折を補完し代替することを手助けしますし、代名詞は名詞屈折を代理する手助けとなります。実体動詞においてまさに「ある、とどまる、住む」の最内部の語根と、代名詞による最内部の言語形成とが結合したのであり、そこから動詞活用にとって思いもよらない発展の手立てが生じてきたのです。

代名詞は最初の言語形成の大胆な行為であって、代名詞のうちでもとりわけ人称代名詞については、祖先を共通にする私たち言語圏の範囲を超えて、遠く離れた言語、たとえばフィンランド語やヘブライ語にもその類推が認められますので、その根底まで見極める必要があるといわなければなりません。遠隔の地の薄暗い脇道を照らすような推測が許されるならば、自らを意識した人間が胸を膨らませて吐き出した ich（われ）からはゴート語 ahjan（思う）の意味を取り出すことができるでしょう。この語にほとんど近すぎるところにサンスクリット aham（私）がある一方で、ゴート語 ik は喉頭音の段階にあっていくぶん離れています。またさらに印象的なのは、サンスクリットの語根 ah（言う）でしょう。この語根にはラテン語 ajere（言う）、ゴート語 aikan、古高ドイツ語 jehan が匹敵しているので、aikan には ik の音が、jehan には ih が完全に共鳴しているのがわかります。ラテン語 ajere は ego から分岐しているように思われます。否定の nego にも ego が含まれているとすれば、おそらく ajere と agere の観念を結びつけることが重要となるでしょう。古高ドイツ語 jehan にはよく知られているように今のドイツ語の beichte（告白）、古高ドイツ語 pigiht の意味が保持されていました。これは、自ら aham あるいは ich と発声する人間がもうひとりの話し相手に対面して「私が語る、私が言う」を表していると考えれば不都合ないでしょう。もっと困難と思われるのは、二人称代名詞の語根の意味を探ることです。サンスクリットtvamでは語末音amが一人称代名詞と同じように語根に添加されているのは明らかですので、語根のtuが残ることになりますが、ここに私はサンスクリットtu、アヴェスタ語tav（増す、栄える、有能である、能力がある）を見いだします。この語根には音韻推移にしたがってゴート語þeihan、古高ドイツ語dîhan、現代ドイツ語gedeihen（栄える）が対応しています。このドイツ語系の形態では母音UがIと交替しているようですが、これは他にもしばしば例があり、まさにドイツ語のduがそうなのです。これはゴート語ではþaunaと代わってþeinaになりますが、与格ではþus、対格ではþukを保持しています。ところが古高ドイツ語では今のドイツ語と同じように属格でdînであるだけでなく、与格でもdir、対格でもdichとなります。このduの母音の揺れはあの語根tuとþeihanの揺れとぴったり一致しています。そして、話し相手を強い権威者として表すことはなんら不適切とはみなされないでしょうし、この代名詞の語根にすでにすべての敬称形式の根源を感じとることができるかもしれません。なにしろ二人称の敬称形式は近代においてかくも盛んなのですから。三人称の代名詞については、そのいくつかの形に明らかにgehen（行く）の語根が潜んでいると考えていますが、その多様な形式はあまりにも錯綜した混迷状況を生みだしますので、ここでは立ち入らないことにします。

ボップと同じようにすべての、あるいは多くの不変化詞をこのような三人称代名詞に還元する人は、私たちを使いやすく広々とした多くの部屋を通って最後には鍵の差しこまれていない閉ざされた扉へと導いていくのです。彼の洞察力にあふれた研究を期待感と集中力をもって辿っていくとしても、最後のところで謎解き、あるいは解決は与えられていません。そもそもすべての感覚的な語根には空間的な概念、「ここ」（hier）と「そこ」（dort）の観念が含まれていますので、なぜこれらの概念がまず代名詞を経由して不変化詞に仲介されなければならないのか理解できません。私としては不変化詞についても別の根源を発見することをめざすことになるでしょう。

私はドイツ語辞典の編纂にあたって、前置詞を形成する不変化詞においては前置詞としての力の方が副詞的な意味よりも先行したという原則に忠実にしたがっています。別の言い方をすれば、すべてのそうした不変化詞はもともと語を支配するということ、つまり、ある名詞に隣接してこの名詞を規定するものだということです。したがって豊かな曲用（名詞の屈折変化）を発達させた言語においても、別個に必要とされる他の不変化詞が屈折のなかに入り込んできたのであり、また屈折を失った言語においては、屈折に含まれていたのとは異なる前置詞が語に先行させられるのです。私が言おうとしていることは、次のように表現できるでしょう。不変化詞というのはもともと生き生きとした、語根から解釈可能な語なのですが、接辞化と抽象化にともなってこの解釈可能性は減少していきます。そして名詞との直接の関連が取り除かれ、ほとんど死んだ構成要素として文中の動詞の前に連結されて現れるとき、もっとも弱化していることになります。ドイツ語はまだこの素晴らしい、他の言語には欠けている特性に恵まれています。つまり、これらの不変化詞を特定の状況において分離するという性質であり、この特性が私たちの言語の構文に少なからぬ活気と力強さを付与しています。abbrechen（折り取る）あるいはanlaufen（駆けて来る）ではもともとは「木、枝から折る」（brechen ab dem baum、ast）、「山、壁に駆けて来る」（laufen an den berg、an die mauer）といったのですが、これにはどんな名詞を付加しても意味は変わりません。ただ、こうした慣用句がごくふつうになったために、名詞の付加そのものが省かれたのですが、それでもそのまま、ich breche ab（私は折り取る）、ich laufe an（私は駆けて来る）とか、命令形ではbrich ab（折り取れ）、lauf an（駆けて行け）と言えるようになったのです。その一方、ラテン語のdecerpere（摘み取る）、accurrere（走って来る）では、不変化詞はどこでもどんな場合でも非分離となりました。これはドイツ語のいくつかの不変化詞、とりわけbe ge ver zerが生命力を失ってもはや分離されなくなったのと同じです。ドイツ語の不変化詞のこのような比較的高い自立性は、語根探求の試みを容易にしてくれます。たとえば私はbeとbeiにはbaue（住む）とbin（ある）の語根と、inにはinna（「内部に」とどまる）の語根と、zerにはzerren（引きずる）の語根との関連を推測しています。もっとも最後の例ではdisがtaíran（ゴート語distaíran「引き裂く」）から離脱してしまったように見えますが。ここで「推測する」と言いましたのは、このように不確かなことがらでは過誤に陥りやすく、あらゆる側面からの補足的な証明がなくては確実なことはほとんど出てこないからです。言語の比較研究によれば、たとえばbeiはサンスクリットabhi（の方へ）、ギリシア語amphí（のまわりに）、epí（の上に）との対応関係を示していますが、そうであればそこで停止してしまい、代名詞的な類似を示唆するだけのものになります。私たちの言語が直接に指し示しているような、少なくとも私の目にはより満足のいく解釈をなぜ避けるのでしょうか。外貌を一変させてしまったような言語にも、個々の例ではより明快な見通しを与える権利を認めてやるべきだと思われます。

ここに設定した原則からあらゆる側面に迫っていく推論をこの講演の限られた枠内で網羅することは、私の意図するところではありません。そうではなくて、私の一番好ましい研究対象であるドイツ語からいくつかの現象を取りあげて、こうした原則によってより生き生きとした理解を用意しようと努めるつもりです。私はドイツ語の表層にはさほど重要な透明性はないと認定しましたが、ドイツ語はより深いところの活動においては少なからぬ明瞭さを見せていますし、ときにはその固有の生き生きとした視点を離れて、さらに古い時代にまで侵入することを許してくれるのです。私はここで二つのことを論じたいと考えています。一つは、まだ注目されていないドイツ語の動詞の特質であり、もう一つはドイツ語の形容詞に明瞭に認められる動詞的な意味内容の問題です。

ドイツ語の動詞活用は時制の区別にかんして、近隣のスラブ語やリトアニア語、そしてギリシア語の豊かさと比べて、また差は少ないのですがラテン語と比べても、その乏しさが目立っています。そのかわりにドイツ語には強変化形と弱変化形、さらにあのきわめて強力な母音交替（ablaut）が備わっています。先にあげた言語ではその不規則な痕跡しか現れていませんが、その痕跡からでも十分すぎるほどにドイツ語の語音との関連が明らかになります。この語音と間違いなく関連しているのは、サンスクリットのグナー化ですが、これは語尾から語根への影響によるものと理解されている現象であり、したがって時制の区別とは関連づけることはできません。さらにまた、ゴート語よりも後の時代に属するほとんどすべてのドイツ・ゲルマン系諸言語において、ゴート語の重複音から凝縮された、母音交替のように見える過去語形が生じているのを目にします。私たちはこれを、かなりの蓋然性をもって他の母音交替よりも前にさらに古い重複音が消失したものと捉えています。ちょうどラテン語にほぼ似たような例がみられるのと同じです。この消失は私たちの言語にきわめて美しい響きをもつ、鉄琴の演奏にも比肩しうる語根の音変化を生み出しました。しかもこの音変化は活用以外にも現れる母音の配分とも合致しています。これは、ドイツ語が失った時制の区別にとって代わる、けっして貧しくはない代替物なのです。時制は屈折から語根そのもののなかに避難したのだと言えるでしょう。それ以外にも、私は名詞屈折にも同じ母音交替の反映を発見したと思っています。こうした母音交替は屈折変化の美しさに少なからず貢献したのであり、同じ現象は古い親縁関係の言語のほとんどにおいて認められましたが、今日ではもはやまったく色褪せてしまっています。

ただ一つの過去形しかもたないこととならんで、私たちの言語は未来形をもっていません。アングロサクソン語の実体動詞のようにかすかな、それゆえに注目すべき未来形が現れるということもありませんでした。アングロサクソン語では現在形 eom　eart　is とならんで、たいてい未来形として使われる beom bist biđ があり、ラテン語 ero eris erit の意味に対応しています。この biun　bist は他の点でも近い親縁関係にある古ザクセン語においてはすでに現在形として、ラテン語 est が属する語幹の三人称 is とならんで現れています。『ヘーリアント』の主の祈りにはゴート語にあるように、またラテン語 es と同じく二人称で is の形が現れています。

われらの父、人の子の父よ
なんじは天の高き国にまします(the is)

この is には、ふつうは今のドイツ語と同じ bist が使われます。しかし、あのほんの少しの未来形がなんと必要なことでしょうか。今日のドイツ語でもまだ完全には消失していない命令法 bis のなかに、ギリシア語の第一アオリスト・命令法 phýson(生み出せ)が生き残っていると認められます。これはサンスクリット bhûsa(あれ、なれ)に正確に対応しており、ヴェーダ語とアヴェスタ語に生き残っていたのと同じものです(ボップ『比較文法』§727 および §661 参照)。ボップの教えるところでは、このアヴェスタ語の命令法はときには接続法の意味で用いられることがあり、それは面白いことにたとえば drāson(行なえ)、poiēson(作り出せ)、prākson(為せ)のように、ギリシア語の第一アオリストの他の命令法にも当てはまります。この構文には、私がクーン(Kuhn)の「比較言語研究誌(第一巻)」において提示したように、ドイツ語の命令法 tuo(為せ)の構文が対応しています。古高ドイツ語や中高ドイツ語では、よく使われる慣用句「あなたがなにをするべきか(waz du tuo）教えてやろう」「どうするべきか（wie du tuo）教えてやろう」「あなたはなすべきこと（waz du tuo）知っているか」のように tuo を言い添えますが、これはちょうどギリシア語の雅語的なアッティカ式表現で言われる「あなたは行うべきこと（ho drāson）を知っている」「なすべきこと（hōs poiēson）を知っている」と同じものです。私はこのドイツ語の tuo のなかに隠蔽されたアオリストまたは未来形を感じとりたいと思います。それだけになおさら、直説法で今のドイツ語の bin（である）と tun（行なう）が、また古高ドイツ語の pim と tuom がまったく同じように形成されたと思われます。そしてこれに類似した構成法によって、現在形 gâm（行く）と stâm（立っている）から命令法 gâ と stâ の形式が造られたと考えていいはずです。私はこの形式を探してみましたが見つからず、また命令形 bis も、ギリシア語 phýson の同様の用法も見いだせませんでした。しかしながら、この bis は早い時期に wis に変化したのであって、この B から W への変化によってまさにゴート語の動詞 visan（ある）vas vêsun が説明されます。またこの過去形 vas vêsun が実体動詞を補充していて、しかも現在形の visa には「とどまる、住む」という意味があったと考えられます。ここで未来時制的あるいはアオリスト的な屈折変化が実体動詞の語根のなかに取り込まれたことで、この語根に重要な変更が生じて、どうやら新しい語が生み出されたと言ってまったくさしつかえないでしょう。ドイツ語の B で始まる頭音をもつ実体動詞の時制形、つまり bin bist とあの命令法の bis だけではなく、W の語頭音をもつゴート語の visan vas vêsun、そして今のドイツ語の war waren と命令法 wis の関係が、サンスクリット bhû（なる）と blûsa（なれ）、ギリシア語 phýō phýsō（生む、生むだろう）、ラテン語 fio, fuo fuisse（ある、なる、あった）、リトアニア語 buti（あること）と busu（ある）の関係に等しく、これらが同じ対応関係にあることは間違いないところです。このリトアニア語の現在形単数 busu busi bus は意味的には未来ですが、ゴート語の visa visis visiþ では現在時制です。どこでもこの S 音に同一の有機的な力が認知されなければなりません。最初に時制の生成に応用されたこの力は、時制としての働きを失ったあと、語根との堅固な接合によって語根そのもののなかに移行していったのです。

この興味深い過程をさらに詳細に把握するならば、おおくの文法的な形式と同じようにけっして孤立してあるのではなく、さらに別の類推がそれと並行しています。見逃してはならないのは、ゴート語の visan vas vêsun とよく似た形で、S 音がドイツ語の実践過程のなかで語根へと発展して現れてくることです。たとえばゴート語の lisan las（集める）、nisan nas（救われる）がそうです。この考察はかならずしも容易ではないですが、もっとも明瞭なのは liusan laus（fra-liusan「失う」）、kiusan kaus（選ぶ）であり、これにはゴート語 visa に対する phýō phýsō の場合と同様に、ギリシア語の lýō lýsō（解き放つ）、geýō geýsō（味わう）が対応しています。phýō と bhû との関係と同じですが、この lýō にはサンスクリットの語根 lû（切る）が対応していて、soluo seluo に由来し分詞 solutus となるラテン語 solvo（解き放つ）にも含まれています。geýō にはラテン語 gusto（味わう）と gustus が対応していて、この S はゴート語 kiusa kaus およびそれに由来する kustus（試練）と同じものと判定しなければなりません。ギリシア語 pnéō pneýsō（息をする）に対応しているのは古ノルド語 fnàsa、古高ドイツ語 fnehan fnastôn（あえぐ）であり、この S と H の交替に注意するべきです。ギリシア語 néō nēsō（紡ぐ）はサンスクリット nah（結ぶ）、古高ドイツ語 nâhan、nâjan（縫う）、ラテン語では neo（紡ぐ）に対応していますが、ギリシア語 tréō trésō（震える）はサンスクリットではつねに tras（恐れ）となります。ゴート語 fijan（憎む）はサンスクリットでは dvis（憎しみ）の形をとり、DV と B が対応していますが、この対応関係は dvis、ギリシア語 dís（二度）とアヴェスタ語およびラテン語の bis（二度）、あるいは duellum（決闘）と bellum（戦闘）との間に見られます。B はゴート語では F となるので、分詞 fijands（憎む人）は語根 dvis に帰属し、したがって「(二つに分れて)反目する人、離反する人」を表しています。ギリシア語の語根 mýō mýsō mémyka（口を閉じる）と、古高ドイツ語 mûchan、新高ドイツ語 meucheln（こっそり歩き回る、暗殺する）、mausen（盗む）とは直接の親縁関係があり、Mücke（カ、ハエ）と Maus（ネズミ）という二つの動物名、ギリシア語 myia と mūs、ラテン語 musca と mūs はここに由来しています。このギリシア語 myia と mūs との対応は tetyphyia（「煙を立てたもの」女性形）と tetyphōs（男性形）などに見られる関係と同じものです。ギリシア語は他のどの言語よりも S 音の未来時制的およびアオリスト的な力をもっとも純粋な形で保存しているように思われます。

この語根から立ち現れる歯擦音でもって言語の創造的能力は尽きるわけではありません。この他にも、S の位置にかかわる三つの音声から生じる閉鎖音が認められます。これらの閉鎖音に私は的確な屈折的意味を証明することができませんが、形式そのものが十分に注目に値します。その例としてまずラテン語の AUDO に基づく語根をあげますが、これには音韻推移によってゴート語 IUTA、古高ドイツ語 IUZU が対応しています。ラテン語 claudo、ギリシア語 kleíō kleísō（閉じる）は S が前に付加された古高ドイツ語 sliuzu、scliuzu に対応し、この例はしばしばみられます。謎めいているのは、ラテン語 plaudo（音をたてて打つ）と pluo（雨が降る）、サンスクリット plu（流れ）、古高ドイツ語 flieszen（流れる）との関係です。これらは「水の打つ音、騒音」からは派生してこないのですが、plaudere と fliutan の文字は完全に一致しています。ラテン語 fraus（欺瞞）は古ノルド語 briota、古高ドイツ語 priozan（砕く、破る）にぴったり合っています。というのも、破壊（bruch）と破砕（verbrechen）の観念は欺きと陰謀の意味に移行するからです。ラテン語 laudo（褒める）にはゴート語 liutan、古ノルド語 lûta がすべての文字について一致していますが、後者は「曲がる、たわむ」の意味であり、ここから他動詞の「人に好ましい態度をとる」が導きだされるでしょう。しかし、古ノルド語 liotr は「みにくい、不格好な」の意味であり、ゴート語 liuta は「へつらう人、おべっか使い」を意味していますが、これはむしろ「褒める人」に近くなるでしょう。こうした類推にしたがえば、ギリシア語 khéō kheýsō（注ぐ）に対しては古ノルド語 giosa（吐き出す）、giota（投げる）、ゴート語 giutan gaut（注ぐ）、古高ドイツ語 kiozan kôz（注ぐ）、今日の gießen goß を見出します。ラテン語には期待される haudo はなく、その残滓がまだ理解されていない不変化詞 haud（まったくない）に見られますが、これは「滴」の意味にほかならず、ドイツ語 tropfen やフランス語 goutte のように否定を強調していて、je ne vois goutte とはドイツ語の ich sehe keinen tropfen と同様に「まったくなにも見えない」となります。ラテン語の gutta（滴）はゴート語 giutan gaut に由来すると考えてよいでしょう。奇妙なことに huda に代わる gutta（ギリシア語の副詞 khýdēn「多量に」と比較せよ）は音韻推移の先触れとして現れたのです。サンスクリットでは語根 hu（供物を捧げる）が対応しており、この語根からゴート語 hunsl（供物）、ラテン語 fundere（注ぐ）、スペイン語 hundir（沈める）、さらに KH から TH への珍しくない移行によってギリシア語 thýein（犠牲を捧げる）が導きだされます。このように、語根 khy はあらゆる方面に豊かに展開しているのです。最後に喉頭音と唇音が現れている例を提示すれば、ゴート語の lisan las（集める）にはラテン語 lego

（言う）、ギリシア語 légō がありますし、例のラテン語 fraudare（詐欺をする）と古ノルド語 briota（砕ける）にはラテン語 frangere（砕ける）、ゴート語 brikan brak（破れる）（『ドイツ語辞典』第1巻1527段参照）、現代ドイツ語の brechen brach が対応しています。ラテン語 frigere（凍結する）にはゴート語 friusan（凍える、推定形）があります。同様に現代ドイツ語 kriechen kroch（はう）とならんで古高ドイツ語 chresan chras、中高ドイツ語 kresen kras が現れています。ゴート語 giutan（注ぐ）と giban（与える）との同様の近接関係についてはすでに何度も指摘しましたので、ここでは立ち入らないことにします。これとあまり変わらないのは、ラテン語 laudare（褒める）に対する現代ドイツ語 loben、古高ドイツ語 lopôn の対応関係ですが、ゴート語にはこれと似た語はなく hazjan（賛美する）が用いられ、アングロサクソン語では herian となります。ここで言及したすべての D について、私にはスラブ語の未来時制 budu（あるだろう）とリトアニア語で「習慣の未完了」と呼ばれる budawau（私は～であることがつねだった）と比較できると思われます。

私が先に論述すると予告した最後の考察において、いくつかのドイツ語の形容詞の形成と構成をとりあげることにします。こうした形容詞の語末音はいまなお生命を保っている分詞に依拠しており、また付加される対格がこの形容詞の根底にあるにちがいない動詞的な力に基づいているような形容詞です。ここに属するのは wund（傷ついた）、tot（死んだ）、bereit（準備のできた）などの観念を言い表す形容詞であり、またおそらく kalt（冷たい）、warm（暖かい）の観念を含む形容詞にも同じことが想定できるでしょう。さきほどふれた命令法の場合のように、ここでも構文論が形態論の助けとなります。

ウルフィラ訳聖書はマルコ伝第12章4節「また他の僕を送ったが、その頭をなぐって侮辱した」の箇所を「そして彼らのもとに他の僕を送ったが、その者に石を投げて頭に傷を負わせて、そして侮辱して送り返した」とゴート語に訳しています。これは明らかに過剰な翻訳であり、kephalaioun という語が翻訳者にとって難しかったにちがいありません。この語は新約聖書では kephalízein として使われており、「頭をなぐる」と言っているだけなのです。「石を投げる」はギリシア語のテキストにはまったくありませんし、ganaitidana insandidêdun（侮辱して送った）の下に書かれている gaaiviskôdêdun（辱めた）も同様です。つまりここでは二重の翻訳が試みられたのであり、「頭に傷を負わせて、そして侮辱して送り返した」（haubiþ vundan brahtêdun jah insandidêdun ganaitidana）とすでにあるものに「石をもって投げて辱めた」（stainam vairpandans gaaiviskôdêdun）という注釈を付け加えたのです。編纂者はこの文に十分な注意を払わなかったのでしょう。それだけになおさら、この「頭に傷を負わせる」（haubiþ vundan briggan）を純粋にゴート語的と見なすことができます。briggan（もたらす）はこれ以外にもしばしば形容詞とともに用いられて、frijana briggan は「解放する」（frei machen）の意味になります。この haubiþ vundan を複合語として結びつけてはなりません。haubiþ（頭）は vundan に要請された本来の対格であり、このことはとりわけ古ザクセン語『ヘーリアント』の該当箇所で証明されます。he ward an that hôbid wund は「彼は頭を（an das haupt）傷つけられた」であり「頭に」（an themo hôbide）ではないのです。このあとすぐにもう一度出てくるように、ward an is wangun scard は「彼の頬を（an seine wange）傷つけられた」です。この出典で十分ではないのであれば、中高ドイツ語のナイトハルトの歌にある箇所をあげておきましょう。

　　今年彼女は一本の指を傷つけた（wunt in einen vinger）、
　　彼女の叔母たちに大麦を刈っていたときに

同じように、

　　おお、あなたの歯が痛いとは（sô wê dir in die zende）

ウルリッヒ・フォン・ヴィンターシュテッテンには、

　　助けてよ、私は愛撫する眼差しによって
　　まことに心の中まで傷ついている（wunt inz herze）

『グーテ・フラウ（善き婦人）』には、

　　また彼はその同じ時に
　　片方の手にひどい傷を負って（in ein hant … wunt）
　　指が曲がってしまった

『ビテロルフとディートライプ』には、

　　勇士は胸の中まで傷ついた（in die brust wunt）

『アダムとイヴ』の詩には、

　　古傷の中まで私は傷ついた（in die alten wunden … wunt）

モーネ（Mone）の古ドイツ演劇集には、

　　一人はマントに中まで傷を負い（in den mantel wunt）
　　彼のもとにやってきて、治療をうけた

この wunt は明らかに verwundet（傷を負う）の力をまだ保持しています。というのも、まさにこのように動詞 verwunden（傷を負わせる）は用いられています。

　　死ぬほどに傷を負って（verwundet in den tôt）　　ナイトハルト
　　死ぬほどに傷つけられて（versêret in den tôt）　　ミンネ歌人集
　　剣で彼の頭までは傷つけられずに（in sîn houbet unverschrôten）
　　　　ハウプト古歌謡集
　　彼女の眼差しは私の心の中央を
　　傷つけた（verwunt … in daz herze mîn）　　ミンネ歌人集
　　彼女は私を死ぬほどに
　　ひどく傷つけた（verwunt）
　　まさに私の魂をすべて通りぬけ
　　とても恐ろしい死の底まで（in den … grunt）　　ミンネ歌人集

また以下も参照されたい。

　　そのとき彼の頭皮に傷ができた（ein wunde in die swart）
　　　　ディオクレティアヌス

彼の頭を打って傷つけた（in das haupt ein wunden）　同

後の時代も同様です。シュプレング（Spreng）の『イーリアス』には欄外注釈があり、ヴィーナスはディオメデスによって手を刺されて傷を負うとあります（in die hand wund gestochen）。
またすぐあとには、

その場でサルペドンもまた
その優美な左の大腿を激しく（an seinen linken schenkel zart verletzt）
傷つき、そして致命傷となった　シュプレング『イーリアス』
私は指を傷つけた（in einen finger wund）　鉱員舞踊歌

さほどいい例ではありませんが、ウーラント（Uhland）の民謡集には、

私は指に傷を負った（in einem finger wund）
結んでおくれ、愛しい人よ、治るように

ここは一文字を変えればよくなるでしょう。ボーナー（Boner）の詩にも同じ欠陥があります。

自分の心が傷つかないよう（wunt an der sêle）
彼は気をつけよ

今日でも私たちは「死ぬほどに傷ついた」（wund auf/in den tod）と言います。『パルチヴァール』のつぎの箇所も参照されたい。

戦いのもみ合いでひどい傷を負って（wunt ûf strîtes gedense）

また「腕を、手を、指を傷つける」（in den arm、an die hand、an den finger verwunden）と言いますが、「手に、顔に」（an der hand、im gesicht）のように与格を使うのはドイツ語的ではないでしょう。
「死んだ」（tod）に対格を付加するものは、まだ二つの興味深い例しか集め

ていません。

その果実が見つからなければ
私の目は死ぬだろう(in mîn ouge tôt)　　ナイトハルト
そのために農夫は誓った
彼らの二人とも否定するならば
彼は誓約が死んでしまう(in ein aid tot)　　謝肉祭劇

「目が死んだ」(in das auge tod)とは「目を失う、失明する」(des auges verfallen)、「誓約で死んだ」とは「誓約を破る、誓約のために滅びる」という意味でなければなりません。「口が死ぬ、口のために滅びる」(tod in den giel/mund)という言い方もありうるでしょう。

さて、gar(仕上がった)とbereit(準備のできた)に話題を移します。この二つはまったく同じ意味です。

ベオウルフ	薪の山に置く準備ができた(gearu)
ヘーリアント	すぐにその女はその仕事をする 準備ができた(garo)
ベオウルフ	戦いの準備ができた(gearve)
ディーメル(Diemer)	彼らは大きな騒音を立てて進んだ 彼らは皆すっかり、かけ鎧を 着ける用意ができて いた(gar alle in die halsperge)
同	私にはそれは必要ない 私は死ぬ用意ができて いる(garewer in den tôt)
クローネ(冠)	すぐさま彼は大いに輝く甲冑を つける準備ができた(bereit wart in die … ringe)
古ドイツ誌	さあみんな、天国に行く 準備のための椅子を 用意しておけ(bereit ze himelrich)

今日でも私たちは「私は死の準備ができている」(bereit in den tod) と言えます。この場合、「死におもむく」(in den tod zu gehn) と同じことを表していますが、その省略と考える必要はありません。つぎに動詞 bereiten の典拠をあげておきます。

ベネッケ　　　　氷を滑るそりを用意せよ
　　　　　　　　(bereitet … ûf daz îs)
ニーベルンゲン　武具を着ける用意をした
　　　　　　　　(bereite … in die wât)

カイザースベルクは「憎しみにコショウの味付けする」(pfeffer bereiten) の言い回しを用いています。「衣装の用意がある」(bereit in das gewand) は「衣装を身に着けている」のことです。gar も同じであり、gar in den tôt は「死におもむく準備ができている」を表しています。

皇帝年代記　　　死にむかう用意が
　　　　　　　　すっかりできた (zuo dem tôde … gar)

俗謡にもつぎのようにあります。

　　　　　　　　死にむかう準備ができた (zum tode bereit)
　　　　　　　　つぎのお達示があるまで

また古高ドイツ語 kunnan (知る) の分詞であった kund (知っている) を用いて、「なにかをある国、都市、町に知らせる (kund thun)、通知する (verkünden)」と言います。

　　　　　　　　彼は町に彼の到着を知らせた　　　オットフリート
　　　　　　　　(deta … kund)

ここでは「町に」(in thia burg) は「到着」(kunft) と関連づけることもできます。つぎの例も、

これからこの世に来られる（kunftig … in worolt）　　　オットフリート

またつぎの例もそうでしょう。

この国にようこそ！　私たちの国で歓迎されよ！（willkommen in das land!）　　　十六世紀のシュトラースブルク

kalt（寒い）、heisz（暑い）、warm（暖かい）については、対格形は手元の資料にはまだまったくないので、frieren（凍える）とbrennen（熱する）とともに現れる対格から推測するだけになります。

断片　　　裸の人々は
　　　　　肌まで凍える（friuret an die hiute）
ディオクレティアヌス
　　　　　私の主人には膝下まで凍える（an das gêrn）
　　　　　彼らは足までひどく凍えた（an die füsze）

『阿呆物語』では、「同郷の人よ、おまえの片方の足はどこにおいてきたのだい？」と足の萎えた人に尋ねると、その人はこう答えます。「私は片方の足（an einen fuz）だけが凍える、だから片方の靴と靴下しか必要ない」とあります。ハインゼからヤコビ宛の手紙にも「私は指まで（an meine finger）凍える」と書かれています。

ヘーベル（Hebel）　もう朝と晩には指まで凍える（an dfinger）
同　　　　　　　　骨の髄まで凍える（in mark und bei）

きわめて興味深いことに、ヘーベル（Hebel）は『アレマン方言詩』のなかでs horniggeletを「指まで寒さを感じる」と説明し、おそらくhornung、hornig（二月）と親縁関係があると書き添えています。間違いないところでしょう。というのも、ヴァルター・フォン・デア・フォーゲルヴァイデがつぎのように言っていることは、この意味で理解できるからです。

私はこの世では封土を戴いている
それで私は足の指に(an die zêhen)
二月(hornunc)を恐れることはない

これについてラッハマンはなにも教えてくれませんが、詩人は対格を使用しており、おそらく friusen(凍える)のあとでも用いたことでしょう。私たちの時代にナポレオンのロシアからの逃亡を歌った詩では、その最初の詩節はこうなっています。

偉大なる皇帝よ、どうやって
ロシアからパリに戻るのか？
おまえは強大な皇帝だ
足まで(in die füsz)おまえは凍えている
ホフマン・フォン・ファラースレーベン
私は足まで(an meine beine)凍えている　　ヴォルフ誌
私は手の指先まで(an mein fingerle)冷たい　　エルク編「民謡」

今日において「私は手が(an den händen)、指が(an den fingern)凍える」という人は、自分のドイツ語を十分に理解していないことを証明していることになります。『エッダ』でさえも『ウェールンドの歌』には、「私は頭まで(î höfut)凍える」と言われていますし、スウェーデンのある歌謡には、

私は足まで(om mine fötter)凍える

という証拠があります。ユングマン(Jungmann)にはボヘミア［チェコ］語の「指先まで凍える」、つまり手の指先または足の指先という表現がみられます。brennen ついても同じ言い回しがあります。

ヘルビング　　手の指先まで(an die vinger brant)
燃えたように

あるいはカイザースベルクには、「おまえは眠りにいくべきときも、人のそ

ばにいて、明かりが手に（an die hant）燃えるまでおしゃべりしている。おしゃべりにかまけて、ロウソクのしずくが手に落ちるまで、燃えつきるロウソクを忘れている」とあります。フィッシャルトには「ロウソクが彼の手の指に（an die finger）を燃やす」と出ていますし、ニーブールは「このような仕事はいささか私の指を（auf die finger brennen）燃やすことになる」と書いています。kalt an die füsze（足が冷たい）、heisz / warm an die finger（手の指まで熱い／暖かい）が出てこないのはどうしてでしょうか。ゲーテは、

　　心の中まで冷たい（kühl bis ins herz hinan）

と言っています。

　これまでのところで文例も十分ですし、これらすべての形容詞には分詞形があって、そこから動詞的な力が出てきているという推論も十分でしょう。bereit あるいは gereit については、語末の舌音がちょうどラテン語の paratus（準備した）と同じであることを疑うものはだれもいないでしょう。もちろん、bereit からさらにもう一度動詞 bereiten（準備する）が造られ、その分詞 bereitet は bereit よりもさらに強く動詞的であるのはまちがいありません。すでにゴート語において garaids（整った）は garaidiþs（指定された）とは違っていました。ドイツ語 recht、ゴート語 raihts（正しい）の語末音の T はラテン語 rectus と同様に屈折の一部であり、語根には含まれません。ゴート語 kunþs（知られている）は、すでに述べたように語根 kunnan から分詞として派生しています。同様にゴート語 dauþs（死んだ）、古高ドイツ語 tôt、現代語の tod はゴート語 divan（死ぬ）の語根の過去分詞であり、-an によって造られた分詞 divans、およびギリシア語 thnētós（死すべき）は先の dauþs、tethnēkōs、nekrós（死んだ）とならんで古代語のより大きな親縁関係を感じさせます。ちょうどそれと同じように、語根 kalan、古ノルド語 kala（凍える、寒さを感じる）に対してドイツ語 kalt、ゴート語 kalds、ラテン語 gelidus、古ノルド語 kalinn（凍える）が関連しています。さらに古高ドイツ語 sceran（切り取る）の語根には、古高ドイツ語 scoran / scart と古ザクセン語 scard（傷ついた）が関係しています。ゴート語 vunds、古高ドイツ語 wunt（傷ついた）についてはやや詳しく論じなければなりません。この舌音はまたもや分詞的でなければならないものですが、古い時代から動詞 wuntôn と名詞 wunta を造

りだしました。これは sceran から scertan（小さくする）と名詞 scart（刻み目）が生み出されたのと同じです。これよりもさらに上位の語根として、私は winnan と giwinnan を設定することをためらいません。この語の抽象的な観念である「獲得する、捉える、勝利する」には「争う、戦う、打ち倒す」という感覚的な意味が基底にあるのでしょう。とりわけアングロサクソン語 gewin では「戦い、争い」の意味が明確であり、gewinnen とはたしかに「獲得する」ですが、もともとは「勝利を勝ち取る」を意味し、古ノルド語の vinnîng（勝利）でもあります。実際にラテン語 pugna（戦闘）とは pugnus（握りこぶし）に由来し、「握りこぶしを打ちつけて（pugnis ad feriendum）戦う」であり、そこからすれば wunde（傷）とは「打撃、打撃による傷」なのです。gewin（戦い、争い）はリトアニア語 wainas（戦争）、スラブ語 voina（戦闘）と密接に関連しており、voivoda とは「戦士」を言い表しています。ラトヴィア語 waina は罪と殺人罪の概念に繋がっていますので、ここには驚くべき類推が展開します。というのも、すでに別のところで提示したように、スラブ語 dlug、ゴート語 dulgs（罪）は古高ドイツ語 tolc（傷）と対応しているからです。ゴート人たちが「傷」の意味で vundufni、vundubni という語を造りだしたように、他のドイツ・ゲルマン語系の部族も同じ意味の dulgubni（傷）を造ったにちがいありません。このことから、wunde と dulg の同一性がまさにただしく証明されるのです。この dulgubni という語形から、タキトゥスにアングリウァリ族とカンブリウィイ族の側にいる部族としてあげられているドゥルグビニ族の名前が理解できます。それは「傷をもたらす人、傷を打ちつける人」、すなわち戦士なのです。まったく同様にウンドゥビニイ族という部族名が現れていても不思議はなかったでしょう。

さて、まだ残っているのは garu（用意のできた）の意味です。この語は私たちの言語のもっとも不思議な語の一つであることはまちがいありません。古高ドイツ語では karo であり、屈折が加わると karawo となり、主格では karawêr、属格では karawes です。アングロサクソン語では gearo、gearva であり、古ノルド語では görr、弱変化では görvi となります。今日のドイツ語にも残っていて、gar は形容詞・副詞で「準備のできた、仕上がった」の意味であり、副詞では「十分に、完全に」を表しています。古高ドイツ語 karawan（準備する）、古ノルド語 gera（作る）は今のドイツ語には gerben（皮をなめす）の語形で保持されています。古ノルド語では「作った、仕上げた」

の分詞的な意味でごくふつうに用いられます。at svâ göru は独立した表現として「ことの終わったあとで」(quo facto) を表しています。しかしさてここでどうやってこの語が分詞であると証明できるでしょうか。

古高ドイツ語 karawan、アングロサクソン語 gearvian、古ノルド語 gera は、サンスクリットでは kṛ (作る、整える)、分詞形は krita (作られた) であり、ラテン語では creare (作る) が対応しています。しかしもともとの意味はさきごろボップによって認定された「打つ、傷つける、殺す」のように思われます。別の言葉でいえば、「人を片づける、やっつける、人にとどめを刺す (garaus machen)、殺す」であり、ist gar はドイツ語で「片づいた、終わった」を表しています。このことから、この語の語構成について新たな光が当たらないでしょうか。wund in den tod (死ぬほど傷ついている) とは gar in den tod (死へと片づく) ということではないでしょうか。とすれば、garu と gigarawit の関係は wunt と giwuntôt の関係と同じでなければなりません。つまり、語末音 u あるいは aw はなんらかの方法で舌音形と調節可能であるはずです。古高ドイツ語 falo falawêr (色褪せた)、現代ドイツ語 falb (淡黄色の) とラテン語 pallidus (青ざめた、淡黄色の)、また古高ドイツ語 maro marawer (もろい)、現代ドイツ語 mürb とラテン語 marcidus (衰えた)、古高ドイツ語 gelo、現代ドイツ語 gelb (黄色の) とリトアニア語 geltas、geltonas、スラブ語 jl"t、フィンランド語 keltainen とは対応関係にあります。この o と w には舌音の派生形が呼応しているのです。古ノルド語 öl (ビール)、属格 ölvis、アングロサクソン語 ealu には奇妙なことに ealođ という形が併存しています。これはそのままフィンランド語 ölut、エストニア語 ölot に現れます。サンスクリット krita (作られた) には karṭva kartavja (作られるべき) がその仲間に加わります。この kartva には、garu と görr、garawo と görvi が対応していると考えられないでしょうか。つまり、R と V のあいだで舌音が脱落したと思われるのです。この想定については、現時点で手元にあるもの以外にもまだ他の根拠を容易に示すことができるのです (『ドイツ語辞典』第 1 巻 1115 段 BANNEN 項目参照)。

解題 「語源学と言語の比較研究について」

ここに訳出したヤーコプ・グリムの講演は、ベルリン科学アカデミーにおいて行われた一連の講演の一つである。タイトルとなっている「語源学」(Etymologie)と「言語の比較研究」(Sprachvergleichung)が講義の輪郭をよく示しているが、内容的には同じ年の1854年にグリム兄弟が1838年から取り組んでいた『ドイツ語辞典』第1巻が出版されたことと深くかかわっている。この講演においてヤーコプ・グリムは、古典古代から流布した語源俗解の奔放さを排除しつつ、『ドイツ語辞典』の語義解釈のなかで実践しているように、音韻の規則的対応にもとづく科学的な語源記述を例示している。厳密な音韻対応による(印欧語の)比較研究は、19世紀前半期に「比較文法」(vergleichende Grammatik)の名のもとで研究が進展し、ここでもなんどか言及されているフランツ・ボップの『サンスクリット、アヴェスタ語、ギリシア語、ラテン語、リトアニア語、ゴート語、ドイツ語比較文法』として集大成された(初版1833年)。ヤーコプ・グリムがサンスクリット、アヴェスタ語(古代ペルシア語)に関連して参照しているのはその1842年(以降)の版である。むろんボップに言及するだけではなく、その問題点を指摘して自身の論を提示している。講演の後半において展開されるドイツ語の比較言語学的な語源研究の例は、読者(聴者)をまさに息を呑むような結論へと導いていくのである。

原文で用いられているギリシア文字は一般的な方式によってローマ字に転記した。プラトンの対話篇『クラテュロス』からの引用部分については『プラトン全集2』(岩波書店)を参照させていただいた。ギリシア語以外の語形は原文の表記のままである。

翻訳の底本としたのはJacob Grimm: *Kleinere Schriften* Bd.1.(2. Auflage. Ferd. Dümmlers Verlagsbuchhandlung, 1879)である。なお、講演という性格を考慮して煩瑣にわたる例、注、出典を一部割愛したことをお断りしておきたい。

[福本義憲]

ドイツ語の指の名前の意味について

ヴィルヘルム・グリム

荻野蔵平 訳

『カッセル注釈』(E 15、16)［「注釈」とは古高ドイツ語の時代において、ラテン語テクストに書き込まれたドイツ語による語句注解のこと］に加えた注の中で、私はドイツ語の指の名前をいくつかの時代から手に入る限り拾い集めてみたのであるが、ここではそれに引き続いて、それらの名前の意味について調べてみたい。というのも、それらの名前には、えてして最古の時代の思考や概念の痕跡が残されているからだ。

その際私は、取りあげる範囲をゲルマン諸部族に限定し、それ以外の、ましてや遠方の諸言語については、問題の解明に資する限りにおいて参考とするにとどめておきたい。ところでこのような作業は、つい先頃(1847年)刊行されたポットの『全大陸の諸民族における5進法と20進法による算術法』の巻末に、指の名前に関する付録が付けられているおかげで、ますます速やかに成し遂げることが可能となった。これは、彼が長きにわたって調査旅行を試み、かなりの道のりを踏破したことの成果である。しかしながら、その学術書が私の手元に届いたときには、私のこの論文はすでに出来上がっていた。

そのため、私の目的により近いものとしては、むしろエヒターマイアーの

『ギリシア人とローマ人における指の名前とその象徴的意味について』(ハレ、1835年)という綱領的研究を挙げることができる。ただしこの研究書にしても論述が「中指」で中断しているために、全部の指の意味を別途調査する必要が生じた。以下において私はその課題に専念したい[原注1]。

1. dûmo(親指)[原注2]は、ドイツ語と同系統のすべての言語に認められる語であるが、これが残存するゴート語の資料に現れないのは偶然にすぎない。親指がdûmo以外の名称を有することはまれで、「第1指」と呼ばれることは決してない。それは、他の指に限り番号で表示している［ゲルマン部族法の］『サリカ法典』や『ロタール法典』においても同様である。それらの法典では、ラテン語で書かれた古代ドイツ人の法典同様に、pollex(親指)が使われている。ただし『サリカ法典』では、古テクスト内の箇所29, 3(ヴァイツ［Waitz］『フランク人サリー支族古法典』キール、1846年)でいくつかの写本において、policareあるいはpollicarisとしてでてくる。

ところでdûmoの語源はよくはわからないのだが、グラッフは、『古高ドイツ語の語彙あるいは古高ドイツ語辞典』(第5巻, 117頁)の中で、dûhjan(押す)から派生したものと考えている。ギリシア語でいうところのάντίχειρ、つまり「他の指から離れた」というのは関連が薄い。またラテン語のpollexについて言えば、pollere(力の強い)からの派生は、少なくともうまい説明となっているので、そう仮定してもよいかもしれない。あるいはまたpollicere(約束する)からの派生も考えられなくもないが、これは私にはやや無理があるように思われる。エビターマイアー(VIII頁)を参照のこと。

さてこの語の歴史的古さを示す用例を挙げるとすれば、枚挙にいとまがないほどである。親指は、古代の法典において最高額の価値を有し、どの法典も例外なく、この指に対し最大級の賠償額を定めている。例えば、アングロサクソン人の間で親指は、『アルフレッド王の法典』(40, 17–21)によれば、その額は30シリングであり、次いで価値のある薬指でも17シリングにすぎない。また古スウェーデン語による諸法典ならびに『ウィリアム征服王の法典』(シュミット［Schmid］178頁)でも、その額は全部の指を合わせた合計額の半分に達するほどである。ヴィルダ(Wilda)『ゲルマン人の刑法』(第1巻, 767–768頁)を参照のこと。

『創世記』［『旧約聖書』冒頭の『創世記』の古ザクセン語訳(9世紀後半)］の詩人

は、この指を「最も太くて最も有用な指」と、またメルバーは「強くて太い指」と、さらにメクレンブルク方言は「太鼓腹」と呼んでいるのをはじめ、手の中でこの指に最大級の力が宿っていることについては、それ以外にも様々な表現で暗示されている。例えば『受難劇』(326, 73)によると、福音史家マルコは、司祭になることができないようにと、謙遜の念から親指を切り落としたという。また『エラクリウス』(3723–3726)にはこうある。「私は真夜中近くになって夢を見たが、それは気を失っている間に親指とその爪が切りとられるという夢であった」。さらにウルリッヒ・フォン・テュールハイム(Urlich von Türheim)作『ウィルヘルム』の『カッセル写本』34[a]、34[b]の2葉では、巨人のようなレンネワルトについて、「彼の親指は私の手そのものよりも太かった」と述べられる。人はまた親指がなければ物をしっかりとつかむことはできない。そのため、例えばある年老いた詩人(ハーゲン『ミンネジンガー』2, 57[a])は、「麻の刈り入れに手間取りたくなければ、右手には親指が必要である」と語る。

デンマーク人にとって「親指」を意味する tomme は、そのままでつねに寸法を表す。中高ドイツ語の dûmelle、ノルド語の thumalalin は、親指の先端から肘までの長さのことであるが、シュメラー『バイエルン方言辞典』第1巻、370頁によると、それは前腕の半分の長さにすぎないという。この長さの尺度は、ドイツ北部ならびに南部において使われていたにちがいない。なぜならその言及の多さが如実にそれを物語っているからだ。『ザクセンシュピーゲル』〔13世紀前半に編纂されたザクセン部族法〕の中の用例は、ホーマイヤー(Homeyer、304頁)がまとめている。また『シュヴァーベンシュピーゲル』〔13世紀後半に編纂された南ドイツ法〕(45, 3; 150, 5)、さらに次の文献も参照のこと:カール・ロート(Karl Roth)『中世文学』のなかのエネンケル(Jans Enenkel)(92, 43)、『古ドイツ誌』(第2号, 151頁)、『歌の広間』(第1巻, 378頁)、『アポロニウス』(19183)。〈追記:「〔男根が〕親指7本分の長さもないのなら、彼は夫にするにはあまりに虚弱すぎる」(『謝肉祭劇』318, 17)〉。

ところでわれわれにとってより重要なことは、親指にはある種の秘密の力が宿っているとする認識である。フラウエンロープ(Frauenlob〔1255/6–1318 中世ドイツの詩人〕)作のある詩は、王侯に対して、「親指を手の中に折り曲げて握れ」と忠告しているが、それはエトミュラー(Ettmüller、349頁)が説明するような「拳を固めろ、人に厳しくしろ」という意味ではなく、「互いに協力せよ、互いに好意を持て、互いの幸せを保証し合え」の意味である。〈追記：「私は、ひどい風が吹きつけてこないようにと、毎朝親指で体をこする」『謝肉祭劇』274, 28〉。

これは私自身ヘッセンやマイン川流域地方で耳にした話でもあるのだが、賭け事で運試しをしようとするときには、次のようなしぐさをする習慣があるのだという[原注3]。すなわち、自分に好意を抱いているとおぼしき人物に対して、その人物とは、自らも回転箱からくじを引くことになっている無邪気な子供たちがしばしばそうなのだが、そういった人物に対してこう呼びかけて懇願するのである：halt mir den Daumen（私のために親指を握ってください）。するとその好意ある人物は、自分の親指を他の 4 本の指の中に入れ、それをしっかりと握るというのだ。〈追記：「思いは自由、抑えつけておくことなどできません。私は楽しみを見つけました。私の指を縛る人が現れれば、私の願いは思うがままになるのです」（ブルクハルト・フォン・ホーエンフェルス［Burghard von Hohenfels］、ハーゲン『ミンネジンガー』1, 88[b]）。「白い真珠がはめ込まれた細い紐のところに、その美しき乙女は左手の親指を掛けていた」（ゴットフリート・フォン・シュトラースブルク『トリスタン』275, 22–25）〉。

またシュティーラーは『ドイツ語の系統樹と枝分かれあるいはドイツ語の語彙』283 頁において、同じ言い回し、すなわち einem den Daumen halten（ある人のために親指を握る）を挙げ、「人に好意を示す」「人を助ける」と訳している。またシュメラー（第 1 巻, 370 頁）は、さらに halt dame fest dass i e glück hab（私の幸運のために、親指を握ってください）というより明解な言い回しを挙げている。もっとも実際親指を握ることなく、成功を祈念するだけのこともある。ハルトアウス（Haltaus）が 220 頁で述べているところの互いの親指を組みあう慣習と、友人同士が新年の祝詞を述べるときに行うそれとは、疑いもなく同一のしぐさであった。二人の人物が合意や申合せをするとき、親指をくっつけあうか、押しつけあう。またときおり別のもう一人が、組んだ親指の間を縦に切る動作をすることもある。これはホーマイアーから聞いた話で、ポンメルン地方ではそうするのだという。イェレミーアス・ゴットヘルフ作の『腸詰めには腸詰めを―まことの物語』が、カール・シュテッフェンス（Karl Steffens）の『民衆暦』（1847 年、52 頁）の中に掲載されているが、そこには次のような表現がでてくる：「…男たちは皆唖然としたに違いない。彼らはすっかり怖気づいていた（Der Daumen fiel ihnen in die

Hand)。しかし、ご存知の通り、怖気づくと人は、えてして適当な言葉が口をついて出てこないものだ」。

さて、ときおり、幸運を求める者が自分の親指を伸ばし、友人につかんでもらうという別のしぐさをすることがあるが、それはくだんの言い回しを別様に解釈したためであろう。だが『パルチヴァール』(599, 8)でオルゲルーゼがガーヴァーンに向かって皮肉交じりに「指を引っ張ってもらえ」と言うとき(『プファルツ写本』341, 75(2b)葉では「曲がった指を真直ぐにする」)、それは「戦いに行く前に、〔脱臼した〕指を伸ばして直す」の意味である。またそれと類似しているものに、とりわけロマンス系諸民族の間で広まったもう一つ別の言い回しに einem die feige weisen(〔親指を人差し指と中指に挟んで突き出す卑猥なしぐさをして〕人を侮辱する)がある(ハーゲン『ミンネジンガー』3, 466b を参照)。なおこの言い回しについては、最近『ペンタメローネ』の翻訳の中でフランツ〔フェーリクスの誤記〕・リープレヒト(Felix Liebrecht 第2巻, 266–276頁)が詳細な解説を加え、またすでにエヒターマイアー(37頁、38頁)が多くの有益な指摘をしている。

だが、この動作は上述のものとは別物である。なぜならば、そこでは親指は、人差し指と中指の間に挟まれてはいるものの、その先が見えているのに対し、ここで取り上げている言い回しでは、親指は他の4本の指に完全に覆われ、しっかりと握られているため、隠れて見えないからである。これは、意図的にしぐさを変えることによって、粗野で下品な要素を回避しようとした結果とも考えられるが、私にはこの違いは、元々からあった違いであるように思う。というのも、その目的は、邪悪な魔法を追い払ったり、あるいはその影響を抑え込んだりすることにあるからだ。つまり親指(Daumen/Däumling)を握るとは、小人(Däumling)を捕まえることで、彼が間近な成功を妨害したり、遠ざけたりすることを阻止するためのもののように思われるのである。またしばしば話題となるプリニウスの『博物誌』(28, 5〔28, 25の誤記〕)に出てくる「好意を示すために『親指を折り込め』という格言すらある」という箇所も、ここで問題としている親指を握る所作の説明だとするのが最も自然であり、同時にまた、この言い回しがかなり古いことの証左にもなっている。

先ほど私は親指のことを Däumling と呼んだが、その表現はすでに古スウェーデン語の法典や今日でも低地ドイツ地方、アーヘン、シュレジアにおいて見られるとおりである。また Däumling が、手袋から切り取られた「親指サック」という概念を表わすのも、そこに由来するものにすぎない。つまり私がこの語を意図して使ったわけは、次に小人（Däumling：古高ドイツ語 thûmeling、ヤーコプ・グリム『ドイツ語史』616 頁）[原注4] を取り上げ、それがイギリスの昔話でも同じように Thumb で現れること、しかもそれはドイツの昔話におとらず、かの地においても頻繁に登場することを指摘したかったからである。ところでこの小人の背丈は親指ほどで、器用でずる賢く、盗癖がある。彼には、小人（Zwerg）のアルベリヒやラウリンと同様に、秘密の力と超自然の強さが備わっているようなのだ。すなわち彼が企てることはなんでもうまくいき、しかもそれはすべて彼の利益となる。そこには太古における親指の特徴である二面性が含まれている。それと関連して今日まで伝えられている迷信に次のようなものがある。絞首刑に処せられた泥棒から切断された親指を所持する者には、小人の性質が転化され、それによりその人物には幸運が確約され、手がけたものはなんでも成功を収めるという。さらに風変わりな効用をシュティーラー（283 頁）が紹介している。飲食店のあるじが泥棒の親指をワインかビールに漬けておくと、それによって客が引き寄せられるというのである。また尋常ならざる成功を収めた者がいる場合には、「やつは泥棒の親指を所持している」と言われたりする。アーデルングの Diebsdaumen（泥棒の親指）の項を参照。「お前が泥棒の親指をモミの木の上方に吊り下げておくなら、ものすごい幸運が舞い込むことだろう」（『1482 年の復活祭劇』、ツァルンケ（Zarncke）版ブラント『阿呆船』102, 15, 446^{b} 頁）。

ところで私にはその理由がよくわからないのだが、『トリーア注釈』（4, 30）は、ある魚になぜか suilla という見慣れぬラテン語名を与え、それを pfafendûmo と訳している。一方フーペル（Hupel）は、その著『リヴォニアおよびエストラント地方のドイツ方言辞典』の 47 頁で daumpfaff を挙げ、それを Dompfaffe という単に表面上の一致にすぎない語によって説明している。この魚はひょっとして親指のように小太りだったのであろうか。また例えばネームニヒ（Nemnich 第 2 巻, 1527 頁）は、Pfaffenfisch とは「海魚の一種で『天を見上げるもの』」の意味であると解説している。しかし、この語がここで問題とされている魚のことであるとすれば、この魚にはそもそもどのような特徴が備わっているのかを知らねばなるまい。その魚が「天を見上げるもの」と呼ばれるのは、頭が体より大きく、頭の上のほうに目がついているからである。

ここで、伝えられているさらにいくつかの言い回しの解釈を試みてみよう。誰かある人のご機嫌をとったり、お世辞を言う人のことを er dreht ihm den Daumen(両手の指を組んで親指をくるくる回すしぐさをする)という。私の理解するところでは、話し手は小人の機嫌をとる、あるいはかわいがることによって、小人にその人の望みを聞き届けてもらおうとしているのである。反対に誰かの邪魔をしたいときには、den Daumen auf etwas halten(ある物を親指で抑えつける)という。そしてさらなる力を必要とし、敵に小人の力のすごさをたっぷりと味わわせてやりたいときには、den Daumen aufs Auge setzen(親指を目に押し当てる > 人を屈服させる)という(ゲーテ『ゲッツ・フォン・ベルリヒンゲン』第1幕を参照)。

さて、この指がどんな威厳をもって現れるのかについて説明させていただきたい。カスパー・フォン・デアア・レーンの詩の31節、32節では、小人の王ラウリンは、男12人分の怪力を授けてくれる指輪をはめているが、それは薬指ではなく、親指であった。また1514年のバイエルン王国議会の記録によると、皇帝や国王は、「賞賛すべき出自にふさわしく」親指に指輪をはめるのをつねとし、「重大かつ勇気ある」決断をさらに裏付けるためにそれで捺印したという(シュメラー第1巻, 370頁)。〈追記:「それと並んで、女たちは取り仕切るのが好きで、どの他の女よりもりっぱな親指を持ちたがる。自分の威厳を保ちたいがために」(ゴットヘルフ(ビーツィウス)『小作人ウーリー』ベルリン、1849年、227頁)。とりわけシュメラー第1巻, 370頁、ハルトアウス220頁を参照のこと〉。

1497年のフリードリヒ3世の公文書では、「皇帝陛下の親指の指輪が黄色の蝋で」羊皮紙の裏面に押されていた。一方双頭の鷲のついた皇帝の印章は、赤い蝋で紐に掛けられていたという(『バイエルン原典資料集』9, 487)。なお捺印は、親指を押し当てるだけで済ますこともあった。ところで、「ゲルフ党」と呼ばれたローマ教皇派の人たちが親指に指輪をはめていたという理由で、その指は Guelfenfinger(ゲルフの指)と呼ばれるのであろうか。こう述べているのはヘーニッシュだけなのであるが、私はそれ以外にそのわけを見つけることができない。なおヘーニッシュやシュティーラーが述べているような kaufleutfinger(商人指)であるとか、シュティーラーにのみ出てくる doctorfinger(医者指)についても事情は同様である。それは医者は処方箋を、商人は勘定書きを親指の指輪であるいは親指のみで捺印したからであろうか。さらに誓約は、親指と口頭で行なわれることもあった(ヤーコプ・グリム『ドイツ法律古事誌』142頁)。オランダでは何かを承認するときには、大きな声でduimje op!(親指を立てよう)と言って親指を立てるしぐさをするという(ヴァイラント〔Weiland〕『低地ドイツ語辞典』第1巻,252頁)。

ではここで話を別の考察に移すことにしよう。私は先ほど、親指には他の指にまさる重要さから、親指がDaumenとは別の名称を有することはまれであると述べたが、ここではさらに次のことを付け加えておきたい。それは、親指では指について普通よく行われるところの合成語が通例ではなく、そのような造語法は奇異に聞こえるということである。ただ珍しい事例としてだが、ローマ人の間では、シーザーだけが『ガリア戦記』(第Ⅲ巻13,3)で親指のことをdigitus pollex(親指〔pollex〕という指〔digitus〕)と言い、反対にpollexを手と指の代替表現として用いている(エヒターマイアー、1–5頁)。また、古ノルド語やデンマーク語に見られる名称も同様に例外的で、通例とはまったく反対に親指のことをthumalfingr、tommelfinger〔両語とも「親指という指」の意味〕としか言わない。その理由は、それら両言語でthumaltaと呼ばれるのは「足の親指」のことであって、それと区別する必要があったからである。

一方ドイツ語のDaumenにおいては、〔Daumenfingerのような〕合成造語が使われることはないので〔したがって、その分、親指も指の一つであるという意識が希薄になるために〕、ヴァルター・フォン・デア・フォーゲルヴァイデ(95,14–16)は、夢占いの老婆の言葉としてこう言わせることができたのである。すなわち彼女は、真実を語ると誓った上で、彼に次のような〔自明な〕ことを打ち明けたという。「『2足す1は3である』。さらに彼女は私に、『親指(dûme)は指(vinger)である』と言った」。

ところでこの言い回しがいわば格言のたぐいとなっていることは、フーゴー・フォン・トリンベルクの『疾走者』の次の箇所が証明しているが、その中で作者は、字句に拘泥することの愚かさを戒めている。「ある人がsant(砂)はgriez(砂)のことだと言い、それに対して、griezはsantのことだと言う人がいれば、その人は無駄なことをしている。しかしvinger(指)はdûme(親指)のことである、と言う人がいれば、その人は物事を正しく理解していない。反対にdûmeはvingerのことであると言うのは、当たり前のことだ」

(8458–8464)。

最後に親指の異称について触れておこう。古フリジア語の『リュストリング法典』の中に haldere (つかむもの) という語が 2 回 (120, 1; 537, 4) 出てくる。つまり「手がつかんだものをしっかり握る指」の意味で、それは『創世記』の詩人が、「親指は、それなしでは物をつかんでおくことのできない他の指を助ける」と言っているのと同様である。その対極にあるのが古フリジア語で slutere (つつむもの) と呼ばれる「小指」である。これについては、後ほど所見を述べるつもりであるが、ここではある愉快な箴言を挙げるだけにとどめておこう。それは『疾走者』のなかに出てくるもので、「つつむ」とはまったく異なる種類の次のような教訓が述べられている。「人間の指が分かれているのは、与えるためであって、贈答者に返礼することなく、もらいっぱなしにしておくためではない」(20735)。ヴァルター (19, 24)、そしてベルトルト・フォン・ホレ (Berthold von Holle) は『鶴』(『ドイツ古代誌』第 1 号, 77 頁) の中で、「王の手は孔だらけでなければならない」と言っている。またコンラート・フォン・ヴュルツブルクは『トロイヤ戦争』で、「領主や王は手を常に開いておくべきだ」とも語っている。さらに別の異称である kaufleutfinger (商人指) という語の存在については、ヘーニッシュとシュティーラーだけが指摘しているが、説明は何も加えていない。たぶんそれは親指の仕事である金勘定に関連し、そのためお金は俗に Daumenkraut (親指金) とも呼ばれるのである。ヘーニッシュ (664 頁) を参照のこと。

2.　zeigâri (人差し指) はラテン語の index にあたり、『カッセル注釈』『トリーア注釈』『ヴォカブラーリウス・オプティムス』［15 世紀末に編纂された羅独辞典］に認められ、『ウィーン注釈』では zeigel という方言形で現れる。12 世紀と 13 世紀の文献には zeigære は出てこないが、その後はダシポディウス、メルバー、ヘーニッシュ、シュティーラーで確認でき、今日われわれは Zeigefinger と言うのである。なおドイツ語と同系統の諸言語では別の語が用いられているので、zeigâri は index を翻訳しただけかもしれない。

まちがいなくゲルマン起源と思われる名前は、古フリジア語とアングロサクソン語で schotfinger、scytefinger、つまり「［矢を］射る指」の中に現れている。scuzzo (射手) のほうがさらに古いように思えるかもしれないが、それはまずありえない。というのも古法典では「射手」とはいわず、別の語で言い換えているからだ。例えば、『サリカ法典』(ラスパイレス［Laspeyres］81頁)では「そこから［矢が］射られるための第2指」(secundus digitus unde sagittatur)、『パリ写本』では「そこから矢が引かれるところの」、他の二つの写本では「そこから射られるための」、『サリカ法典』の古テクスト(ヴァイツ 29, 5)では「つまりそこから射られるところの」となっている(なお関係副詞 unde〔…するところの場所から〕の用法については、ポットの論文「『サリカ法典』におけるロマンス語の要素」1851年、135頁を参照のこと)。それと同様に『リプアーリ法典』(5, 7)でも「そこから射られるところの」となっている。すなわち『ロタール法典』(89章)においてある写本が行っている付け足し、つまり「そこから［ものが］指示される第2指」(secundus digitus quo signatur)へと表現を変更した意図は、ラテン語でよりなじみのある概念 signatur(指示される)を持ち込むためのものであったと考えられる。古法典の中では上に挙げた3法典だけが、自国の名称を表現するにあたり、「第2指」(secundus digitus)を使い、さらに補足として「そこから射られるところの」(unde sagittatur)を必要とみなし、なじみの薄いラテン語の名前(index)を避けている。それに対して、『フリジア法典』『チューリンゲン法典』『サクソン法典』は、index をいとわずに用いている。

『西ゴート法典』(VI, 4, 3)は、まるで index を使いたくないかのように、「次の指」と呼んでいる。それに対して、「親指の隣」(proximus a pollice、proximus pollici)という名前が『バイエルン法典』(3, 12)、『アレマン法典』(65, 16)、古スウェーデン語による諸法典と『ウィリアム征服王の法典』(シュミット178頁「親指の次の指」)に見られる。さらにまたヘーニッシュにおいて「親指の隣の指」という記述があるように、これは二つの指の関係がよりうまく表現された名称と言える。この表現は、確かにクインティリアヌス、プリニウス、マクロビウスの(『サトゥルナリア』7, 8「親指の隣人」)にも現れるが、だからといってそこから借用されたものと考える必要もなかろう。それに対して私は、キリアン(Kilian［16世紀のオランダで活躍したドイツ語学者］)がその著作の中で挙げている「親指の隣の指」がまた「親友」のたとえとして出てくることに注目したい。それはフランス語の ils sont comme les deux doigts de la main(彼らは手の2本の指のようだ＞彼らは非常に仲がよい)とちょうど同じ発想である。また『ブレーメン・ニーダーザクセン方言辞典の試み』(第1巻, 393頁)に記載されている類似の言い回し he is bi em finger naegst den duum（彼は親指の隣の指のところにいる＞彼は無二の親友である）も同様の意味である。〈追記：ゴットヘルフ『教師の悩みと歓び』1, 121（ベルリン、1848年）、同じく『フェーフロイデ村のチーズ屋』123頁を参照〉。また、ヘーニッシュだけが挙げているのだが、［親指を夫とすれば］人差し指を「妻の指」（Frauenfinger）と呼ぶ名称も類似の発想に基づくように思われる。

イシドールスでこの指は「挨拶するもの」（salutaris）と呼ばれ、それはすでにスエトニウスに見られる。グラッフ（第3巻, 529頁）は、chetefingerをマルティアヌス・カペッラ（Martianus Capella）から挙げている。これは「挨拶するもの」と同じ意味で、salutarisからの単なる翻訳である。ヘーニッシュは「それは脈を診るときに使われる」と説明しているが、これは私には一時の思いつきに過ぎないように思える。なおこの名称は、ドイツ語の習慣に基づくものではないので、『創世記』の詩人はそれを用いていない。

また numerans（数えるもの）という名前をデュ・カンジュが digitus（指）の項でヴェナンティウス・フォルトゥナトゥス（Venantius Fortunatus）から引用しているが、これはすでにスエトニウスにおいて「指で数える」と出てくる。だがわが民族でも、人差し指を他の指の指先に触れて、指で数えることをする。例えばヘルボルト・フォン・フリッツラーでは、「その（あるいは数本の）指で数えながら、彼は両部族の人数を正しく数えた」（5938–5949）とある。

さらにギリシア語の δειχτιχός と同様に demonstratorius（指し示すもの）という語が、イシドールスとラバヌスに、またそれより早くコエリウス・アウレリアーヌス（Coelius Aurelianus）では demonstrativus が見られる。それはドイツ語では1470年のドイツ語辞典で初めて wîser（指し示すもの）として現れた後、アイスランド語で visifingr、オランダ語で wijzer/wijzvinger と続いた。また『受難劇』（95, 58）では「私は彼を指差した」が、さらに68, 64では「その人は指で彼をつついた」とある。ところで、ヴァルター（120, 2）、フライダンク（Freidank 45, 23）、ハインリッヒ・フォン・フライベルク（Heinrich von Freiberg）の『トリスタン』（5182）、コンラートの『トロイヤ戦争』（22082）の vingerdiuten（指差し）、あるいはヴァルター・フォン・メッツェ（Walther von Metze、ハーゲン『ミンネジンガー』1, 166）や『エッケの歌』（旧版114節、ラスベルク［Laßberg］版141節）の同じく vingerzeigen には、やや侮辱的で蔑むようなニュアンスが見られる。しかし、それはすでに『旧約聖書』の『箴言』(6, 13)や『イザヤ書』(58, 9)にも見られる用法である。一方『疾走者』は、14068、15711でこれをやはり同様の意味で用いているが、次の例では賞賛の意味でも使っている：「世俗的な名誉と賞賛(vingerdiuten)」(2255)、「しばしば賞賛(vingerdiuten)は、修道士にとっては有益というよりは害になる」(3303)。ただしこのような意味は、エヒターマイアー(18頁、19頁)が証明しているように、ローマ人の間では普通に認められるものであった。

〈追記：「彼はすぐに指差した」(オットフリート［Otfrid von Weißenburg］II, 3, 38; 7, 9)、「あなたが指図し、指で合図するように、手で置いたり、ひっくり返したりする手伝いをいたします」(ゴットフリート『トリスタン』72, 3)、「ある物を人に見せたいときには、その人を指差さないことが礼儀に適う」(カトー『歌の広間』1, 570, 409–411)、「夜の隠れ家を朝日が指し示す」(ラインマル・フォン・ツヴェーター［Reinmar von Zweter］2, 155[b])、ヘルボルト(6253)、「喜びを持たぬ者を私は指差す」(ベルンゲール・フォン・ホールハイム［Bernger von Horheim］、ハーゲン『ミンネジンガー』1, 172[b])。なおヴィルマー(Vilmar)の『世界年代記』26頁を参照のこと。「後ろ指をさされたり、不誠実な挨拶を受けることもなく、彼らの賞賛は益々高まった」(ルードルフ・フォン・エムス［Rudolf von Ems］『ウィレハルム・フォン・オルレンス』3780)、「心と目と思いは指で合図する」(フラウエンロープ、150頁(エトミュラー))、「指で指し示す」(タイヒナー［Teichner］『歌の広間』I, 439, 33)、「裏切り者を指差す人」(前掲書、440, 66)、「恥知らずの者たちが指差されると」(『マイとベアフロール』47, 32, 11)、「あらゆる国がわれわれを指差し、われわれは神の前で呪われた者となる」(前掲書、152, 17, 204)、「その馬が指差されることはまったくなかった」(『ランツェレト』1473)、「卑しい者を打ち倒しても、その人が名誉において指差［＝賞賛］されることはない」(『新ティトゥレル』3573, 4)、前掲書(2378, 4; 4749, 2)、「彼を神の子羊と呼んだ者が彼を指差した」(ハインツェライン・フォン・コンスタンツ(Heinzelein von Konstanz)、ハーゲン『ミンネジンガー』3, 411)。賞賛の意味で用いられた例として、またディートライプ(Dietleib 8245)がある。「未熟なものと親しくなる女性は指差される」(フライダンク『ヴォルフェンビュッテル写本』86[a]葉)、『全冒険譚』(3, 26, 197)、コンラート・フォン・ハイメスフルト(Konrad von Heimesfurt『復活物語』124, 66)。ところで人は虹を指差してはならないとされる。ヤーコプ・グリム『ドイツ神話学』422頁を参照。また太陽や月や星を指差してはならない。ヴェーステ［Woeste］『マルク伯爵領の伝説』(イーザーローン、1848年、57頁)、「彼らは鳥を指差している」(『新ティトゥレル』)〉。

今日でもそのようなしぐさは、どうやら非礼とみなされているためであろうか、迷信は星を指差すことを禁じている。それは天使を侮辱することになるからである。

次に「最初の指」を意味するオランダ語の voorfinger、英語の forefinger、低地ドイツ語の fingerling は、親指を他の指とは別に勘定し、指は人差し指から始まると考えるところからきている。またボヘミア人も人差し指を「先頭の指」と、ヘーニッシュとシュティーラーも同じく der vorderste（一番前の［指］）あるいは Vorderfinger（先頭の指）と呼んでいる。何かを宣誓したり誓ったりするときには、人は人差し指を立てた。その証拠は『法律古事誌』141 頁を参照のこと。決闘に負けて地面に投げ倒された者は、このしぐさをすることで恭順を約束し、それと同時に命乞いができたのである。つまり、コンラートの『トロイヤ戦争』（4292、4301）の「指を立てる」（den vinger ûf bieten）あるいは『ヘルブリング』（1, 1314）に出てくるような「指を上に伸ばす」（den vinger ûf recken）といった表現がそれに当たる[原注5]。また『バラ園』（C 1174）には「その巨人は指を立てた」とある。

厳粛な儀式では、例えば宣誓において今日でもそうするように、さらに中指も立てられた（コルトゥーム［Kortum］『パウルス・シレンティアーリウス』N. 48 を参照。これは「呼びかけ、請け負い、誓い」の所作である）。また最古のキリスト教美術のモザイク画から 16 世紀の画家にいたるまで、キリストは祝福を与えるときには、この 2 本の指を立てている。キリストの死体を十字架から降ろす場面が描かれている 12 世紀初頭の「エクステルシュタイン」［ドイツ北西部のリッペ地方の「トイトブルクの森」の中にある奇岩群］では、神は十字架の上方に浮遊し、同じく右手の指を 2 本立てて、十字架から降ろされたばかりの亡骸を祝福している。ウィーン写本に基づいて校訂された『皇帝年代記』（14155、マースマン［Massmann］版 14672、また 14691 も参照のこと）では「指を 2 本立てる」、コンラートの『ひげのオットー』（336–338）では「皇帝は指をあげられて、その場で皇帝としての名誉にかけて誓った」と語られる。法廷での宣誓は中世では、手を聖（遺）物に置いてなされたが、すでに『パルチヴァール』（31, 2, 3）では「2 本の指が誓いのために差し出された」、そしてコンラートの『トロイヤ戦争』（9113）では「そこで彼は指を聖画の上に置いた」とある。

またそれ以外の箇所では次のような例がある。「それで彼は誓いのために2本の指を立て、誓いを完了した」(『ウィレハルム・フォン・オルレンス』4564)、「『私のすべての指が誓うでしょう』と言ってから、彼は2本の指を立てて誓った」(『ヴァルトブルクの歌合戦』、ハーゲン『ミンネジンガー』2, 2[b])、『シュヴァーベンシュピーゲル』(156, 10; 261, 4; 283, 4)、「2本の指を立てて聖痕にかけて誓う」(『ディンケルスビュールの定款』、『ドイツ古代誌』第7号, 95頁)、また『シュヴァーベンシュピーゲル』(29, 13; 74, 7)を参照。ベルトルト［フォン・ホレ］は、誓いの際に立てられるのは3本の指であると述べているが、それについては86頁、87頁を参照。指を立てることが語られるところでは、どうやらすでに太古の時代から、聖(遺)物には触れなくとも、2本の指を立てていたようだ。『法律古事誌』903頁を参照のこと。

さて神の手は全能を意味していた。例えば『ニーベルンゲンの歌』に「(水中に投げ落とされた)彼を神の手が救った」(1513, 9)とある。神は「最高の御手」(コンラート『金鍛冶屋』XXXIII)と呼ばれ、われわれは神の摂理を『聖書』の言い回しにならって「神の指」と名づけるが、そのため人に命令を下したり、命令に注意を喚起するときには、人差し指を上げるのである。それについても私は古い時代からの証拠を提示することができる:「彼は、まなざしと指でそむけば生死に関わるぞと脅し、彼らを屈服させた」(『ピラートゥス』391–394)、「あなたが命令し、指で指図するように」(ゴットフリート『トリスタン』2840)。フランス語でも「指と目で指図する」(être servi au doigt et à l'oeil)のように、ちょうど同じ言い方をする。ところでヘーニッシュが人差し指をそう呼んでいる「ギベリンの指」(der Finger der Gibellinen)というのも、そういったところから生まれたのであろうか。あるいはギベリン党［中世イタリアのローマ教皇派に対する皇帝派のこと］が権力のシンボルたる指輪をその指にはめていたからであろうか。

さらにわれわれは人差し指で、そしてまた手全体を使って合図を送る。私が知っている以下の中世からの用例で語られるのは、まずは手だけの使用についてである:『クードルーン』(1483, 3)、シュトリッカー(Stricker)『花咲く谷のダーニエル』(6375)、『受難劇』(346, 82)、『サルモンとモロルフ』(1, 1952)。それ以外の用例としては次のようなものがある:「指で合図する」(『疾走者』4428, 9627)。愛のしるしとして「指で合図する」(『トゥンダルス(トヌグダルス)』46, 1)、「彼女は手を振った」(ハインツ・フォン・ローテンシュタイン［Heinz von Rotenstein］『歌の広間』第2巻, 646頁, 330頁）、「彼は彼らに手を振った」（ヨハネス・バプティスタ［Johannes Baptista］『宝庫』第2巻, 140, 37）。

ローマ人の間では、沈黙を求めるしるしとして、人差し指を相手のあるいは自分の口に当てることが知られている（エピターマイアー16頁から18頁を参照）。わが民族においても同じ慣習があったことが、12世紀の終わりごろに由来するアルベルトゥス（Albertus）による『聖ウルリヒ伝』の中の1節からわかる：「彼は指を口に当て、彼らが誰にも口外せぬように求めた」（648–651）。〈追記：「彼は手を口に当て、口外せぬことを求めた」（『アポロニウス』17046）〉。

ところで、この指を呼び習わす名前が民衆語の中に残されている。これらの名前は、ほとんどすべての場合でそうなのだが、子供のことにしか用いない。例えば、botterlicker（バターをなめるもの）、pütjenlicker（皿をなめるもの）というのがそれで、また leckmännchen/leckfeng あるいは単に lecker などということもある。古高ドイツ語では leckâri（食いしん坊）という。後に「小指」の節で見るように、人差し指は、すももが大の好物のようであることからして、これらの名前は「つまみ食いする指」を意味する。さらにこの名前は、ギリシア語の λιχανός、リトアニア語の liżus、そしてどうやらまたモンゴル語の名称と一致するため（ポット292頁、297頁参照）、これが古い起源の語であることを教えてくれる。しかし、つまみ食いをするのはなにも子供だけでなく、小人や家の精も同じことをする。彼らは夜ごとこっそりと食事に現れるので、ミルクやミルク粥の入った皿を安心して食事のできる場所に置いてやらねばならない。

3.　mittarôsto（中指）は、『カッセル注釈』ならびに『ウィーン注釈』が「第3指」をそう呼んでいるように、アングロサクソン語でも等しく midlesta（真ん中の指）と呼ばれる。ニエルプ（Nyerup）が刊行した『ドイツ類義語辞典』は、mittelære と呼び、また『ヴォカブラーリウス・オプティムス』も同様に mittler（中指）と説明している。同様にメルバーは mittelst を、ダシポディウス、ヘーニッシュ、シュティーラーおよびその他の辞典でも mittelfinger を挙げている。これは英語で middlefinger、スウェーデン語で medlerste と今日でもそのように呼び習わされている。〈追記：「右手の中指で長さを測ったろうそく」(ヴァッカーナーゲル、『ドイツ古代誌』第7号, 138頁)、der mittlere finger(ベルトルト449)、der mittere vinger(『シュヴァーベンシュピーゲル』6, 16)、der mittel vinger(前掲書、345, 44, 54)〉。

ラテン語のmediusは、ギリシア語のμέσος同様に知られているが、これは『フリジア法典』(22, 30)、『サクソン法典』(3, 13)に出てくる。またmedianus(中指)は、ウェゲティウス(Vegetius)のほか、『サリカ法典』(32, 6)、『バイエルン法典』(3, 13)に現れる。さらにtertius(第3指)は、『西ゴート法典』(VI, 4, 3)以外に『ランゴバルド法典』(89節)が用いている。

ところで『創世記』の詩人は、「第3指は行儀の悪い(ungezogen)指と呼ばれる」と説明している。というのもその指は、どこにでもでしゃばり、手をどこに向けようが、何にでもまず最初に触れるからだという。ところで、この名称はそれ以外には見当たらないが、私見では、この詩人は、マルティアリス(Martial)やその以外の詩人たちにおいてすでによく使われていた名前、つまりimpudicus(淫らな)、infamis(恥ずべき)、verpus([陰茎が] 包皮から突き出た)を知っていたように思う。ギリシア語のχατάπυγοςもそれと同じ意味であるが、それと同様に、イシドールスとラバヌスが、そして古い法典のなかでは『チューリンゲン法典』(5, 8)が、さらに11世紀の『イングランド王ヘンリー1世の法典』(シュミット173頁)がimpudicusを用いている。それに対して上に挙げた『創世記』の詩人は、下品さを回避するために、より穏やかな表現を選び、やや遠まわしな説明を付け加えたのである。ちなみに、イシドールスもまたこの名前の意味について、かなり礼儀正しく婉曲的な説明を加えている。ところでローマ人が行う第2指と第4指を曲げ、第3指を突き出すしぐさは、男根を表わし、同時にまた男色家の恥ずべき無作法を示している。そのことを詳細に扱ったものにエヒターマイアー(21頁以降)がある。これがimpudicusのほんとうの意味なのである。それはまたこの指の別の命名法においても見られるであろう。

さらに古フリジア語のthi langesta finger(最長の指)、メルバーのder allerlengste(最長の指)、あるいはまた『ウィリアム征服王の法典』(シュミット178頁)のlunc dei(長い指)などに現れる名前は、すでにプリニウスにおいて知られており、『アレマン法典』(65, 18)でも用いられていた。これらはラテン語のlongissimus(最長の指)に対応する語であって、これはたしかに自然で無難な命名に思える。

一方『トリーア注釈』だけに知られる中指を表わすlancmarとなると事情は違ってくる。この合成語を構成する第2の語は解釈が難しい。これはlancmanと読みたくなるかもしれない。とりわけ諸方言においてlangmann/langmännchenとして現れるからだ。そうはいってもmarを放棄するわけにはいかない。というのも、ホルシュタイン地方には［中指を表わす］lange Marjeという表現があり、それはラトヴィア人が用いるgarre Marre（のっぽのマリア）（ヤーコプ・グリム『ドイツ語文法』第3巻、404頁）とも不思議に一致するためである。ホルシュタイン地方のlange maakはどうやら「背の高いいとこ」の意味らしく、そこから中指の意味が派生したように思われる。langmacはポンメルン地方の家族名であることを、私はホーマイアーから聞いたことがある。それよりももっと近い語としてはlangmeier（背の高い農夫）があるが、これは先ほどの意味が不明な語と形がよく似ているので、それをうまく説明しようとした結果であると考えられる。ヘッセン方言のlanghalsの意味（首の長い人）はそれ自体明らかである。ポンメルン方言のlangluchsは「背の高い詐欺師」を意味するであろう。なぜならばLuchs、luchsen、beluchsenといった語が、それぞれ「ヤマネコ＞詐欺師」「盗む」「だます」という意味を持つことは知られていて、特に北ドイツならびにスカンディナヴィアにおいてよく使われるからだ。しかしまた、この語にはlangfuchs（背の高いキツネ）が隠れていると考えることができるかもしれない。さらにヘーニッシュとシュティーラーが挙げている不潔な名称verpusは、「尻を拭く［指］」（a verrendo podice）に由来するという説がエヒターマイアー（22頁）に出てくる。いずれにせよ、これらすべての名前においては、ある種下品で卑猥な意味が含まれていることに疑問の余地はないであろう。それは例えばオランダ語で言うところのschaamvinger（恥ずべき指）に明瞭に現れている。それが何を表しているかは容易に理解できる。というのも、梨についての下品な物語（384）［長らくコンラート・フォン・ヴュルツブルク作と考えられてきた『半分の梨』のことか？］や、そしてそれよりももっと頻繁に15世紀の謝肉祭劇（99, 14. 154. 168, 28. 242, 31. 313, 7. 708, 2. 717, 11）においてあからさまに「11番目の指［つまり男根］」と言われているからである。またナイトハルトの別の用例（ベネッケ版40, 8、ハーゲン『ミンネジンガー』3, 218[a], 256[a]）も、その一例と解釈することができるだろう。

以上のような考察の後で、意味不明だった先ほどのlancmarに立ち戻ってみよう。つまり構成要素の第2の語の中にmar(mâr?)つまり「夢魔」が再見できるとしたらどうであろうか。この語は「寝ている人を重苦しくさせるもの」の意味で、低地ドイツ語nagtmaar/nagtmoor、英語nightmare、オランダ語nachtmaer、フランス語cauchemarの中に今日でも認められるものである。とすればlancmarは「淫らな〔指〕」を意味するとしても間違いではなかろう。というのも夢魔は、デュ・カンジュにおいては、実際また「姦淫する者」と呼ばれているからである。それと並んでmâreという女性名詞も見られる。つまりそれは、15世紀に初めて現れ(グラッフ第2巻, 819頁)、さらにシュティーラー(1242頁)にも認められる上に、すでにアングロサクソン語ではmære、古ノルド語ではmaraとして知られているものである。これについては『ドイツ神話学』(433頁)を参照のこと。なおそこには1194頁でmaira(夢魔)についての記載がある。

ところでシュティーラーだけが挙げているNarrenfinger(馬鹿者の指)は、「人をからかう」という意味の「(相手をたしなめるために)指で自分のこめかみ辺りを叩く」という風習から説明できる。これは、シュティーラーが631頁で証明しているように、「淫らな指」で述べたしぐさ、つまり中指あるいは親指を突き立てるしぐさに類するものである。ヘーニッシュとシュティーラーが挙げているmetzgerfinger(肉屋の指)も似たような意味に違いない。私には、それ以外にはこの語の意味が理解できないからだ。

中指はまた、立腹した人が相手の顔に苦痛を与える「お仕置きの指」でもある。「彼女(娘)の明るく輝く頬へ、母親はそのお仕置きの指を押しつけ始めた」(ミュラー(C. H. Müller)の『断章』XXII, 199–201)。〈追記:『マールベルク注釈』が中指の名前としてtaphano(樽の栓)を挙げているが、これは栓との類似からであろうか。ヤーコプ・グリム『贈ることと与えること』6頁、注1。またメルケル(Merkel)『サリカ法典』XLI頁を参照のこと〉。

さてlancmarとは「夢魔」のことであることがわかったところで、さらにいくつかの問題を提起しておこう。そもそもどの指にも何かしらの小さな精霊のような存在の性質と力とが乗り移っているのであろうか。この点についてはすでにDäumling(親指)のところで指摘しておいたし、Lecker(人差し指)においても触れたとおりだが、私はあとの2本の指についても同様の指摘をするつもりである。例えばギリシア人たちは、エトミュラー(原注:エヒターマイアーのことか? 7頁、ポット290頁、291頁)によると、それぞれの指は、それぞれ異なる神々にとって神聖なるものであると考えていた。あるいはもっと断定的に言えば、彼らは5本の指を［擬人化し、ギリシアの］イーデー山に住む神話的存在とみなしていたので、それらの一つ一つにある特別な名前と特別な治癒力を付与していたのであった。

するとそこから第2の問いが生じる。そもそもつねに含蓄に富む指の名前は、そのような関連から導き出せるものであろうか。もっとも本来の名前に加えて、後の時代に由来するにせよ、指の外的特徴や役割に基づく名前が並存することにはなんら不自然さはなかろう。つまり「中指」を表わすlancmarに対して、der mittelsteやder längsteが並存するというわけである。私はこれら2つの問いに対して、肯定的に答えることができると考える。ただし次のことは忘れてはならないであろう。すなわちもっとも重要な指の名前であるdûmo（親指）は、すべてのゲルマン部族で形を変えることなく引き継がれていること、そしてほんのわずかな例外を除けば、それ以外の名前を持たなかったということである。これに近いものには、同じく広く行き渡ったラテン語形pollexがある。例えばこれと同系と思われるものには、スラブ語palec、ラップ語pelke、フィンランド語peukalo（小人）（『カレワラ』13, 67、『ドイツ神話学』1217頁）、さらには聖ヒルデガルト（Hildegard von Bingen）の謎に満ちた注釈（『ドイツ古代誌』第6号, 326頁）のpixelがあり（ポット291–292頁）、それはまたどうやらギリシア語の言い換え表現ἀντίχειρ（離れた［指］）あるいはδάκνλος μέγας（大きな指）よりも古風といえそうである。

4.　［薬指を表わす古高ドイツ語の］lâhhî（医者）は、ゴート語ではlêkeis（医者）で現れ、それは並存するラテン語形medicusに対応し、これはさらにまた『サクソン法典』（1, 19）、『チューリンゲン法典』（5, 8）やラバヌスでも用いられている。『サリカ法典』（32, 2）と『ロタール法典』（89章）は、数字を用いてdigitus quartus（第4指）と言っている。また『創世記』の詩人も、この指に対して数字だけを使っており、それは今日のスウェーデン語でも同様である。digitus medicus（医者の指）はすでにプリニウスが、medicus（医者）はポルフィリオス（Porphyrius）がそれぞれ用いている。また「それは小指の隣人であり、さらにmedicinalemとも呼ばれている」とマクロビウスが述べている。さらにmedicinalisという語の使用がイシドールス、『イングランド王へンリー1世の法典』(シュミット273頁)ならびに後世の王たちに見られる。

古ロマンス語では「医者」を表わすmetge/megeをこのようには使わない。それに関して少なくともレヌアール(Raynouard)やロクフォール(Roquefort)〔17世紀前半のフランスの詩人ならびに言語学者〕は何の指摘もしていない。後になると、同じ意味だが、説明の難しい「医者」(mire)、「医者の指」、「医者と呼ばれる指」が見出される(デュ・カンジュのdigitusの項およびロクフォール第2巻, 160頁、『ドイツ神話学』1103頁を参照)。そして最後にデュ・カンジュが挙げている1447年の用例にdoy médicinal(医者の指)がでてくる。またラブレーは『ガルガンチュアとパンタグリュエル』で同じくdoigt médicalを用いている。

私はlâhhîは、ラテン語を介してはじめて生まれたのではなく、そこには最初からドイツ語の指の名前が含まれているのであって、ただここで問題となっているある特定の意味がラテン語の名称の場合と一致しているのだと考える。そのことを如実に物語っているのが、アングロサクソン語のlæcefinger(医者の指)や民衆語にしか現れないデンマーク語のlægefingerである。またウェールズのmezygvysも、ポット(295頁)によると、同様の意味を持つのだという。だがこの独特な名前の由来はなんであろうか。マクロビウスにはその理由が分からないように見えるが、われわれが後で見るように、彼はこの指になぜ指輪をはめるのかについてあれこれ述べている。イシドールスは「それによって医者が、目につけるためにすり潰した膏薬を集めるので」と記しているが、これはひょっとしたらケルスス(Celsus 7, 7)のある箇所「目に膏薬を塗る」と関連し、そのためにこの指を使ったからだと考えることができる。ヘーニッシュは、より一般的に、「薬指というのは昔の医者がそれで薬を調合したからだ」と述べている。

このように、この指の名前の中に病を治す「医者」が見出せることを指摘することは、まったく自然なことであるけれども、その根拠を、薬を調合したり、使用したりする際にこの指が使われるといった外的なところにではなく、それよりももっと深いところに探ることは許されるであろう。つまり特別な能力を持つ人は、手を置いたり、手でこすったりして病気を治すことができるというのは、古くからあると同時に広く流布した信仰だからである[原注6]。その際、手全体だけではなく、個々の指にも不思議な力が宿っていると考えることほどもっともなことはなかろう。まさにそのような力を、指をイーデー山に住む神話的存在と同一視していたギリシア人たちは、指のいくつかに認めていたのであった。またわれわれはすでに宣誓の際に手だけではなく、指を2本あるいは1本だけ上げることを見てきた。ここで述べるlâhhî（薬指）とは、中指のように突き出ることもなく、両側の別の指の間にあって守られているがゆえに、その癒しの力を保持する指なのである。異教徒からすれば、lâhhîとは「魔術師」であり、中世では実際lâchenære、lâchenærinneと呼ばれていた。『ドイツ神話学』（989頁, 1103頁, 1116–1117頁）を参照。だがこの概念がもはや通用しなくなると、それは9世紀のことであったが、その代わりに外来語、つまりarchiater（皇帝の主治医）から作られたarzât（医者）が採用されたのであった。ヴァッカーナーゲル刊行による『ヴォカブラーリウス・オプティムス』7頁を参照のこと。

私はここである箇所を挙げて、そのような見方をすることによってその箇所の理解がより正確になることを示したいと思う。それはゴットフリートの『トリスタン』の中に登場する愛し合う二人が密会する場面で、16477–16496において次のように語られる。「目は心のあるところへ、指は痛みのあるところへ行きたがる」。さらに先のほうで、「指と手とはしばしば、そして最後には、痛みのある方へ向かう」。さらにもう一度、「心の友である目は、心と同じ方向を目指し、手は痛みのある方へ伸びた」とでてくる。〈追記：「私はしばしばあなたが指で胸に触れるのを見た。それで私はあなたが愛のゆえに抱く思いを知った」（コンラート『トロイヤ戦争』21559–21562）（補遺87頁）〉。

これに付け加えるに、ポット（295頁）によれば、この指はウェールズでは「魔法の指」と呼ばれていたというし、また同じ箇所で医者のフィロン（Philon［前30頃-後45頃。エジプト、アレクサンドリアのユダヤ人医師・哲学者］）は、彼が調合した薬を「神々の手」と呼んでいたというのだ。

さてここで少し話を変えて、これまで見てきたもの以外の名前についても取り上げてみよう。今日のわが国やオランダの国語で使われているRingfingerは、古高ドイツ語には現れないし、それは中高ドイツ語においても同様である。ただし『ウィーン注釈』だけには、それ以外では知られていない語形としてringelære（指輪の指）が確認できる。古ノルド語のbaugfingrもそれと同義である。同じくラテン語の名前annularis（指輪［anulus］の指）は、イシドールス、ラバヌス、『ウィーン注釈』、ニエルプによる辞典に登場するほか、イングランド王ヘンリー1世がmedicinalisと並んで使用している。また今日でもスペイン人とポルトガル人が annular を、イタリア人が annulare を、そしてまたフランス人が annulaire を用いていることから、この語が古典時代の著述家に見られないのは、それが民衆ラテン語から採られたものだからであろう。『ウィリアム征服王の法典』に見られる言い換え「指輪をはめた指」(シュミット 178 頁)は、疑いもなく同じくこの名前の本義を示している。このことをわれわれはすでにマクロビウスとイシドールスを通して知っているのだが、『創世記』の詩人はもっと正確に、男は婚礼の際に女に、王は司教聖別のときに聖職者に指輪を与えると述べている。〈追記:「王は美しい手から指輪を外し、それをヨセフにはめて、権力を与えた」(『創世記』61, 11, 12)。ベルトルト(366 頁)を参照のこと。「金の指輪を 4 番目の指にはめた」(テュールハイム『トリスタン』522, 32)。同書の次の箇所も参照のこと:「金の指輪が 4 番目の指に光っていた」(532, 19. 523, 6)。medicinalis についてはフォルチェリーニ(Forcellini)に説明がある〉。

マクロビウスはさらに、なぜ指輪が左手の 4 番目の指にはめられるのかについてもその理由を探っている。「解剖学者たちの幾多の書物の中で、ある特定の腱が心臓で生まれてこの指まで前進し、その同じ指の他の幾多の腱によって巻きつかれて、そこで止まると見なされている。それゆえに昔の人々には、その指が、心臓が王冠によってとまさに同じように、指輪によって包まれているように思われたのである」(『サトゥルナリア』7, 13)。またヘーニッシュも、この指がその名前を持つのは、次のような理由からだと述べている。「人々がこの指に金や指輪をつけることは古くから続く習わしであるが、その理由は、ちょうど心臓が王冠によって取り囲まれているのと同様に、心臓からそこへ伸びている血管が指輪によって包まれている、と言われているからである」。

実際中世全般を通して、この指は何本かの血管によって心臓と特別に結びついているという見解が流布していた。このような説明のしかたは、たしかに、学者的で、ある意味人為的であるような印象を与える。しかしながらその背後には、容易にして一つの民間信仰が存するかもしれないのである。というのも私には、そう考える以外には、ガイラー・フォン・カイザースベルク『説教集』(102 葉)、メルバー、ヘーニッシュ、シュティーラー、ショッテル『ドイツ主要語詳説』(429 頁)などが、その指を実際なぜ herzfinger(心[臓]の指)と呼ぶのかが、ましてや、ネームニヒ(第 1 巻, 318 頁)によれば、ボヘミア人がなぜ「心［臓］の指あるいは優しき指」と呼ぶのかが理解できないからである。

さて薬指を表わすGoldfinger（金［色］の指）を用いているのは、中世においては『トリーア注釈』とアングロサクソン語、その後では『ヴォカブラーリウス・オプティムス』、ダシポディウス（327b 頁）、ヘーニッシュ、シュティーラーおよび低地ドイツ語諸方言である。古スウェーデン語の法典の中では、西ゴトランド方言によるものだけがgullfingr（1, 37）というが、これは司教の指輪に関してのみであり、デンマーク語のguldvingerは、民衆語の中でしか知られるにすぎない（モルベック［Molbech］第1巻, 402頁参照）。それ以外では、ポーランド人とラトヴィア人の間で薬指はこの名前で呼ばれている。

ところで、この指がGoldfingerと呼ばれるのは、金の指輪をはめているからであるという説明は容易に納得がいく。この説明は、ヘーニッシュのprangfinger（輝く指）において当てはまるし、ポンメルン方言、メクレンブルク方言、ホルシュタイン方言のgoldringerについてもどうやら正しいと思えるのであるが、もしそうだとすると、この名前は、すべての指輪が金製とは限らないということは別として、ringfingerとまったく同義ということになってしまう（『ドイツ法律古事誌』340頁）。だが私には、次のように推測することは許されるのではないかと思われる。すなわち、われわれが今日でもあらゆるすばらしいものをgolden（りっぱな、すばらしい）と呼び習わし、お気に入りの子供をほめてGoldkind（可愛い児、お宝）と言うように、また昔話にgoldene Jünglinge（金色の若者）が登場するように、Goldfingerとは元来「金色に輝く、つまり美しく、人に喜びを与えるような指」のことだったのではなかろうか。実際ギリシア人の間でこの指は、太陽神に捧げられたものであったのだから。キネウルフ（Cynewulf）『アンドレーアスとエレーネ』（XXXVIII–XXXIX）に「黄金城」についての言及がある。〈追記：「Goldhand（金［色］の手）、つまり右手」。『ドイツ語史』987頁〉。

またこの指が、ヘーニッシュとシュティーラーにおいて、Jungfrauenfinger（乙女の指）と呼ばれるのも、類似の意味においてである。つまりそれによってこの指の純潔さ、純粋さを暗示的に表現したいのである。これらすべての名前が持つ命名上のもくろみは、つまるところ、侮辱と恥辱を溢れんばかりに積み重ねた中指とは対照的に、薬指を最も上品で、最も高貴なものとして強調することにあるだろう。すなわちそれは恩恵を与えるという意味において魔術師なのであり、痛みを鎮め、病気を治してくれる指なのである。またその指がはめる指輪は、親密な一体感と大いなる品格のしるしである。なぜならばその指は、血液を通して心臓と密接に結びついているのだから。

このようにこの指は、他のどの指にもまさって高貴で純粋な性格を有するものであるが、その性質から出発して、次に私はさらにもう一つの独特な名前について説明したい。というのもそれは「名なし［指］」(der ungenannte) と呼ばれていたからだ。後世の人にはその理由がさっぱり分からなかったらしく、この名称はまれにしか現れない。アーヘン方言では、それを Johann（ヨハン）に変え、メクレンブルク方言では、その曲解された語形をさらに人差し指に転用している。ではその理由は何かというと、親密で世の中から隠しておきたいもの、つまり最善で最も親愛なものは、最悪で最も忌まわしいものと同様に、名前で呼ぶことがはばかられるからである。すなわち暴露され、人目にさらされることを恐れるのである。ここでほんの数例だがそういった例を挙げておこう。例えば、力のある精霊の名前は口に出しても、書きとめてもいけなかった。それは、ある神秘の指がその名前を清らかな水の面に書いたほんの一瞬だけ姿を現し、すぐにまた消えてしまうのである（『ジルヴェステル』XV. XVI. XX）。また愛する女性の名前を挙げるのは、詩人ヴァルターもすでに承知していたように、同様に無作法なことなのであった〈追記：ラッハマン校訂版(74, 19)[原注7]〉。

隠されるものの種類は異なるが、やはり同じ理由により、ヴォルフラムは『ヴィレハルム』(154, 23)の中である病を「名なし」と呼び、また「名なし」と呼ばれる骨［恥骨］の構造について語っている[原注8]。また例えば、動物譚では、好んで狐と狼の名前を避けるが、それはそれらの獣が動物の悪霊の化身であるからだ。あるいはまた、やむをえずその名前を口にしなければならないときには、その代わりに差し障りのない形容詞を用いる。それは、人が悪魔の姿を描きたくないときにそうするのとちょうど同じことである。

ところで私は、この指の名称とその意味について考える上で参考になる決定的な箇所を見つけた。それはハインリッヒ・フォン・ノイシュタット(Heinrich von Neustadt)の『アポロニウス』(11907–11909)の中の、男たちの貞潔さを試すことのできるある泉について語られている場面である。すなわち男たちが水に手を入れると、「あるものは手が、またあるものは薬指が黒くなったが、それもあるものはひどく、また別のものはわずかだけだった」。罪が大きい場合には、手全体から、小さい場合には1本の指から純粋さが奪われるというわけだ。つまりほんのわずかな穢れにもこの指は耐えられないのである。そしてここで言われているのが第4指であることに、疑いの余地はないであろう。

そしてポット(257頁、284頁、297頁)が提示している証拠から、この名称がいかに古く、かつまた広く流布していることが見てとれる。例えば、この指はすでにサンスクリットで anâman(名なし[指])[原注9] と呼ばれていた。しかもこの名前は、さらに中国人、チベット人、モンゴル人、そして[南ロシアの]オセット人、リトアニア人、それのみかフィンランド人、そして最も驚くべきことに、アメリカインディアンの間においても認められるという(ポット『ハレ文学新聞』1847年、238節を参照)。〈追記：またフィンランドの叙事詩『カレワラ』については38頁。『カレワラ』シーフナー[Schiefner]版5, 320. 78, 271. 171, 163. 254, 260. 255, 380の各頁を参照〉。

なおこの名称は、この指の自然な形状から自由に生まれたものではなく、それには、他の指でもそうであったように、それと類似した信仰がもとになっているに違いない。このような信仰にもまた伝承が必要なのであって、そうでなければ第3指[中指]をそれが持つ侮辱的な意味合いのために「名なし」と呼ぶことも十分にありえたかもしれないからである。事実そういったことは、ポット(297頁)によると、アンナン語[ベトナムの言語]において実際起こっているという。

古スウェーデン語の言い換え「最も長い指の隣人」は、ギリシア語と一致するものであり、一方マクロビウスに見られるラテン語の「小指の隣人」、それと同じ意味のプリニウスやクインティリアヌスの「小指に最も近い指」は、見る向きを変えただけの名称である。またヘーニッシュは「小指と中指の隣人」と言っている。ここでもまた本当の名前を口に出さないようにするという意図が見え隠れしており、そういった理由から『サリカ法典』と『ロタール法典』ならびに『創世記』の詩人は、この指を「第4指」としか呼ばないのであろうか。

5. minnisto(小指)は『カッセル注釈』に現れるが、『創世記』の詩人では der minneste finger(最小指)が、また13世紀の文献(『ドイツ古代誌』第5号,

561頁, 1720行、ミュラー『断章』3, 37[b], 119行）やスウェーデン語においても、同様の表現が用いられている。それに対応するラテン語 minimus digitus（小指）は、コルメッラ（Columella）、『サリカ法典』（32, 3）、『アレマン法典』（65, 22）、『バイエルン法典』（3, 12）、『チューリンゲン法典』（5, 8）、『サクソン法典』（1, 17）、『フリジア法典』（22, 32）に出てくる。ただし『西ゴート法典』（VI, 4, 3）、『ロタール法典』（89章）、そしてラバヌスだけは quintus（第5指）を使っている。なお次の用例も参照のこと：『ムースピリ』（96）luzig vinger、『ヘーリアント』（103, 18）luttic fingar、古フリジア語 thi liteka finger、アングロサクソン語 lytlafinger、古ノルド語 litilfingr、古スウェーデン語の諸法典 litle finger、英語 little finger、ブレーメンとホルシュタイン地方で lütje finger。〈追記：「そのような苦境に立たされても、小指（den kleinen vinger）一本たりとも失うことはないと断言します」（デア・フォン・ジンゲンベルク［Der von Singenberg］、『ミンネジンガー』1, 151[a]（ハーゲン 1, 298[b]））。またハイデルベルク写本によるプファイファー版84頁を参照〉。

ところで、今日われわれは der kleine Finger というが、もし古高ドイツ語でそう言ったとしたら、それは、今日とは別の意味、すなわち「優雅でか細い指」を意味したであろう。私見によるとこの名前が最初に出てくるのは、ヘーニッシュとダシポディウスで、der klein/kleinst finger（小さな／最小の指）として載っている。またオランダ人も klein vingertje を用いる。それに対応するものとしてはさらに、ギリシア人の ὁ μιχρὸς δάχτνλος（小指）、『ウィリアム征服王の法典』の古フランス語 petit dei がある（シュミット178頁）。ヘーニッシュとシュティーラーでは Junkerfinger が挙げられているが、それはこの指が「末っ子」とみなされるからである。アーヘン方言の kenkes は、kenk（子供）から説明するのが最も容易であろう。そして最後にこの指は、ポット（285頁、287頁）によると、サンスクリットやペルシア語でもそういった名前で呼ばれるという。

さて『カッセル注釈』では、すでに論じた minnisto と並んで、もう一つ ôrfingar（耳の指）が出てくるはずだが、この語形は『トリーア注釈』、『ウィーン注釈』ならびにニエルプによる注釈、そしてメルバーにおいても同様に伝えられている。今挙げた注釈以外では、auricularis（耳［auris］の指）が、イシドールス、リシェ（Richer 2, 29：「小指（auricularem）と人差し指の間に隠された毒」）、および『イングランド王ヘンリー1世の法典』（シュミット273頁）

において知られている。なお、それ以降の時代の文献はここでは扱わない。

この表現は、ラテン語作家には見られないが、スペイン人とポルトガル人が auricular、イタリア人が auricolare、フランス人が auriculaire をそれぞれこの意味で用いていることから、「薬指」の由来について述べたことがここでもあてはまる。『創世記』の詩人は、この語を用いてはいないが、それを知っていたといえる。というのも彼は、イシドールスと同様に、この指の仕事は「耳をほじくる」(in daz ôre grubilôt) ことにあると述べているからだ(なお普通は、『疾走者』22425 にあるように、diu ôren grübelen と言う)。実際『ヴォカブラーリウス・オプティムス』(I, 142) とメルバーは、この指を ôre-grübel (耳をほじくる指) と呼んでいるほか、ヘーニッシュもその理由として「そのように言われるのは、それで耳の汚れを掃除するからである」と記している。同様の意味を持つものには、アングロサクソン語の earcläsnend (耳掃除人) がある。オランダ人は oorvinger を使っていて、この名称はわが国でもよく用いられるものだが、それは民衆の間というわけではない。事実私はドイツ諸方言において、スウェーデン語やデンマーク語ほどには、その頻繁な使用を見出せなかった。

第 3 番目の名称である slutere (包むもの) は、古フリジア語の『リュストリング法典』だけに見られるが、どんな指でもつかんだ物を包み込むことができるわけで、特別な名称とは言いがたい。ちなみに、先に「親指」のところで議論した haldere (つかむもの) についても私は同じように判断する。つまり両者がある特定の指をさすのは偶然そうなったのであろう。小指についてのこれらすべての名称は、外形的な特徴に基づくもので、本来の意味深長な名前が含まれているわけではない。ひょっとしたらそれは、説明が困難な別のオランダ語の名前 pink のなかに隠れているかもしれない。この単語は女性形では pinkje として現れるが、英語や低地ドイツ語同様に、「幅の細長い小船、はしけ」を表わしている (『ブレーメン方言辞典』第 3 巻, 318 頁)。ちなみにシェイクスピアは、民衆語の意味においてだが、それを「娼婦」の意味で用いており、それは周知のように、ラテン語の navis (船) が持っている副次的意義と一致する。小指は弱虫であり、そのためギリシア語では「弱視の」、アーヘンでは piephans (泣き虫ハンス) と、そして ［ドイツ北西部］ ベルク地方では piepling (泣き虫) と命名される。つまり「人におべっかを使う者」「あちこちぺこぺこする者」「軽蔑すべき者」のことである。そのため弱虫は娼婦と呼ばれることになる。この指には、また盗癖があるかもしれない。小指の神であるメルクリウスは、泥棒の守護神であり、ギリシア人はそのような特徴のためにこそ、この指を「恥知らずの［指］」と呼ぶことができたのであった。ヤーコプ・グリム / ヴィルヘルム・グリム『子どもと家庭のための童話』(第20話)には、切り落とされた小指がガラスの城の門を開ける場面がでてくる。

ところでわが国に見られるわらべ唄に、他の指たちがたわいもないいたずらの相談をしている間、親指は名前がでてくるだけで、いたずらには加わらないという一連の話がある。それによると人差し指はすももが大好物で、一番長い中指はその果実が手に入る場所を知りたがる。彼はとても器用だからだ。物知りの薬指が「盗みに行こう」と道を教えると、気の小さい小指が、「お父さんに言いつけるよ」と言って皆を脅すという内容である。

次に紹介する南ドイツの似たような話でも、同様の終わり方をしている。やはり親指は登場せず、人差し指は(果物を食べて)水に落ち、中指が引っ張りあげ、医者の薬指がベットに寝かせ、小指が走って行って母親に知らせるという落ちになっている。ここでは指の名前を書き添えておいたが、それは、実際の唄では指の名前は登場せずに、右手の人差し指で左手の各指を順番に指していくだけだからである。なお解読が正確とは言いがたいが、同じ話がスミット(H. Smid)『低地ドイツ語わらべ唄』34頁に収録されている。

第3番目のアーヘンに伝わるお話(フーペル『ドイツ方言辞典』38頁)では、結末が違っていて、「親指が子豚を買いつけ、人差し指が屠殺し、中指が桶に入れ、薬指が腸詰めにした後で、小指が平らげた」となる。ここでは小指の持つずる賢さ、盗癖が暗示されている。

最後に紹介する第4番目の口承によるメクレンブルクの話は、上に挙げたいくつかの物語の中間に位置するものである。人差し指はすももをゆすって落とし、中指が拾い集め、薬指が家に持ち帰り、小指がそれを全部食べてしまうという話になっている。昔話においてもまた、小さな家の精が、仲間が密かに行った不正や悪事を家主に言いつけたりする。またわが国には、しつこく質問を繰り返す、うっとうしい知りたがり屋を撃退するために、次のように答える慣習がある：mein kleiner Finger hat mirs gesagt(私の小指がそうささやいた＞いやな予感が的中した)。〈追記：「ベルリンでドイツの運命が決まる。私の小指がそう告げたのだが、私はその言葉を信ずる」(アウユスト・ブッデルマイアー［Aujust Buddelmeyer］の宣伝ビラ『プロイセンが皇帝になる！』ベルリン（1849年3月）7頁、エルンスト・マイアー［Ernst Meier］『ドイツわらべ唄』92頁〉。

またこれと同じ表現がある古い詩の中に出てくることを指摘しておこう。「私にはどうなるかがよくわかっていた。小指がそう教えてくれたからだ。つまり私たちがたどり着いたのは、まるで夢魔のような人物のところだった」（ミュラー『断章』第3巻, 27[b]項）。

原注

1　Finger（指）に関する一般的な用法については以下の用例を参照のこと。「太陽と月と星は、どのようにして存在しているのか。海は陸地をどのようにして取り囲んでいるのか。これらを神の3本の指である英知と力と慈悲は、どのようにして、上は空で、下は陸地で、支えているのであろうか」（マイスナー・マグデブルク［Meisner Magdeburg］40[a]）、「あなたの力強い指は、まるで巨人にでもつかまれたときのように、私たちをつかむのです」（『アヴェ・マリア』、ハーゲン『ミンネジンガー』3, 341[a]）、「余興の合図に彼は指をパシッとならす」（ナイトハルト、ハーゲン『ミンネジンガー』3, 272[a]）、「見るがよい。剣を握った指が、まるで草むらのバッタのように、通りを飛ぶがごとく駆け回るさまを」（ハーゲン『ミンネジンガー』3, 289[b]）、「あなたの指が一本たりとも失われないことに、私は自らの首を賭けてもよい」（『パルチヴァール』298, 26）、「女性の頭からベールをもぎとった人の指は呪われよ」（ナイトハルト、ベネッケ321頁）、「それを求めて彼らは指を噛む［＝欲するものを心待ちにすること］」（前掲書、353頁）、「多くの女性の可愛い手が彼の指に触れた」（前掲書、350頁）。

2　「ヒルテボルトが彼に一撃を浴びせたので、剣先が当たって彼の剣のベルトが切れ、親指をはじめ5本の指すべてが［切断されて］地面に落ちた」（ナイトハルト、ハーゲン『ミンネジンガー』3, 289）、「プフェニヒの価値が親指にあり、シリングの価値が手にあるのならば」（『シュヴァーベンシュピーゲル』173, 6）、「何度お前は私に言ったことか。私に1クロイツァーの金すらないときには、お前の右手の親指を私にくれると」（ゴットヘルフ『スイスの庶民生活の物語と光景』第1巻, 120頁）。アイルランド語の「親指」ardog/ordogは、親指で鋤をつかむことから、「鋤の指」を意味し、農耕生活に由来する語である。ヤーコプ・グリム『ドイツ語史』44頁を参照。「人はこんなふうに数を数える。60に達したら、［右の］親指を左手のひらに置き、それをすべての指で握るのである」（ツィーマン『中高ドイツ語辞典』679頁)。

3 「ポンメルンでも同様である」と私はホーマイアーから聞いた。また効力をさらに高めるために、両手の親指を握ることもある。それは、まさにことが決する瞬間に、今どこか別の場所にいるであろう幸運を念じてほしいと願った人に、成功が間違いなく訪れるようにするためである。これはブラウンシュヴァイク出身のデーデキント(Dedekind)嬢から1850年に聞いた話である。

4 「親指が私に語るとおりに」(これこれのことが起こるでしょう)、『ドイツ新聞』(フランクフルト)、1849年、177号、1418[b]頁。

5 「12本の軍旗を掲げて彼はその国の住民を迎え入れ、ひざまずいてから両手を伸ばした」(エネンケル277頁、ハーゲン『ミンネジンガー』2, 354[b])、「そこでその愚か者は『和平がならんことを』と言って、王妃の方を見て、自分の指を上げた」(フライベルク『トリスタン』5238)。

6 「彼女は、すぐに熱心に指で瀉血を行った」(『エラクリウス』3034)、「イエスは地面に唾をし、その土を指でこねた」(『復活』110, 23–26)、「ヴァーテは魔女から医術を習った医者である」(『クードルーン』529, 3)、『エラクリウス』(2989–2993)、「普通子供たちは、両手の薬指で鼻の穴をふさいで生まれてくる」(I. J. シュミット『ゲセル・ハーン物語』16頁)。

7 なぜ恋人の名前が隠されたのかについては、次の文献が参考になる。ウーラント(Uhland)『ヴァルター・フォン・デア・フォーゲルヴァイデ』(14頁)、ヴァッカーナーゲル『古フランス詩』208頁、ディーツ［Diez］『トルバドゥールの詩』149頁、150頁。悪しき病は、セルビア人の間では本当の名前で呼ばれることはない。例えば指のひょうそは「名なし」、ペストは「親戚のおばさん」となる。「子供がどのようにして生まれてくるのかについては、決して口にすることはない。それは罪であり、恥ずべきことと思えるからだ」(ヴァッカーナーゲル版『創世記』15, 10. 11)、「あなたの恋人のことは、あなたが口外しなくとも、私にはずっと前からわかっていた」(リヒテンシュタイン［Liechtenstein］119, 6)。なお、前掲書の以下の箇所を比較せよ。特に120, 3以降の箇所。「あなたには私が奉仕する貴婦人の名は明かされていない」(15, 21)、「［そのお方の名が］決して告げられることはない」(15, 23. 32)、「奥方のおかげで私が幸せかどうかは、言わずにおく」(509, 31)、「口づけは確かにある一つのことを行った。だだそれが何であるか言うべきではないし、そのほうが賢いというものだ。しかし明かすことはしなくとも、あなた方はそれが何であるかご存知のはずだ」(578, 27)、「名前の知らぬ虫［＝シラミ］に夜になると噛まれた」(340, 9)、「私が歌で称える女性の名前を言えたらいいのに」(ハーゲン『ミンネジンガー』3, 448)、「そのお方は誰かと聞くのか。私は彼女の名前は明かさないと固く誓ったのだ」(前掲書3, 417[b])、「愚かな者たちの問いは私をいつも苦しめる。私が歌で称えるその美しい女性は誰であるかと聞くからだ。だがその名を私は決して明かさない」（ナイトハルト、ベネッケ 5, 7）。『ドイツ古代誌』第 6 号, 101 頁を参照。「もし私のところにお妃のことを歌に称える小姓がいたら、その女性の名前を私にはっきりと言ってもらいたい。それが私の妻であるなどと人々に思われたくないからだ」（ゲールタール［Geltar］『ミンネジンガー』2, 119[a]）、「あのりっぱな貴婦人の名を明かさずにおくことができようか。だがその名を明かそうとすると、あなた方はすぐに『それはいつか』『今明かすのか』と尋ねるであろう。いや、決して明かすことはすまい。それは、私にもあのお方にもふさわしくないからだ」（シェンク・フォン・リンブルク［Schenk von Limburg］1, 58[b]）、「なぜなら彼女の名は私から決して明かされることはないからだ」（ウルリッヒ・フォン・ヴィンターシュテッテン［Ulrich von Winterstetten］1, 106[b]）、「この訴えを私は G（恋人の名前の頭文字）を相手取って起こす」（『歌の広間』1, 352, 35）、「秘密の恋人の名前を口に出すことはできない」（ナイトハルト、ベネッケ 41, 3）。ハーゲン『ミンネジンガー』3, 186[a]. 186[b]. 192[a]. 198[b]. 209[b]. 248[b]. 2, 107[b]。「私に恋の歌を歌わせるあの娘の名前を言うことができたらいいのに」（『カルミナ・ブラーナ』226 頁）（巻末に追加あり）。

8　以下の用例を参照のこと。ヴォルフラム『パルチヴァール』203, 8。「もう一つは、テーゼラート産の絹でできたマントで覆われ、その名前は好んで隠される」（『新ティートゥレル』4104、旧版 4152）。魔術に関する 1465 年のハルトリープ（Hartlieb）の著作（J. グリム『ドイツ神話学』LX 頁参照）には、「名なし指」の名称が見られる。

9　「anguśṭ'a-s 親指（「手」「手の指」の意味（W. グリム））、pradêśinî（女性名詞）人差し指（語根 dis'「指す」）、mad'ymâ（女性名詞）中指、anâmikât 名なし指［＝薬指］（a 欠如詞、nâman「名前」）、kaniśṭ'â „der kleinste“ 小指。anguli-s（指）は女性名詞なので、正しくは die kleinste。なお長（おさ）たる親指だけが男性名詞である」（自筆のメモによる）。以上は、1852 年 7 月 8 日にボップから聞いた話である。

解題「ドイツ語の指の名前の意味について」

本論文は、主にゲルマン諸語を中心に、ドイツ語の指の名前の意味とその由来を文献学的に調査し、それを手がかりにして古代のドイツ人の思想・世界観の痕跡を探ることを目的とする。ヴィルヘルムは、これに先がけてすでに何点かのドイツ古代の文学や歌謡を刊行しており、本論文にはそのような緻密な文献学的研究によって初めて可能になったであろう、指が意味するところの興味深い文化的・民俗学的事例が数多く紹介されている。

とり上げられているのは、親指、人差し指、中指、薬指、小指の五本の指だが、ここで明らかにされるのは、それぞれの指にはある種の不思議な力が宿っていたり、さらには何らかのタブーと結びついているといった民間信仰との関連である。例えばDaumen（親指）は、他の指に比べて文化的にも言語学的にも別格な地位にあるため、ゲルマン諸語やドイツ諸方言においても、ずっと変わらぬ名称を保持してきた。また他の指と異なり、番号や別の言い回しで呼ばれたり、あるいは合成語の形で出現することもない。さらに古来から親指には、ある特別な力が備わっていると考えられてきた。例えばドイツ語では「相手の幸運を祈る」ときにden Daumen drücken（親指を握る）と言うが、その由来は何かといえば、Daumenには Däumling（小人）に由来する力が備わっており、つまり「親指を握る」とは、小人を捕まえることを意味し、彼の邪悪な妨害行為を抑止する効果があると考えられてきたためである。

今回の翻訳は、Wilhelm Grimm: *Kleinere Schriften,* 3. Band, Berlin 1883, 425–450頁に収められた論文（初刊は1848年）を訳出したものであるが、これは1845年の4月と1846年の11月の二回、ヴィルヘルムによってプロイセンの王立科学アカデミーにおいて読み上げられた原稿がそのもとになっている。なおテクスト内の〈原注〉は、本翻訳では、読みやすさに配慮して、本文に組み込む、ポイントを落として〈追記〉とする、本文の最後に〈原注〉としてあげる、の三通りの方法で対処した。また豊富な引用文例は、原則として、原文を併記することはせずに訳文だけとした。

［荻野蔵平］

ドイツ語におけるペダンティックなものについて

1847年10月21日、科学アカデミー公開会議における講演

ヤーコプ・グリム

木村直司 訳

毀誉褒貶とは、ほめるだけではなく、［この私の講演のように］そしることをも含意しております。青年時代から私は、ドイツ語の栄誉のために尽力してきました。プラトンのある比喩をもちいますと、牧人たちは飢えた家畜の群れに緑の小枝をかざしながら連れて行きたいところへ導いていくとのことですが、私を国内いたる所へおびき出すためには古いドイツ語で書かれた本が一冊あればよかったでしょう。後に私は、いくつかの美点が、この言語がもともと覇気に欠ける点があったがために誤解されていたことに気づき、ほかの諸言語のあいだで当然有していたかつての地位をふたたび確保することに成功しました。そのさい私は、ドイツ語が公然あるいは密かにこうむっているさまざまな損害をも認めざるをえませんでした。そこで大いにやり甲斐があると思われたのは、われわれがこのような欠陥をなんら隠蔽しようとしないことです。なぜなら、それらを完全に取り除くことがもはやできないにしても、まじめに考える人ならば自分の悪しき慣習から遠ざかりはじめ、いったん示されたより良い道に愛情をもって戻るようになるからです。真面目さと愛情は詩人に言わせればわれわれドイツ人にふさわしいのに、残念ながら多くのものに歪められています。

個々の点だけでなく全般的にいちばん重くのしかかっているドイツ語の弱点をつらつら思いまするに、それらの性状の一つが際立っておりますので、今日はそれをテーマにして詳しく考察したいと思うのですが、冒頭に指摘したのと同じ表現をせざるをえません。

さまざまな言語のふかく内面的な長所と短所は、ふつう考えられている以上に強く、ほかの種々の所有物以上に、それらが属する諸民族の感性的・精神的本性および素質と関連しております。それゆえ、なんら不思議でないのは、ドイツ人一般のやり方の中にすでにしばしば、私がこれから叙述しようとしている方向性が再発見されることです。ポジティブな面から捉えるとそれは、われわれの慎重な几帳面さに及んでおりますので、それを無理に根絶しようとするとわれわれの性格のこの優れた特質をいっしょに損なうことになってしまうでしょう。しかしペダンティックなものは、もし以前それがまだ存在しなかったとすれば、ドイツ人が最初に発明したのだと思います。外交官たちの責務は錯綜した状況のなかで諸国の命運を熟慮することですが、彼らのサークルに身を移して、些細なことがらの中で、どの国の側から、幾多の異議・故障がとなえられ、重要な交渉でいちばん簡単な譲歩と放置に終るかを探求してみましょう。それはドイツ人使節の側からにほかならず、隣国の人びとはずっと以前からそれを利用するすべを心得ておりました。ペダンテリーとはまさに、小事に拘泥して我意をはり、それにより大きな利益を取り逃してしまうことに気づかないことです。それゆえ喜劇ではいつも、ペダンティックな男が求婚した花嫁を得そこなってしまうのです。このような人は新しいものに感激するということがなく、あら捜しが好きで、在来のものを言い訳がましく弁護し、そのよって来る根底を見ようとするなんの衝動も持ち合わせておりません。

言語においてペダンティックであるとは、教師ぶって文法一辺倒、習いはじめた学童のように規則一点張りで、木を見て森を見ないことをいいます。かの規則のうわべに拘泥して、それに生きいきと制限を加える例外について何も知らないこと、あるいは突出してきた例外の背後から無言で顔をのぞかせている規則を全く知らないことです。文法のすべての例外は、私の思うに、さまざまな古い規則の名残であちこちでまだ痕跡を示しているものか、新しい規則の先駆けで遅かれ早かれやって来るものです。文法のペダンティックな見方は、拘束になっている現在の柵をこえて後ろを振りかえることも前を見通すこともなく、頑迷固陋に等しく反抗する対象は、一方では、言語において古くなって自分でもはや把握できないすべてのものであり、他方では未来の発展のもろもろの新しい芽であります。これらは等しく、浅薄な慣行の妨げとなるのです。

ところで、私にとって比較的簡単であると思われるのは、個別問題について、ペダンティックな人のイメージを誤認の余地なく示しているような種々の例をあげることです。彼が mochte のかわりに mogte と書くのは、mögen のほうを見やりながら、大昔の立派な子音推移のことを何も知らず、macht やラテン語の agere, actus［に見られる子音の変化］のことを考えないからです。彼の使う muszte にたいする、あるいは musste さえ、正しい表記が muste であることを彼は金輪際信じはしません。イギリス人やフランス人は、もし［縮小辞を］deminutif ないし demunitive と書くよう不当に要求されるならば一笑に付するでしょう。ところがドイツ人は文献学者たちが、ラテン語では de だけが正しいと教え込んで以来、di を de にたいして保持しつづけることを恥としなければならないと思っています。そもそもペダンティックな人は外来語の形をゆがめるのが嫌いで、Tartaren にたいして Tataren、Petrarch にたいして Petrarca、kamille にたいして chamomille を再び導入しようとしています。しかし彼の主要な関心事となっているのは、Teutonen というからといって、deutsch にたいして teutsch と書くことです。ところがラテン語の t こそ、この言葉におけるドイツ語の d にたいする極めて的確な根拠であって、同一の語根の入っている Dietrich にかわって Tietrich としようなどと誰も思いついたりしません。彼がもっとも水を得た魚のように感じるのは、専門的知識が自分に国語改良の資格をあたえてくれると思う場合です。彼は肺病になった妻に eselsmilch（雄ろばの乳）[原注1] ではなく eselinnenmilch（雌ろばの乳）を飲むよう勧めることでしょう。そして euphorbia cyparissus すなわち wolfsmilch（トウダイグサ）という他愛ない名称さえ、このアナロジーにしたがって、彼はきっと訂正したくなるでしょう。もっとも、この草が創造された時代に、wölfin（雌おおかみ）も乳を出してはいなかったでしょうが。ペダンティックな人には zeichenlehrer（図画教師）、rechenmeister（算術教師）という表記がとてもおかしく思われますので、zeichnenlehrer, rechnenmeister で置き換えられます。あたかも、われわれの言語が何かある合成語の中へ不定詞をそのまま取り入れてさしつかえないかのようです。“am ersten mai” というのを彼は避け、“am ersten des mais”でなければなりません。すなわち五月の最初の日だからです。統語論において彼には、近接した構文上の差異が気に入りません。wein trinken（ワインを飲む）とweines trinken、was hilft mich? とwas hilft mir?（私にとりなんの役に立つだろうか）の違いです。前者ではたんに対格、後者では与格だけが正しいとされます。技術的な文法術語で、ドイツ語の書物の中にあるようなzeugefall（産出格［属格のこと］）klagefall（告訴格［対格のこと］）ruffall（呼格）から指示的および条件的種類の表現にいたるまで、わざとらしく、ぎこちない数々の翻訳を生みだしたヨーロッパ語はほかにありません。

ドイツ語には、飾り気のない簡素への特有の良い傾向があるので、とくに翻訳に適すると思われているかもしれません。実際、それがある程度まで当たっていることを認めるのに吝かではありません。しかしながら、次のようにさえ主張するのは、声望のある外国語のほとんどどの作品も独訳しようとして止まないドイツ人に深く浸透している性癖を誇張することになります。すなわち、それらの翻訳のうちいくつかは非常に名訳なので、もし原作が失われてしまっても、それらからオリジナルを復元することができるだろう、というのです。少なくとも私に全く理解できないのは、たとえシュレーゲルやフォスの言葉からでも、シェイクスピアやホメロスが甦ってくるということです。英語とギリシア語の原作には追随を許さない圧倒的な言語の美しさが備わっているのです。翻訳がどういうものかは、そのアクセントを変えるだけの同じ言葉で明白にすることができます。［前綴りにアクセントのない］übersétzen（翻訳する）は［前綴りにアクセントのある］übersetzenとなるとラテン語のtraducere navem（舟で向こう岸へ渡す）の意味です。船出の用意をし、船に乗組員を乗せ、満帆風をはらんで対岸に航行できる人は、やはり接岸しなければならず、するとそこには別の土地があり、別の風が吹いております。われわれが忠実に翻訳するのは、外国語のあらゆる特性に同化し、それらを模倣する勇気を出すからですが、忠実すぎることになるのは、二つの言語においてさまざまな単語の形状と意味内容はけっして精確に合致することはなく、形状が獲得するものを内容は喪失するからです。ゆえに、意訳が思想だけをとらえようとして衣装の美を放棄してしまうのに対し、直訳は衣装を織り直そうとペダンティックに意を注ぎ、形状と内容が巧まずして自然に調和している原文にはるかに及びません。ラテン語あるいはギリシア語の詩句を模倣するため、われわれはドイツ語の言葉を圧迫するよう強いられますが、それは意味に暴力を加える危険性がなくはありません。ゆえに、翻訳された散文は、オリジナルと比べるとすぐ目立つように、長くなってしまうのが常です。以前、直訳調の翻訳が現れるまえ、ほとんど通例のように認められていたのは、2行のラテン語あるいはギリシア語の詩句がドイツ語で4行になることでした。このようにドイツ語は、重厚な思想を簡潔な文体で表現することができなかったのです。ドイツ語史において最古の文学碑がまさにそれに基づいている、不可避であったさまざまの有効な翻訳の価値をもし貶めようとすれば、忘恩のきわみと言わざるをえないでありましょう。ゴート人ウルフィラは［ドナウ南方の］ヘモス山脈の麓からドイツ語の音韻を未来永劫に鳴り響かせたのでありますが、驚嘆にあたいする忠実さで、しかも自由自在に原典［聖書］のさまざまな形式に即して翻訳したのであります。しかし、高地ドイツ語による最初期の未完成のさまざまな試訳は足許にも及びません。

外国語の著作にたいするドイツ語のこの立場は、いちばん先に注意を引くものでした。しかし私はさらに一般論へと進み、ドイツ語自身から個々の特徴を取り上げたいと思います。私にはこれらは同時に、ドイツ民族の風俗習慣と切り離すことができないように思われ、それだけいっそう役に立ちます。さまざまな翻訳の中でわれわれはいかにして、まったき姿の簡素な古人に到達できるでしょうか。われわれは日常の表現方法のなかで打ち勝つことのできない、ほとんど個人的な種々の障害に直面しているのです。われわれはそこで二重の言語を使う必要にせまられていて、一つは書物のため、もう一つは生活のために使用しており、生活のより暖かみのあるニュアンスを書物の表現に直接あたえることができません。個人的に私がとりわけ挙げたいのは、呼びかけにおける人称の表示そのものにかかわるものです。

しばしば私が自問するのは、次のことです。その［民族大移動における］登場の仕方により、死滅にひんした自由の躍動する息吹をヨーロッパに巻き起こした民族、その荒々しい力がまだ自然のまま新鮮であった民族が、次第に不自然でこんがらがった呼びかけの諸形式にどうして陥ることができたのでしょうか。この呼びかけが今日われわれには当たり前のように思われている事実そのものが驚くべきことで、われわれの生き方と多様なしかたで密着しているので、それを遡って考察するのは必須不可欠であります。ドイツ語は人称と［性・数・格の］一致の生得の区別を愚かな仕方でうやむやにしています。われわれに相対している個人をわれわれは、面前で彼にふさわしい du（君）で呼びかけずに、あたかも彼が二つあるいはさらに多くの部分に分割されていて、複数形の代名詞で呼びかけられなければならないかのように振る舞うのです。それに対応してなるほど、代名詞に属している動詞も複数形でもちいられますが、付加語的あるいは述語的形容詞は単数形のままです（ir ungetriwer hunt!「おまえはなんと不実な男だろうか。」Parz. 693, 22）。主語・述語・動詞にたいし同一の数を要求する文法の原則があるにもかかわらずです。

この不合理な使用方法の起源に私はあとで立ち返りますが、その弁明にはもとより次のことが挙げられています。新しい世界全体が進んで似たような重荷を担っていて、たとえば、形容詞の語形変化が述語にたいしドイツ語よりよく保存されているフランス語において、かの文法的一致は、vous êtes bon、vous êtes bonne のように同じく軽視されている、ゆえに動詞の複数形とならんで形容詞の単数形が現れる、というのです。単純な miser periisti のかわりに unglücklicher, ihr seid verloren（かわいそうに、君はもうだめだ）と言うことほどはなはだしい不一致はないと思われます。慇懃な宮廷風作法といううっとうしい雰囲気のなかで全ヨーロッパがその自然な表現を放棄してしまったのです。しかし、われわれドイツ人はそれに留まらず、ペダンティックにも不条理をさらに高め、二人称の正しさを承認しないばかりでなく、それに代わって三人称を出現させ、あまつさえ、随伴する動詞を三人称複数形にして、形容詞には単数形を保持させています。ゆえに、もともとの唯一正当な du bist gut の代わりにわれわれはまず、ihr seid gut、しまいに sie sind gut と言うまでになりました。あたかも、そこに居合わせず呼びかけられていない三人称の人のことであるかのようです。自明なのは、文法形式のこのような偽装から至るところで曖昧なことがらが生じてきて、所有形容詞にはなはだしい混乱をきたす原因になることです。すべての性の複数形は単数の女性形と一緒になってしまうからです。ただ一つ私が付け加えたいのは、二人称複数形にかわる三人称がまさに、支配的に広まっている高地ドイツ語の嘆かわしい特色だということです。一方、残りのさまざまな方言は変質のかすかな痕跡をのぞいて、少なくとも二人称の自然な正しさを損なっておりません。

多少の慰めとして、しかし同時に濫用をあくまで断罪することとしてわれわれに残されているのは、すべてを浄化し、すべてを誠実によろこんで摂取するポエジーが呼びかけにおいて、心のこもった単純な du の使用を絶えず聖化し、そればかりでなく要求してきたことです。自然の道への回帰がどこからかわれわれに示されうるとすれば、それはポエジーによって起こるに違いありません。今日でもなお、かの誤った文飾に飽いた親しみ深い呼びかけは、神への荘重な呼びかけさえ、気高い du を用いております。昔のフランク人もこれを使って信頼する王にむかって呼びかけ、heil wis chuninc![原注2]、heil dû herro, liobo truhtîn, edil Franco ![原注3]（われらの主なるフランク人の王様、万歳）と歓声をあげています。

もちろん、飽くことを知らない宮廷風作法の誇張は、それにとっくにうんざりしていた民衆から生じたのではなく、彼らに上から、身分の高い人びとによりもたらされたものです。王侯たちが彼らの父祖の飾らぬ簡素さを忘れ、ビザンティン風の華美と堕落した王朝の豪奢な盛装を受け継ぎ、みずから威厳にみちた wir（朕）という呼称を用いるようになったとき、彼らにたいしてまた ihr（貴下）で返事されなければなりませんでした。他の身分の者たちには wir を真似することが許されなかったとはいえ、呼びかけと返答にさいして身分の高い誰にたいしてもお世辞に ihr をもちいることは自由勝手でありました。健全な規則からのこの逸脱は、民衆のうち教養ある人びとのあいだでまたたくの間に野火のように広がりました。私が別のところでその倦むことのないニュアンスを実証し叙述しましたように、もっとも厭うべき sie（あなた）はドイツのわれわれの許で三人称単数形の強調から生じたものですが、せいぜい 150 年くらい前からのことです。ドイツ語全般の高齢さとくらべるとなんと短い年齢で、ドイツの恥辱である三十年戦争［1618–1648年］につづいた不幸な時代に由来しています。その頃は、ドイツの言語と国家にたいするいかなる尊敬の念もほとんど消失しておりました。

しかし反自然的なものは、それが始まったところではめったに抑止することができないのが常で、蔓延しようとするものです。そのため、しだいにわれわれの間でも、王侯への呼びかけにたいして廷臣と商人たちのうぬぼれの強い表現のしかたが浸透してきました。それはヨーロッパの他のいかなる民族も受け入れなかったものでした。ギリシア風あるいはローマ風儀礼の導入だけでは、世界の権力者たちにとり、このような外面的栄誉の階段の最終段階をまだ登りつめたようには見えませんでした。始めのうち、皇帝と国王のすべての肩書きはラテン語の官房語のなかでのみ支配的であって、民衆のもとへ速やかに普及していくことはできませんでした。13 世紀と 14 世紀までの中世の詩人たちのもとで、王侯が頻繁に呼びかけられているにしても、majestät あるいは durchlaucht という名称が付け加えられていた痕跡は何もありません。これらの肩書きはあまりにも非ドイツ的で、響きもドイツ語的でなく、ずっと長く通用していたのは、ラテン語の translucere（光輝ある）にたいする durhliotan、ラテン語の illustris（秀逸な）にたいする durhliuhtic でした。公文書にドイツ語を適用するという有益そのもののやり方は 13 世紀からそろそろ始まり、14 世紀と 15 世紀に一般的となってきましたが、その結果はじめてラテン語官房用語の翻訳に着手され、慣用のドイツ語表現に強制的な影響を及ぼしたように見えます。もし誤っていなければ、［神聖ローマ皇帝］カール 4 世、少なくとも［ハプスブルク家中興の］フリードリヒ 3 世の宮廷においてドイツ語の肩書き majestät が民衆むけに確定されたのかもしれません。マクシミリアン［1 世］の頃にそれは至るところで見られるようになり、ヨーロッパのあらゆる王侯のなかで最高の栄誉ある者としての皇帝にたいし、これらの概念のすでに最高段階にある最上級 gnädigster（かしこくも畏れ多い）、durchlauchtigster（やんごとなき）という敬称をさらに複数属格 aller すなわちラテン語の omnium を付けることで高めるのが慣わしでした。これは昔からわれわれも、allerliebst（最愛の）allerteuerst（いとも親愛な）allerletzt（いちばん最後に）と言っているとおりです。この時代から皇帝への呼称に allerdurchlauchtigster が見出され、それは間もなく王たちの呼びかけに拡張され、いまやその他の君侯も、王と呼ばれることなく、この名誉ある呼称を当然のこととするようになりました。そのため、この言葉の制限的概念は、その拡張された適用によりおのずから止揚されてしまったように見えます。18 世紀の半ばから宮廷語はさらに一歩進めて、この呼称とならんで、呼びかけだけではなく第三者について話され物語られるばあいも[原注4]、君侯に関係するところで単なる人称代名詞と関係代名詞を使うのを避けました。それを前置された höchst（いと高き）allerhöchst（至高の）と結びつけ[原注5]、いわばそれにより糊塗することなしにです。これより以上にペダンティックなこと、堅苦しいことはありません。あげくの果てドイツの宮廷語と商用語は、君侯の面前と周辺においては自然な話し方をしてはならず、自分の言葉をまずひたすら繰り返された、それだけですでに取るに足りない接頭辞と最上級の撚り合わされた糸のような文章に包み込むように強いられました。それから生ずるすべての言い回しは、フランス語とイタリア語にはとうてい翻訳不可能でしょう。これらの言語は、いったん majestät と呼びかけられた後は、いつも単純な〔代名詞〕elle か ella で済ましてしまいます。これはわれわれにとりドイツ語濫用の試金石になります。ヨーロッパではそのほか、ドイツの儀礼に依存しているか感染したオランダ・デンマーク・スウェーデンの宮廷だけが多かれ少なかれ厳密に hoogstdezelve, allerhöjstdensamme, allernâdigst と踏襲しました。しかし、この自分自身にもドイツ語の言語精神にもふさわしくない、ドイツよりむしろシナ風の空虚な華美の起源と目的に注意を向けた君侯の英知はたしかに賞賛すべきものです。彼はそれに永久に別れを告げながら、父祖たちの無邪気な呼びかけと挨拶のしかたを、できる限り取り戻したのです[原注6]。

majestät という名称の今日の形についてあえてなお所見を付け加えれば、その中で奇異の感をあたえるのは、ラテン語の tat にたいし多くの似たような名詞におけるように tät という語尾のあることです。ここで ä がウムラウトのやり方で生じたことが不可能なのは、そのきっかけが全く考えられないからです。このような単語の中高ドイツ語の形態を考慮すると（というのは、古高ドイツ語の例は未だかつてないからです）、trinitât, nativitât は長音の â を示しています。それは伝承されたロマンス語あるいはラテン語の母音に適合しています。この正しい形 majestat は実際、16 世紀と 17 世紀まであらゆる高地ドイツ語の古文書に支配的です。それは majestaut に見られるシュヴァーベン語の au により確認されます。これに反しルター、フィッシャルトその他 16 世紀の著述家たちは majestet, antiquitet と ä ではなく e で書いておりました。ä は 17 世紀になって初めて誤ってこの代りに導入されました。しかし e そのものはいかに説明できるでしょうか。私が疑わないのは、それが低地ドイツ語に由来し、下ラインとオランダの ei から生じたことです。その古い証拠は『トリスタン』8012 行、8023 行の moraliteit、Ls. 1, 83 の auctoriteit です。オランダ人は過去に teit（たとえば Partonopeus 21, 5 において diviniteit、universiteit, Rose 10845）と書き、今日まで majesteit, autoriteit, qualiteit と書いたり話したりし、彼らの ei は他の場所で長音の ê と交替します。

われわれは代名詞にも注目しましたので、ドイツ語の冠詞をロマンス語の冠詞と比較しますと、ここでもドイツ語がいかに不利な状態にあるかが示されるでしょう。

よく知られていることとして前提にされてさしつかえないのは、今日のほとんどすべての言語、比較的古い言語のいくつかもすでに冠詞を使っていることです。それはもともと、その名称が暗示しているように（それに対するギリシア語の表現は ἄρθρον）ある指示文を他の関係文と結びつける関節の役割を果しております。それは諸概念を規定する助けとはなっても、まだ語形変化（flexion）を定めるまでに至りません。しかし、これが近代語において摩滅しはじめたとき、それは冠詞をいわば自分の助力へと呼び寄せるのが常です。そして引き入れられた援軍が彼らのたんに共に防衛すべき要塞をしまいに自分のものにしてしまうように、次のことが起こりました。すなわち、冠詞が消失しつつある、あるいは消失してしまった語形変化にかわって、よく見るとたとえこの概念にけっして完全に移行することがなかったにしても、必要不可欠となりました。

しかしロマンス語はここで、ドイツ語と異なる、私の思うにより良い方途をとりました。それは冠詞に、第一の比較的厳格な指示代名詞ではなく、有利な仕方で第二の柔軟なほうを選びました。ロマンス語の冠詞はラテン語の ille, illa に由来し、その流動性の音韻は形式のいかなる変化と融合にもきわめて好都合でした。これに反しドイツ語の冠詞はギリシア語の冠詞と同じくほんらい指示的な無音の舌音を持ち、これはもともとかの流音より制御しがたいところがありました。それに加え、いま一つの不利な事情がありました。ドイツ語のあらゆる方言は子音推移というものを経ており、これによりギリシア語の無声破裂音［p, t, k］はゴート語あるいはザクセン語の帯気音［ph, th, kh］に変えられてしまいました。これはこれらの［ゲルマン］諸語の冠詞にある種のぎこちなさを付与することになり、これは帯気音が有声閉塞音［b, d, g］にかわった古高ドイツ語においてまた終息しました。ゴート語やアングロサクソン語の発音を習う人はだれでも、至るところで出てくる冠詞の帯気音にもっとも閉口するでしょう。

さて、ロマンス語では前置詞 a と de にたやすく順応するしなやかな l が例外なしに口調のよい緊密なさまざまの形式を生みだし、これらは消滅した格を書き替え、語形変化の古い接尾辞を新しい接頭辞で置き換える助けとなりました。ところがドイツ語の冠詞はたいてい不器用なままでした。その d がもし早期に接合と母音脱落（elision）のために提供されていたならば、それからなお利点を得ることができたでしょう。しかしながら、明白な完全な形式をめざすペダンティックな傾きがそれに逆らい、例外的に認められたのは an dem, in dem, zu dem, bei dem, zu der にかわる am, im, zum, beim, zur だけでした。古い言語にはまだいくつかあり、たとえば ze den にかわり zen が許容されていました。これは問題なく今日の形態 zun に変わりえたかもしれません。なぜ、zur と同じように an der のかわりの ar その他もっと多くのものは歓迎されなかったのでしょうか。古高ドイツ語と中高ドイツ語の詩人たちは、短縮された冠詞と前置詞の有利な接合形をなおいくつか導入しましたが、冠詞は前置詞そのものに依存していたり、間に入ってくる属格に附属していたりしたのかもしれません。たとえば、ze des にたいして zes、enent des, jenseit des にたいして enents など。近代の言語はこれらすべてを、再考のすえまた断念してしまいました。これは些細なことがらではなく、むしろ、直接にどの文章をも流れるように、あるいはだらだらさせることがありえます。ドイツ語の der mann, des mannes, dem manne をイタリア語の luomo, de luomo, al uomo あるいはフランス語の lhomme, de lhomme, à lhomme と対比してみますと、ドイツ語はここで勝ってさえいて、語形変化だけで充分で、前置詞のたすけを必要としません。ロマンス人は前置詞をいとわず、有利に役立て、精確に訳せば von dem, zu dem を含む del, al は彼にとり快い音調となり、明白な短さよりも良い結果となりました。それに加えて、プロヴァンス語と古フランス語の語形変化（declination）のすばらしく単純な効果的手段はたいていの名詞を、たんに単数主格と複数斜格［複数従属格］を、複数主格を単数斜格と対等にすることにより操作することです。（この法則のなかに私は、ケルト語の言語特性の余韻が感じられるような気がします。）そこにはこれらの言語の実践的見地があることを認めなければなりませんが、それらはもちろん、この長所をあとでまた手放してしまいます。私は依然として、ドイツ語のひじょうに古い語形変化の貴重な名残をそれに代わって見捨てたわけではありません。しかし、それらをわれわれは遥かによく利用することができたはずです。

ドイツ語の今日の名詞変化がそのかつての充実した意義から逸脱してしまったにしても、他方でドイツ語動詞の卓越した持続的な本性は、ほとんどまったく荒廃されませんでした。そこから破壊されることなく、音の響きと明晰性がドイツ語の中へ入ってきます。自分の言語論を深みからではなく表面から汲んできた文法家たちは、躍起になって、ドイツ語活用変化のもっとも有意義な規則である母音交替を例外として、不完全な［動詞の］語形変化を規則として叙述しようとしております。それゆえ、彼らは後者に正当な地位があるとし、前者は廃止すべきといわないまでも、徐々に制限しようと努めています。しかし［backen, weben, bellen の強変化である］buk, wob, boll（以前はもっと良く wab, ball）と言うほうが、［弱変化である］backte, webte, bellte より美しくドイツ的に響くと感じられないでしょうか。そして前者の形式とは、過去分詞 gebacken, gewoben, gebollen が合致しているのではないでしょうか。母音交替の法則のなかに私が認めるのはまさに、先ほど近代の語形変化が取って進んだ道には欠如していることに気づいたものです。すなわち、永遠に創造する注意深い言語精神で、これは始めは音声学的にのみ有効な規則からきわめて救済的な操作で新しいダイナミックな威力を発展させ、これはドイツ語に音韻と諸形式の刺激的な交互作用をもたらしました。何よりも大事であったのは、それをあくまで維持し、それを絶えず作用させることであったに違いありません。

母音交替と緊密に関連しているのは、範囲のせまい、しかしはるか古代に遡る他の法則です。ラテン語、とくにギリシア語と同じくドイツ語にはある種の動詞［過去現在動詞］があり、その形式は過去、その概念は現在を表現しています。なぜなら、それらの中では現在のものが直接に過去のことにもとづいていて、いわばそれから獲得されたからです。そこで ich weisz（私は知っています）というと、この形式は過去形を告げ知らせています。これは三人称が現在形に必要とされる t という語尾を取らず、逆にすべての過去形にそれがないことにより目に見えるように表れます。ほんらい ich weisz は ich habe gesehen（私は見ました）ということで、ラテン語の vidi、ギリシア語の οίδα に相当します。ちょうど wissen がラテン語の videre、ギリシア語の ιδειν のようにです。このように、しだいに限定された数のこの部類の単語が同様に解釈されます。それらがほとんどすべて臨機応変に救う、すなわち大抵のものが助動詞を供給し、したがって語りの中でしばしば繰り返されるので、それらは、その優美な形態を度外視しても、表現にまた快い交替を付与します。それらは言語の真の真珠とみなすべきもので、それらのうち一つでも失うと手痛い損失をもたらします。しかし、すでに述べましたように、それらのうち幾つかは今日まったく放棄されており、他のものはその特性が毀損されてしまいました。それに属するのはたとえばtaugen（役にたつ）という単語で、古い語法によりtaug, taugst, taugと活用変化すべきで、その言わんとすることは、自分の真価を遺憾なく発揮した、自分に何ができるかを披瀝した、ということです。オーピッツ、ヴァイゼそのほか後代の多くの人びとはtaugtではなく、正しくtaugと書いています。これにすぐ適用されるのは、たとえかなり年寄りのこととはいえ、taugnichts（なんの役にもたたない男）だという言い回しです。すでに14世紀の個々の書記はこの書き方をこっそり使っています[原注7]。しかし国語浄化論者には、圧縮をまぬがれた複母音のあるtaugは大きらいで、darf, mag, sollも理解に苦しむものです。実際、彼らは自分たちの主張するtaugtをbrauchen, brauchtやsaugen, saugtのアナロジーにしたがい貫徹してしまいました。あまつさえ、小賢しいシュヴァーベン人のもとではer weiszの代わりにer weisztというのが聞かれ、あるいはわれわれすべてからgönntがもっと気高いganを駆逐してしまいました。

私がここで［冒頭で暗示しましたように］そしることは、ドイツ語文法の他のいかなる部分においても、統語論におけるほど顕著に現れることはなく、さまざまな例が明白に示しております。煩雑なほどある助辞（hilfswort）のことを思い出していただきたいのは、受動形・過去形・未来形が書き換えられるばあい、また助辞がそれに属する分詞から分離されるもっと不快な事例で、フランス語の聞き手たちに思わず、“j’attends le verbe”（動詞が待ちどおしい）と言わせるものです。このような仕切り壁は、たとえ築くのが得策であるにしても必ずしも必要ではなく、語りに転換をもたらし得るかもしれません。それがほとんどどこででも起こらずにいないことは、表現から機敏さと新鮮さを奪ってしまいます。私にもっとつらく感じられるのは、昔の単純な否定形が放棄されてしまったことです。それにわれわれの以前の言語においては、否定されるべき動詞の直前に自然な場所が容認されていました。ゴート語のni ist、古高ドイツ語のnist、中高ドイツ語のen istに代わってわれわれは „ist nicht“ といいます。すなわち、このnichtをほんらいnihilを言い表しているだけの追加の強調から正式の否定に高めてしまい、これはたいていの場合、動詞のあとについてくるようになりました。言語にこれより不都合なことは、めったに起こりえませんでした。と言いますのは、機敏に流れる不変化詞（partikel）が消えてなくなり、それ自身とすでに合成されていた粗大な不変化詞と置き換えられてしまったからです。これはもはや、語りの中で期待されなければならないところで現れることができませんでした。いかなる損害が惹き起こされたかは、古い表現方法を新しいのと比較すれば、ただちに明らかになります。ゴート語の ni grêt は μη χλαίε で、ni karôs ne cures、古高ドイツ語の ni churi は現在の weine nicht, sorge nicht（泣くな、心配するな）の代わりです。古高ドイツ語の ni ruochat はいかに短く、中高ドイツ語の en ruochet nolite, sorget nicht は否定の印象をいつもあとから感じさせます。また bist du hier? の問いにつづく答え ich en bin は今日では、ich bin nicht hier（ここに戻っていません）でなければなりません。なぜなら、現在われわれは、答えながら同時に、問うている人の副詞を繰り返すのが常だからです。8 つの活字にたいしていまは 15 の活字で、軽快に流れる血のかわりに淀んだ脈拍です。要するに、つましく適用されて否定形を強める単語をペダンティックに取り出すうちに、ほとんど他のすべての言語に備わっている単純な否定形が、鳥篭から小鳥が逃げ出すようにわれわれから失われ、われわれは指をくわえて見ているほかありません。

しかし実り多いのは、これらの語形変化と統語論からとられた種々の例から、次のような諸例にさらに進んで行くことです。これらは造語論のさいに見つけ出されうるもので、そこではドイツ語の慣用が近隣の諸外国語との関係においていっそう明白に告げ知らされます。

ドイツ語の豊かさと優越性が過剰なほど称揚されたのは、そのさまざまな派生語と合成語の多種多様な表現について語られる場合です。私はこの賞賛に長く唱和しているわけにはゆかず、むしろしばしば、ドイツ語の派生語をつくる手段の貧しさ、合成語作成における濫用を悲しまなければなりません。

ドイツ語のきわめて簡素で美しい大量の派生語は失われてしまったか、ひじょうに制限されてしまったように見えるので、その継続的形成のアナロジーはほとんど涸れてしまったようです。これに対し、いくつかの全く非ドイツ的な外国的造語は法外に蔓延してしまいました。これは自国の造語力衰退の明白な徴候で、これらの箇所をかの外来の造語が占めてしまいます。私が選ぶのに何より適した例はほかにないと思われるのは、-ieren でおわる無数の動詞です。これらは上は支配者から文字を習い算数の罫線を引く生徒たちまで、つる植物のようにドイツ語による語りの平坦な土壌を覆っています。その起源探索のために行われた詳細な精査をここで余論［付録一覧表のこと。本訳においては省略した］として末尾に提示したいと思います。それによりこの種の約160の中高ドイツ語単語が見出され、それらになお20は容易に追加され得るでしょう。その結果わかったのは、12世紀の後半以前にドイツでこのような単語については少しも知られず、それらはロマンス語に源泉のある宮廷風ポエジーとともに初めて、しかも率直にいって著しくペダンティックにもたらされたということです。なぜなら、外来語を借用するさいには自明のことですが、たんに単語そのものを自分のものにしようと努め、その外国の語形変化は意に介しません。［語尾の］rはここで、ラテン語不定詞[原注8]のロマンス語形bareでした。これはそのほかには間もなく他のどの様態においても消失します。外国語の音韻形態のきわめて粗雑な把握とみなされなければならないのは、ドイツ人がその模倣の中へ不定詞的な記号を取り入れ、その特徴を至るところで存続させたことです。しかも自分自身の記号もなおそれに付着させました。食べたリンゴの果肉のほかに、果心まで味わってしまったようなものです。このような単語により豊かな音声の多くの形式が（allarmieren, strangulieren）ドイツ語の中へ入ってきたことは否定できません。しかし、それらは外国風のアクセントがあるためドイツ語の単語としっくりいかず、ぎこちなくなる原因となります。ロマンス語のほうははるかに要領のよいやり方をして、たとえ僅かとはいえ、いくつかのドイツ語動詞を自分のものにしようとしました。たとえば、イタリア語のalbergare、フランス語のherbergerはドイツ語のherbergen、古高ドイツ語のheribergônにならって、あるいはもっと早くドイツ語のwartenから自分たちのguardare, garderを造語しました。ここでロマンス語がparlieren, charmierenのアナロジーに従ったやり方をもししていたならば、alberganare, herbergener, guardanare, gardenerのような語形が生じていたことでしょう。［11世紀］ザリエル法のadchramireとadfathamireをドイツ語からロマンス人たちにより借用されたこのような単語のもっとも初期の例として挙げることができます。私の叙述が示しているのは、-ierenがその外国風の様態に応じてほんらいラテン語・ロマンス語の外国語にのみ許容されえたということです。しかし、いったんドイツで活発に使われるようになると、それをドイツ語のさまざまな語根のあとに付けたり、語頭にドイツ語の不変化詞を付けたりするようになりました。ラテン語の単語がドイツ語化されるさいに、古高ドイツ語と新高ドイツ語がいかに異なる仕方をしたかをよく教えているのは、schreiben（書く）と古高ドイツ語 scrîban の例です。この単語は初期にラテン語の scribere から造られましたが、のちに conscribere と rescribere は conscribieren と rescribieren にねじ曲げられました。前者のばあいのやり方は自然的かつ言語に即しており、後者のばあい反自然的かつペダンティックでした。

ドイツ語において合成語をつくるのが容易であることは、充分な根拠もなしに、ギリシア語の豊富な合成語と比較されました。接合により不恰好な合成語をつくるのは特別なわざでもなんでもありません。よくできた合成語において、個々の単語はより良くはんだ付けされ、しっかり溶接されていなければなりません。真正の合成語は、二つの単語がしっかり合わさり、文章の中で離ればなれになっても単なる並列関係にない場合に初めてできあがっています。しかし、われわれドイツ人は無数のいわゆる複合語というものを持っており、これらは独立して構成された単語を少し緊密につなぎ合わせただけで、それにより鈍重でぎこちなくするだけです。これらの単語は最後にいわば自ら自分を合成されたと見なしはじめ、もはや分離して立ち現れようとしません。そこで固有名詞において、語頭に置かれた属格がしだいに緊密に結びつき、もはや位置をずらすことができません。もともと Königsberg, Frankfurt は Königs berg, Franchono furt で、ここはフランク人がマイン川を渡る浅瀬を見出したところでした。Franken furt から、しまいに理解できない Frankfurt という歪められた地名ができたのです。同様にほんとうの複合語ではないのは、aufnehmen, wiedergeben, niederschreiben などの動詞です。このことは、ich nehme auf, gebe wieder, schreibe nieder が示しているように、前綴りを分離すると一目瞭然です。ここでは、不変化詞が非分離となったときに初めて合成語が生じます。かの übersetzen（翻訳する）のラテン語の vertere がそうであるのに対し、traducere（川を渡す）の übersetzen は分離のままです。

ドイツ語においてこのような接合がいくらでもできることに誘惑されて、なにも必要ないのに取るに足らない単語を積み重ね、それにより単純な表現の概念を弱めるだけのことが起こります。ここベルリンで誰かある人が処刑されたばあい、街路のあちこちで „warnungsanzeige“「警告公示」が貼られているのを読みます。ところで warnen（警告する）が言おうとしているのは、危険を指し示す、危険に注意することです。ゆえに、あの合成語には無益な pleonasmus（贅言）が含まれています。これは avertissement d'avertissement となりかねませんが、イタリア語の avvertimento は警告と公示を意味しております。たんなる warnung（警告）あるいは verwarnung（戒告）は言語的により適切であるばかりでなく、より強烈でもあります。血なまぐさい通知そのものが、使われた言葉を顧慮しなくても強烈な文体を語っています。

他の諸言語は個々の単語を連結するかと思うと、往々にしてそれらを短縮する慣わしがあります。そのきわめて明白な例をわれわれに提供しているのは数詞です。どの瞬間にも口にするものをいつも全体のまま言い表すのは煩わしいことです。なんと巧みにフランス語の 13、14、15、16 はドイツ語の dreizehn, vierzehn, fünfzehn, sechzehn と区別されることでしょうか。幸いなことにわれわれは少なくとも elf と zwölf を大昔から圧縮してしまいました。それに、ドイツ語の hundert がはなはだしい毀損を前提にしていることなど、知っている人はほとんどいません。それは taihuntaihund から生じたもので、ラテン語の centum が decemdecentum から来たのなどと同じです。ペダンティックな人びとは achzehn, sechzehn, siebzehn を achtzehn, sechszehn, siebenzehn まで訂正しましたが、ここでまだどれだけやることが残っているか聞いて、びっくり仰天してしまいました。

ドイツ語の合成語の大半は怠惰から、あるいは馴染みのない新しい概念のため適当な表現を見出せない困惑のあまり生じたと思うかもしれません。ドイツの古い言語には簡単な名称しかなかったのに、近代語はいつもそれらを粗雑なさまざまの合成語とすりかえようとしました。たとえば、ドイツ語の月の名まえが教えているとおりです。カール大帝の提案したものがすでに、たいてい名案ではありませんでした。複合語が成功し有利になるのは、二つの異なった概念が大胆に、いわば一つのイメージに合わさる場合だけです。しかし一つの一般に通用している単純な概念が、二つの単語へと引きずり戻される場合はそうではありません。ドイツ語の himmelblau（空色の）や engelrein（清純な）はもっとも、フランス語の bleu comme le ciel（空のように青い）や pur comme en ange（天使のように清らか）よりきれいです。しかし私があからさまに言うのをはばからないのは、ドイツ語の apfelbaum（リンゴの木）よりラテン語の malus, pomus、フランス語の pommier のほうが優れていることです。なぜなら、リンゴがなっている樹木のイメージをあたえられても、われわれにはたいていあまり役に立たないからです。誰もが適切と思うにちがいないのは、樫は eiche といい、eichelbaum（どんぐりの木）などと言わないことです。他の諸言語との比較が教えているように、いかなる果樹もその果実から、合成語よりも単なる派生語により適切に区別されます。しかし、さまざまな抽象概念にたいしても、派生された形式のほうが合成されたのよりも優れています。たとえば malade からの maladie（病気）のほうが、ドイツ語の krankheit より良いです。これは本来 ordo oder status aegroti（臥床の状態）を表現しているからです。ドイツには国語浄化論者の群を生みだす慣わしがあり、彼らは蝿のようにドイツ語のへりに止まり、細い触角でそれに触ります。言語について何も学んだことがなく、その古い派生語の力と純真無垢を少しも知らない彼らにもし譲歩するならば、ドイツ語の語法はまもなく簡素で自然な外来語に対するぞっとするような合成語でうようよするでしょう。響きのよい omnibus は彼らには堪えがたく思われるにちがいありませんし、複数与格の allen（万人用）という身近なドイツ語訳を思いつく代わりに、仰々しい桁数の allwagen, gemeinwagen, allheitfuhrwerk その他わけの分からない奇妙な単語の車が迎えに来ることでしょう。私がここでなしに済ますことのできない表現、すなわち合成語という言葉さえつなぎ具合が悪く、ばらばらの zi samana sezzunga から生じたものです。どんなフランス人が自然な composition より ensembleposition を好むでしょうか。これで充分述べましたので、私と志を同じくするすべての人びとに、合成語（これらによりカンペは深い言語知識なしに自分の辞書を膨張させました）を適用するさいには節制と、古い良い派生語を改めて使用するための熱心を奨励したいと思います。

今一つ触れずに残っているテーマは私が心配していること、すなわち、われわれがドイツ語を文字で書き記す方法です。飛び去っていく言葉をとらえ、流布させ、それに持続を付与するこの貴重な手段は、すべての民族にとり最重要関心事の一つでなければなりません。完全な表記文字によりあたえられる喜びが本質的に寄与するのは、自国語にたいする誇りを高め、その完成を促進することです。800 年以上もまえ、ノートカーの時代に［スイスの］ザンクト・ガレンにおいて、ドイツ語の表記はよい状態にあり、ドイツ語音韻の精確な表示には当時大きな配慮が払われていました。12 世紀と 13 世紀の書記についてはなお称賛すべきことが伝えられており、14世紀以来初めてその荒廃が始まりました。私が見出して深く心が痛むのは、私に知られているあらゆる民族のうち、今日ドイツ人ほど自分の言語を野蛮に書く民族は他にないということです。先行する私のさまざまな所見が残した印象を弱めることにもしかして成功する人がいても、ドイツ語の書き方がそのペダンテリーから全然立ち直れないことをやはり認めざるをえないでしょう。いかなる良い表記においても起こること、ドイツ語のchとschのような好まれる種々の子音結合のために簡単な記号を採用することは全く避けられており、それにより、冗漫さの外見が呼び起こされます。しかし、もっと悪いのは、ほんとうに通用するさまざまな記号の使用です。個々人が悪習に染まりあるいは自負心から文字を粗末に扱うのはともかく、一般にまた厳密な語順も精確さも守られません。誰もが時流にさからって泳ぐのをやめ、それだけ執拗に人に気づかれない瑣末なことがらに固執し、これらの混乱は誠実な改良にもっとも妨げになります。

不要な長音の重複と子音反復、それに加えさらにそれらの首尾一貫しない使用はドイツ語の恥辱となります。全く同じで、並列している単語が不同の扱いを受けます。フランス人はnous vous、イタリア人はnoi voi、デンマーク人はvi i、ポーランド人はmy wy、ドイツ人はwirとihrのペダンティックな区別をしました[原注9]。その通りに彼はgrünとしながらkühnを使い、schnürenとしながらführenとし、heer, meer, beereとしてwehre, nähre, schwöre, haarとしながらwahr, jahrと書きますが、これらの単語には至るところ同じ音声が帰属しています。われわれはschaffenから三人称をschafftとしておいて、geschäftという名詞の中では単音をそのままにしておきます。快い音調と、他のあらゆる言語の法則、すなわちもはや発音されないとき、文字のまえにある文字は中間音として消失しなければならないということは、これまでのしきたりで尊重されません。合成語のばあい、たとえ第2の単語が同じ音で始まっても、第1の単語〔の語尾〕に二重子音を免除することを躊躇することから、同じ文字の三重の書き方が生じてきます。つまりschifffahrt, stammmutter, schnelllauf, stalllicht, betttuchは発音できないfff, mmm, lll, tttで呈示されることになります。ドイツ中世はまだ生きいきとした音声感覚を備えておりましたので、隣接する親近性のある文字から一つの文字を表記と発音から消去するのをためらいませんでした。wankünssenと書いて発音し（cervical Parz. 573, 14. Wh. 281, 16）、wangküssen とは言いませんでした。また eichorn Parz. 651, 13 で eichhorn ではありませんでした。他の諸民族がこのようなやり方をもしやらなかったならば、彼らの言語は荒いごつごつしたものに留まったでしょう。ところが、ドイツ語は小心翼翼と完全な明白さを求めて、あまりにも多くの箇所でそうなのです。

しかしながら、文字について私はこれ以上、贅言を費やすべきでしょうか。断固たる愛好者はまた不必要なダッシュとアポストロフィーに組するペダンティックな人びとであります。ダッシュを彼らはできるだけ合成語の中間に、アポストロフィーは母音が脱落しているように見えるどこにでも入れたがります。彼らが好んで書こうとするのは、himmel-blau, engel-rein, fehl-schlagen, buch's, kind's, lies't, isz't, leb'te, geleb't です。彼らが気に入っているのはフランス語 garde-meuble, bouche-rose, epicondylo-sus-métacarpien ですが、なにより彼らの喝采を博しているのは、イギリス人が Wilkins や Thoms のような固有名詞について、いわゆる属格を Wilkins's, Thoms's と書くことです。これで正しい主格が確保されたというのです。語形変化のすべての感覚をうしなった言語が必要とみなすことを、ドイツ人にも不当に要求するのです。表記が、ドイツ語単語の文字の間でしだいに脱落したすべての母音を取り戻そうというのであれば、それはアポストロフィーを挿入するほかなく、誰が Eng'land, men'sch, wün'schen, hör'en としたがるでしょうか。表記がそのまったき義務を果たし、すべての実際の音韻を再現しようとしても、同時に個々の単語の歴史を叙述するという不可能なことを課することはできません。

そのほか書き方のあらゆる規則を免れていると思いがちなのは、固有名詞のばあいです。遠い父祖が恐らく正しく書いていたのに、自分の名前を拙い字で書いてしまった祖父や曾祖父にたいする敬愛の念を傷つけるかもしれないと恐れたり、あるいは遺産相続権を危うくするかもしれないと心配したりするからです。ただし、このような理由でかって正当な権利の請求が裁判で負けたことがあるとは疑わしいです。ギリシアあるいはローマの全文献に、間違ってあるいは文法に反して書かれた固有名詞など出てきたためしがあるでしょうか。ドイツの住所録を繙くと、なんと野蛮な書き方が押し寄せてくることでしょうか。すると Hofmänner と Wölfe が f や ff で書かれています。また Schmied, Schmidt, Schulze, Schultze, Scholz, Scholtz, Müller, Möller,

Miller など大量に出てきて途方にくれます。ドイツ語書物の表題の中にはこのような形の損なわれた名前が印刷されていますので、隣国の人びとにはしばしば発音できません。ドイツのさまざまな部族の混合に方言的な特色があることを容認していただくと、シュヴァーベン人の Reinhart とならんでザクセン人の Reinhard、高地ドイツ人の Schulze とならんで低地ドイツ人の Schulte、フリジア人の Skelta と書かれます。いずれも各部族の正書法の特色にかなっています。不可欠のように見えるのは、陶冶された言語がその種々の固有名詞を、残りのすべての単語にあてはまる法則に委ね、これをやらないと、それは下品と呼ばれても仕方ありません。

名詞[原注10]を大文字で書きはじめる、同じく非難されるべき濫用はドイツ人のペダンティックな不見識の最たるものですが、私と同志の者たちはそれをかなぐり捨てました。この決断に属しているのは、小さな始まりが進歩に道を拓かねばならないという自信です。しかし回避しようとする人びとはなんと臆病で慎重な態度をとり、なんと無力な根拠をとらえようと必死になっていることでしょうか。彼らが反対する改革は自然にかなった表記法を回復することに他ならず、それにはわれわれの祖先が 15 世紀まで、われわれの隣国人たち[原注11]は今日まで忠実に従ってきたのです。16 世紀と 17 世紀の凋落した言語のなかで確定された不合理なものは、ドイツの国民的発展と呼ばれています。これを信ずる人は、安んじて辮髪を結い鬘をつければよいのです。しかし、このような理由でドイツ語とドイツ文学における一切の堕落を是認し、改良に絶望しなければならないでしょう。

これらすべてのことを私はドイツのある科学アカデミーで述べ、機が熟したようにみえるこの瞬間に、善処を訴えたいと思います。周知のように、古典文学の復興のあとヨーロッパでは至るところで学術団体が発足し、これらは神学と法学を除外しておもに文献学・哲学・歴史学・自然科学の研究に向けられました。しかし先頭に立ったのは文献学で、その自明の関心事は、ギリシア・ラテンの古典語の刷新され純化された研究から汲まれた諸原則をさまざまな国語にも適用することでありました。自覚したある民族が、古典古代のすばらしい言語のなかで直観し探究しているものを、自分自身の言語にもあたえたいと思わずにいられないのは当然ではないでしょうか。この民族はそれを自分の思想の躍動する表現のために使わなければならないからです。ところで、その原因をよく考慮するにあたいする目だった現象は次のことです。すなわち、すべてのロマンス系の言語がこれらの学術団体を活用し、とくにイタリア・スペイン・フランスにおいて母国語の把握と浄化のために偉大なことが達成されたのに対し、ゲルマン語圏の諸国においては、かの成果に少しでも比肩しうるようなことが何もなされなかったことです。ここでイギリス・オランダ・スカンディナヴィア諸国のことを問わないことにすると、ドイツ国内で言語は、それをなお最後に高めたルターの時代以後そのすべての古い力を忘れ、絶え間なく言語史のなかで類をみない堕落に向かっていきました。政治的に分裂し分割されたドイツにおいて、個々の地方の学術団体にどうして、自分たちの意のままになるさまざまな原典の狭い領域から高地ドイツ語の言語規則に勢力を得させようなどと企てることができたでしょうか。誰も私に、17 世紀に成立しその後どうなったか分からなくなってしまったある国語協会［「実りをもたらす会」(Fruchtbringende Gesellschaft) のこと］の例をとり異議をとなえることはできないでしょう。それはラテン語の lucus a non lucendo（暗い森を反対の光るもの、もともと林間の空き地に由来することから説明する）ように［実りをもたらすという］その名を不毛であったことから付けられています[原注12]。はるかに大きな正当さをもって私が指摘したいのは、このベルリン科学アカデミーがかの幽霊の消滅の 20 年後に明確にドイツ語のためにも創設されたことです。これはその樹立に決定的な影響を及ぼした人物の愛国的志操にかんがみて大いに予期されるものです。ライプニッツの推挙により、実際アカデミーにはやがて優秀な会員、ヨハン・レオンハルト・フリッシュの入会が認められました。生まれながらのバイエルン人ですが、すでに長いことベルリンに住んでおり、目に見える成果をあげてドイツ語の陶冶に働きかけ、自分の資金でドイツ語辞典を作成しました。これはその大きな価値のため末永く存続することでしょう。しかしアカデミーそのものが自分のもともとの主要目的の一つに関心を持たなくなった理由として、私の見出した限り、それに続く時代の密接に関係した二つの方向があります。1744 年に行われた改造のさいに、それが体験しなければならなかったのは、その提出論文にフランス語が強要されたことで、その優勢な影響のもと、長い年月のあいだ自国語の促進が時流にかなった学術的課題とはほとんど見なされませんでした。いま一つの原因は、過去 100 年来、精密科学がヨーロッパの至るところで達成しためざましい飛躍にあるように思われます。以前、自然研究と文献学はイタリアの有力な数々のアカデミーにおけるように、イタリア語学、またドイツ語学もしばしば喜んで互いに友好関係を保ちました。いま挙げたフリッシュの例がそれを実証しています。ところが次第に自然科学からは、それが到達した高度の段階において国民的カラーがほとんど失われ、今日それはドイツ語の繁栄と成長にごく僅かあるいは全然関心を寄せなくなりました。そのさまざまな新発見は国の内外で同じ意義を獲得し、われわれ文献学者が免れたとはまだ決していえないペダンティックなものからとっくに自由になっています。

このように手痛い、一部はなお継続している不利な点とならんで、しかし、有利な変遷も起こっております。これはドイツ語の進歩に至るところで、とくにわがアカデミーにおいて裨益します。強制的な外国語のかの桎梏がとっくにまた取り去られてしまったばかりでなく、私がこのアカデミーに所属する光栄に浴している時代以前からすでに、卓越した同僚により多くの研究がおこなわれ、これはドイツ語の歴史と文学を大いに助成しております。私がゆるがせにできないのは、昨年私にある懸賞課題を出すことが許されたことに対して、ここで公に感謝の意を表することであります。それは私の知るかぎり、このアカデミーにおいてドイツ語を対象とする最初のものです。私はこれに少なからざる重要性を認めておりまして、実り多い研究のために適した、とくに時宜をえたものと見なしております。このような仕事がたとえ大成功をおさめても個人の業績にとどまりますので、それ以上に私が高く評価しておりますのは、民衆が自分の言語およびそれにふさわしいものを、これまでと違った目で眺めはじめることです。現代において切実に感じられるのは、他のすべての文化財もその背後に祖国の自由と偉大さがなければ味気がないことで、それらの実現に欣喜雀躍しない人がいるでしょうか。しかし、もっとも高貴な権利といえども、それらを扱うことのできない人に何の役にたつでしょうか。そのお陰でわれわれがドイツ人であること以上に高い権利は、ほとんど他にありませんが、それは先祖伝来の言語にほかなりません。われわれがそれを保障されその豊かな飾りにあずかるのは、それを研究し、純粋に保ち、より良く形成する場合に初めて可能になります。その恥ずべき桎梏となるのは、それが自分に固有の最良の言葉をないがしろにし、ペダンティックな野蛮さがそれに負わせた重荷をかなぐり捨てようと努めない場合です。さまざまな外国語表現の混入がドイツ語を汚しているという嘆きの声が聞かれます。それらが粉雪のように雲散霧消してしまうのは、ドイツが自分を再認識し、自分の言語から生じてくるすべての大いなる健全さを誇らしく自覚するときです。この言語が良かれ悪しかれこれまでどのようなものであったにしても、それにはなお清新な喜ばしい見込みがあり、その究極の命運はまだまだ成就されておらず、ほかの競争相手にまざってわれわれも［講演の冒頭で言及した］花嫁をいつか獲得するはずです。そうすると、新しい波が昔の損害を洗い流してくれることでしょう。

原注

1　ギリシア人の ό および ή ὄνος のように、ゴート人も sa および sô asilus と言い、両者の属格は asilaus である。ゆえにゴート語は、ギリシア語の ἱππομολγός とまったく同様に asilaus miluks となるであろう。アーデルングとカンペには Eselsmilch とある。

2　アングロサクソン人は väs hâl cyning!

3　現在のドイツ語で Heil sei, König! heil du Herr, lieber Herrscher, edler Franke!

4　中世において、ドイツ帝国の尊厳と権力がその手にある皇帝あるいは王について語られるばあい、それは単純な表現 das riche で表記されるのが常であった。

5　1750 年と 1770 年のあいだに刊行されたベルリンの新聞は、フリードリヒ大王を話題にするとき普通もっと単純な Sie と Dero をあえて用いている。

6　このような例が恩恵ともなりうるのは、それが上から働きかけながら、限りないニュアンスで他のあらゆる身分のあいだで存続している空虚な種々の丁寧語を撤廃し、簡素な言語にまた清新さを与えうるかもしれないからである。今日の書簡文体はなんと不必要な恭順さのさまざまな表現により、好意・愛着をあらわす種々の形式的結句により至るところでふくれあがっていることだろうか。この悪い習慣でわれわれドイツ人はふたたび他のあらゆる民族の先を行っている。心持ちを口先あるいはペンだけで言い表すよりもはるかに良いのは、必要なばあいに本当に恭順を実行することである。

7　ヴァインガルテン歌謡写本に、minne tovgt niht aine（ミンネだけではつまらない）とある。

8　古フランス語 ier を有しているのはほんらい動詞だけで、–iare あるいは –igare に終わるラテン語の形はたとえば essilier mlat. exiliare, chastier lat. castigare, allier lat. adligare, alligare に対応している。しかし、それはそれから他のものにも拡張された。mangier it. mangiare lat. manducare, laissier it. lasciare lat. laxare, brisier, vengier lat. vindicare it. vendicare. 例外的のドイツ語の –ieren はフランス語の –ir から生ずる。regieren franz. regir it. reggere, offrieren franz. offrir it. offerire, acquirieren franz. acquerir. イタリア語はドイツ語にこのような影響はなんら及ぼさず、その快い響きの –are をドイツ語の –aren に委譲することはなかった。ラテン語の異相態動詞［形は受動で意味は能動の動詞］spatiari, spatior, spatiaris に由来する spazieren において r はせいぜい大目に見られるであろう。同じくペダンティックに François からドイツ語のフランス人が由来している。カールマイネット（Karlmeinet）がすでに 375 年に Franzôsen: Engillôsen（Anglois）といっている。

9　そのきっかけは多分、ihm を im（in dem）から区別しようとしたことである。この ihm が女性与格の ihr と複数主格の ihr をひき起こす原因となったというのである。明らかに根拠薄弱である。

10　フーゴー［Hugo von Trimberg?］（その精神的本性はペダンティックな人びとの影により曇らされなかった）が彼の書物の中であえて敢行したのは、handschriftlich, kaufmännisch とならんで HandSchrift, KaufMann, BuchDruckerKunst などの書き方である。そのさい争点は、ErbgroszHerzog あるいは ErbGroszHerZog とすべきかどうかということである。なぜなら、zog の中には主たることがら、dux（君主・支配者）が内包されているからである。

11　ここではもちろん、ドイツ人の悪習に感染されたデンマーク人とリトアニア人を除外する。オランダ人・スウェーデン人・フィンランド人・レット人・スラブ人は汚染されなかった。

12　ゲルヴィーヌス（Gervinus）3, 176–182 ページも、バルトルトが教示にとむ魅力的な近著で述べていることも、私にこの判断を狂わせることはできない。かの時代の精神的な力の最良の部分、オーピッツ、フレミング、グリューフィウス、ローガウ（バルトルト［Barthold］193, 210, 254, 289 頁参照）の賛同さえ得られなかったペダンティックで没趣味の児戯にひとしいものが、ドイツ的心性の基盤になりえたであろうか。この心性は彼らがいなくても厳しい試練に堪えるものであった。ショッテルの立派な仕事は彼自身の成果であって、あの国語協会がなんらかの影響を及ぼしたとすれば、それは良い影響というよりはむしろ悪影響であったであろう。

付録 国語浄化論者

プファイファーの「ゲルマニア」第2巻、1857年

ペダンティックな人も国語浄化論者も所詮同じ穴のむじなであるが、彼らは私にはしばしばモグラのように思われた。それらは農夫にとり腹立たしいことに畑と草地に土を盛り上げ、言語の表面をむやみやたら根ごとほじくり返すのである。私が最近アカデミーでドイツ語におけるペダンティックなものについて講演をし、ドイツ語について省察をめぐらすことがどの程度まで以前アカデミーの権能にあったか、現在もなおあり、将来もありうるかの論述でおえた。(その際、きわめて控え目な要求を出し、それを貫徹する時はいままだ熟していないことを容認した。)すると、ベルリンの種々の新聞に論文を掲載して学問の世界に介入する人びとの一人が、アカデミーの公示文書に言葉の誤りがあるととがめることを思いついた。そのようなことは、きっかけがきっかけだけに、あまりにも腹立たしかった。ペダンティックな感覚には“deine Augen wachen über mich”(あなたの目は私を見守っている)が正しく、他のあらゆる言い回しは間違っていると感じられた。私は署名のさいに以下のことを挿入した。直接関係のないことは削除する。

匿名のペダンティックな人が、ドイツ語のペダンテリーと野蛮さに関する私の講演の公示に偶然のたわむれで、“über der deutschen Sprache wachen”とあることに疑問を呈した。とんでもない、これでいいのである。世界中でだれでも知っているように、多くの前置詞には二重の格が備わっており、しばしば微妙な意味のちがいがある。とりわけ über がそうである。der Schmetterling flattert über den Blumen oder über die Blumen(蝶が花の上にあるいは花の上を舞っている)、die Fahne weht über dem Land oder über das Land(旗が地上にあるいは地表を翻っている)、das Schwert hängt über dem Nacken oder über den Nacken(剣が首筋の上からぶら下っている、あるいは首筋にぶら下っている)、der Unverstand krittelt über solchen Worten oder über solche Worte(無知はこのような言葉のあらさがしをする、あるいはこのような言葉について妄評する)、ich bin über dem Buch eingeschlafen oder über das Buch(私は読書をしながら眠り込んでしまった、あるいはその本が退屈のあまり)、die Sonne leuchtet über mir oder über mich(太陽が頭上で照っている、あるいは私の頭を照らしている)、der Geizhals wacht über dem Gold oder über das Gold(守銭奴は金を守っている、あるいは金を見張っている)、die Freunde wachten über der Leiche oder über die Leiche(友人たちは遺体を守ってい

た、あるいは監視していた)。über dem Buch einschlafen のばあい力点は読んでいる人に、über das Buch のばあいは眠り込ませる著作にある。über der Leiche wachen のばあい守っている人びとが問題で、über die Leiche wachen は守られている対象である。über der Sprache wachen とは言語のことを考えながら徹夜している、ラテン語の abstinere a dormiendo、言語を見守る星辰のように照らしているほうが、対象を顧慮して、言語を守護する、保護するよりも良いと思われたのである。

解題「ドイツ語におけるペダンティックなものについて」

論文の表題にある「ペダンティックなもの」については、グリムの『ドイツ語辞典』第1巻(ライプツィヒ、1854年)の序言にも「かの外来語の発音をそのままペダンティックに保持しようとする(傾向)」という表現が見出される。1847年に行なわれたグリムのこのベルリン科学アカデミー講演は17世紀ドイツの種々のいわゆる国語協会に始まる国語浄化運動を念頭に書かれたもので、そのペダンティックな行き過ぎを批判しながら、ほんらい賛同しているその真の目的を正しい言語学的認識にもとづき、ベルリン科学アカデミーの協力を得ながら推進しようとするものである。この問題は、十数年まえすでに実施された賛否両論のあるドゥーデン正書法の改正と最近の英語公用化の試みという形で現代にまで及んでいる。なお、通時言語学(言語史学)について詳細は小学館独和大辞典附録の「ドイツ語の歴史および現況」などを参照。

翻訳底本はJacob Grimm, *Kleinere Schriften* (2. Auflage, 1879), Bd. 1, Reprint Olms-Weidmann. Hildesheim 1991であるが、原文にはいくつもの専門的な脚注のほか末尾に -ieren 語尾の動詞一覧表が添付されている。ゆえにベルリン・ドイツ叢書中のJacob Grimm: *Wissenschaft und Leben* およびドイツの一般読者向けの版 *Die Schriften der Brüder Grimm in einer Auswahl für das deutsche Volk*. Berlin 1911 にならって注を必要最小限度におさえ、動詞一覧表にかわり、講演の反響をつたえる後者付録のテクスト Die Sprachpedanten, *Pfeiffers Germania*. II. 1857 を訳出した。

［木村直司］

言語の起源について

1851年1月9日、科学アカデミーにおける講演

ヤーコプ・グリム

重藤実 訳

私は今、この講演が何を対象とするのかを述べたところですが、この問題はすでに80年前に、私たちのもとで懸賞課題となったものであります。[言語起源の問題は、かつてベルリン科学アカデミーの懸賞課題となり、1772年にヘルダーの『言語起源論』が受賞論文となった。] しかもこの問題は、私たちの中の偉大な世界的賢者によって、最近歴史哲学の授業で二度取り上げられたこともあるのです。つまりフォン・シェリング氏は、この懸賞課題を今もう一度繰り返すよう提案したのですが、しかしその後、その提案を取り下げてしまいました。フォン・シェリング氏はその後まもなくご自身の講義で、ヘルダーの当時の科学アカデミー懸賞受賞論文に対してハーマンが表明した不満について述べるとともに、言語の起源についての作者不明なラテン語詩の試みの一部も紹介したのです。とても残念なのは、その際フォン・シェリング氏がご自身の考えを決して察知させたり、知らせようとはしなかったことです。もしその新たな懸賞課題の提案が撤回されず、さらにくわしく論じられていたなら、フォン・シェリング氏の考えについてきっと多くを知ることができたことでしょうに。というのは、特にフォン・シェリング氏のような人が出題者の場合には、草案においても懸賞課題出題者自身の意見がはっきりと姿を現

すことなしに、そのような提案をわかりやすく示すことは不可能に思われますから。フォン・シェリング氏にとってヘルダーの答えは、少なくとも私たちの時代にとっては決して満足させるものではないということだけは、疑いのない前提だと考えてよいでしょう。そうでなければ、この課題をあらためて提案しようとする必要はなかったことでしょうから。

しかし 1770 年に得ることが可能で、また実際得ることができた結果を好意的に評価するにせよ、しないにせよ、その後言語研究の状況は本質的に、まったく変わってしまったのですから、言語研究が現在私たちに提供してくれる成果を、新たな答えを求めてこの問題に適用することが望ましいと思われるということは、決して否定できないでしょう。というのは、哲学的あるいは歴史的考察の対象となりうるものすべては、それがより大切に扱われ、より精密に磨き上げられれば、よい影響を受けるに違いないのですから。さて今日ではすべての言語研究は、当時と比べて比較にならないほど有利な状況にあり、道具立ても整っているのです。言語研究は今世紀になって初めて本当の科学へと発展したと言うこともできるでしょう。かつて古典語が研究された方法、その方法は実は今でもよく用いられ研究が進められているのですが（そしてそれは文献学の目的の中で、言語研究以外の、私がもちろん高く評価している目的にとって、ふさわしくないわけではないのですが）、その方法では、言語相互の関係について普遍的で決定的な解明に至ったことは決してないか、あるいはあったとしてもそれはただの偶然に過ぎなかったのです。人々は、それらの言語が生み出し、私たちに伝えられた貴重な、永遠に賞賛されるべき資料の精神を理解するために必要な限り、ラテン語やギリシア語の本質に至ろうと努力してきました。そしてこの精神を理解するためには、計り知れないほど多くのことが必要なのです。そのような目的に対しては、言語のどのような巨大な外観や形式も、二次的なものでした。言語の中で、言語慣用や詩人の技術や作品の内容などを超えたことを認識することについては、古典文献学は、いわば無関心だったのであり、より精巧におこなわれるすべての観察の中で、テクストの校訂をより確かな規則に至らせるのに役立ちうるものだけが、価値があると思われたのです。言語の内部構造自体はあまり関心を呼ばず、その美しさと豊かさの中で、いわば前提とされていたのです。したがって、どれほど目立つ語形であっても、それが意味することが明確に示されていれば、ほとんどは考慮の対象とはされなかったのです。それはたとえば、自分の言語を完璧に扱いその言語を操る詩人が、言語の内部構造や、ましてやその歴史的変化についての知識を必要とはせず、時々めずらしい単語を探し出して、その単語にふさわしい場所を与えてやればよいようなものです。文法家も、例外的な場合のみ、語根の奇妙に思われる語形を探し求め、そこに自分の文法を当てはめてみようと考えたのです。何世紀にもわたり、学校でも学者の書斎でも、ラテン語とギリシア語がまったく絶えることなく注意深く扱われ続けたのに、どうして簡単な語形論がもっとも進歩せず、ほぼ、半分はすでに文法の外にある統語論に関してのみ成果が得られることになったのかというのは、こういう理由から説明できるのです。しかしこの二つの古典語は、そうしたいという気持ちをまさに非常に強く起こさせるのですが、人々は、形態を精密に比較して、交互に一方を他方から、同じような正当性を持って説明することはできませんでした。というのは、ラテン語はギリシア語に従属する娘のような派生言語だと誤って考えられていたのです。また人々は、私たちの母語の地位を高めようとすることも、さらにできませんでした。私たちの母語は学校のあらゆる場所で、無資格な下働き職人の賦役のような仕事を行わなければならなかったのです。ましてや母語に第三の正位置を認めるなどとは考えなかったのです。しかし三点が与えられると図形ができるように、お互い類縁関係にある三つの言語の関係から、言語の生きた法則が見つけられるのですが。

言語研究は、何度も、自然史研究と比較されてきましたが、それには理由がないわけではなかったのです。この二つの研究の進め方は、一方は欠陥があり、他方はそれよりはましなのですが、それでも似ているのです。というのは、文献学者が、傷つけられ棄損されたテクストを修復するための決定的規則を得ようとして古典的な言語資料を研究したのとまさに同じように、植物学者も、もともとその学問を一つ一つの草木の中に治癒力を見つけることに向けたのであり、また解剖学者も、損なわれた健康の回復を支える知識を得るために、身体にメスを入れて、その内部構造を確実に知ろうとしたことは明らかです。これらの素材は、それ自身が目的としてではなく、手段として、魅力があったのです。しかししだいに考え方にも、研究の進め方にも、変化が生じてきました。人がもともとある日常的に目にするものよりも、見知らぬ、新しいものに、より強く影響を受け、観察しようと刺激を受けるのは自然なことであり、あらゆる経験によっても確認されることです。したがって、外国への旅行、見知らぬ珍しい植物の私たちの庭への導入、また様々な形の動物が地球のはるか遠い地域からヨーロッパへと移されることによって、学問に新しい様相が与えられ、学問は対象を研究する際に実用的な目的からいわば距離を取って、よりとらわれない、したがって、より学問的な調査が行われるようになったと主張することは許されるでしょう。というのは、あらゆる方面の成果を求めて網を投げ、物事のあらゆる知覚可能な特性を素早くつかみ、観察し、最終的にそこから何が生まれようとも、それらを最もねばり強く検証するというのが、まさに学問の真の特徴なのですから。植物の分析や動物の解剖はこの道をたどることで、より狭い立場から離れ、比較植物学や比較解剖学へと高められたのですが、言語学は、その同じ道のりの途中で、ついに徹底的な変革を被ることになったと私には思われるのです。エカテリーナ女帝によって1787年から90年にかけて企画されたペテルブルク辞典が、たとえその辞典がどれほど不十分な基礎の上に作られたものであったにせよ、言語の比較というものに刺激を与え、その研究を奨励するのに有効であったことは疑いがありません。しかし言語の比較研究に、はるかに大きい影響を与えたのは、世界中の各地で、特にインドで確立したイギリス人の支配であり、それによって、以前はほとんどまったく知られていなかった、世界中で最も純粋で最も尊敬すべき言語の一つ［サンスクリットのこと］についての正確な理解が生まれ、その理解が確実なものになり、広められたのです。サンスクリットの完全性と強大な規則性は、たとえ最も古い、最も豊かな文学の一つへと至る道を準備しているとしても、この言語自身のためにこの言語を知ろうという気に否応なくさせるものでした。またその完全性と強大な規則性は、一度氷が割れて、言語の大海を船で渡る者たちが目で見て頼ることができる磁石がその中に見つかった後には、広範囲に広がっている、このインドの言語と直接関連し類縁関係にある一連の言語に、それまでは思いも掛けなかったような解明の光を投げかけたので、そこから、それまではどのような言語研究者の目の前にも決して現れたことのないような、これらすべての言語の真の歴史が、深い納得を伴うような、驚くべき結果を伴って、すでに明らかになった部分もあり、その研究の端緒が開かれた部分もあるのです。そしてこれと同じ時に、自然研究者がその土地の草の茎や節の中に外国の植物の中に見られるのと同じ驚嘆すべき自然の力を認識するように、これまで不思議なほど軽視されてきた、私たち自身のドイツ語の規則を歴史的に解明しようという努力がなされたのです。そのために、私たちにとって最も固有で直接的な位置にあるドイツ語から、近隣のスラブ諸語、バルト諸語、ケルト諸語へこれまで以上に生き生きとした視線が向けられるということが、必然的に起きたのです。これらの言語すべてに対しては、しだいに同じ歴史的な意味が与えられ、歴史的観察がすでに向けられたか、確実にこれから向けられることになるのです。このようにして、大きな、ほとんど見渡すことさえできないような言語の連鎖の一つ一つのすべてではないとしても、そのほとんどが発見されたのです。これらの言語は、語根と語形変化の点で、アジアから私たちの地域まで広がっていて、ほとんどヨーロッパ全域を埋めており、今すでに、地球上で最も有力な言語と言ってもいいものなのであり、止めどなく広がり続け、いつかは地球上すべてを埋め尽くすことでしょう。この印欧語は、内部構造の果てしない発展段階が明確に追求できるのですが、その内部構造によって、もし別の言語でもそのようなことが可能であるなら、人間の言語の一般的な歩みと推移、さらにもしかするとその起源についても、最も実り豊かな知識を提供してくれるはずなのです。

私は、言語の起源についての研究が実行可能であるかどうかがまさに問題だ、と言わせていただきます。そのような研究が成功するかどうかについて、今なお多くの人が疑念を持っているのも当然のことなのです。そのような疑念を持っている人は、この問題が解決されるには、私たちの言語や歴史は、実際よりもずっと過去にまでさかのぼらなければならないと異議を唱えるかもしれません。というのは、サンスクリットあるいはアヴェスタ語の最も古い言語資料も、ヘブライ語やあるいはその他の最も古い言語だとされるものと同様、長い時間、何千年もの時間、言語の本当の起源、あるいはこの世での人類の創造の時から隔たっているということは信じられることですし、それどころか、すでに確実なことなのです。そのような隔たりを超えて、言語の始まりをどのように推測できるというのでしょうか。この問い全体が、解決不可能なものの一つとなってしまうのではないでしょうか。

先ほど明らかになったように、言語研究と似たような状態にある自然科学の状況やその対象を考慮に入れると、この異議は、ますます当然のことのように思われます。自然科学の研究者たちは、自然の生命の秘密に分け入ろうと努力しています。つまり動物の生殖と存続の法則、植物の胚と生長の法則を突き止めようとしているのです。自分の課題を自覚している解剖学者や植物学者が、そのような課題を超えて、動物や植物の創造も証明しようとしたなどという話は、私は聞いたことがありません。個々の動物や草木が、目的を完全に達成するために、まず特定の場所に現れたはずで創造されたはずだということが研究者にとって明らかになるのが、せいぜいのところです。そこから創造と生殖の間に類推が成り立つとしても、この二つは、第一の行為と第二の行為として、お互いに本質的に異なるものなのです。永遠に更新される生殖は、被造物の中に置かれた力により可能になるのですが、第一の創造は、被造物の外で支配している力によって行われたのです。鋼を石に打ち付けることが眠っていた火を起こすように、生殖は新しい存在を呼び起こすのですが、その新しい存在の条件と法則とは、そのすでに生殖を行うものの中に与えられているのです。しかし厳密に考える人にとっては、事実ここにこそ、自然研究と言語研究が本質的に分かれる分岐点があるように思えるのです。そしてこれに続くすべてのことは、言語を創造されたものと見るか、創造されたものではないと見るかということにまさにかかっているのです。もし言語が創造されたものなら、言語の最初の起源には、最初に創造された動物や樹木の起源と同じように、私たちの視線は届くことができないことになります。しかしもし言語が創造されたものでないならば、つまり直接神の力によって創造されたのではなく、人間自身の自由により呼び起され形成されたものならば、その法則によって、つまり最古の語族にまでさかのぼる言語の歴史が私たちに伝えてくれるものによって、言語は推し量ることができることになり、あの何千年にもわたる、埋められていない断絶を超えてさかのぼり、思考の中で起源の岸辺に船を着けることもできることになるでしょう。つまり言語研究者は手を引く必要はなく、自然研究者よりも先へ進むことができるのです。なぜなら言語研究者は、私たちの歴史と自由に基づく、突然ではなく段階的に成立した人間の生産物を観察するのですから。それとは逆に、創造された、自由でない存在には歴史がなく、今日まで、創造者の手から生まれ出た時とほとんど同じ状態にあるのですから。

　こうお話しすると、私の進めてきた研究全体のありうる成果として私が認めていただきたいことを、ここですでに前もってお話ししてしまったことになります。しかしそれでも、この研究に対する一連の根拠を考慮に入れる必要があるでしょうし、その前に、言語の起源は直接神によるとする説を支持する根拠として語られるかもしれないことをまず取り上げるのも、不適切ではないでしょう。なぜなら、神による起源には、神が人間のために言語を創造したのか、あるいは創造の後に啓示したのかという二つが考え得るからです。それゆえ、まず最初に創造された言語、次に啓示された言語という説を取り上げ、どうしてこのどちらの説も受け入れられないのかを、詳しく述べることにしましょう。

創造され、自然に発生した人間の言語を仮定することには、表面的に見れば、かなりの理由があります。地上のあらゆる土地に広がっている言語の美しさ、力、多様性を思い浮かべてみれば、そこには、決して人間自身から出たものではなく、むしろ人間の手によってあちらこちらで傷つけられ、完全性が損なわれてしまった、ほとんど人間を超えた何かが立ち現れるのです。言語の種族は、そのほとんど無限に交替する形象の多様性において、植物や動物、そして人間自身の種族に似てはいないでしょうか。言語は、恵まれた状況においては、何もその道を妨げず、自由にあらゆる方向へと広がっていく木のように花を咲かせ、そしてその言語は、光や土が足りないときには苦しみ、枯渇してしまう植物と同じように、成長せず、ないがしろにされて、死に絶えるのではないでしょうか。受けた損害をすぐに回復し新たに埋め合わせる言語の驚くような治癒力も、強力な自然自身の治癒力だと思われ、まさにその自然として、言語はわずかなものがあれば十分で、豊かにやっていけるのです。というのは、言語は、出し惜しみすることなく節約し、十分支出するのですが、浪費はしないのですから。

しかし言語本来の要素をもっと詳しく見てみましょう。自然はほとんど全体が音と響きに満たされていますが、どうしてその音が、自然のその最も高貴な被造物である人間には創造の際に与えられなかったなどということがあるでしょうか。動物は、人間の言語に似た無限に異なる声で、お互い意思の疎通をおこなってはいないでしょうか。鳥の様々な鳴き声は、空中に響き渡っていないでしょうか。人間の想像力は、動物たちに本当の言語があると想像しました。伝説によれば、黄金時代には、すべての動物たちは人間と親しげに言葉を交わしたのであり、その後、動物たちは隠していただけで、衝動に駆られた際には言葉を発したというのです。たとえばバラムの雌ロバが不当な扱いを受け、主の天使が現れたとき、言葉を発したのです［旧約聖書民数紀略 22 章］。この雌ロバは人間のように話したということなのですが、独自の言語を話したという動物もいます。つまり、よく言われる言い方によると、動物たちは独自のちんぷんかんぷんな言葉で意思の疎通をおこなうのですが、白蛇あるいは竜の心臓を食べて知識を得た者だけが、それを聞いて理解できるというのです。シグルス［北欧神話の登場人物］が竜のファーヴニルを殺して自分の指先を竜の心臓の血に浸したとき、木の枝の鳥たちがシグルスに、まだこれからするべきことを歌って教えてくれたのです。

私たちは、自然全体を死んだ自然と生きた自然に区別しますが、これは、一方が沈黙し、他方が音を出す、というわけではないのです。四大元素の中で沈黙しているのは、動かない大地のみです。というのは、空気はザワザワ、ヒュウヒュウと音を出し、火はボウボウ、パチパチ、ジイジイと燃えさかり、私たちは海はとどろいていると感じ、小川はサラサラ、ザワザワ、チョロチョロ流れていると感じ、小川のせせらぎは私たちには、本当におしゃべりのように思われるのです（garrulus rivus「せせらぐ小川」［オウィディウス『祭暦』］）。大地と同じように、硬直した岩は音を出しませんし、生きてはいるけれど地面に縛り付けられていて歩くことのできない植物にも、音は与えられなかったのです。木の葉がささやくとしても、それは木の葉を外から触れている風の仕業なのです。それに対して動物たちすべてには、動きと感情が与えられていますが、皆に声が与えられているわけではないのです。というのは、魚は沈黙したままですし、昆虫の中では、ブンブン飛びながら呼吸管から空気を送り出し、硬いさやばねをこすり合わせるものだけが、音を出すのです。体の奥底から口を通って声が出ているわけではないのです。しかしもっと完全に近い温血動物はすべて、鳥であれ哺乳類であれ、まったく特別な音を持っていて、これらの動物はその音を使って、交互に、快適さ、喜び、苦痛などの感情を、誘うように、あるいは追い払うように、伝えることができるのです。その中のいくつか、声以外の点では私たちにより近い類縁関係にある四足動物にではなく、特に鳥類に、響きに満ちた、たいていは優雅で心を喜ばせるような歌が与えられているのです。動物の出すすべての音は、人間の言語に並ぶものではないでしょうか。事実、人間の枯れた、しわがれた、激しい言語音は、カラスのカアカア、蛙のケロケロ、犬のワンワンや馬のヒヒンという鳴き声になぞらえられてきたのですから。

しかし動物の姿自身と同じように非常にさまざまな現れ方をする動物の声は、明らかに自然によってすべての動物に刻印されたもので、特に習得されることもなく、動物によって発声されるものなのです。生まれ出たばかりの鳥を巣から取り去って、人間の手で餌をやって育ててご覧なさい。それでもその鳥は、一緒にいたことが一度もない他の鳥たちが持っているすべての音を出すことができるでしょう。それゆえ、すべての動物という種に与えられている声は、常に同じで、変わることはありません。犬は、今日でも、創造の最初に吠えたのと同じ声で吠えますし、ヒバリは、何千年も前と同じように鳴きながら飛び上がるのです。与えられたものは、与えられたものであるゆえに、消すことのできない性質を持っているのです。

したがって、あらゆる動物は自身の中に置かれた暗い本能の力に従って行動し生きているのですが、その本能それ自身はそれ以上高められることは不可能で、最初から、自然な、人間にはしばしば到達不可能な完全さを持っているものなのです。蜘蛛の巣は、大変繊細に規則正しくその蜘蛛の体から糸が出され、木の葉の自然にできた葉脈のように編まれています。蜜蜂は芸術的な六角形の巣室を、たとえほんの少しであろうとも決められた型や設計図から逸脱することなく、いつでも作り上げます。しかしそれでも動物たちには、体内にあって支配する必然的な本能以外に、多かれ少なかれ自由のようなものが存在します。その自由は静かに動物たちの所へ飛来するのですが、動物たちは、そこからまたすぐに自然へと戻っていくのです。蜜蜂は蜜を得るために飛び出して野原に降り立ちますが、そこから、いつもふさわしい時に確実に巣箱へと帰る道を誤ることはないのです。群れの中に数百歩それて飛び、迷って死んでしまう蜜蜂もいるかもしれません。そのような蜜蜂には、小さな自由が命取りとなったのです。動物には物覚えのよいものもいて、人間がそのような動物を自分の目的のために訓練することもあります。動物の技術的本能がより洗練されていればいるほど、そのような訓練はうまくいかないということは容易に見て取れます。蜜蜂あるいは蟻は、人間のどのような教えをも受け入れませんが、しかし犬、馬、牛、鷹は、ある程度まではその教えを受け入れて人間の意思に従うのです。しかしすべての動物は、人間が許せば、拘束されない自然さへ立ち戻って、学習したことを忘れてしまうことでしょう。動物の一生はすべて、素早く教え込んでも、自由を目にしても、そこから引き離されることはない必然そのもののように思われます。私たち自由な人間自身も、結局はこの必然から逃れることはできないのです。

動物がすべて、どの種族であろうと同じように、変化することなく与えられている声は、したがって、人間の言語とは正反対のものです。人間の言語は常に変化可能で、種族によって異なり、常に習得されなければならないものです。人間が学習する必要はなく、生まれるとすぐに自然にできること、つまりすべての民族で常に同じである、めそめそ、しくしく泣いたり呻いたりすること、あるいはその他の身体的感覚の発露だけが、動物の声の叫びと正当に比較されうるものなのです。しかしそれは人間の言語の一部ではなく、言語の手段によっては、動物の声と同じように、正確に表現したり完全にまねをすることさえできないものなのです。

自然音の不変性を示すこの例に、もう一つ、人間の言語が生得のものでないことを示す例を対比させたいと思います。ある戦場で生まれたばかりの、フランス人あるいはロシア人を母とする子供が拾われ、ドイツで育てられたと仮定してみましょう。その子供はフランス語やロシア語ではなく、他の一緒に成長する子供たちと同様、ドイツ語を話し始めるのです。その子の言葉は、生得のものではないのです。

今日私たちのもとに生まれるとすぐに、現在の私たちの言語のあらゆる音と特性を身につける、その同じ性質を持つ人間は、500年あるいは1000年前に生まれたとしても、私たちの先祖の言語が現在の言語とは異なっている点すべてを、まったく同じように容易に、特に気づかれることもなく、獲得することでしょう。一つ一つすべての言語の特性とは、その言語を使う人々が生まれ、育つ場所と時間に依存しているのです。場所と時間とは、人間の言語のすべての変化のきっかけであり、そこからのみ、一つの源から発した民族の多様性と違いが理解されうるのです。現在の［ドイツ語圏南端の］チロルと［北端の］フリジアの人々は、先祖は今より近い関係であり、同一の民族に属していたはずにもかかわらず、お互い話を理解するのに苦労します。しかしお互い理解し合い、分け隔てなく暮らしている人々の間でも、男女別および個人差によって、それぞれの言語の特性や差異が生じるものなのです。その差異により、やがてある場合には比較的大きな規模の、大量の単語の存在が、またある場合には語彙の貧困さや欠如が感じられるようになるのです。そうして、全体としてその言語は共有の財産ではあっても、しかし同時に一人一人にとっては特別な表現方式と思われるようになるのであり、それは、動物の声の一様性とは大きく異なっているものなのです。

そうです、言語とは人間に生得的なのものでもなく創造によって与えられたものでもなく、そのすべての働きについても成果についても、動物の声と同じと見なされることはできないのです。この両者にある程度共通しているのは、その土台となっている、創造された身体によって必然的に条件付けられた基礎のみなのです。

音はすべて、空気の動きと振動によって生じますし、四大元素の水のざわめきや火のぱちぱちと燃える音でさえ、空気へ圧力を加える波の激しい寄せ合い、あるいは空気を動かす燃料の消費の条件下にあったのです。動物にも人間にも、発声器官は自然により固有に与えられているもので、その音声器官を使って、様々なやり方で空気に影響を与え、その直接の結果が、規則正しい、均一に聞こえる響きなのです。動物はこうして、人間と同じように、一つ一つ同じような音を出すのですが、人間の方が、その音をはるかに豊かに、あらゆる方向へと展開させることができるのです。音の規則正しい展開は私たちにとっては分節、音節に切るということであり、人間の言語は分節されたものとして現れるのです。μείρομαι（分け前を持つ）あるいは μερίζω（分かつ）に由来する、ホメロスによる人間の形容 οἱ μέροπες、μέροπες ἄνθρωποι（言葉を分かつもの）、βροτοί（分節するもの）は、この事実と一致するのです。しかしこの音声の分節は、本質的には、人間の直立歩行、人間の姿勢と関連しているのです。その直立のおかげで、人間は個々の音を悠然と落ち着いて聞いてもらうことができるのですが、一方動物たちは、地面に向かって背を丸めているのです。

> pronaque quum spectent animalia caetera terram,
> os homini sublime dedit caelumque tueri
> jussit, et erectos ad sidera tollere vultus.
> （他の動物たちが頭をたれて地面を見ているのに対して、人間は頭を上げて空を見て、星々にそのまっすぐな眼差を向けることを許された。）
>
> （原注：オウィディウス『変身物語』1, 84）

この音や響きの必然的な順序や大きさは、もちろん、音楽の音階や色彩の順序と段階のように決められていて、その法則には何も付け加えることはできません。というのは、無限の混合色を生む七つの原色以外には、他の原色は考えられませんし、同じように三つの母音ａｉｕには、何も付け加えることはできないのです。ｅとｏおよびその他の二重母音や、その二重母音が凝縮された長音は、この三つの母音から生み出されるのです。また結びつきの無数の多様性の中で現れる半母音や子音の順序は、原則的には拡張することはできないのです。これらの原音は、私たちには生得のものなのです。なぜなら、これらの音は、私たちの身体器官の条件により、胸と喉いっぱいから押し出され息とともに吐き出されるか、あるいは口蓋、舌、歯や唇の助けにより作り出されるからなのです。その条件の中には、手が届き、掴めるものもあり、これらの音を人工的な機械的装置によってある程度まねをして何とか表現することも、まったく不可能というわけではないのです。また動物のさまざまな種の身体器官の中には、人間のものに似ているものもあります。鳥たちは哺乳類よりも、首以外の身体構造については、私たちとの違いが大きいのですが、首の姿勢がまっすぐな点が私たちによく似ていて、そのため心地よい歌声を持っています。その鳥たちの中で特にオウム、カラス、ムクドリ、カササギ、キツツキが、人間の言葉をほぼ完全に捕らえて真似することができるとしても、特に驚くには値しないでしょう。それに対して哺乳類の中では、そのようなことができる動物は一つとしてありません。その他の点では私たちに驚くほど似ている猿も、私たちのさまざまな身振りを見習おうとはするのですが、私たちの言葉を真似してみようとは決して思わないのです。直立歩行を学ぶ猿の種族は、歯をむき出しているので唇音は不可能だとしても、母音や舌音、歯音を達成することはできるのではないかと思われるかもしれません。しかし、猿が話をしようと企てるなどということはまったくないのです。

ヨハネス・ミュラーは最近、歌う鳥たちの喉をくわしく調べ、何が歌を可能にし、歌を生み出しているのかを証明しました。人間の歌手の鍛えられた喉を解剖して、歌唱力の大きな発達を示すものを見いだせるかどうか、私は分かりません。あるいは、もっと重要な問題を取り上げるのなら、解剖学者は、決定的に強い喉頭音を持つ民族、あるいはスラブ人のように重い破擦音の連続を習得している民族の発声器官に、その外的痕跡を示すことができるでしょうか。もしそれが可能だったとしても、私は不思議には思わないことでしょう。なぜなら、そのような特殊性は、一つ一つの動作や肩の動かし方が無意識のうちに父親から息子へ引き継がれ、兄弟姉妹がしばしば同じように歌への才能を持っている（原注：兄弟姉妹のくしゃみの仕方が似ているのが見られることもあります）のと同じように、遺伝として引き継がれうるものだからです。したがって私は、個々の民族の子供の喉に、すでに独自の音の特性の発音のための基盤が刻み込まれていると信じたいと思うのです。つまり、以前述べたあのドイツで生まれたロシア人あるいはフランス人の子供にとっては、私たちの音のいくつかは、発音が難しかったのではないでしょうか。これは、自由によって、動物の必然性が限定を受けるのとは正反対のものということになるでしょう。つまりここでは、反対に、人間の言語の自由が、一種の必然性によって侵害されているように見えるのです。もっとも、その自由は、必然性を簡単に乗り越えるのですが。解剖学が、平地で生活する北ドイツ人の発声器官を南ドイツのアルプスの羊飼いの発声器官と区別できるようになるためには、まだ長い間研究を進めなければならないことでしょう。しかし人間の言語は生得的ではないというこの主要な結論は、そのことで影響を受けるものではないのです。人間の言語が、動物の声と同じように必要とし、また前提としている自然にもとづく音声の基盤は、私たちの魂が人間の頭蓋骨を前提としているのと同じように、言語が働くための道具に過ぎないのです。そしてこの言語の働きは、人間においては、変わることのできない動物の声とはまったく正反対に、多様に現れるものなのです。生理学者はこの道具に、より大きな興味を持つでしょうが、文献学者はこの道具に基づく働きに興味を持つのです。

さてここで否定された言語の生得性以外に、もう一つ別の仮説が可能なものとして考えられてきました。それは、言語は人間の創造者によって、直接創造の行為においてではなく、創造の後に知らされ、人間の記憶に取り入れられて、世代から世代へと引き継がれて洗練され、人間の手のもとでさまざまな変化や退廃を経てきたというものです。この神による言語の知らせ、あるいは啓示というものは、神の律法の啓示と比較しうるものですが、しかし法よりも早く、最初の人間男女の創造のすぐ後に行われたはずなのです。なぜなら、そのような男女は、一瞬たりとも言語なしではいられなかったでしょうし、できあがった、最も高貴な神の被造物が、後になって与えられるものを最初は持っていなかったというのは、創造主の全能とは矛盾するように思えるからのです。

この考え方は、後にこれとは対置される言語の人間起源という考え方とは、その基礎において本質的に異なるのですが、これほど貴重な贈り物である言語の継承という点では、表面上はあまり違わないように思われるかもしれません。そのような継承は、世代から世代へと行われるのです。なぜなら、すべての人間が同時に死ぬことはなく、人間はしだいにこの世に生まれてくるのであり、したがって、神によって啓示された言語が引き継がれたのであれ、最初の人間によって自由に獲得された言語が引き継がれたのであれ、生き残った者たちは、自分たち自身が先祖から受け継いだものを後代の者たちに残すのですから。啓示は、決して再び完全に消えてしまったわけではなく、その光を、たとえ弱くなったとしても永遠に輝かせ続けるという前提があれば、一度だけ行われれば十分なのです。しかし人間による発明だとすると、何度も繰り返されたかもしれないのです。同時に、啓示された言語という場合には、その言語により近く接した最初の人間たちは、後代の人間よりも神の力に優遇されたのであり、後代の人間たちは冷遇されたと考えることになりますが、それは神の公正さに反することになってしまうでしょう。

啓示された言語という想定は、人類史全体の始まりに天国のような無垢の状態を置く人々にとっては、都合のいいものに違いないと私には思われます。そのような人々は、その後アダムとイヴの堕罪によって人間の持つ最も高貴な贈り物である能力が傷つけられたと考え、したがって神に似た存在である言語も頂点から堕落して、損ねられた形でのみ子孫たちに伝えられているのだと考えるのです。そのような考え方は魅力的であり、正しいと考えられるかもしれません。なぜなら、言語の歴史全体は、私たちが分け入ることができた限りでは、本当に完成された姿から不完全な方向への堕落を示していて、つまり言語に対しては、人間の本性全体に対するのと同様、再生と救済が行われなければならず、失われた初期の完全性と純粋性の状態へと、精神の経路をしだいに戻っていかなければならないと示しているように思われるからなのです。

しかしこのような理解は、すでに私たちの聖書の記録とは矛盾しているのです。聖書は、神により人間に言語の啓示が行われたとはどこにも述べていません。むしろ言語の存在を、聖書自身によっては説明されないままに前提としていて、言語の混乱は、堕罪のずっと後になって起こるとされているのです。あらゆる言語の分裂は、思い上がった人間の途方もない悪行の結果だと、心を打つように、感銘深く語られています。そこでは人間は、ギリシア神話の天を襲う巨人たちと同じように、愚かな塔の建設により神に近づこうと思ったのであり、そのことで言語の統一性が失われ、人間はその言語を、混乱した状態で、この世のあらゆる地域へともたらしたのです。最近一人の熟練の画家が、もしかすると「混合する」、「混ぜる」を意味するヘブライ語の babal という語の単なる誤解から生じたのかもしれないこの言い伝えを、豊かな構図で具象的に描こうと試みました。しかしこれは芸術の試みにすぎず、芸術は何も成し遂げることはできないのです。言語のこの世界全体への分裂と無限の多様性は非常に自然なものなのであって、人類の最高の目的に役立つものだったので、それは好都合で、必然的なものと呼ばれるべきで、決して混乱を引き起こすものと呼ばれるべきではなく、そもそも言語史の声高な抗議にさらされているこの物語が私たちに伝えているのとは違ったように起こったに違いないものなのです。

ここで私の研究は神学的な立場に到達しましたが、恐れる必要はありません。

啓示とは私たちは知らせ、あるいは宣言と考えますが、ギリシア人たちは ἀποκάλυψις（おおいをとること）、ローマ人たちは revelatio（ベールをとること）と呼びました。これらの単語はすべて、同じ概念に行き着きます。つまり明るみに出されたものは以前は閉ざされていたのであり、おおいがとられたものは、おおわれ、ベールに隠されていたということになります。創造的な根源力が絶え間なく作用を続け、維持し続けるということを誰も疑うことはできません。世界が持続しているという奇跡は、世界の創造の奇跡に完全に匹敵するのです。この絶え間なく現れる神の力は、理解できる者にとってのみ、明らかな啓示なのです。この力は自然全体を貫いていて、すべての事物に含まれているので、明白であると同時に隠されて存在し、事物という手段をとおしてのみ、探求されうるのです。というのは、この力はすべての事物の中にあり、したがってその外には存在しないのですから。探し求める者が手がかりをつかみ、理解できるようにならない限り、自然の言葉は理解されないのです。

しかし古代の幼い考え方は、神と人間との直接的な交流を仮定してきました。その現実性は私たちの理性には理解不可能で、他のほとんどの神話同様、受け入れがたいものなのです。というのは、神が最初は姿を現したのなら、その後はどうしてやめてしまわれたというのでしょうか。これは、神に必然的に備わっている不変性の概念に反しています。創造されたものでないものは歴史を持たず、永遠に同じでなければなりません。これでは、矛盾の輪の中に閉じこめられたような気がします。この矛盾は至る所に現れるとしても、言語の神による起源が主張される場合ほど顕著に現れることはないのです。

ギリシア文学にとっては、神々が現れてその国の言葉で話をしても、まったく不自然ではありません。それは、今日私たちの劇場で、あらゆる国々の英雄や男たちが一様に現在の言葉で話をしても、違和感を与えることはないのと同じです。なぜならその人々は、私たち自身の想像力という手段を使ってのみ、私たちの目に見えるのですから。しかし、ホメロスでもまた他の悲劇詩人たちの場合でも、どうしてアポロ、ヘルメス、アテネやその他の男神や女神たちは、人間たちの前に肉体を持ち、話をする存在として現れるのに、ゼウス自身は決して現れないのかということには、理由があったはずです。他の神々はまるで、それ自身は言葉にできない最高神の意思を人間の言葉に包んでとらえるよう委託された使者のようにふるまうのです。そして膨大な数の多神信仰において、現れるのは最高神に隷属する家来の神々のみで、その神々は最高神の属性を表現し、その命令を伝え、実行するのです。それは、カトリックの天使や聖人たちと同様です。

旧約聖書では、神は最初からすぐに肉体を持った姿で現れ、アダム、イヴ、ノア、アブラハム、モーセ、（ヨシュア）と話をします。この人々は、神の言葉を自然に理解し、答える姿で描かれています。この言葉の理解が最初に啓示された、あるいは啓示が必要だと思われたなどとは、どこにも述べられていません。しかしすでにモーセの時代に神は人間から離れはじめ、山の上でのみ姿を現すようになり、ちょうど雷鳴をとどろかすゼウスが雲に隠れてのみ姿を示すように、雷鳴や稲妻がわき上がる雲に姿を隠して話をするのです。しだいに神は自分自身姿を現すことがなくなり、主の天使が現れるようになります。すでにモーセに対しても、鳴り響いたのは主の声なのか、あるいは使者の声なのか、疑わしいことが何度かあります。その後は神は人間に対して、預言者や天使の口を通してのみ語りかけるのですが、彼らの人間より高い才能は、神とのより近い関係に基づくと考えられるでしょう。それは、使徒行伝（10, 44–46）で、聖霊の降臨により人々が言葉を話し始めるようなものです。しかし聖霊の降臨に、比喩を超えて人間の言語活動の本当の授与という意味を与えようとし、このことから、すでに長い間存在していた人間の言語の単純な起源を理解することはできません。私たちが黙示という言葉のよりどころとしている聖書の章は、主の天使によってヨハネに送られたものです。そしてプラトンが神々と人間との交流（ὁμιλία καὶ διάλεκτος）をダイモンに仲介させているように、預言者パウロは人間と天使の言葉について語っています。しかしダイモンや天使という想像はすべて、この世の自然によっては証明されていませんし、どれほど信じられるようにしようと努めたとしても、歴史には根拠が存在しないのです。

神の啓示は必然的に激しい勢いの霊感であってはならず、単なる言葉であって、その言葉により広められたはずなのですから、私たちの理性は、神の啓示による人間の言語の起源というものをどのように理解したらいいのでしょうか。最初の人間たちが神の言葉を聞く、つまり理解することができたのなら、その理解の前提としてすでに言語を所有していたはずなのですから、その人々に言語を開示するのは必要なかったように思えるのです。先ほど、言語は人間のために創造されたのではなく、したがって、人間がどうしても必要としていた理解力が成り立つための手段をまったく持っていなかったということを示しました。人間の本性は創造の時点でも、今日と異なっていたはずはないのです。人間の本性は、与えられていた感覚と理性だけで、他の方法では決して受け取ることができなかったはずの印象を受け取ることができたのです。内なる学びの気持ちが必要ないほど教えが人間の上に激しく降りかかってくる、などということは決してないのです。

さらに、私たちは神が私たちに向かって言葉を話すと考えるべきでしょうか、あるいは考えてもいいのでしょうか。もし神が人間の言葉を話すとするのなら、分節された言葉が必要とするような、身体器官を持った肉体をも、神に想定しなければならないことでしょう。しかし私には、たとえば人間の完全な肉体でありながら歯のような肉体の一部が欠けているものや、歯があり、したがって食事をする神などを想像するのは、まったく矛盾しているように思えるのです。なぜなら歯は、私たちの賢い本性にしたがって、話すためにも助けになりますが、しかし主に、食物をかみ砕くのに役立つのですから。このようなわけで、私たちは身体の器官の内部と外部との調和にこの上ない驚嘆の念を抱くのですが、その器官のどれかを創造する神に認めないことも、認めることも、まったく不可能なことでしょう。

しかしそもそも肉体が、少なくとも人間の肉体というものが神にまったくふさわしくないとするなら、どうして話すことや話すことの必要性を神に付与することができるのでしょうか。神が考えることは神の望むことであり、望むことは、神は立ち止まったり疑ったりすることなく、稲妻よりも早く実行してしまうのです。神の賢明さにかなうものなら一瞬のうちにやり遂げてしまえるのに、神は何のために使者を使って、伝達にもっと時間をかけたというのでしょうか。神の存在には、私たちが一つ一つ考察した、全能、原初計画、実行などの性質すべてが流れ込んでいるのではないでしょうか。神は他に類するものなく、しかし孤独でもなく、いたるところで無限の自然の豊かさの中で支配しており、人間の言語にほんの少しでも比べられるような言語の助けなど必要とはしないのです。それは、神の思考が人間の思考と同じ道を行くわけではないのと同じなのです。

この世が存在して以来かつて、人間の耳に神の直接の言葉が届いたということなど、人間の歴史すべてに、証明できるものはありません。神の言葉を音にすると、人間の言語のどれともまったく異なり、天の音楽となることでしょう。神が話をしたと記録されている場合、歴史の記録者は伝説に従ったのですが、伝説とは、暗闇に包まれた太古の時代に対しては、わかりやすい比喩を使ったものなのです。神が律法を指で石版に書き、モーセはそれを後に打ち砕いたと語られるとき、それを文字通りに信じる人などいるでしょうか。私たちが神の言葉と呼ぶ聖書は、その大変な古さ、記述の気高い簡明さにより、私たちには畏敬の念を抱かせるものです。しかしこれを最初に起草した者が誰であれ、その者は創造の始まりからすでにあまりに遠く離れていたので、これについては比喩と伝説以外は伝えることができなかったのです。誰でも異教徒の伝説については至る所で認めることを、旧約聖書の伝説についても認めるだけの、真実を愛する気持ちと思慮深さを持たなければなりません。アルノビウスは決定的な根拠を持って異教の教えに立ち向かっていますが、しかしその中には、新しい教え［キリスト教］に対しても向けられうるものもあることに、まったく気づいていません。

神の自然に対する関係は、自然相互の結びつきと同じように、しっかりした、ゆるぎない法則に基づいています。自然の結びつきは、その秘密と奇跡を外部ではなく内部に持っているのですから、自然でない手段はすべて、その結びつきから除外されなければなりません。不自然に行われる秘密など、存在しないのです。

古代ギリシアも古代インドも、人間の言語の起源とその多様性について問うことをせず、それに答えようともしなかったということは不思議に思われるかもしれません。聖書は少なくとも二つの謎の中の一つ、つまり多様性の謎を、バベルの塔で解決しようとしました。この答えにほぼ並ぶものとしては、私はもう一つ、簡単なエストニアの民間伝説を知っています。古い神が、人間にとって最初の居住地が狭くなりすぎたとき、人間を世界中に分散させ、すべての民族に独自の言語を与えようと決めたのです。そのために、神は水を入れたやかんを火にかけ、部族を一つ一つ順番に呼び寄せて、閉じ込められて苦しめられた水が歌って出した音を聞き取らせたのです。こうして人間に、四大の一つ［水のこと］の自然音から、最初の言語ではないにしても、少なくとも新しい言語が渡されたのです。

私は、人間の言語は創造で与えられたものではありえないのと同様、直接啓示されたものでもありえないという私の限られた目的を証明しました。言語が生得のものであれば、人間は動物になってしまうでしょうし、啓示されたものであれば、人間の中に神々を前提とすることになってしまうでしょう。したがって、言語はその起源についても進歩についても、人間のものであり、完全な自由を持って私たち自身によって獲得されたものであるということになるのです。言語はそれ以外ではありえず、言語は私たちの歴史であり、私たちの遺産なのです。

私たち人間のあり方、私たちを他の動物たちと分かつものは、サンスクリットでは、重要な意味を持つ気高い manudscha という名前を持っています。この単語は特に私たちのドイツ語で現在まで保たれていて、ゴート語の manniska、古高ドイツ語の mannisco、新高ドイツ語の mensch（人間）であり、すべての方言でも保たれています。この単語は神話上の祖先 Manna、すでにタキトゥスに使われている Mannus、インドの王 Manas にさかのぼると考えるのには、十分な根拠があります。この単語の語根は man、つまり「考える」であり、manas、μένος、mensch（人間）も直接ここに属しているのです。

人間 mensch とは、考えるからそう呼ばれるだけではなく、考えるから人間なのであり、考えるから話をするのです。この考える能力と話をする能力とのきわめて密接な関係は、人間の言語の基礎であり起源であると言えますし、その保証ともなっているのです。先ほど、人間を指すギリシア語は上に向けられた顔、分節された言葉に由来することを見てきましたが、ここでは、もっとふさわしく、人間は思考に応じて名付けられているのです。動物たちは考えないので話をしないのであり、それゆえ「話をしないもの」、古ノルド語 ômælandi（デンマーク語 de umælende）と呼ばれたり、「理性を持たないもの」、bruta、mutae bestiae（言葉を持たない動物）、mutum et turpe pecus（ものいわぬ醜い畜牛）と呼ばれたりするのです。ギリシア語の ἄλογος は、同時に「話をしない」と「考えない」を表現しています。子供は考え始めると同時に話を始め、考えが育つと同時に言葉も育つのであり、どちらも足し算的にではなく、掛け算的に成長するのです。この上なく深い思考を持つ人、世界の賢者、詩人、演説家たちは同時に、この上ない言葉の力を持っています。言葉の力は民族を形成し、その一体性を保ちます。そのような結びつきがなければ、民族はバラバラになってしまうでしょう。世界支配を確立するのは、すべての民族における思考の豊かさなのです。

したがって言語とは、進歩を続ける仕事、作り上げられたもの、思考の自由な展開のおかげで成立した、急速でもあり緩慢でもある人間による成果と思われ、それによって人間は分断されると同時に、まとめられもするのです。人間のあり方はすべて神によるものであり、良いものであれ悪いものであれ、人間が勝ち得たものはすべて、自分自身によるものなのです。預言者の霊感は、預言者の内部に呼び覚まされ目覚めた思考の比喩に過ぎないのです。しかし言語は最初は不完全であり、その価値はその後に増大するものなので、言語は、完成されたものを作り出す神に基づくものではありえないのです。

創造者は魂、つまり考える力と、言語という道具、つまり話す力を二つとも私たちの中に貴重な贈り物として与えてくださったのです。しかし私たちは、その考える能力を使うことによって初めて考えるのですが、言語は学ぶことによって初めて話をするのです。思考も言語も私たちの所有物であり、私たちの本性である向上してゆく自由は、この二つに基づいているのです。sentire quae velis et quae sentias dicere（好きなことを考え、考えることを言う）［タキトゥス『歴史』］、この自由がなければ、私たちは動物と同じくまったくの必然性にゆだねられていたことでしょう。私たちはこの自由とともに、向上してきたのです。

しかしこの言語、この思考は、一人一人の人間にばらばらに存在しているのではなく、すべての言語は歴史に記録された共同体そのものであり、世界を結びつけているのです。その多様性はまさに、思考の筋道を深め、活性化するためのものなのです。言語の獲得は貴重で、すべての人間に提供されているものなのですが、それは永遠に更新され、交代してゆく人類によって次世代へと継承され、引き継がれてゆくのです。それは、後世が維持し、管理し、そして増やしていくよう命じられている財産なのです。というのは、ここでは学ぶことと教えることが直接、気づかないうちに交じり合っているのです。乳児は母の胸元で、最初の言葉がやわらかい、優しい母の声によって自分に語りかけられるのを聞くのであり、その言葉は、まだ自分の音声器官を使いこなせないうちに、純粋な記憶の中に刻み込まれるのです。それゆえその言葉は母語と呼ばれ、こうして年とともに環境が急速に広がると、十分な広がりを得るのです。母語のみが、私たちを決して消すことのできない故郷と祖国に結びつけるのです。同じ言語の特性を刻み込まれた一つ一つの世代や民族について言えることは、人間の社会全体についても言えることなのです。言語、文学、そしてふさわしい時期におこなわれた文字と印刷術の発明なしでは、人類のどれほどの力も使い果たされ、疲弊させられていたことでしょう。文字も、神々が人間たちに教えたものとされてきました。しかし文字の人間起源は納得できるものであり、文字はしだいに完成されてゆくものなので、もし必要なら、言語の人間起源を確認し実証してくれるでしょう。

ヘロドトスによると、エジプト王プサムティクは、どの民族、どの言語が最初に創造されたのかを調べるために、二人の生まれたばかりの子供を人里離れたところで育てるようにと一人の羊飼いに与え、子供たちの耳の前では一言も言葉を発せず、子供たちがどのような音を発するか、注意するようにと命じたとのことです。しばらくの後、羊飼いが近づくと、この子供たちは両手を広げて βεκός と呼び、そしてこの同じ言葉を王の前でも何度も繰り返したのです。しかし調べてみると、プリュギア人がパンのことを βεκός と呼んでいることが判明し、このことで、プリュギア人がこの世で一番古い民族であるという確信が得られたとのことなのです（原注：ヘロドトス『歴史』第 2 巻第 2 節）。

この物語はすべて、まったく現実にはありそうもないように思えるのですが、そのような調査を実行して、生まれたばかりの子供たちを残酷にも人里離れた島に置き去りにし、言葉を話せない従者に育てさせるなどということが可能だと仮定してみましょう。そうすれば、子供たちにとって生得のものであるはずはない人類最古の言語の言葉を聞くことはありえませんが、このかわいそうな、人間の遺産から引き離された子供たちは、目覚めた思考能力をもって、最初に創造された人間と同じく、はじめからやり直して言語を作り出すことになり、もし隔離された状態が続くのなら、その言語を次世代へと伝えることになるでしょう。無数の障害が妨げとなるので、地球が続く限り実行に至ることは決してないのですが、それほど大きな犠牲を払って初めて言語研究は、他の根拠から正当に推論することができることについて、直接的な確証を得ることでしょう。

私は、私の本来の課題、あるいは課題の中で聴衆の皆様の大部分が最も興味を持っていらっしゃる部分を取り上げたいと思います。つまり、最初の人間が言語の発明をやり遂げたことをどのように考えたらいいのかという問いに、答えを与えたいと思うのです。

どのようにしてまったく異なるこの世の多くの言語が、最初の一回の言語形成、あるいはせいぜい数回の言語形成にさかのぼることができるのか、という問題は、ここでは取り上げることはできません。しかし唯一の、広い地域に広がって、その後多くの枝分かれをする祖語があるとして、その祖語が生み出され、継承されたのは、一組の男女のみによると想定すればいいのか、あるいは二組以上を想定するべきなのかという問題を最初に、まず手短に、取り上げなければなりません。

成熟して生殖能力のある男と女が一緒に創造されたと考えることができるでしょう。というのは、鳥が卵を前提とし、植物が種を前提とするのではなく、卵が鳥を前提とし、穀物が植物を前提としているのです。子供、卵、種用穀物は産物であり、つまり原初被造物ではないのです。最初の人間は決して子供ではなかったのですが、しかし最初の子供には父がいたのです。創造されたのではない、互いに組み合わされ、互いに作用しあう要素から、秘密の、言葉を持たない力がしだいに勝利を得て生命へと育ったなどと、誰が信じることでしょうか。消えてしまえば命がつねに命のない物質へとその場を譲ってしまうような、命を与える結びつきが、まず先にあったはずなのです。しかしすべての動物、すべての草木は、いくつもの並行して存在する組ではなく、一組のみが創造され、豊富に存在するあらゆる草は、一本の茎が茂って何倍にも増やされてきたと信じるべき理由はほとんどなく、事実はそうではないと信じる理由は多くあるのです。一組を生まれさせる創造の力は、その最初の一組の際にも同じようなものを二度作り上げなければならなかったのですから、いくつもの組を問題なく一緒に作り上げることができたはずです。動物全体はそれぞれの類の一つの組から生まれたという考え方に対しては、蟻と蜜蜂の社会本能の力が、もっともな反論とされてきました。その本能の力は生得のものであり、しだいに発展してきたものではありえず、したがって集団が発展するのを待っていたはずがないというのです。これを人間と言語に当てはめてみると、自然に基づく理由から、複数の組が創造されたと考えるのが当然だと思われます。なぜなら、最初の母はもしかすると息子だけを、あるいは娘だけを生んだかもしれず、またむしろ道徳的理由から、自然が戦慄を覚える兄弟姉妹間の交配を避けようとし、そのことで生殖の継続が妨げられたかもしれないからです。アダムとイヴは、二人だけだったのですから、結ばれてお互いの子供を生んだはずだということについては、聖書は何も触れていません。

最初から二組か三組の人間が言語を形成し、そしてまもなく生まれた子供も言語形成に加わり、そうしてすべての言語がたちまち無数に拡大する状況となったと考えた方が、言語の起源ははるかに容易に説明できます。そのことで、生まれ出る規則の統一性が危うくなるわけではありません。なぜなら、一組の男女の場合でも二人の個人、つまり男と女が言語を作り出さなければならず、その後子供たちもそれに参加することになるのですから。女性たちは数世代後に、特に複数の組が生まれたなら、男性とは多くの点で異なる慣習と態度を身につけるのですが、その女性たちには、自分たちの特によく使う概念を強調するための、方言の固有性が早くからあると認めることができます。サンスクリットに対してプラークリット語［印欧語に属するインドで使われた諸方言の総称］が、このことを最もはっきりと示しています。実際すべての古い言語において、男性変化と女性変化が区別されているのが見られますが、それは女性の言語形成への影響なしに起こったことでは決してありえないのです。

さて複数の言語間の関係は、一つ一つの民族の類縁関係について、どのような歴史的資料よりも確実な情報を私たちに与えてくれるのですが、その言語関係から、創生期の人間の原始状態や、人間の間で行われた言語形成について、推測することが可能です。理性においてのみ感じて推測できることで、まだ外的な真実の証明がなされていないことを、具体的な証拠を超えて感じ取ることは、人間の精神にとっては、感動的な喜びなのです。言語資料ははるかな古代から現在の私たちにまで伝えられていますが、その言語には二つの、別々で異なる傾向が見られます。この二つの傾向から、これに先行するもう一つの、私たちの証拠が及ばない領域にある傾向が必然的に推論されなければなりません。

サンスクリットとアヴェスタ語、そしてギリシア語とラテン語の大部分も、私たちに古い言語類型を示しています。その言語類型は、豊かで心地よい、驚嘆に値するような完成された形態を示していて、そこにはあらゆる感覚的精神的要素が生き生きと行き渡っています。これらの言語を継承し、後代に現れたもの、つまり現代インドの諸方言、ペルシア語、現代ギリシア語、ロマンス諸語においては、語形変化の内的な力としなやかさはほとんど放棄されるか乱されていて、それは部分的には外的な補助手段によって回復されているのです。ドイツ語はその源泉が、時には弱々しく流れ、時には力強く流れ出ていて、長い期間を通じて追跡され、比較検討されることができるのですが、その私たちのドイツ語においても、以前あった、より大きな形態の完全性が頂点から落ちてしまったことは明らかで、他の言語と同じ代償の道をたどってきているのです。4世紀のゴート語を現代のドイツ語と比べてみると、ゴート語には快い響きと美しいしなやかさがあり、ドイツ語にはしなやかさがなくなって、語りが何重にも豊かに形成されています。いたるところで言語の古い力が弱まって、その分、古い能力や手段に取って代わって別のものが現れているのですが、そのものの利点も、過小評価することはできないのです。

この二つの傾向は、決して厳しく対立するものではなく、すべての言語は多様で、似てはいるけれど異なる段階を示しているのです。たとえば形態の減少は、すでにゴート語やラテン語でも始まっていて、どちらの言語にも、それに先立つ、より古い、より豊かな姿を想定することができるのです。その古い姿と古典語であるゴート語やラテン語との関係は、その古典語と、たとえば新高ドイツ語やフランス語との関係と同じなのです。別の、一般的な表現を使えば、古い言語の、形態的な完成に到達した頂点は、歴史的には確認することはできないのです。またそれとは反対方向の精神的な言語形成が、現在すでに終結に至ったとも証明できないのです。言語形成が近いうちに終結に至ることは、決してないでしょう。サンスクリットに対してさえ、それに先立つ、その本性と素質の豊かさがより純粋に現れているような、より古い言語状態を主張することも許されるでしょう。しかし私たちがその状態に歴史的に到達することはもはや不可能で、ヴェーダの言語形式と後の言語形式との関連から推測できるだけなのです。

しかし形態の完成を、より高く、いわゆる楽園にさかのぼると考えようとするのは致命的な誤りであるでしょうし、まさに祖語の研究の際に、私に有害な影響を与えたように思われます。むしろ、言語の比較的最近の二つの時代を並べてみることで、語形変化の代わりにその解体が起こったことが明らかになるのと同時に、語形変化自身も、かつて類似した単語の部分が結びついたことから生じたのに違いないということも明らかになるのです。したがって必然的に、人間の言語の発展段階を二つだけではなく、三つ想定しなければなりません。つまり第一の語根と単語の創造、いわば成長と組織化の段階、第二の完成した語形変化の繁栄の段階、そして第三の思考への本能的力の段階です。この第三段階では、語形変化はまだ満足できるものではないとして放棄され、最初の段階では自然に行われ、第二の段階では見事に模範とされたこと、つまり語と厳密な思考との結びつきが、再び、より明晰な意識をともなって行われるのです。これらの段階は葉、花、熟した実であり、自然が要求するままに、同時に、また変わらない順序で現れるのです。目に見える二つの時期に先行する、目に見えない第一の時期の必要性だけで、私には、言語の神的起源という幻想は完全に排除されるように思われます。なぜなら、自由な人間の歴史を持つはずのものに前もって拘束を加えるのは、神の叡智に反することになってしまうでしょう。それは、最初の人間に与えられた神の言語を後代の者たちのために頂点から転落させるのが、神の正義に反するのと同じことです。言語が神的なものを持っているのは、私たちの本性と魂の中に、そもそも神的なものが広がっているからなのです。

最後の段階に現れる言語を観察するのみでは、言語起源の秘密に近づいたことに決してならないことでしょう。また現在の言語状況から、ある単語の語源を探ろうとする研究者は、ほとんどの場合失敗するものです。なぜなら、語根からその語形成要素を分離できないし、またその感覚的内容を突き止めることもできないのですから。

単語は当初、自然であり感情によって示された配列以外には何のよりどころもなく、牧歌的な快適さの中で何事にも邪魔されず発展したように思われます。その印象は純粋で不自然さのないものでしたが、あまりに多く荷を負いすぎて、ついに光と影をうまく分けることができなくなってしまったのです（原注：語形変化を欠く中国語は、いわば形成の第一段階にとどまったと言えるかもしれません）。しだいに、気づかれずに支配している言語精神が副次的概念に対して重要さを減らし、薄めて短縮するよう作用し、その副次的概念は、主要概念を規定する一部として主要部分に付加されるようになるのです。語形変化は、統御し動かす規定語が融合したものから生まれるのですが、その規定語は半ば、あるいはほとんど隠された動輪のように、規定語に刺激を受ける主要語に引きずられ、もともとの感覚的意味から抽象的意味に変わってしまい、その感覚的意味は時としてかすかに見えるだけなのです。ついには語形変化も使い古されて、単なる感情を持たない記号へと狭められ、そうして組み込まれていたてこが再び解き放たれ、より強い規定を受けてもう一度外部から付け加えられるのです。言語は、その柔軟性の一部を失いますが、しかしいたるところで、無限に高められた思考の豊かさに対する節度と規則を得るのです。

語形変化と派生の解体については、ボップの鋭い洞察が大きな功績を挙げたのですが、その解体がうまくなされてはじめて、語根が明らかとなり、語形変化は大部分、第三の時期には普通は外部に先行して置かれているような単語や概念の付加物が圧縮されて成立したことが明らかになったのです。第三の時期には、前置詞とはっきりした複合語がふさわしいもので、第二の時期には語形変化、接辞と、より大胆な複合語がふさわしく、第一の時期はすべての文法的な関係のために、感覚的な概念の自由な単語を並べたのです。最古の言語は旋律的ですが冗長でとらえどころがなく、中期の言語は簡潔な詩の力に満ちていて、新しい言語は、美の衰退を全体の調和で確実に埋め合わせようと努め、より少ない手段でより多くを達成することができるのです。

言語の起源を覆い隠していたベールは少し持ち上げられましたが、完全に取り除かれたわけではありません。ここで述べた考え方のほとんど、あるいはすべての根拠を取り上げることは、可能でもないし、私の目的でもありません。そのためには独自の厚い一冊の本が必要なことでしょう。研究の基礎を示すことだけを目指したいと思います。

言語をいわば膝に座らせている全自然と同じように、言語においても、何事もむだに起こることはありません。私がこれまで述べたことはすべて、目的達成のために十分なもので、浪費されるものはないのです。簡単な道具が最大のことを成し遂げるのであり、もともとどの文字も、意味がなく不必要だったものはありません。

すべての音は、自然な、その音を生み出す発声器官に根拠を持ち、利用に至る内容を持っているのです。母音の中でaは純粋な中間を、iは高さを、uは低さを保っています。aは純粋で硬直していて、iとuは流れるようで、子音になることもできます。母音には全体として女性的な、子音には男性的な基礎が与えられなければならないようです。

子音の中では、lは柔和なものを、rは粗野なものを表します。最古の言語の多くの単語では、それ以降の言語ではlが置かれるところでrが支配的であり、一方古い方のsはその後のrに場所を譲っていることが見て取れます。しかしsとlが混ざり合うことは決してありません。言語精神は、生じた穴を埋めようとしたのか、あるいは、こう考える方がより正しいように思われるのですが、二種類のrはすでに発音においても異なっていて、lに近い方は純粋で震え音であり、sと類縁関係にある方はかすれていて純粋ではないのかもしれません。

子音の二重化はすべて、最古の言語には認められません。これらはしだいに、様々な子音の同化によって、しかも特にしばしば、隣接するiから生じたものです。最もはっきりと、そして二度までもドイツ語の音韻推移において起きた子音の段階的変化は、すべての閉鎖音を移動させることにより、奇跡的な直感で、そのたびごとに閉鎖音にふさわしい位置を割り当てるのです。もし言語のどこかで自然の本能の力と自由な力が協力して働いたことがあるとするなら、それはこの大変顕著な現象において起きたのです。

祖語にとっては、eとoは見知らぬものでした。二重母音と母音混和が第二の時期のふさわしく、第三の時期にはウムラウトやその他の母音のあいまい化がふさわしいとするなら、第一の時期には、主としておそらくほとんど短母音と単純子音のみを認めるべきでしょう。（特に語形変化の歴史が教えるところによると、すべての二重母音は二つの音節から生まれたのです。au は a-u から、ai は a-i から。その間には、子音化つまり av あるいは va、aj あるいは ja が先行していました。すべての母音混和は 1 音節を前提としています。baira baurans が bira burans を前提としているように。)

しかし私は、ここでこれ以上個々の音の本性を説明するつもりはありません。この問題は、私たちの身体の肉体的基礎が言語に注意深く適用される場合に扱う方がふさわしいでしょう。

すべての単語のてことなったのは、代名詞と動詞のように思われます。代名詞はその名前から、単なる名詞の代理と思われやすいのですが、そうではなく、まさにすべての名詞の始まりに存在するものなのです。思考能力が目覚めた子供が「私」と言うように、ヤジュル・ヴェーダ［ヒンドゥー教の聖典の一つ］にも、原初の存在が「私は私だ」と話し、人間は呼ばれると「私です」と答えたとはっきりと認められています。すべての動詞と名詞は、それ自身人称関係を表現しながら、代名詞を組み込んでいますが、その代名詞は、言語の第三の時期には外的にはっきりと表現されるのです。人間が初めて、サンスクリットでは aham という「私」を口にしたとき、その人はこの言葉を胸いっぱいに膨らませて喉の気息音とともに発音したのです。そしてすべてのもともと類縁関係にある言語は、この点では変わっていません。ただ純粋な a を弱めたり、喉音の段階を変えたりしているだけなのです。斜格では、半ば後戻りさせる唇音の m が現れます。話が向けられる二人称の指示的な t は、主格でも斜格でも保たれなければなりません。しかし、より遠い三人称は、第一と第二の対立する人称よりも大きな多様性を要求し、その主要な指標は s か t で、特に s は、動詞にも付加される、流れるような再帰概念を示すのに用いられるのです。

言葉に生命を与える代名詞以外で、言語の最大で本来の力は動詞にあり、そこには、ほとんどすべての語根が現れています。

動詞語根の数は、言語の第一の時期の初めには数百を超えてはいなかったと思われますが、しかしその後急速に数を増やしました。その動詞語根は感覚的な観念を含んでいて、そこから直接的に、類似した、抽象的な観念が芽を出し、開花することができたのです。たとえば「息をする」という概念から「生きる」という概念が、「息を吐く」という概念から「死ぬ」という概念が開花したのです。光と音が同じ語根から生じたというのは、重大な結果を生じさせる主張です。

しかし動詞語根はすべて、一つの子音が母音の前、あるいは後ろに付け加わるという非常に簡単なやり方によって作られました。語根が母音だけから成り立ちうるかという問題は、疑わしいと考えてもいいでしょう。というのは、先ほど母音と子音の本質全般について述べたところによると、語根の創造は、二つの性の婚姻に依存しているように思われるのですから。サンスクリットには短いaのみによって作られた語根はなく、他方短いiは「行く」という概念の語根（これは、ラテン語の、長くなってはいますが、iに現れています）であり、短いuは「響く」の語根だと考えられています。しかしこの二つは、子音が脱落したのかもしれません。子音と母音から構成された語根の中では、子音で始まる語根の方が、子音で終わる語根よりも先にあったように思われます。なぜなら、母音で終わる語根にも、しだいに第二の子音が付け加わるのが普通なのですが、母音で始まる語根の前には、第二の子音は現れないからです。たとえばmâという語根と並んでmadという第二の語根が生じたのですが、これはラテン語のmetiri、ドイツ語のmessen（測る）に対応する単語です。気息を伴う初頭音v、hやsは、流音の前では、ある時は現れ、ある時は脱落するというのは、少し別の問題です。より古いのはどちらだろうかというと、現れる方だと私は考えます。

どの母音、どの子音を動詞のために採用するかということは、自然に前へ出て自己主張をする音の有機的な力を別とすれば、ほとんど発明者の恣意にゆだねられていました。しかしもしその恣意が、いつも完全にその有機的な力に依存しているなら、実際にはその恣意が働くことはまったくなかったはずなのですが、その恣意は、比較的繊細であろうとも、あるいは粗野であろうとも、感情を伴って発揮されることができたのです。この非常に単純な形成規則においても、必然性と自由が相互に浸透しあっているのを目にすることができます。たとえば、サンスクリットでは語根pâがギリシア語のπιεῖν、スラブ語のpiti（飲む）を表現していますが、別の言語の発明者がそのかわりにkâあるいはtâを採用したとしても、それを妨げるものは何もありません。印欧語の語根の大きな部分は歴史的な存在意義を持っているだけであり、そこには有機的な決まりが付け加えられる可能性があるだけなのです。しかし個々の言語においては、本能的に、異なる観念に対して同音の語根が用いられることはほとんど、あるいは決してない、ということになっています。つまり、発明者によって同じ音が複数回、まったく異なる観念に対して選ばれることはなかったのです。もしそのようなことがあれば、予期不可能な混乱が起きてしまうことでしょう。これとは注意深く区別しなければならないのは、しばしば私たちが気付いていない、隠れた、複数の感覚的・抽象的概念の類縁性ですが、それは、同一の語根の文字から生じたものなのです。

二重の閉鎖音の子音が語頭や語末に来る語根を、第一の時期に認めるか、認めるならどれほど多く認めるか、という点は、これまでの研究においては未解決です。

第二の時期には、すべての動詞について人称、数、時制、話法と態が示されることができます。人称は人称代名詞の付加によって、時制は、ほとんどは、もともと離れて加えられていた補助語がしだいに語形変化へと融合したものによって。そのような補助語による過去の表示以外は、同じ目的のために語根の繰り返し、つまり反復も現れました。なぜなら、過去というものは、繰り返しで自然に表現されるものですから。ドイツ語の母音交替は、反復音節の消滅の後も、そのような反復形式と密接な関連を持っているのです。そして二重母音が母音の長さへと圧縮されるように、反復は母音交替へと圧縮されるのです。したがってドイツ語の母音交替で形成された過去形には、助動詞が組み込まれていると考えることはできないのです。

名詞はすべて、つまり事物に添えられた名前や性質は、動詞を前提としていて、その動詞の感覚的な概念が名詞に適用されたのです。たとえばドイツ語の hahn（鶏）、ゴート語の hana はコケコッコーと鳴く鳥を表していて、つまり失われてしまった動詞 hanan が前提となっているのです。この動詞はサンスクリットの kan、ラテン語の canere に対応するもので、その母音交替の形であるゴート語の hôn、古高ドイツ語の huon は huon pullus gallinacens（鶏の雛）を介して、新高ドイツ語の huhn（鶏）の由来を明らかにしてくれます。鶏のスラブ語名 pjetel も同様に pjeti（歌う）に、リトアニア語の gaidys は giedmi にさかのぼります。ドイツ語の wind（風）、ラテン語の ventus、スラブ語の vjetr、リトアニア語の vejas、サンスクリットの vâju は「そよぐもの」という意味で、サンスクリット vâ、ゴート語 vaian spirare にさかのぼります。同じように ἄνεμος、animus（精神）はゴート語の anan spirare に、ドイツ語の geist（精神）は古い geisan vento ferri に属しています。vâju と vejas には欠けている舌音が ventus（風）と vjetr にはありますし、geist にもあります。これは、たとえばラテン語の canis、ギリシア語の κύων に対してドイツ語の hund（犬）において起きたように、数え切れないほど多く起きたことなのです。ここにはあらゆる方面から限りない数の例を見ることができます。今では語源がわかりにくくなっているドイツ語の bohne（豆）には、ラテン語の faba と同じく語根がありません。しかし faba は fagba から、そして bohne、古高ドイツ語の bôna、したがってゴート語の bauna が bagbana、bagbuna から生じたに違いないことは容易にわかります。これにスラブ語の bob を付け加えることもできます。fagba、bagba については、ギリシア語の φαγεῖν が正しい語根を教えてくれます。fagba とは食べられる果実のことで、fagus、古高ドイツ語の puocha、新高ドイツ語の buche、ギリシア語の φακῆ（レンズ豆）も同じ語源を示しています。

また言語の発明の際にすべての名前に性が与えられたことは、非常に自然で人間的なことでした。性は、その事物自身に見て取ることができるか、あるいは思考において付与されることができたのです。しかし語形変化においては、男性が最も完全で、はっきりした形となり、女性はより穏やかで重々しい形となりました。つまり男性名詞は子音や短母音がより多く、女性名詞は長母音がふさわしいものとなり、しかしこの両者から生み出された中性名詞は、この両者の特徴を持っているのです。性の区別により、名詞が関与しなければならないあらゆる状況に、大変幸運にも、一気に規則と明瞭さがもたらされたのです。

この状況は、とりわけ格と数の事情にも当てはまります。つまり、文の中で支配的である主格は代名詞が示すのですが、斜格は空間的概念を不変化詞によって示さなければなりません。不変化詞は、動詞に補助動詞が付加されるのと同じように名詞に付加されるもので、しだいに名詞と融合してさまざまな語形変化を生むのです。語形変化が生まれると、その語形変化には、そのような圧縮と集約のために主として長母音や二重母音がふさわしかったのですが、その母音が希薄化すると、語形変化は色あせたのでしょう。比較的新しい言語においては、ついに継承された語形変化がほとんど、あるいはまったくなくなってしまい、冠詞と前置詞によって外部から補われているのを目にします。これらの冠詞と前置詞は私たちに、語形変化自身がかつては同じような要素から生まれたはずだということを感じさせます。フランス語の le loup と du loup はラテン語の lupus と lupi に対応していますが、しかし ille lupus と de illo lupo から生じたことが証明されているので、語末の s は代名詞を含んでいて、語形変化の i は、元の完全な形に戻せば、不変化詞が現れることが推論されるのです。

不変化詞自身も、生得で、身体に属する、半ば動物的な感嘆詞を除けば、もともと生きた名詞か代名詞だったのであり、しだいに抽象的機能が付加されるので、言語の生きた循環が完成されるのです。

言語は個々の、大きな長所を手放すこともあります。たとえば中間態、受動態、希求法、多くの時制や格を形態上は放棄し、そのかわりに、よりはっきりした、長い言い換えを使ったり、あるいは、たとえば美しくて役に立つ双数形のように、感覚的な表現をまったく補わないこともあります。しばらくの間は、サンスクリットの tschakšušî、ギリシア語の ὄσσε は「両眼」で、ギリシア語の χεροῖν は「両手」で表現できました。この「両」という語は、古い双数が自然なものであることを示しています。最後にはただ「眼」「手」の複数形だけで十分になったのです。

私は、内容豊かでくみ尽くせない、私のこの講演ではしばしば扱いきれない言語の諸関係を大急ぎで概観してきましたが、それは、設定された 3 つの時期をより一般的に考察する余地を残すためでした。人間の言語は、個々の点から見ると表面的には退化しているように見えますが、全体から見ると常に進化していて、その内的な力を増やしているところであると見られなければならないということが明らかになります。

私たちの言語は、私たちの歴史でもあります。個々の部族は統一し、共同の風習と法を受け入れ、結束して行動して自分たちの領土を拡大したのですが、その部族により、民族や国家の基礎が置かれました。それと同じように、習慣も、それに続くすべての習慣が導き出され、そのよりどころとなるような最初の発見の行為を必要としたのです。その後、共同体の持続により、多数の変更がもたらされたのです。

最初の時代の言語状況を、普通に連想される、この世における完全さという意味で楽園的と呼ぶことはできません。というのは、その言語は、精神の高い才能がまどろんだままであるか、半ば目覚めているに過ぎない、ほとんど植物のような生を生きているに過ぎないのです。その描写は、以下のような特徴にまとめられるでしょう。

言語の登場は素朴で、技巧によらず、血が若者の体内を急速に巡るように、生気に満ちています。単語はすべて短く、単音節で、ほとんどが短母音と単子音によって作られています。単語は、草の茎のように、すぐに密生して密集するのです。あらゆる概念は、感覚的で曇りのない、すでに思考となっている観察から生まれ、その観察から、あらゆる方向に向けて軽やかな、新しい思考が生まれるのです。単語と観念の関係は素朴で、新鮮で、しかし飾られることなく、後に続く、まだ配列の定まらない単語によって表現されます。そのおしゃべりな言語は、進んでいく一歩一歩ごとに、豊かさと能力を発展させていくのですが、しかし全体としては、節度と調和が欠けているのです。その思考は持続的なもの、恒常的なものはなく、したがってこの最も初期の言語は、まだ精神の記念碑的資料を生むことはなく、最古の人間の幸せな生活のように、歴史に痕跡を残さず消えていきます。無数の種が地面に落ち、それが次の時代を準備しているのです。

その第二の時代においては、すべての音法則は数倍になり、輝かしく花開いたのです。豪華な二重母音と、それが長母音へ弱化したものから、まだ支配的な短母音と並んで、響きのいい母音交替が生じます。このようにして、子音も、もうあらゆるところで母音に分断されることなく、近づきあって、表現の能力と力を高めるのです。しかし個々の音がより強く結びつくと、不変化詞や補助動詞は被修飾語へ近づきはじめ、もともと存在する意味がしだいに弱まることにより、その被修飾語と一体化し始めます。言語の意味の力が弱まって概観することが難しくなった特殊概念や、見通すことが難しい単語の配列に代わって、わかりやすい積み重ねや静止点が生じ、それらは、偶然的なものから本質的なものを、従属的なものから支配的なものを前面に取り出すのです。単語はより長く、多音節となり、ゆるい序列から、多量の複合語が形成されます。個々の母音から二重母音が生まれるように、個々の単語から語形変化が生まれ、また二重母音が緊密に圧縮されるように、語形変化の構成要素も、要素自身はわかりにくく、しかしそれだけ使いやすくなったのです。それとは感じられなくなった付属語には、新しい、よりはっきりと残るものが付け加わるのです。言語全体は、まだ感覚的には豊かですが、思考、および思考をまとめ上げるものについてはより力強く、語形変化の柔軟性が、生き生きとして規則正しい表現の増大を保証してくれるのです。この頃には、美しさと心地よい響きと形式の交代が必須である韻律と文学にとって、言語が最もふさわしいものになっていることが見て取れます。インドとギリシアの文学は、不滅の作品において私たちに、ふさわしい瞬間に到達し、後にはもはや到達不可能な頂点を示してくれています。

さてしかし人間の自然のすべては、つまり言語も含めて、永遠の、押しとどめることのできない発展の中にあるので、言語発展のこの第二の時期における法則は、永遠には十分なものではありえず、思考のより大きな自由さを求める努力に席を譲らなければなりませんでした。その思考は、完成した形式の優美さと力強さによって、束縛されているようにさえ思われていたのです。悲劇詩人のコロスやピンダロスの頌歌で言葉と思考がどれほど力強く結びつけられていたとしても、そこからは、明晰さを損なうような緊張が生まれてくるのです。この緊張は、形象に形象を重ねるインドの複合語で、よりはっきりと認識できるようになります。言語精神は、俗語表現の影響に譲歩することで、このような本当に優勢な形式の印象から逃れようとしたのです。そのような俗語表現は、民族のめまぐるしい興亡において、再び実りをもたらすものとして表面に現れたのです。キリスト教の導入以来勢いを失っていたラテン語に代わり、別の階層と基盤の上にロマンス諸語が興隆し、そのロマンス諸語と並んで、時代とともにドイツ語と英語が、その最古の手段を使ってではなく、単に現在の力に条件付けられた混合形で、自らを主張しました。純粋な母音には、すでに以前から、私たちがウムラウト、母音混和、その他古代には知られていなかった名称を付けたようなあいまい化が起こり、子音は、位置が変えられたり、変化を受けたり、硬化されるということになりました。音体系全体の純粋さが弱められてほとんどバラバラになったことを、残念に思う人もいるかもしれません。しかし中間音が成立したことで、思いがけず、新しい、この上なく自由に扱うことのできる手段が生まれたことを、誰も否定することはできないでしょう。多量の語根が、そのような音変化によって不明瞭となり、したがってもはや本来の感覚的意味ではなく、抽象的な観念のためのみに維持されました。かつての語形変化のほとんどは失われ、より豊かで自由な不変化詞によって置き換えられ、むしろ凌駕されたのです。なぜなら思考は、確実さ以外にも、多方面にわたる応用の可能性を増大させたのですから。すでに4つ、あるいは5つのギリシア語やラテン語の格は、それ自身、フィンランド語の14個の格と比べて能力が低いように思われますが、それでも、そのような見かけ上の機敏さは本当のものではなく、フィンランド語の能力はかえって低いのです。したがって私たちの近代諸語は、全体としては、ギリシア語動詞のあまりに豊かな形式を表現しないままにするか、あるいは、重要な場合には言い換えなければならないとしても、思うほどそのことで失うものは多くはないのです。

ここでの議論の結論とその重要性に関しては、ただ一つの、しかし決定的な例を述べれば、それ以上の説明はほとんど不必要でしょう。まさに古い音韻法則の崩壊と放棄、ほとんどすべての語形変化の廃止により、近代の言語の中では、英語ほど大きな力と強さを得た言語はありません。英語の中間音は、教えることさえできず、ただ学ぶことができるだけなのですが、もしかすると他の言語にはこれまで決して与えられていなかったような英語の表現の本質的な力は、その自由な中間音の豊富さに依存して成立したのです。英語の非常に精神的な、見事に作られた基礎と構造全体は、近代ヨーロッパの最も高貴な二つの言語、ゲルマン語とロマンス語の驚くべき結婚によって生まれたのです。ゲルマン語は非常に感覚的な基礎を与え、ロマンス語は精神的な概念を与えてくれたという、英語におけるこの両者の関係は知られています。ええ、古代の古典文学とは異なり、近代の最大で最も優れた詩人、私はもちろんシェイクスピアのことを言っているのですが、その詩人が英語によって生み出され支えられたのには、十分な理由があるのですが、その英語は世界語と呼ばれても当然であり、イギリス国民と同様、将来はさらに高い程度に、地上のあらゆるところで支配するように選ばれた存在となっているように思われます。というのは、その豊かさ、理性、緊密な組み立てにおいて、現存のどの言語も並ぶものはないのです。私たちのドイツ語も、やはり英語に並ぶことはできません。ドイツ語は私たち自身のように分裂していて、大胆に英語と競争するためには、まずいくつかの欠点を捨て去らなければならないことでしょう。しかしドイツ語は、いくつかの心地よい思い出を提供することはできるでしょうし、誰がドイツ語から希望を奪うことができるでしょうか。人間の言語の美しさは最初から花咲いていたのではなく、途中において花咲いたのであり、言語はその最も豊かな果実を、将来になって初めてもたらすのです。

しかし誰が、この未来の秘密の道をすべて探ることができるでしょうか。時代の経過とともに、密生した森がつるを伸ばすブドウの木や小麦の実をつける茎に場所を譲り、それらの茎が大地が耕される際にますます広い区間を占めることになったのは、大きな世界秩序にふさわしいことでした。同じように、ばらばらになって広い空間に散らばり、後に再び接触した言語の中で、最終的には滋養となる精神の果実をもたらし生み出した言語だけが、この領域での支配者となるように思われます。またエジプトのピラミッド、ギリシアの神殿、キリスト教徒のアーチ型教会と同じように、バベルの塔も天国を目指したのですが、すべての人間言語が、曇らされ、混乱させられてそのバベルの塔の階段から下へと歩み出たという話とは違い、人間の言語はいつか、予測できない時に、純粋で混じりけない姿でまとまり、現在は荒廃した民族の言語に粉々に散らばっている多くの高貴なものを取り入れるかもしれないのです。

言語は、光や重力のように、硬直していて永遠に作用する自然法則に従うようになったのではなく、人間の自由の温かい手に委ねられました。そして民族の花咲く力によって促進されもし、また民族の野蛮さによって押さえつけられもし、ある時は楽しく花開き、ある時は長い、やせ細った休閑地に停滞したこともありました。そもそも私たち人類が、自由と必然との対立において、自分たち自身の外部で支配している力の、必然的で避けることのできない影響下にある限りにおいて、人間の言語には振動、弱化あるいは重力が認められうるのです。

しかし言語の歴史が私たちの目を開いてくれるところには、生き生きした活動、しっかりとした安定や、柔らかくしなやかな関節、翼が絶え間なく伸ばされたり畳まれたりする様子、まだ決して最終的な結末には到達させないような、満たされていない変化が現れるのです。これらすべてが、言語は人間の作品、行為であり、私たちの本性の長所や短所を含んでいることを保証しているのです。言語の均一性などというものは考えられないものです、というのは、ただそのまま存続するものには必要ないのですが、後から付け加わるもの、あとから生まれるものに対しては、変化の余地が残されていなければならないのですから。単語は、長い、果てしない期間の使用によって固められ磨かれましたが、同時に使い古されてすり減ったり、偶然の出来事の力によって失われたりもしました。葉が木から落ちるように、単語も幹から地に落ち、新たな語形成によって覆われ、押しのけられるのです。自分の足場を守った単語も、何度もその色と意味を変えたので、もうほとんど元の姿がわからなくなっているのです。しかしほとんどすべての損失と喪失に対して、すぐに、自然に、代用と埋め合わせが現れるものなのです。それこそが、守護してくれる言語精神の静かなまなざしであり、その言語精神は、すべての傷口をすぐにふさいで一夜にして傷を治し、すべての問題を片付け、混乱から守ってくれるのです。ただ、言語精神の最高の好意が示された言語と、それほどでもなかった言語があるのですが。それは、自然の根源的な力と言うこともできるでしょう。その力は、私たちに植え付けられていて生得のものとなっている原音から絶えず湧き上がってくるもので、人間の言語構造と結びついて、すべての言語をその腕の中に抱きしめるのです。しかしその音声能力と言語能力とは、肉体と魂との関係と同じなのです。中世には、適切なことに魂は主人、肉体は従者と呼ばれていたのです。

人間が考え出し、発明し、身につけ、互いに伝承し、また創造し、自身の中に置かれた本性と結びついて生み出したすべてのものの中で、言語が最も偉大で、最も高貴で、最も不可欠な財産のように思われます。人間の思考から直接生まれ出て、思考に密着し、思考と歩みをそろえている言語は、すべての人間の共有財産、遺産となりました。この財産は誰にでも与えられ、人間にとっては、呼吸する空気のようになくてはならないもので、私たちにとっては、簡単であると同時に、難しい獲得物でもあります。簡単というのは、子供の時から言語の性質は私たちの本性に刻み込まれていて、私たちは気づかないうちに話をする能力を身につけているからです。それは、私たちが言語と同じように無限に似ていたり異なっていたりするニュアンスを持つ態度や顔色をお互いに読み取っているのと同じなのです。文学、音楽やその他の芸術は選ばれた人たちのみの財産なのですが、言語は私たちすべての財産です。しかし言語を完全に所有し、その最深部まで窮め尽くすのは非常に難しいのです。多くの人々は、現存の単語の半分、あるいはもっと少ない量でも、やっていけるものなのです。

死んだ楽器によって呼び起こされ、さすらうような、滑るような、理解されるというよりは感じ取られる表現をともなう音楽は、すべての思考を明瞭につかみ、はっきりと捕らえる、分節された言語と対立するものです。しかし歌唱においては、音楽は語られる言葉に付け加えられ、厳かな随伴者となるのです。このような心を高める人間の歌唱は、鳥の歌声にたとえたいと思うかもしれません。鳥の歌声は、動物の叫びという欲求を超えて、より深く持続する感情を伝えますし、また物覚えのよい鳥の中には、何度も繰り返される旋律を聴き取ってすらすらと歌うものもいます。しかし鳥がどれほど魂を持っているように見えたとしても、甘いナイチンゲールの歌声は常に同じであり、生まれつきの、変わることのない能力に過ぎません。一方、私たちの音楽は人間の感情と想像力から生まれたもので、どこであっても異なるものなのです。音符に記されれば、言葉が本から読まれるように、歌は真似て歌われ、音楽は真似て演奏されることができます。私が先ほど述べた言語の機械装置は、人間言語を、思考の点でと言うよりは、言葉の響きという点で真似ようとするもので、生理的な面で基本音のメカニズムを突き止めようとするものなのです。

音楽には、その名前が示唆しているように［Musik（音楽）とは、ギリシア神話で学芸の女神の名前に由来する］、そして文学にも、より高いインスピレーションがあると考えられ、神的なもの、天上のものと呼ばれるのですが、そのことに言語の超人間的な起源の証拠を求めることは、すでに次の理由から、不可能だと思われます。つまり同じような仮定が欠けている言語が、この両者に必然的に先行したに違いないのですから。というのは、強調した、悠然とした言葉の朗読から歌唱と歌曲が生まれ、歌曲から他の文学が、歌唱からは、抽象化がさらに進み、その他すべての音楽が生まれたのです。音楽は、言葉を放棄した後ではるかな高みへと飛翔し、思考は確実について行くことができなくなったのです。言語は自由な人間の発明物だと確信を得た人は、文学と音楽の根源が詩人の理性、感情、想像力にあることを疑わないでしょう。言語は音楽の沈殿物だと言うよりは、むしろ、音楽は言語の昇華物だと言うべきでしょう。

言語の起源はまことに秘密に満ちていて不思議なものですが、しかし他の不思議や秘密に取り囲まれているのです。また伝説の不思議さには、同じような重要性があると思われます。伝説は、世界中のすべての民族に、同じような測り知れなさと多様さで動き回って現れ、人間の長い期間の共同生活によって成長し、広く伝えられてきたに違いないのです。言語の謎は、言語の本質自身にあるというよりは、むしろ、言語がまだ揺りかごの中にいた、言語の出現の最初の時期について私たちがあまりよく知らない、という点にあるのです。この時期については、私は、感覚的な発展の技工なき簡明さをその特徴とすることで、明らかにしようと努めました。私の想像はすべて、この点を中心としていて、この点で私はこれまでの研究者たちとは違っていると考えています。覆いが一つ一つ取り去られるまで、語形変化の本質も私たちには闇に包まれていたのではないでしょうか。歴史に残る時代の数多くの出来事でさえ、歴史研究者の目に初めて明らかとなったのであり、人類最古の歴史は、言語の歴史同様に、隠されたままで、言語研究だけがそこに光を投げ返すことでしょう。

ある言語は、もう一つの言語よりも美しく、実り豊かのように思えることがあります。しかし詩人にとってはそれは問題ではなく、灰色の鳥から魅力的な声が鳴り響くように、貧しい道具から大きな効果を引き出すことができるのです。北欧の宮廷詩人たちも、芸術性豊かな歌謡形式を心得ていて、何巻もの作品を生み出し、形象に形象を積み重ねました。その作風に分け入ってみると、まもなく空虚に感じさせます。なぜなら、いつも戦い、勝利、寛大さについて歌われているのですから。しかしピンダロスは魂の琴線すべてに触れます。ある神話は、もう一つの神話より深く、愛らしいということがあります。しかし私たちを最も強く感動させるのは、その周りに文学の最も大きな豊かさが生まれた神話です。エジプト神話は、しばしばギリシア神話の土台となったとのことですが、そのギリシア神話にはかなわないのです。なぜなら、エジプト神話は種と果実を差し出すのみで、文学の葉と花が完全に欠けているのですから。しかし文学全体の中で叙事詩ほど、基礎と発展について言語に近く、匹敵するものはありません。その叙事詩も、単純な土台から、私たちが驚嘆するような高みへと舞い上がったに違いないのです。叙事詩と、人間の文学と言語の最も高貴な資料の中に、世界から消え去った、より力強い姿の衰弱した外観や名残りのみを見ようとした人は、まったく何も説明したことにはならないのです。なぜなら、元になったと考えられるものは、もし何とか到達できるものであるなら、もっとはっきりと説明を求めることでしょうから。

私は次の問題を、ここで最後に取り上げようと考えました。それは、私はこれまでのところほとんど印欧語のことのみを視野に入れてきたのですが、地上の他の言語は、どのようにしてまったく同一の起源から派生されたのかという問題です。本質的には、あらゆる言語の一般的な起源について得られた結果は、この問題によって変更されることはないでしょう。しかしそのような研究は、ただ少し手を付けただけでも特別でほとんど際限のない規模となるもので、たとえ、私が何度か考察したことのあるフィンランド語と印欧語との関係に限定したとしても、私の力は及ばないことでしょう。地上のすべての重要な語族に歴史的研究が向けられたときに、その研究の進行に従い、ここで述べられたことについて、私が発見したことを支持するような結果となることを希望しています。しかし、私は今、異国の漁師に対して水を濁らせてしまっただけなのかもしれません。

私は、最後に、あの方［ヘルダーを指す］の才能に敬意を表さねばなりません。あの方は、研究の深さと学識の厳密さに欠ける点を、意義深い節度、真実を求める活発な感情で補い、他の問題と同様、難しい言語の起源の問題についてもすでに解決を与えたので、この方が与えた答えは、この方がすでに使うことができた根拠とは別の根拠で作り上げられ、確認されなければならないとしても、今なお正しいものなのです。

解題「言語の起源について」

ここに訳出したのは、ヤーコプ・グリムが1851年にベルリンの科学アカデミーで行った講演である。言語の起源については以前から様々な議論がなされてきたが、この講演でヤーコプ・グリムは、基本的にはその80年前にベルリン科学アカデミー懸賞課題で受賞論文となったヨハン・ゴットフリート・ヘルダーの論文「言語起源論」(木村直司訳、大修館書店、1972年、および大阪大学ドイツ近代文学研究会訳、法政大学出版局、2015年)を擁護する立場を表明している。しかしその80年間は、グリム自身の貢献もあり、まさに比較言語学が成立・発展した時期にあたる。グリムは比較言語学の新しい知見を取り入れ、当時としては最新の言語研究の立場から、あらためて言語の人間的起源を主張しているのである。この講演からは、グリムの自然科学(特に植物学や解剖学)への関心、母語への愛、キリスト教に基づく宗教観なども見て取れる。現在から考えると、やや不合理と思われる主張も含まれているが、この講演は、すでに高齢となっていたヤーコプ・グリム(1785年生まれ)の、それまでの言語研究の総まとめとなっているのである。

翻訳はJacob Grimm, *Kleinere Schriften*, Bd. 1 (1864), Reprografischer Nachdruck, Georg Olms. Hildesheim (1965)に所収のものを底本としたが、Jacob Grimm, *Über den Ursprung der Sprache*, aus den Abhandlungen der Königlichen Akademie der Wissenschaften vom Jahr 1851, Ferd. Dümmler's Verlagsbuchhandlung (1852)およびJacob Grimm, *Über den Ursprung der Sprache*, Mit einem Nachwort von M. Rassem, Insel Verlag Zweigstelle, Wiesbaden (1958)も参考とした。ただし原文にある注のほとんどは割愛した。また原研二氏による翻訳「言語の起源について」(ドイツ・ロマン派全集第15巻『グリム兄弟』、国書刊行会、1989年に所収)も参考にさせていただいた。ここに記して、感謝したい。

［重藤実］

あとがきにかえて

ひつじ書房の手で『グリム兄弟言語論集』が出版されるまでには、長い年月の先史がありました。別の出版社による約20年前の企画では、言語論だけでなく、伝説集、神話学なども含む全3巻の予定でした。19世紀前半、人文諸科学の揺籃期の一翼をになったグリム兄弟の広範な活動に対応するもので、言語論はそのしんがりの予定でした。言語論の翻訳はかなり進捗していたのですが、残念ながら企画全体が立ち消えとなりました。言語論のまとめ役として、私なりにせめて言語論の部分を切り離してでも世に出せたらと苦慮していた矢先に、思いがけない救世主が現れたのです。ひつじ書房の松本功社長と、当初から主要訳者の一人であった学習院大学の高田博行さんからお声がかかったのでした。

ひつじ書房は1990年創立以来、日本語学・言語学の出版社として次々と実績を重ね、ドイツ言語学にも及び、高田博行・岡本順治・渡辺学編「講座ドイツ言語学」シリーズや高橋輝和『ドイツ語の様相助動詞』の大著を世に送っています。出版が順調に実現したのは、もっぱら高田さんの卓越したリーダーシップとひつじ書房の海老澤絵莉さんの行き届いた配慮によるものです。一気に進んだ新企画に、木村直司、岩井方男の両氏を始め9名の参加が実現し(日本グリム協会の会長であった橋本孝氏の励ましも得て)、各翻訳がそれぞれの担当者の責任で完成しました。懸案の実現を目前にして感無量、あらためて多くの方々に対する感謝の思いがつきません。訳文の全体調整と校正については、訳者の一人である佐藤恵さんが献身的に取り組んで下さいました。言語学以外の分野のグリム兄弟の論文の邦訳も、これを機に世に出ることを期待したいと切に思います。

2017年2月

訳者を代表して
千石喬

グリム兄弟　小年表

――収録 10 篇の背景――

（太字は収録 10 篇）

1785	ヤーコプ　ヘッセン国ハーナウにて誕生（1 月 4 日）
1786	ヴィルヘルム　ヘッセン国ハーナウにて誕生（2 月 24 日）
1789	フランス革命勃発
1796	父の死（没年 45 歳　法律家）
1802	ヤーコプ　マールブルク大学入学（ザヴィニー教授の指導）
1803	ヴィルヘルム　マールブルク大学入学／ヘルダー没（1744 生）
1804	ナポレオン、フランス皇帝即位
1805	一家カッセルに居住
1807	ヤーコプ「ニーベルンゲンの歌について」
	ヘッセンはウェストファリア王国に合併
1808	ヤーコプ　ジェローム王（ナポレオンの弟）の宮廷司書官
	Fr. シュレーゲル『インド人の言語と知性』
1811	ヤーコプ『古いドイツの職匠歌について』
	ヴィルヘルム『古いデンマークの英雄歌、バラード、メルヒェン』
	ラスク『アイスランド語または古ノルド語概説』
1812	兄弟『ヒルデブラントの歌とヴェッソブルンの祈り』
	『子供と家庭のメルヒェン集』第 1 巻
1813	兄弟　雑誌『古いドイツの森』全 3 号刊行（1813–1816）
	ナポレオン敗退、ヘッセン選帝侯カッセルに帰還
	ヤーコプ　選帝侯公使書記
1814	ヴィルヘルム　選帝侯司書官
1815	兄弟『子供と家庭のメルヒェン集』第 2 巻
1816	兄弟『ドイツ伝説集』第 1 巻
	ヤーコプ「法におけるポエジー」／次席司書官
	ボップ『サンスクリットの動詞活用について』
1818	兄弟『ドイツ伝説集』第 2 巻
1819	ヤーコプ**『ドイツ語文法』第 1 巻第 1 版**
1821	ヴィルヘルム「ドイツのルーネ文字について」
1822	兄弟『子供と家庭のメルヒェン集』第 3 巻

ヤーコプ **『ドイツ語文法』第 1 巻第 2 版**(“グリムの法則”)
1826 ヤーコプ『ドイツ語文法』第 2 巻
1828 ヤーコプ『ドイツ法古事集成』
1829 ヴィルヘルム『ドイツ英雄伝説』
1830 兄弟 ゲッティンゲン大学へ、それぞれ教授兼司書官次席司書官として着任
1831 ヤーコプ『ドイツ語文法』第 3 巻／ヘーゲル没(1770 生)
1832 ゲーテ没(1749 生)
1835 ヤーコプ『ドイツ神話学』
ヴィルヘルム 教授に昇進
1836 W. フンボルト『ジャワ島におけるカウィ語について』
1837 ヤーコプ『ドイツ語文法』第 4 巻
兄弟 ゲッティンゲン大学七教授事件で失職
1840 ヤーコプ『慣習法令集』全 6 部刊行(1840–1869)
1841 兄弟 ベルリン大学就任講義
1842 ヤーコプ **「ウムラウトと母音混和について」**
1846 ヤーコプ 第 1 回独文学者会議議長
1847 ヤーコプ **「ドイツ語におけるペダンテイックなものについて」**(講演)
1848 ヤーコプ **『ドイツ語史』**
ヴィルヘルム **「ドイツ語の指の名前の意味について」**
ヤーコプ フランクフルト国民議会に議員として出席
1851 ヤーコプ **「言語の起源について」**(講演)
1854 兄弟 **『ドイツ語辞典』第 1 巻**
ヤーコプ **「語源学と言語の比較研究について」**(講演)
1859 ヴィルヘルム ベルリンにて 12 月 16 日没(73 歳)
1860 兄弟 **『ドイツ語辞典』第 2 巻**
1862 兄弟『ドイツ語辞典』第 3 巻／ビスマルク、プロシア首相就任
1863 ヤーコプ ベルリンにて 9 月 20 日没(78 歳)
1864 ヤーコプ『小論文集』全 8 巻刊行(1864–1887)
1878 兄弟『ドイツ語辞典』第 4 巻(中途でヴァイガントとヒルデブラントが編集)
1881 ヴィルヘルム『小論文集』全 4 巻刊行(1881–1887)
1960『ドイツ語辞典』全 32 巻完結

事項索引

A-Z

あ

い

う

え

お

か

き

く

け

こ

さ

し

す

と

な

に

の

は

ひ

ふ

へ

ほ

ま

み

む

め

ゆ

ら

り

る

れ

ろ

人名索引

ア

アーデルング　Adelung, Johann Christoph（1732–1806）　ドイツの文法家、辞書編纂家　8, 9, 12, 22, 24, 30–32, 34, 36, 40, 42, 47, 52, 53, 86, 89, 90, 100, 107, 111, 112, 129, 130, 138, 139, 260, 310

アグリコラ　Agricola, Georg (ius)（1494–1555）　ドイツの人文学者　40

アリストパネス　Aristophanes（前450頃–前380頃）　古代ギリシアの劇作家　45

アルノビウス　Arnobius（?–330頃）　ローマの修辞学者　332

アルブレヒト・フォン・アイプ　Albrecht von Eyb（1420–1475）　ドイツの初期人文主義者　24

イ

イシドールス　Isidorus Hispalensis（560頃–636）　スペイン・セビリアの大司教、思想家　113, 186, 187, 226, 265, 270, 273–275, 280, 281

ウ

ヴァイセ　Weiße, Christian Felix（1726–1804）　ドイツの啓蒙主義作家　9

ヴァイゼ　Weise, Christian（1642–1708）　ドイツの後期バロック・初期啓蒙主義作家　22, 299

ヴァッカーナーゲル　Wackernagel, Jacob（1853–1938）　スイスの印欧語学者　26, 81, 270, 275, 284

ヴァルター　→ヴァルター・フォン・デア・フォーゲルヴァイデ

ヴァルター・フォン・デア・フォーゲルヴァイデ　Walther von der Vogelweide（1170頃–1230頃）　中高ドイツ語期の抒情詩人　85, 145, 194, 203, 248, 262, 263, 265, 278, 284

ウァロー　Varro, Marcus Terentius（前116–前27）　ローマの著述家、文法家　113, 225

ヴィーラント　Wieland, Christoph Martin（1733–1813）　ドイツの啓蒙主義作家　22, 25

ヴィンケルマン　Winckelmann, Johann Joachim（1717–1768）　ドイツの美術史家　84

ウェルギリウス　Vergilius Maro, Publius（前70–前19）　ローマの叙事詩人　230

ヴェルナー　Verner, Karl（1846–1896）　デンマークの言語学者　201

ヴォルフラム　→ヴォルフラム・フォン・エッシェンバッハ

ヴォルフラム・フォン・エッシェンバッハ　Wolfram von Eschenbach（1170頃–1220頃）　中高ドイツ語期の詩人（『パルチヴァール』の作者）　112, 146, 147, 278, 285

ウルフィラ　Ulfilas (Wulfila)（311頃–382頃）　西ゴート王国の司教（ギリシア語聖書をゴート語に翻訳）　6, 8, 105, 122, 154, 193, 202, 242, 291

ウルリッヒ・フォン・ヴィンターシュテッテン Ulrich von Winterstetten (13世紀) 中高ドイツ語期の抒情詩人 243, 285

エ

エカテリーナ女帝 Ekaterina II Alekseevna, Velikaya (1729–1796) ロシア女帝(在位1762–1796) 318
エッシェンバッハ →ヴォルフラム・フォン・エッシェンバッハ
エヒターマイアー Echtermeyer, Ernst Theodor (1805–1844) ドイツの美学研究者、作家 255, 256, 259, 262, 266, 269–272

オ

オウィディウス Ovidius Naso, Publius (前43–18頃) ローマの詩人 322, 325
オーピッツ Opitz, Martin (1597–1639) ドイツのバロック詩人、詩学理論家 9, 26, 29, 31, 58, 145, 299, 311
オットフリート Otfried von Weißenburg (790頃–875) 僧侶(古高ドイツ語で『福音書』を書く) 9, 39, 136, 137, 149, 152, 186, 187, 189, 193, 199, 205, 247, 248, 266

カ

カール4世 Karl IV (1316–1378) 神聖ローマ皇帝(在位1347–1378) 294
カール大帝 Karl der Große (742–814) フランク王国の王(在位768–814) 303
カイザースベルク Kaysersberg, Geiler von (1445–1510) ドイツの説教師 24, 26, 39, 45, 46, 89, 148, 247, 249, 276
カスパー・フォン・デア・レーン Kaspar von der Rhön (15世紀) ドイツの英雄伝説収集家 261
カニッツ Canitz, Friedrich Rudolph Ludwig von, (1654–1699) ドイツの(バロックと啓蒙主義の間の)詩人 26
カント Kant, Immanuel (1724–1804) ドイツの哲学者 42
カンペ Campe, Joachim Heinrich (1746–1818) ドイツの教育思想家、辞書編纂家 12, 32, 34, 36, 38, 47, 50, 55, 89, 90, 107, 304, 310

キ

キケロ Cicero, Marcus Tullius (前106–前43) ローマの雄弁家、政治家、哲学者 44
ギュンター Günther, Johann Christian (1695–1723) ドイツの(啓蒙主義の先駆け的な)詩人 26, 29

ク

クインティリアヌス Quintilian / Quintilianus, Marcus Fabius (35頃–100頃) ローマの修辞学者 264, 279
グラッフ Graff, Eberhard Gottlieb (1780–1841) ドイツの言語学者 171, 179, 197–201, 256, 265, 272
クラマー Kramer, Matthias (1640–1729) ドイツの外国語教育学者、辞書編纂家 13
グリューフィウス Gryphius, Andreas (1616–1664) ドイツのバロック作家 311
クロップシュトック Klopstock, Friedrich Gottlieb (1724–1803) ドイツの感傷主義の詩人 8, 9, 22, 75, 115

ケ

ゲーテ　Goethe, Johann Wolfgang von (1749–1832)　ドイツの詩人、作家　9, 22, 25, 42, 45–47, 49, 74, 92, 96, 107, 138, 250, 261
ケーロ　Kero (8世紀)　ザンクト・ガレンの僧(羅独語彙集Abrogansの編纂者)　149, 154
ゲスナー　Gesner, Conrad (1516–1565)　スイスの博物学者、古典学者　22, 28, 41
ゲラート　Gellert, Christian Fürchtegott (1715–1769)　ドイツの啓蒙主義作家　9, 22, 26, 31
ゲルト・ファン・デア・シューレン　Gert van der Schüren (1411–1496)　クレーヴェの年代記の著者　27, 28

コ

ゴットシェート　Gottsched, Johann Christoph (1700–1766)　ドイツの初期啓蒙主義文学理論家、批評家、文法家　30, 52
ゴットフリート　→ゴットフリート・フォン・シュトラースブルク
ゴットフリート・フォン・シュトラースブルク　Gottfried von Straßburg (1170頃–1210頃)　中高ドイツ期の叙事詩人(『トリスタン』の作者)　146, 258, 266, 268, 275
ゴットヘルフ　Gotthelf, Jeremias (1797–1854)　スイスの作家　23, 60, 258, 261, 265, 283
ゴルダスト　Goldast, Melchior (1578–1635)　スイスの人文主義者、書籍収集家　8
コンラート　→コンラート・フォン・ヴュルツブルク
コンラート・フォン・ヴュルツブルク　Konrad von Würzburg (1220頃–1287)　中高ドイツ語期の詩人　263, 265, 267, 268, 271, 275

サ

ザックス　Sachs, Hans (1494–1576)　16世紀の劇作家(ニュルンベルクのマイスタージンガー)　26, 46, 47, 67, 84, 89, 148, 151, 194
ザンダース　Sanders, Daniel (1819–1897)　ドイツの辞書編纂学者　96

シ

シーザー　Caesar, Gaius Julius (前100–前44)　ローマの将軍、政治家　262
シェイクスピア　Shakespeare, William (1564–1616)　イギリスの詩人、劇作家　281, 290, 349
シェリング　Schelling, Friedrich Wilhelm Joseph von (1775–1854)　ドイツの哲学者　315, 316
ジャン・パウル　Jean Paul (1763–1825)　ドイツの作家　90
シュタインバッハ　Steinbach, Christoph Ernst (1698–1741)　ドイツの辞書編纂家　13, 29, 31, 41, 52
シュタインヘーヴェル　Steinhöwel, Heinrich (1412頃–1479)　ドイツの人文主義者　24, 89
シュタルダー　Stalder, Franz Joseph (1757–1833)　神学者、辞書編纂家　23, 40, 149
シュティーラー　Stieler, Kaspar von (1632–1707)　ドイツのバロック作家、辞書編纂家　13, 29, 31, 52, 53, 99, 258, 260, 261, 263, 267, 269, 271, 272, 277, 280

シュメラー　Schmeller, Johann Andreas (1785–1852)　ドイツの言語学者　23, 40, 69, 149, 257, 258, 261
シュレーゲル　Schlegel, August Wilhelm von (1767–1845)　ドイツの批評家、翻訳家、言語研究者　131, 140, 143, 290
ショッテル(ショッテーリウス)　Schottel (Schottelius), Justus Georg (1612–1676)　ドイツの文法家　28, 139, 277, 311
シラー　Schiller, Johann Christoph Friedrich (1759–1805)　ドイツの作家　9, 22, 49
シルター　Schilter, Johann (1632–1705)　ドイツの古典学者　8, 9, 153, 154

ス

スエトニウス　Suetonius Tranquillus, Gaius (70頃–122以後)　ローマの伝記作家　225, 265
ステファヌス、ハインリッヒ　Stephanus, Heinrich (Estienne, Henri) (1528–1598)　フランスの古典学者、印刷業者　44
ステファヌス、ロベルトゥス　Stephanus, Robertus (Estienne, Robert) (1503頃–1559)　フランスの古典学者、印刷業者　28
ストラボン　Strabon (前63–21頃)　ギリシアの地理学者、歴史家　224

タ

タキトゥス　Tacitus, Cornelius (56頃–120頃)　ローマの歴史家　129, 130, 139, 214, 251, 333, 334
ダシポディウス　Dasypodius, Petrus (1490頃–1559)　スイスの人文主義者、羅独辞典編纂家　8, 12, 27, 28, 41, 99, 263, 269, 277, 280
タツィアーン　Tatian (Tatianus) (120頃–173)　シリア出身のキリスト教護教家(ラテン語で『総合福音書』を著す)　149, 151, 152, 186, 187, 194, 195

ツ

ツェーゼン　Zesen, Philipp von (1619–1689)　ドイツのバロック作家(国語純化主義者として知られる)　74, 80

テ

デュ・カンジュ　Charles du Fresne du Cange (1610–1688)　フランスの古典学者　13, 70, 265, 272, 274
テン・カーテ　Lambert ten Kate (1674–1731)　オランダの文法家　126, 139

ト

ドナトゥス　Donatus, Aelius (4世紀)　ローマの文法学者、注釈家　118

ナ

ナイトハルト　Neidhart von Reuental (1180頃–1250頃)　中高ドイツ語期の抒情詩人　243, 244, 246, 271, 283, 285

ニ

ニーブール　Niebuhr, Balthold Georg (1776–1831)　ドイツの歴史家　250
ニクラス・フォン・ヴィーレ　Niklas von Wyle (1415頃–1479)　ドイツの人文主義者　24

ノ

ノートカー　Notker von Sankt Gallen（950 頃 –1022）　スイスのザンクト・ガレン修道院付属学校の教師　78, 149, 151, 154, 156, 187, 197, 227, 304

ハ

ハーゲドルン　Hagedorn, Friedrich von（1708–1754）　ドイツのロココ詩人、寓話作家　9, 26, 42
ハーマン　Hamann, Johann Georg（1730–1788）　ドイツの反啓蒙主義の哲学者　315
パウリ　Pauli, Johannes（1450 頃 –1519 以後）　ドイツの滑稽話作家　24, 89
パラケルスス　Paracelsus（Philippus Aureolus Theophrastus Bombastus von Hohenheim）（1493–1591）　スイス出身の神秘主義者、錬金術師　41
ハルトマン　→ハルトマン・フォン・アウエ
ハルトマン・フォン・アウエ　Hartmann von Aue（1165 頃 –1215 頃）　中高ドイツ語期の叙事詩人（『イーヴェイン』と『エーレク』の作者）　112, 146, 147

ヒ

ピクトリウス　Pictorius　→マーラー（Maaler）の別名
ヒポクラテス　Hippokrates（前 460 頃 – 前 370 頃）　古代ギリシアの医学の大成者　41
ビュルガー　Bürger, Gottfried August（1747–1794）　ドイツのシュトゥルム・ウント・ドラングの作家　115
ビュルヌフ　Burnouf, Eugène（1801–1852）　フランスの言語学者　65, 179, 201
ヒルツェル　Hirzel, Salomon（1804–1877）　ドイツの出版業者　91, 92, 103
ヒルデブラント　Hildebrand, Rudolf（1824–1894）　ドイツの言語学者、教育学者　91, 92, 108
ピンダロス　Pindaros（前 518 頃 – 前 438 頃）　ギリシアの抒情詩人　348, 353

フ

フィッシャルト　Fischart, Johann（1546–1590 頃）　ドイツの風刺作家　25, 26, 36, 45–47, 74, 89, 90, 148, 250, 295
フーゴー・フォン・トリンベルク　Hugo von Trimberg（1230–?）　中高ドイツ語期の教訓詩人　227, 262
フェルデケ　Veldeke, Heinrich von（1140 頃 –1210 頃）　中世ドイツの叙事詩人（ネーデルラント低地ライン地方の出身）　149, 151
フォス　Voß, Johann Heinrich（1751–1826）　ドイツの詩人（ホメロスをドイツ語に翻訳）　8, 9, 31, 75, 80, 89, 115, 156, 230, 290
フライダンク　Freidank（12 世紀末 –1233 頃）　中高ドイツ期の詩人　228, 265, 266
プラトン　Platon（前 428 / 前 427– 前 348 / 前 347）　ギリシアの哲学者　113, 223, 225, 232, 253, 287, 331
ブラント　Brant, Sebastian（1457–1521）　スイスの風刺作家（『阿呆船』1494年の作者）　24, 260
フリジウス　Frisius, Johannes（1505–1565）　神学者、辞書編纂家　28, 99
プリスキアヌス　Priscianus Caesariensis（6 世紀）　ローマの文法学者　118
フリッシュ　Frisch, Johann Leonhard（1666–1743）

ドイツの言語学者、辞書編纂家(『独羅辞典』1741年) 8,9,13,29,31,41,52,53,79,89,99,308,309
プリニウス Plinius (23–79) ローマの博物学者 259,264,270,273,279
フルダ Fulda, Friedrich Carl (1724–1788) ドイツの言語学者 31,126
フレミング Fleming, Paul (1609–1640) ドイツのバロック抒情詩人 22,26,78,145,311

ヘ

ヘーニッシュ Henisch, Georg (1549–1618) ドイツの人文主義者、辞書編集家 8,28,41,99,261,263–265,267–269,271,272,274,276,277,279–281
ベーメ Böhme, Jacob (1575–1624) ドイツの神秘主義哲学者 76
ヘシュキオス Hesychios (5世紀) ギリシアの辞書編纂家 224
ベネッケ Benecke, Georg Friedrich (1762–1844) ドイツのゲルマニスト 16,24,127,147,157,247,271,283,285
ベリサリウス Belisarius (505頃–565) 東ローマの将軍 193
ヘルダー Herder, Johann Gottfried (1744–1803) ドイツの思想家、文学者、言語哲学者 315,316,354,355
ヘルティー Hölty, Ludwig Heinrich Christoph (1748–1776) ドイツの詩人 115
ヘルボルト Herbort von Fritzlar (12世紀) 中高ドイツ語期の詩人 151,193,203,265,266
ベルンハルディ Bernhardi, August Ferdinand (1769–1820) ドイツの言語学者 114
ヘロドトス Herodotos (前5世紀) ギリシアの歴史家 224,335

ホ

ボードマー Bodmer, Johann Jakob (1698–1783) スイスの評論家、作家 8,9,83
ホーフマンスヴァルダウ Hoffmannswaldau, Christian Hoffmann von (1616–1679) ドイツのバロック抒情詩人 29
ポット Pott, August Friedrich (1802–1887) ドイツの言語学者 198,206,255,264,269,272–275,279,280
ボップ Bopp, Franz (1791–1867) ドイツの言語学者 108,122,138,170,174,179,180,182,183,201,229,233,235,238,252,253,285,340
ボニファティウス Bonifacius (680頃–755) イギリスの聖職者、宣教師 227
ホフマン・フォン・ファラースレーベン Hoffmann von Fallersleben, August Heinrich (1798–1874) ドイツの詩人 249
ホメロス Homeros (前8世紀) ギリシアの詩人 80,118,156,290,325,330
ホルツマン Holtzmann, Adolf (1810–1870) ドイツのゲルマニスト、インド学者 209,211,216–218

マ

マーラー Maaler, Josua (1529–1599) スイスの司祭、辞書編纂家 8,12,22,28,99
マールラント Maerlant, Jacob van (1221頃–1300頃) オランダの詩人 227
マクシミリアン Maximilian I (1459–1519) 神聖ローマ皇帝(在位1493–1519) 294
マクロビウス Macrobius, Ambrosius Theodosius (5世紀) ローマの文献学者 264,274,276,279

ミ

ミクロシッチ Miklosich, Franz Xaver von (1813–1891) スラブ語学者 16, 68, 166, 200
ミュラー Müller, Johannes Peter (1801–1858) ドイツの生理学者、解剖学者 326

メ

メルバー Melber, Johannes (15 世紀) 辞書編纂家(羅独辞典) 257, 263, 269, 270, 276, 280, 281

ラ

ライノルト・フォン・デア・リッペ Reinolt von der Lippe (13 世紀) 中高ドイツ語期の詩人 151
ライプニッツ Leibniz, Gottfried Wilhelm (1646–1716) ドイツの哲学者、数学者 8, 308
ラスク Rask, Rasmus Christian (1787–1832) デンマークの言語学者 50, 108, 121, 126
ラッハマン Lachmann, Karl (1793–1851) ドイツの言語学者、文献学者 74, 127, 147, 157, 194, 217, 249, 278
ラバヌス Hrabanus (Rabanus) Maurus, Magnentius (780?–856) ドイツのカトリック聖職者、神学者 265, 270, 273, 276, 280
ラブレー Rabelais, François (1494 頃 –1553 頃) フランスの物語作家(『ガルガンチュア』の作者) 274

ル

ルター Luther, Martin (1483–1546) ドイツの宗教改革者 22, 24–26, 31, 45–47, 49, 50, 82, 84, 96, 107, 148, 194, 295, 308

レ

レッシング Lessing, Gotthold Ephraim (1729–1781) ドイツの啓蒙主義作家、批評家 8, 9, 22, 74, 80, 84, 115

ロ

ローガウ Logau, Friedrich, von (1604–1655) ドイツのバロック詩人 31, 311

訳者紹介（＊印は編者）

千石喬（せんごく　たかし）*

サントス（ブラジル）生まれ。東京大学文学部独文学科卒業。東京大学教授、日本大学教授を歴任。現在、東京大学名誉教授。

【主な著書・訳書】*Japanische Schrift, Lautstrukturen, Wortbildung* (Deutsch und Japanisch im Kontrast, Bd.1) (Heidelberg: Groos 1984 共著)、Gewißheitsgrad und Potentialitätsart als Verbalkategorien der Modalverben (In: *Sprache, Literatur und Kommunikation im kulturellen Wandel*) (同学社 1997)、「動詞語彙体系の意味構造」(『ドイツ語研究 II』所収、クロノス 1994)、『独和大辞典』(小学館 1985 共編)、『新コンサイス独和辞典』(三省堂 1998 共編)、K. D. ビュンティング『言語学入門』(白水社 1977 共訳)、H. モーザー『ドイツ語の歴史』(同上 1967 共訳)、G. ヘルビヒ『近代言語学史』(同上 1973 共訳)。

高田博行（たかだ　ひろゆき）*

京都府出身。大阪外国語大学大学院外国語学研究科修士課程修了。大阪外国語大学教授、関西大学文学部教授を経て、現在、学習院大学文学部教授。Dr. phil.

【主な著書・編著】*Grammatik und Sprachwirklichkeit von 1640–1700.* (Tübingen: Niemeyer 1998; Reprint, Berlin: de Gruyter 2011)、『ヒトラー演説』(中公新書 2014)、『歴史社会言語学入門』(大修館書店 2015 共編著)、『歴史語用論の世界』(ひつじ書房 2014 共編著)、『講座ドイツ言語学　第2巻　ドイツ語の歴史論』(ひつじ書房 2013 共編著)、『歴史語用論入門』(大修館書店 2011 共編著)、『言語意識と社会』(三元社 2011 共編著)、『ドイツ語が織りなす社会と文化』(関西大学出版部 2004 共編著)。

岩井方男（いわい　まさお）

群馬県出身。早稲田大学文学研究科博士後期課程単位取得退学。現在、早稲田大学教授。

【主な論文】「クリエムヒルトの財産」(川口浩編『日本の経済思想』ぺりかん社 2016)。

岡本順治（おかもと　じゅんじ）
東京都出身。上智大学大学院外国語学研究科言語学専攻博士後期課程単位取得退学。信州大学教養部助教授、筑波大学現代語・現代文化学系助教授、東京都立大学人文学部助教授を経て、現在、学習院大学文学部教授。
【主な著書・論文】『現代ドイツ言語学入門』(大修館書店 2001 共著)、“AN-Verb Constructions in German in View of Compositionality”(「東西言語文化の類型論特別プロジェクト研究」研究成果報告書 II、筑波大学 1999)、“Synchronisierung mit Modalpartikeln”(『心態詞の音声と意味』〔日本独文学会研究叢書 075〕2011)、『講座ドイツ言語学 第 1 巻 ドイツ語の文法論』(ひつじ書房 2013 共編著)。

荻野蔵平（おぎの　くらへい）
東京都出身。東京大学大学院人文科学研究科独語独文学専門課程修士課程修了。東京大学文学部助手、東京都立大学(首都大学東京)人文学部助教授を経て、現在、熊本大学文学部教授。
【主な著書】『歴史言語学とドイツ語史』(同学社 2015 共著)、『ドイツ語史小辞典』(同学社 2005 共著)、『プログレッシブ独和辞典［第 2 版］』(小学館 2004 共編著)、『ドイツ言語学辞典』(紀伊国屋書店 1994 共編著)。

木村直司（きむら　なおじ）
北海道出身。上智大学文学部ドイツ文学科卒業。ミュンヘン大学、ゲーテ詩学の語法に関する論文で Dr. phil.。上智大学講師、助教授、教授を経て、現在、上智大学名誉教授。
【主な著書・訳書】『ヘルダー言語起源論』(大修館書店 1972)、『ゲーテ色彩論』(ちくま学芸文庫 2001)、『フンボルト自然の諸相』(ちくま学芸文庫 2012)、*Goethes Wortgebrauch zur Dichtungstheorie* (München: Max Hueber 1965), *Jenseits von Weimar.* (Bern: Peter Lang 1997), *Der ost-westliche Goethe.* (Bern: Peter Lang 2006).

佐藤恵（さとう　めぐみ）
大阪府出身。学習院大学大学院人文科学研究科ドイツ語ドイツ文学専攻博士後期課程。日本学術振興会特別研究員(DC1)。
［主要論文］»Wegen dem Clavier«. Die Beethovens und der Rektionswandel der Präpositionen *wegen*, *statt* und *während* im Zeitraum 1520–1870. In: *Muttersprache.* Band 125 (Wiesbaden 2015), Soziopragmatische Überlegungen zur Kasusrektion bei *wegen* in inszeniert mündlichen Texten des 18. und 19. Jahrhunderts. In: *Sprachwissenschaft* Band 41 (Heidelberg 2016)。

重藤実（しげとう　みのる）
東京都出身。東京大学大学院人文科学研究科独語独文学専攻修士課程修了。東京大学助手、一橋大学講師、東京大学助教授を経て、現在、東京大学教授。
【主な著書・論文】『クラウン独和辞典』(第 5 版　三省堂 2014 共編著)、*Kontrastive Studien zur Beschreibung des Japanischen und des Deutschen* (München: iudicium 1999 共編著)。

福本義憲（ふくもと　よしのり）
兵庫県出身。東京大学大学院人文科学研究科修士課程修了。茨城大学助教授を経て、東京都立大学教授。現在、首都大学東京名誉教授。
【主な著書・論文】『クラウン独和辞典』(第 5 版 三省堂 2014 共編著)、「テクスト・ディスクルス・ディスクルス史」(『人文学報』No.405 首都大学東京研究科紀要 2008)、「〈NS 比喩〉のディスクルス分析と〈ユダヤ人比喩〉」(『人文学報』No.465 同上 2012)、「ヴェロニカの冥い眸—E.T.A. ホフマン『黄金の壺』における反転の構図」(『人文学報』No.495 同上 2014)。

グリム兄弟言語論集—言葉の泉

Linguistic Writings of Jacob and Wilhelm Grimm

Jacob Grimm and Wilhelm Grimm

Edited by Takashi Sengoku and Hiroyuki Takada

発行	2017年2月22日　初版1刷
定価	12000円＋税
著者	ヤーコプ・グリム　ヴィルヘルム・グリム
編者	千石喬　高田博行
発行者	松本功
装丁者	大崎善治
印刷所	三美印刷株式会社
製本所	株式会社 星共社
発行所	株式会社 ひつじ書房

〒112-0011 東京都文京区千石2-1-2 大和ビル2階

Tel.03-5319-4916　Fax.03-5319-4917

郵便振替 00120-8-142852

toiawase@hituzi.co.jp　http://www.hituzi.co.jp/

ISBN978-4-89476-850-5

[刊行書籍のご案内]

講座ドイツ言語学　第1巻　ドイツ語の文法論

岡本順治・吉田光演編　定価 4,000 円＋税

ドイツ語文法の中でも特徴的なトピックをとりあげ、それらがどのように相互に関係しあっているかを示せるように心がける。共時的観点から、他言語との比較だけでなく、意味論や語用論との関連も重視する。取りあげるトピックは、動詞の位置、スクランブリング、中間構文、結果構文、受動態と使役、時制・アスペクト・モダリティ、自由な与格、名詞句の統語論とその意味、複合動詞、情報構造、心態詞である。

講座ドイツ言語学　第2巻　ドイツ語の歴史論

高田博行・新田春夫編　定価 4,000 円＋税

初めにドイツ語の歴史に関して概略的説明を行う。そのあと、第 I 部では完了形、受動構文、使役表現、機能動詞構造、語順、造語といった文法カテゴリーに関して体系的な通時的記述を行う。第 II 部では、15 世紀から 19 世紀に至るドイツ語の歴史を、印刷工房、宗教改革、文法家、日常語、大衆新聞という切り口から社会とコミュニケーションと関連づけて、過去におけるドイツ語話者の息づかいが聞こえてくるように描く。

講座ドイツ言語学　第3巻　ドイツ語の社会語用論

渡辺学・山下仁編　定価 4,000 円＋税

メディアの変転に伴うドイツ語の「多様性」を見すえつつ、ダイクシス、異文化間コミュニケーション、コノテーション、社会文体論などを基軸として、語用論とコミュニケーション（論）の関係を明らかにする。また、ディスコース、インタラクション、ポライトネス、スタイルに着目し、社会語用論の現代的「展開」の諸相を照射する。談話の仕組みとその問題点を明かし、情報伝達と社会行動の結節点にも迫った。